U0742410

"十三五"普通高等教育本科部委级规划教材

纺织品服装市场调研与预测

胡 源◎主 编

柴玉珂 苑卫卫 王志刚 石淑娜 王 亚◎副主编

中国纺织出版社

国家一级出版社
全国百佳图书出版单位

内 容 提 要

市场调研与预测是高等及高职高专院校市场营销等专业开设的专业核心课程，由于其内容的普适性及较强的实践运用性，日益受到许多其他专业如信息管理、工程管理等专业学生的欢迎。纺织品服装市场调研与预测是市场调研与预测基本理论及方法与纺织品服装专业完美结合的产品。本教材主要包括纺织品服装市场调研和预测两部分内容，市场调研部分主要包括调研方案的设计、调研方法、问卷设计、抽样、数据分析等；预测部分主要包括定性调研和定量调研，本教材重点对时间序列预测法、马尔可夫预测法、季节预测法以及回归预测法进行了解读。通过本教材的学习，可以系统、完整而深入地掌握调研和预测知识，能够熟练、高效地在纺织品服装市场展开与之相关的工作。

图书在版编目 (CIP) 数据

纺织品服装市场调研与预测 / 胡源主编 . —北京：中国纺织出版社，2018.11

"十三五"普通高等教育本科部委级规划教材

ISBN 978 - 7 - 5180 - 5428 - 2

Ⅰ．①纺… Ⅱ．①胡… Ⅲ．①纺织品—市场调查—高等学校—教材②纺织品—市场预测—高等学校—教材③服装—市场调查—高等学校—教材④服装—市场预测—高等学校—教材 Ⅳ．①F768.1②F768.3

中国版本图书馆 CIP 数据核字 (2018) 第 221303 号

策划编辑：陈 芳　　　责任校对：楼旭红　　　责任印制：储志伟

中国纺织出版社出版发行

地址：北京市朝阳区百子湾东里 A407 号楼　邮政编码：100124

销售电话：010 - 67004422　传真：010 - 87155801

http：//www. c - textilep. com

E - mail：faxing@ c - textilep. com

中国纺织出版社天猫旗舰店

官方微博 http：//weibo. com/2119887771

三河市宏盛印务有限公司印刷　各地新华书店经销

2018 年 11 月第 1 版第 1 次印刷

开本：787 × 1092　1/16　印张：21.25

字数：312 千字　定价：48.00 元

高等院校"十三五"部委级规划教材经济管理类编委会

赵晓康：东华大学旭日工商管理学院教授、博导

徐寅峰：东华大学旭日工商管理学院院长、教授、博导

夏火松：武汉纺织大学管理学院教授、博导，湖北省人文社科基地主任

席　阳：北京服装学院教务处处长、副教授

程　华：浙江理工大学经济管理学院院长、教授、博导

谢　平：北京服装学院时尚传播学院副院长（主持工作）、副教授、硕导

蔡为民：天津工业大学经济管理学院党委书记、教授、硕导

前言

2016年，习近平总书记在全国哲学社科座谈会发表了重要讲话，这个讲话为全国开展哲学社科工作提供了重要的思想和方法指导。变革和创新是这个时代哲学社会科学的一个重要特征。我国一如既往把经济社会改革坚持下去，高等教育也在这个大潮中"大显身手"，取得了较好的教育改革效果。如何培养当代的天之骄子，是摆在教育者面前的一个重要课题。课程要变、教学方法要变、培养模式要变，教材变革也迫在眉睫。本书很好地把纺织品服装和市场调研与预测进行了交叉结合，对教学内容进行了大胆变革，注重实践技能和软件技能的提升，本身也是变革的一个尝试，目的就是为培养更高质量的专业人才提供一个教材培养基础。

调研和预测技能是高等、高职高专院校着力培养的一种能力，正如"没有调查就没有发言权"，"凡事预则立，不预则废"。调研是预测的前提和基础，而预测是调查的目的和深化。基于这个共识，二者的结合是恰当的。本教材基于理论深化和培养实际运用能力为导向，设计了写作思路，即调研方案→问卷设计→抽样技术→调研方法→资料收集、整理、统计分析→预测→实训。本教材主要包括纺织品服装市场调研和预测两部分内容，市场调研部分主要包括调研方案的设计、调研方法、问卷设计、抽样、数据分析等；预测部分主要包括定性调研和定量调研，重点对时间序列预测法、马尔科夫预测法、季节预测法以及回归预测法进行了解读。教材内容丰富、完整、系统，讲解深入浅出，注重例题的讲解以及软件技能的掌握，能让学习者真正做到"真懂、活用"。

该教材在编写过程中，力图避免教材的空洞泛化、僵硬、落后等弊端，尽可能地做到完善至美。本教材主要凸显以下特色：一是突出"知识＋技能＋实践"。教材要满足企业调研需求、满足学生就业需求，增强学生从事市场调研工作的调研和预测能力、信息采集能力、数据分析能力等，为今后的就业和竞争奠定坚强的能力基础。二是较符合学生学习的逻辑思维，使用本教材的时候，首先在给出案例资料的基础上，提出学习任务要求，最后以建议性的技能训练项目结束，实现任务驱动下的学习，激发了学生的学习兴趣和强化自身能力的自觉性。三是教材内容统一完整，根据学科的发展，有目的地增加新兴知识，保持一定的前沿性。教材一方面按照市场调研和预测的思维展开，但同时也增加一些新的东西，如网络调查、突出量表等。教材以最适合学生理解和接受的方式组织教学内容，内容结构有利于学生对知识的记忆、理解、迁移和运用，简化理论知识的阐述，适当增加图、表、例的比例，便于提高学生学习知识和掌握技能的效率，达到传授知识、培养能力和道德情操相结合的目标。四是强化了数据处理部分的教学内容。本教材关于问卷整理、编码、建库的内容进行了较详尽的描述，且用了一定的篇幅对数据统计显示、数据分析及预测处理方法作专门讲解，使得问卷的处理和预测操作性增强。

本教材是编写老师的集体结晶。本教材由中原工学院胡源老师担任主编，编写了前言、第十三、十四、十五、十六章，河南财经政法大学柴玉珂老师编写第十二章，郑州科技学院王志刚老师编写第二、五、六章，郑州科技学院苑卫卫老师编写第四、七、八、九章，中原工学院石淑娜老师编写第十、十一、十七章，郑州升达经贸管理学院王亚老师编写第一、三章。

本书得到了中原工学院河南省纺织服装产业协同创新中心的大力支持与资助，得到了中国纺织教育协会、中国纺织出版社的大力支持，在此一并致谢！

本书由于作者水平有限，错误之处在所难免，恳请各位专家、学者给予批评指正！

编者

2018 年 5 月

目录

第一章

纺织品服装市场调研与预测概述

引 言

学习纺织品服装市场调研与预测课程，首先要明确课程的研究对象、方法以及研究方法之间的联系，而本章就是对这些关键问题的梳理和阐述。同时，纺织品服装市场调研与预测是市场调研与预测课程在纺织品服装行业的具体运用，因此，我们在阐述市场调研与预测基础原理的同时，又融合了很多纺织品服装市场的内容，比如，纺织品服装市场的概念、分类以及关于纺织品服装的案例。

学习目标

本章重点研究市场调研与预测的关系。通过学习本章，要做到：了解纺织品服装市场的概念及类型；明确纺织品服装市场调研与预测的概念；掌握纺织品服装市场调研与预测的联系和区别。

第一节　纺织品服装市场与企业

一、"市场"的定义

市场起源于古时人类对于固定时段或地点进行交易的场所的称呼，狭义上的市场是买卖双方进行商品交换的场所。

广义上的市场是指为了买和卖商品而与其他厂商和个人相联系的一群厂商和个人。市场的规模即市场的大小，是购买者的人数。

根据杰罗姆·麦卡锡《基础营销学》的定义：市场是指一群具有相同需求的潜在顾客；他们愿意以某种有价值的东西来换取卖主所提供的商品或服务，这样的商品或服务是满足需求的方式。

二、"企业"的定义

（一）对"企业"概念的理解

企业是从事生产、流通与服务等经济活动的营利性组织，企业通过各种生产经营活动创造物质财富，提供满足社会公众物质和文化生活需要的产品服务，在市场经济中占有非常重要的地位。

在我国，长期以来将企业看作从事产品生产、流通或服务性活动等实行独立核算的经济单位。从法律的角度看，凡是经合法登记注册、拥有固定地址而相对稳定的经营组织，都属于企业。

对企业概念的基本理解：

（1）企业是在社会化大生产条件下存在的，是商品生产与商品交换的产物。

（2）企业是从事生产、流通与服务等基本经济活动的经济组织。

（3）就企业的本质而言，它属于追求盈利的营利性组织。

（二）企业与公司

企业是指把人的要素和物的要素结合起来的、自主地从事经济活动的、具有营利性的经济组织。根据实践的需要，可以按照不同的属性对企业进行多种不同的划分。例如，按照企业组织形式的不同，可以分为个人独资企业、合伙企业、公司企业；按照企业法律属性的不同，可以分为法人企业、非法人企业；按照企业所属行业的不同，可以分为工业企业、农业企业、建筑企业、交通运输企业、邮电企业、商业企业、外贸企业等。

依照我国法律规定，公司是指有限责任公司和股份有限责任公司，具有企业的所有属性，因此公司是企业。但是企业与公司又不是同一概念，公司与企业是种属关系，凡公司均为企业，但企业未必都是公司。公司只是企业的一种组织形态。

三、"纺织品服装市场"的概念

（一）纺织品服装

狭义纺织品专指（限于）作为制成品的纺织品，即针织布和梭织布。而纱线等只有纺没有织，所以还不能算是完全意义上的纺织品；无纺布既没有纺也没有织，更算不上纺织品；丝绸不是纺纱而是缫丝，虽织造后整理类同纺织品，可也不能算纺织品；其他服装、家纺、装饰布品、军用、工业用品等都应看作纺织品的深加工后的再制品。

广义纺织品应该包括所有的以纺、以织为基础的一切制成品。也应该包括丝绸、毛纺、非织造布、纱、线、绳、手工钩编物、毛衫、帽子、围巾、手套、抽纱制品、花边、工艺品以及服装、家纺、军工产品等具有共同性质：使用纺织材料（纱或布）或使用相同的织造钩编技术或原理的所有产品及其制成品。

结合纺织品的概念，我们把纺织品服装界定为，以纺织品以及纺织制成品为基本原材料的各类服装制成品。

（二）纺织品服装市场

结合"市场"与"纺织品服装"的含义，我们将"纺织品服装市场"概念界定为由纺织服装产品交易而形成的交易关系的总和。从产品构成看，包括纺织品服装的原材料、半成品、制成品等相关产品；从交易场所看，不仅包括实体的专业市场、专卖店也包括线上的虚拟市场。

四、纺织品服装市场分类

纺织品服装市场可以从不同的视角来划分，举例如下：

1. 依据空间范围划分

可以把纺织品服装市场划分为农村市场、城市市场、地区市场、全国性市场和国际市场。

2. 依据销售渠道来划分

可以把纺织品服装市场分为专卖店、大型专业市场、百货公司、超市、综合性购物中心、集贸市场等。

3. 依据商品用途来划分

可以把纺织品服装市场分为消费品市场和生产资料市场。生产资料市场又可以分为面料市场、辅料市场及服饰配件市场等。

第二节　纺织品服装市场调研与预测的关联

一、纺织品服装市场调研与预测的概念

（一）市场调研的含义

市场调研，是指为了提高产品的销售决策质量、解决存在于产品销售中的问题或组织

根据特定的决策问题运用科学的方法有目的收集、统计资料及报告调研结果的工作过程。

市场调研对于营销管理来说其重要性犹如侦查之于军事指挥。不做系统客观的市场调研与预测，仅凭经验或不够完备的信息，就作出种种营销决策是非常危险的，也是十分落后的行为。

（二）市场预测的含义

市场预测就是运用科学的方法，对影响市场供求变化的诸多因素进行调查研究，分析和预见其发展趋势，掌握市场供求变化的规律，为经营决策提供可靠的依据。预测为决策服务，是为了提高管理的科学水平，减少决策的盲目性，我们需要通过预测来把握经济发展或者未来市场变化的有关动态，减少未来的不确定性，降低决策可能带来的风险，使决策目标得以顺利实现。

（三）纺织品服装行业市场调研与预测

纺织品服装行业市场调研与预测是企业或其他市场主体，选取一定的研究方法，收集纺织品服装行业市场、消费者或其他方面信息，对纺织品服装行业特征、趋势等进行考察和预测，以此为市场主体开展相关活动提供决策依据和参考。

二、纺织品服装市场调研与预测的意义

（一）纺织品服装市场调研的意义

从纺织品服装市场来看，市场调研对纺织品服装行业参与者的重要性表现在四个方面：

1. 是获取信息的重要手段

在市场经济条件下，信息对企业来说是一种重要的资源，而收集信息是企业经营活动的起点。一个纺织服装企业要从事生产经营活动，首先要知道自己需要生产什么、生产多少的问题。这些信息的获取需要企业通过市场调研的方法来获取信息。

2. 是认识市场的最优途径

纺织服装企业要了解市场的状况，一方面可以通过企业的自身实践，但是仅通过企业实践或取得的信息是远远不够的，企业还需要深入了解消费者、竞争对手等市场主体更为全面地了解市场。

3. 是企业发现市场机会和问题的重要手段

及时发现市场机会和问题是纺织服装企业营销管理的重要任务之一。市场的机会和问题是通过一定的形式展现出来的，而市场调查是全面获取市场信息的最为直接的手段，这也是企业发现机会和问题的基础。

4. 是企业经营与管理决策的依据和基础

为企业的经营决策和管理决策提供依据和支持是市场调查最根本的任务。企业若要制定正确的决策需要正确而全面的市场信息和数据，市场调查是获取信息的最重要途径之一。因此，市场调研是企业进行经营与管理决策的依据和基础。

（二）纺织品服装市场预测的意义

市场预测可以为纺织品服装企业的经营决策者提供可靠的、客观的、具有高度可操作性的依据。对纺织品服装行业而言，市场预测的重要性体现在以下几个方面：

1. 市场预测是企业制订经营计划的前提与依据

纺织服装企业制订经营计划不能单凭当前的状况和过去的资料，正如俗语所说："人无远虑，必有近忧。"所以，要想使经营工作更富有成效，还需把握企业内外部条件的变化、企业有关产品的发展趋势、生命周期以及市场需求的变化发展趋势。而欲达此目的，就得运用各种科学的方法进行深入、细致的分析和科学的预测。

2. 市场预测是经营决策的基础

纺织品服装企业生产经营活动的各个阶段、各个生产环节都存在着决策问题。任何企业都面临生产技术、产品品种的选择及其经济效益的评价等许多复杂的问题。对此，若无细致周密的调查和科学的预测作为基础，就难以优选出合理、经济、可行的方案，就很难作出正确的决策。

3. 预测可以把握规律与趋势

事实上，市场预测的中心问题就是掌握市场发展变化规律的问题，把握其未来发展趋势的问题。科学的预测可以帮助人们按照事物的发展规律办事，并充分发挥人的主观能动性，减少企业经营活动中的盲目性和经营的风险。因此，预测也能提高企业的适应性和竞争力，帮助企业真正按市场需求组织生产和销售，从而更好地满足市场需求。

4. 市场预测有利于企业的经营管理与经济效益

经济效益是企业生产经营活动的根本，提高经济效益是经营管理的目标。而搞好经营管理的条件之一就是积极做好市场预测工作。在企业工作中，进行任何一项科研或技术经济项目，都要讲求经济效益，使之达到技术上的先进可行，经济上的合理可行，这同样也需要对一系列有关的指标进行科学的预测。如果不作经济效益方面的预测，就有可能出现研究成果在技术上是先进的、可行的，在经济上却是不合理的，或者试制出的产品市场不需要或早已饱和，给企业造成很大的经济损失。因此，市场预测可以帮助企业改善经营管理，提高经济效益。

三、纺织品服装市场调研与预测的关系

纺织品服装企业的市场调查与预测之间是相互独立的关系，然而二者既有联系又有区别。

（一）纺织品服装市场调查与预测的联系

①市场调查为市场预测提供了信息资料。市场的预测需要有一定的信息基础，否则无法作出精确预测，而市场调查是获取信息的重要方法。

②市场调查丰富了市场预测技术。采用市场调查法在获取信息的基础上，可以利用相关统计方法作出相关经济预测，这将是市场预测技术的重要补充。

③市场预测的结论需要市场调查来验证和修订。市场预测得出了相应的预测结论，一般要进行验证，而市场调研，如消费者访谈法，可以对预测的结论进行验证，来检测结论的有效性。

（二）纺织品服装市场调查与预测的区别

1. 着眼点不同

市场调查着眼于过去和现在，是对已发生过的实际情况的调查与了解。市场预测着眼

于未来，是对未来的不确定的市场发展趋势的预计和推测；

2. 准确度的要求不同

市场调查主要取得已发生的市场发展的历史和现实资料，为分析市场发展动态、进行预测和决策提供依据。因此，市场调查资料要求准确、可靠，尽可能地反映市场发展演进的本来面目。市场预测是对尚未发生的未来市场的发展前景的预计和推测，而未来市场的变化受多种可控和不可控、可测和不可测的因素的影响，具有不确定性。因此，不可能要求百分之百地准确估计未来市场的发展状况，预测不可避免地存在着一定的误差，预测者力求将预测误差控制在一定的范围之内。

3. 使用的方法不同

市场调查通过观察、实验、询问等方法取得第一手资料；通过查阅、交换、购买、咨询等方法取得第二手资料；并通过审核、分类、编号、统计等方法对资料进行整理、储存和分析，得出调查结论。市场预测是运用定性、定量的方法，通过对调查资料的分析和研究，找出市场运行的规律性，预测市场的发展趋势。

本章小结

市场是指一群具有相同需求的潜在顾客；他们愿意以某种有价值的东西来换取卖主所提供的商品或服务，这样的商品或服务是满足需求的方式。

企业是从事生产、流通与服务等经济活动的营利性组织，企业通过各种生产经营活动创造物质财富，提供满足社会公众物质和文化生活需要的产品服务，在市场经济中占有非常重要的地位。企业不同于公司。

纺织品服装市场是由纺织服装产品交易而形成的交易关系的总和。从产品构成看，包括纺织品服装的原材料、半成品、制成品等相关产品；从交易场所看，不仅包括实体的专业市场、专卖店，也包括线上的虚拟市场。

纺织品服装市场有不同的划分标准，依据销售渠道类型的不同，可以把纺织品服装市场划分为专卖店、大型专业市场、百货公司、超市、综合性购物中心、集贸市场等。

市场调研，是指为了提高产品的销售决策质量、解决存在于产品销售中的问题或组织根据特定的决策问题运用科学的方法有目的收集、统计资料及报告调研结果的工作过程。

市场预测就是运用科学的方法，对影响市场供求变化的诸多因素进行调查研究，分析和预见其发展趋势，掌握市场供求变化的规律，为经营决策提供可靠的依据。

纺织品服装市场的调研和预测既有联系又有区别。二者相互联系：市场调查为市场预测提供了信息资料；市场调查丰富了市场预测技术；市场预测的结论需要市场调查来验证和修订。二者也有明显的区别：着眼点不同；准确度的要求不同；使用的方法不同。

本章习题

一、思考题

1. 如何理解市场和企业的含义？

2. 纺织品服装市场的含义是什么？

3. 纺织品服装企业的市场调研与预测之间的关系是什么？

二、练习题

1. 2002 年年底，位于北京市密云工业开发区的太子童装生产基地开始试产首批童装。引人关注的是，投资方不是服装企业，而是国内最大的乳酸菌企业湖南太子奶集团。无独有偶，国内的饮料巨头们均不甘寂寞，纷纷上演串行戏："娃哈哈"卖起了方便面，"统一"进军白酒市场，如今太子奶集团又做起了童装。据了解，如此大规模、行业性的"串行"在饮料行业还是第一次。其实，早在几年前，就有饮料巨头"百事可乐"大胆跨入运动服饰行业成功"串行"的先例。但像 2002 年这样几家企业先后行动的情况却是少见：先是娃哈哈紧锣密鼓地为设在河南的方便面厂招兵买马，然后是"统一"与吉林白酒集团签约进入白酒市场，到现在的湖南太子奶集团投资数亿元在京建立童装生产基地。这种大串行的现象，与市场调查与预测是分不开的。

经过周密的市场调查与预测，太子奶集团发现童装市场需求大、前景看好，于是做出了大胆的跨行经营举动。据有关部门统计，我国 16 岁以下的少年儿童约有 3.6 亿人，占全国人口的 27%，国内儿童服装生产企业总计有 4000 多家，年生产儿童服装 6 亿多件，而真正叫得响的儿童服装品牌也就 200 家左右。整个儿童服装市场从数量到品质都远远没有满足市场的需求。据悉，新落成的太子儿童服装生产基地占地 320 多亩，投资数亿元，拥有数万平方米的现代化标准厂房和宽大的智能物流中心，世界先进的全智能计算机制衣生产线，独家从日本和法国进口符合当今国际流行色彩和环保要求的面料，据说每季都可以推出 200 个以上流行款式。（资料来源：《中国市场经营报》）

问题：请分析市场调研和预测对于太子奶集团经营童装的意义和作用。

2. 美国一个制鞋公司要寻找国外市场，公司派了一名业务员去非洲一个岛国，让他了解一下能否将本公司的鞋推销给他们。这个业务员到非洲后待了一天发回一封电报："这里的人不穿鞋，没有市场。我即刻返回。"公司又派出了一名业务员，第二个人在非洲待了一个星期，发回一封电报："这里的人不穿鞋，鞋的市场很大，我准备把本公司生产的鞋卖给他们。"公司总裁得到两种不同的结果后，为了解到更真实的情况，于是又派去了第三个人，该人到非洲后待了三个星期，发回一封电报："这里的人不穿鞋，原因是他们长有脚疾，他们也想穿鞋，过去不需要我们公司生产的鞋，因为我们的鞋太窄。我们必须生产宽鞋，才能适合他们对鞋的需求，这里的部落首领不让我们做买卖，除非我们借助于政府的力量和公关活动搞大市场营销。我们打开这个市场需要投入大约 1.5 万美元。这样我们每年能卖大约 2 万双鞋，在这里卖鞋可以赚钱，投资收益率约为 15%。"

问题：三个业务员在对同一个市场展开调查时，为什么得出的结论会大不相同？

3. 美国李维斯公司是以生产牛仔裤而闻名世界的。20 世纪 90 年代末期的销售额仅为 800 万美元，但到 20 世纪 80 年代销售额达到 20 亿美元，40 年间增长了 250 倍。这主要得益于他们的分类市场调查。该公司设有专门负责市场调查的机构，调查时应用统计学、行为学、心理学、市场学等知识和手段，按不同国别、分析研究消费者的心理差异和需求差别，分析研究不同国别的经济情况的变化、环境的影响、市场竞争和时尚趋势等，并据此制订公司的服装生产和销售计划。例如，1974 年公司对联邦德国市场的调查表明，大多数顾客认为服装合身是首选条件，为此，李维斯公司随即派人在该国各大学和工厂进行服装合身测验。一种颜色的裤子就定出了 45 种尺寸，因而扩大了销售。李维斯公司根据美国市场调查，了解到美国青年喜欢合身、耐穿、价廉、时髦的服装，为此将这四个要素作为产品的主要目标，因而该公司的产品在美国青年市场中长期占有较大的份额。近几年，李维斯公司通过市场调查，了解到许多美国女青年喜欢穿男裤，为此，公司经过精心设计，推出了适合妇女需求的牛仔裤和便装裤，使该公司的妇女服装的销售额不断增长。虽然美国及国际服装市场竞争激烈，但是李维斯公司靠分类市场调查提供的信息，确保了经营决策的正确性，使公司在市场竞争中立于不败之地。

问题：李维斯公司的分类市场调查对你有何启示？

第二章

纺织品服装市场调研理论基础

引　言

　　纺织品服装市场与其他类型市场相似，营销决策的前提同样是市场调研。市场调研是一个系统工程，包含诸多环节，掌握市场调研的理论基础将为后续的调研活动开展提供理论上的基石和方法论上的指导。

学习目标

　　通过本章的学习，了解市场调研的作用，掌握市场调研的分类；熟悉定性调研与定量调研的区别和联系，掌握市场调研的内容；了解市场调研的发展历程。

第一节 市场调研的作用

国际知名的市场调研专家小卡尔·迈克丹尼尔（Carl McDaniel, Jr.）在其著作《当代市场调研》中指出："市场调研具有三种功能：描述、诊断和预测。"描述功能是指收集并陈述事实。例如，陈述某个行业的历史销售趋势是什么样的，消费者对某产品及其广告的态度如何。诊断功能指解释信息或活动。例如，解释改变包装对销售会产生什么影响，换句话说，为了更好地服务于顾客及潜在顾客，应该如何对产品/服务进行调整。最后一种功能是预测功能。例如，阐述企业如何更好地利用持续变化的市场中出现的机会。正是由于具有这三种功能，市场调研被视为企业的"雷达"或"眼睛"，其重要作用表现在以下几个方面：

一、有利于为企业决策和调整策略提供客观依据

经营决策决定了企业的经营方向和目标。它的正确与否，直接关系到企业的成功与失败。企业进行经营决策必须了解和掌握市场及其营销环境的基本状况和发展趋势，了解和掌握企业自身的经营资源和条件，使企业的资源、活动范围和营销目标在可以接受的风险限度内与市场环境提供的各种机会相协调。只有进行系统、周密的市场调查和研究，为决策提供可靠的依据，才能保证企业的经营战略方向是正确的，企业的战略目标是可行的，企业营销活动的中心和重点是符合市场要求的，企业的发展模式同外部环境是相适应的。

企业针对某些问题进行决策或修正原有策略，如产品策略、定价策略、分销策略、促销策略等，通常需要坚持不懈地进行市场调研，不断收集和反馈消费者及竞争者的信息，才能正确把握营销策略的制定和调整，从而在市场上站稳脚跟，立于不败之地。显然，科学决策或调整策略必须以市场调研为基本前提。

案例2.1

报喜鸟集团成功切入中档西服市场

21世纪之初，中国已成为服装大国。在西服领域，国内市场品牌众多、竞争激烈，西服产量大，但缺乏强势品牌。成立于1996年的报喜鸟集团已连续6年进入全国西服销售收入前10名，主导品牌报喜鸟被认定为"中国驰名商标"。报喜鸟集团组建后，创立品牌成为迫切任务。国内西服市场品牌竞争激烈。国际知名品牌如BOSS、杰尼亚占据高端；国内知名品牌如雅戈尔、杉杉处在中端；一些区域性品牌占据低端。

在经过市场调研后，报喜鸟老总吴志泽认为："男性进口名牌服饰优选的面料、新颖的款式吸引了高收入群体，但是中低收入群体无力购买，而国内一些实力雄厚的名牌产品则以一流品质赢得了自己的消费者群体，但在色调选择和款式变化上仍难以满足中高收入

阶层中追求时尚的男性消费者。"从细分市场角度看，价位在 1800~2000 元的中端市场还少有人涉足。由此切入，可以避免同国内实力雄厚的品牌正面竞争，同时这也是有利可图的市场。

当时，报喜鸟在全国市场知名度偏低。采用明星做品牌代言人能否成功的关键在于选择合适的代言人，通过策划活动使之成为传递品牌内涵的载体。报喜鸟认为，采用明星代言品牌，可以把品牌内涵通过人格化的传播方式传递到目标消费者，树立衣着品位榜样。同时，明星也是新闻人物，这对于进行软件宣传很有帮助。

根据报喜鸟的经验，企业选择品牌代言人应注意三点：①品牌代言人的性格情趣是否符合品牌主张；②品牌代言人的外型气质能否体现品牌形象；③双方能否在品牌推广活动中很好地配合。

任达华曾被评为香港十大杰出衣着男士，做过模特，对服装有独到品位，充满现代男人魅力。而报喜鸟着力要打造的正是追求时尚、唯美的品牌内涵。两者一拍即合，强化了目标消费者对于报喜鸟是具有一定衣着品位、事业相对成功、较强经济实力人群首选品牌的归属感。

利用明星效应建立的知名度是脆弱的，如果不能持续地向外界传递品牌内涵、强化品牌形象，在消费者心中牢牢占据一席之地，一切将前功尽弃。报喜鸟采取了根据品牌发展阶段性需要不断为品牌代言活动注入新内涵的做法：

（1）"明星+名师"。1999 年，在品牌知名度打响后，企业注意到国际品牌的差距主要体现在产品工艺的细微处。此前，报喜鸟以百万年薪聘请意大利名师安东尼奥担任首席工艺师。由此形成了任达华与安东尼奥这样一个组合进行品牌推广活动，展示报喜鸟形象与品质并重的品牌内涵。

（2）"明星+名模"。2000 年，在品质提升之后，企业注意到代言时尚品位应成为品牌的新主张。通过参加专业的服装博览会，举办大型流行趋势发布会、时尚发布会等，确立报喜鸟引领时尚的前卫形象，传达"东情西韵、古风新律"的品牌文化风格。

在传播渠道整合上，报喜鸟借助具有目标读者针对性的民航杂志，赞助各地电视台时尚节目，统一各专卖店的外形、POP 和店员工作程序，还开设了品牌网站。在广告方面，报喜鸟先后推出了 5 个版本的广告片，将品牌竞争上升到风格竞争、文化竞争的新高度。

报喜鸟在启用明星淘得第一桶金之后，国内服装企业争相效仿，重金请来周华健、梁家辉等港台明星甚至布鲁斯南等国际巨星做品牌代言人。大大小小的"星星"对报喜鸟的既定套路构成了干扰。新的兴奋点在哪呢？1999 年，报喜鸟公开宣布全国统一价、不打折。此时，国内服装市场打折风一发难收，打折成了各品牌竞争的常规武器。打折压力十分强大，接受打折甚至成为国内服装品牌进入大商场的必要前提。在如此重压下，一些品牌采取了虚标价的做法。报喜鸟则采取成本定价的策略，报喜鸟不打折基于以下考虑：

（1）对特定消费群体的锁定作用。中国服装市场很大，报喜鸟锁定的是愿意为品牌付出相应价格以体现个人品位的群体，而不是要通过降价、上量占领整个市场。

（2）保值作用。在报喜鸟的消费构成中，礼品消费约占 10% 的比重，这类顾客看重的是品牌价值；婚嫁市场占有 20% 的比重，顾客看重的是富有民族喜庆色彩的品牌名称。

据了解，20%的顾客是冲着报喜鸟不打折来的。如果打折，得罪的将是老顾客。

（3）保证产品的高品质。高品质需要大投入。企业已投资1.5亿元进行技改，目前综合装备水平进入了全国前三位。不打折可以保证品牌具有持续提升的能力。

（4）防止窜货。全国统一价是规范连锁系统的一块基石。报喜鸟的430家专卖店遍及全国200多个城市，形成了国内男装企业规模最大、管理最规范的连锁专卖体系。

企业"以顾客为中心"，坚持不懈地做好关系营销，不断提高消费者的品牌忠诚度，建立起品牌与消费者之间牢固的情感纽带，是品牌摆脱价格战的战略选择。

吴志泽认为，消费者购买的是有情感归依的品牌。只有建立品牌与消费者之间牢固的无形纽带，才能超越价格战。为支撑不打折承诺，报喜鸟推出"CS（顾客满意）工程"。这是以顾客满意为终极目标，以服务为手段，以快速的信息渠道为基础。

"CS工程"的一项重要举措是提供个人量体定制项目，将顾客内在的气质、内涵以及外行的最大优点完美发挥，最大限度地体现个性魅力。报喜鸟的个人量体定制对顾客不收额外费用，但是对企业来说，成本加大。据统计，报喜鸟每年的定制服装达到1万多套。报喜鸟认为，这样可以抓住回头客。

报喜鸟承诺每年推出一个新的技术产品。凭借强大的设计力量，企业连续推出新风格西服、挺柔西服、非粘合衬西服等新产品，不断引领潮流，给消费者以最大价值。2001年，组建报喜鸟时尚俱乐部，该俱乐部是与消费者进行一对一沟通的亲情化组织，以"引领时尚，倾心服务"为宗旨，为消费者提供更加完善、细致的服务。会员可享受实际权益包括在生日、节日获得礼品、纪念品，获得时尚资讯等，并有机会参加各类时尚交流活动。目前俱乐部会员已突破5000人。在俱乐部会员个人资料的基础上，企业着手建立"CRM"（顾客关系管理系统），数据库营销成为下一步发展重点。

二、有利于企业发现市场机会，开拓新市场

市场机会与市场营销环境的变化密切相关。通过市场调研，可以使企业随时掌握市场营销环境的变化，并从中寻找到新的市场机会，为企业带来新的发展机遇和新的经济增长点。随着科学技术的进步，新技术、新工艺不断涌现，企业只有通过市场调研，了解国际与国内市场的需求情况，分析产品处在市场生命周期的哪个阶段，并分析市场空缺，才能确定在什么时候开发研制、生产和销售新产品，以满足消费者的需求，把握市场机会，使企业不断开拓新市场。

三、有利于进行准确的市场定位，更好地满足顾客需要，增强竞争力

企业要在竞争中求得生存和发展，关键是要比竞争者更好地满足目标顾客的需要。顾客的需求多种多样，而且会发生变化。企业只有通过市场调研，才能了解和掌握顾客的需求变化情况并进行准确的市场定位，按其需求提供其所需要的产品和服务，才能提高顾客的忠诚度，从而确立竞争优势，使企业在激烈的市场竞争中立于不败之地。例如，在经过详细的市场调研后，英国航空公司（British Airways）改变了它在横跨大西洋航线上头等舱

的服务。对横跨大西洋航线头等舱，大多数航空公司强调的都是高档服务，而英国航空公司通过调研发现，大多数头等舱的乘客希望的仅仅是能够睡安稳觉。现在，该公司头等舱的顾客可以于飞机起飞前在头等舱休息室就餐。一旦登机后，他们就可以穿上英国航空公司提供的睡衣，枕在枕头上，盖上毯子，享受一次免受打扰的旅行。到达目的地后，头等舱旅客可以吃早餐，进行梳妆和洗浴，并且可以在离开前穿上熨烫平整的衣服。这些变化是在严格的市场调研推动下产生的。

四、有利于企业建立和完善市场营销信息系统，提高企业的经营管理水平

市场营销信息系统是指由人、设备和程序组成的一个持续的彼此关联的结构，包括内部报告系统、营销情报系统、市场调研系统和决策支持系统四个子系统。其任务是准确、及时地为营销决策者收集、挑选、分析、评估和分配有关信息。其中，市场调研系统是对特定的问题和机会进行研究，是非常重要的子系统，缺少它必然影响整个市场营销信息系统的运行，影响企业的生产经营正常进行。通过持续的、系统的市场调研，可以加深对市场机制作用及方式的了解，加强对影响市场变化的诸因素及相互联系的认识，增强把握市场运行规律的能力，从而增强参与市场活动的主动性和自觉性，减少盲目性。同时，可以把握行业发展态势，了解消费者需求、竞争产品的市场表现，评估和监测市场运营情况，从而提高企业的经营管理水平。

第二节　市场调研分类

一、探索性调研

（一）探索性调研的定义

当企业对所需调研的问题不太清楚或课题的内容与性质不太明确时，为了认识问题的性质，确定调研的方向与范围而进行的试探性调研叫作探索性调研。

（二）探索性调研的目标

就是对选定问题进行清晰和准确的陈述。调研人员进行探索性调研主要有以下三个目标：①诊断形势；②测评各种选择；③发现新的构思。

1. 诊断形势

我们已经知道，形势分析对于阐明问题实质是非常必要的，探索性调研帮助诊断问题的各个方面，由此可以保证以后的调研项目保持正确方向，还可以帮助设定调研的优先级别。在很多情况下，探索性调研通过收集新主题的有关信息，可以帮助确定正确的管理方向。调研项目事先可以不必计划，但在开发营销战略之前，必须收集有关问题的各种信息。

例如，一家广告代理商得到一笔关于含菊苣咖啡的广告业务，该企业先从探索性调研

入手，诊断具体的市场形势。调研人员发现，几乎没有人听说过菊苣，没有人知道怎么使用这种植物。这个发现令调研人员假定，广告可以按照客户的任何要求来描述菊苣成分。

2. 测评各种选择

当企业同时面对几种机遇，如新产品构思等，但预算却不允许尝试各种选择时，探索性调研就可以帮助找到最佳选择。很多优质产品没有出现在市场上，是因为公司选择更好的商品上市。探索性调研可能显示某些新产品构思是难以运转的，从探索性的角度来观察市场数据，如规模、数量等，可能会发现由于市场规模太小，有些产品选择是不可行的。探索性调研的这个方面不能代替总结性调研，不过，这种调研可以产生某种评估信息。

测试某些概念是执行营销调研的一个重要原因。概念测试（concept testing）作为很多不同调研程序的一般用语，是对一些有关于新的、修改过的或者重新配置的产品、服务或战略的想法进行测试的探索性调研程序。一般来讲，企业会向消费者介绍一种新产品的书面陈述，并问他们是否觉得新颖或有所不同，是否会使用它，是否会喜欢它，等等。概念测试是一种评估构思的好方法，它可以提供消费者对公司各种行动的评价，如调研、发展、生产及公司的其他行动。

调研人员从消费者对概念的评估中寻找各种信号，来减少存在问题的概念数量，或者改进这些概念，避免出现新的问题。例如，市场人员放弃了一则男用洗发水的广告，该广告宣称可以为易损发质提供特别呵护，如长时间受阳光照射、吹风机温度过高或出汗过多引起的发质问题等，但是男性消费者看了这则广告之后，认为这种洗发水是专门为户外工作者设计的，并不适合他们自己的情况。早期的调研显示，尽管该产品看起来很特别，但是要说服男性消费者认为洗发水适合他们的自我形象，这种可能性却不是很大。

3. 发现新的构思

市场人员经常通过探索性调研来产生构思，如新产品、广告创意等。例如，汽车公司邀请消费者使用计算机化的设计系统，来设计他们自己的"梦之车"。这种探索性调研可能会产生非常有价值的构思，而企业自身的设计师可能永远不会有这样的想法。

挖掘消费者需求是产品构思的一个重要的潜在来源。探索性调研的一个目标就是，尽早发现消费者认为某个产品系列所存在的有关问题。当调研需要确定人们想要购买的产品类型时，询问人们的需要与问他们对问题的看法是有区别的。如果你问顾客他们想购买什么样的狗粮，回答可能是"对小狗有益处的东西"。但如果你问他们狗粮所存在的问题，你可能听到："把狗粮放入冰箱，会有一种怪怪的味道。"一旦调研确定了问题，营销工作就需要找到解决该问题的方案。

（三）探索性调研的应用范围

探索性调研的主要目的是对某一问题或者某一对象进行探索性研究。在下列情况下，可以应用探索性调研：

（1）更精确地设计或确定问题的范围；

（2）确认可能的行动过程；

（3）形成假设；

（4）分离出主要变量及其间的关系，以便对它们做进一步的考察；

（5）为寻求解决问题的方法所做的尝试性工作；

（6）为进一步调研进行择优排序。

总之，在研究人员对调研项目的开展没有足够了解的情况下，探索性调研是一个必要的环节，以便明确调研的方向。

二、结论性调研：描述性和实验性调研

（一）描述性调研

1. 描述性调研的定义

描述性调研，是一种比较深入具体地反映调查对象全貌的调研，它注重于对客观事实进行静态描述。描述性调研以调研人员已经掌握了有关调查对象的背景知识为前提假设，其区别于探索性调研的关键是具备预先计划和前提假设。

准确的描述性调研一般建立在大量的、具有代表性的样本之上，调研方案被预先认真策划和构造，信息来源也被限定。描述性调研要求对"5W＋1H"，即"人员""内容""时间""地点""原因"和"调研方式"六个因素做详细的说明。

2. 描述性调研的适用范围

描述性调研通常用于对市场特征和功能的描述，经常应用于以下情况：

（1）描述调查对象的特征，如描述消费者、销售人员或者商场购物环境特征。

（2）估测某一特定群体中表现出某种特定行为的人所占的比率。

（3）确定顾客对产品特征的了解程度。

（4）确定市场变量的关联程度。

（5）进行预测。

3. 描述性调研中的横向调研和纵向调研

（1）横向调研。横向调研是市场调研中最常使用的一种描述性调研方法。横向调研是一次性从既定的样本中收集资料的调研方法，它分为单一横向调研和多角化横向调研，在单一横向调研中，只从目标总体中抽取一个样本，并只从该样本中收集一次资料。这种单一横向调研又称样本调研法。

（2）纵向调研。纵向调研是对一个或几个给定的样本进行重复调研的调研方法。与横向调研不同的是，纵向调研的样本保持不变，即对同一个样本进行多次调研，纵向调研可以抽取一个样本，也可以抽取多个样本，但必须对每个样本进行两次或者两次以上的调研。通过纵向调研能够发现在一段时间内研究问题所发生的持续性变化。

（二）实验性调研

1. 实验性调研的定义

实验性调研的目的是获得事实，从而得出各变量间因果关系的正确推论。通过操纵假定的因果变量并控制其他相关变量的效应来收集数据，该方式克服了描述性调研项目缺乏控制力的问题。

为解释上述观点，考虑一家服装产品公司希望了解广告对销售的影响。为达到目的，该公司可以开展如下工作：

（1）选择一组有类似人口统计、社会经济和竞争者特征的不同市场区域。

（2）变动各个市场上广告支出的不同水平，保持其他市场变量比如价格和促销的稳定。

（3）监测足够长时间内的销售变动。

（4）分析数据以确认不同市场之间销售变动的模式是否和广告支出变动的模式一致。

以上步骤为实验性调研而非描述性调研方式，因为调研中将保持广告以外的其他影响销售的因素不变。假定在调研期间内的一组市场中，外部条件没有重要的不同（比如失业率突然变化，或只局限于某些市场而不在其他市场开展的竞争行为），销售的变动可以被认为是广告支出变动的结果。

2. 实验性调研的条件

我们如何确定实验中因果关系，比如 X 变量对 Y 变量有因果关系？实验性调研的研究文献指出，在作出"如果 X，则 Y"的结论之前，必须满足三个相当直觉性的条件。

（1）变量发生的时间顺序。变量 X（或 X 的变化）必须在 Y 变量（或 Y 的变化）之前。

（2）联系的证明。必须证明 X 和 Y 两个变量是相互联系的。

（3）控制其他的因变量。除非 X 变量以外的所有潜在变量都很好地被控制或考虑，否则"如果 X，则 Y"的结论可能是错误的；即使 X 变量在 Y 变量之前发生而且两个变量间存在联系。

上述三个条件在确定因果联系之前必须得到满足。第三个条件是最重要的，可能也是在实际调研项目中最难以满足的。我们通常在描述性调研中通过观察或问卷数据来推断变量的时间顺序和关联的证据。但是不可避免地需要某些形式的实验性调研来控制其他自变量。

第三节　数据收集技术：定性调研和定量调研

一、定性调研的概述

定性调研是相对于定量调研而言的。定量调研是利用程序化和标准化的技术和方法对所收集的资料进行量化分析和处理的过程，它是基于问题的数量的研究。而定性调研的数据收集、分析、说明，都是通过对人们的言谈举止的观察和陈述来进行的，它是一种非程序化的、非常灵活的、基于问题的性质的研究方法。定性调研可以追溯到 18 世纪中期的历史学家戈亚姆巴迪斯塔·韦高的文章，韦高在文章中说，只有人才能理解人，而且是通过被称为"直觉"的天赋来实现的。在社会学和其他社会学科中，关于直觉试验以及移情作用，既有大量的发现，也有大量的争议。

定性调查以不同于定量调查的方式为我们深入理解有关调研问题提供了更有力的帮助，同时它也比定量方法更快捷、更方便地帮助我们识别产品的用户和潜在用户的行为模式。特别地，定性调研帮助我们理解现有产品及它们使用的情况；新产品或现有产品的潜在用户；对那些设计新的产品以期解决的问题，他们现在是如何处理的；被设计产品的技术、商业和环境影响因素等。

对"调研"这个词，人们往往会联系到科学性和客观性。这种联系没有错，但是它误导很多人产生这样的观点，只有一部分的调研会产生终极的客观性——数据资料。数字不会撒谎的观念在商业界和工程界非常普遍。尽管如此，我们也都理性地认识到，数字，特别是关于人类活动的数字，在被操纵或重新解释方面绝不亚于文字。

在物理学这种硬科学中搜集的数据和对人类行为搜集的数据是明显不同的，电子不会有时刻变化的心情，而像物理学家那样紧紧地控制着只对隔离的可观察的行为进行试验，在社会科学中几乎是不可能的。任何把人类行为简化为统计表的企图都有可能漏掉重要的差别，有些差别可能不会直接对商业计划产生影响，却会造成产品设计的巨大不同。定量调查也许只能取得在有限的几个简化的变量上的取值。定性调查则可以告诉你在丰富多彩的细节上有什么、怎么样和为什么。

社会科学家很久以前就认识到人类行为太过复杂，受制于太多的变量，以至于无法单单依靠数据去理解。可以用性从业者借用人类学和其他社会科学中的技术，已经发展出很多定性方法来收集用户行为的可用性数据，以达到更加务实的目的：帮助创造出更好的服务用户需求的产品。因此，定性调研在使用方法和领域上，要注意谨慎的辨别。

二、定量调研方法概述

定量调研在问卷中使用正式的提问和预先设想的答案选项来对大量的受访者进行访问。例如，世界权威的市场调研服务机构 J. D. Power and Associates 在全国范围内对购买新车的顾客满意度进行调查或者美国运通公司在全球范围内对旅行情况进行调查。通过定量调研法，研究问题是具体而明确的，决策者和调研者在收集精确的信息需求上已经达成一致。

定量调研方法通常用于描述性和因果关系研究，但偶尔也与探索性调研相关联。例如，调研者会用调查问卷进行试点测试，以在进行更大规模调研之前。定量调研是一种在问卷中强调用正式标准化的问题和预先给出的答案选项进行调查访问的调查设计。衡量调查做得如何。定量数据收集的成功更多取决于正确的设计和实施调查问卷，而非访谈员或观察者的沟通技巧。

定量调研的主要目的是获取信息，能够帮助决策者：①准确预测市场因素和消费者行为之间的关系；②获取对这些关系更有意义的认知；③验证已有关系；④对假设进行检测。定量调研要求调研者在概念形成、量表测量、问卷设计、抽样、数据统计分析等方面具备良好的培训经验。此外，调研者还必须能够将数据转换为有意义信息，用数据强有力地支撑观点。最后，定量调研方法能够投射于感兴趣的研究总体上，并且相对更加可信。因为对所有受访者都通过同样的方式进行提问，并且样本规模更大。

三、定性调研和定量调研的区别

在调研领域，定量调研法是传统的方法之一，有时被称为"调查法"。定量调研法可供选择的问题答案是事先确定的，被访问者的数量也是确定的，通常是通过一个庞大的样本量和正规化的程序来收集数据。定量分析法的目的是非常特殊的，通常只有当调研人员获取较精确的信息时，才会使用这种方法，其特点就是数据的来源十分清楚和确定，同时其编辑和分析等都遵循已确定的程序。

相对而言，由于定性调研法的数据收集、分析和说明等都是通过人们言谈举止的观察和陈述，它是定性和非标准化的形式，因此，定性分析的数据只有在经过一定的编译程序后才能确定。例如，当你向 5 位被访问者询问"饮酒对大学生的影响"这一问题时，你可能会听到 5 种不同的答案，但是，通过分析，你可将他们对"大学生饮酒行为"的看法分为"赞成""反对"和"中立"。如果你事先已将结果设定为"是"和"否"的话，这一过程将不必采用。任何一种使用观察法或开放式问题的调研都可被认为采用了定性调研法。

定量研究通常通过图表、数理模型、统计方法等，将分析资料量化处理，而定性研究则不用或很少用模型，主要通过人们的经验和判断能力进行分析处理。相对定性调研而言，定量研究更为理性、客观和科学，因此，在大规模的营销管理中，很难想象没有定量研究的情形。表 2-1 给出了对定性调研和定量调研的比较。

表 2-1　定性调研和定量调研的区别

比较角度	定性调研	定量调研
问题类型	探测性	有限的探测性
样本规模	较小	较大
每一个访谈对象的信息	大致相同	不同
执行人员	需要特殊的技巧	不需要太多技巧
分析类型	主观性、解释性	统计性、摘要性
硬件条件	录音机、投影、录像机	调查问卷、计算机、打印结果
重复操作的难易	难	易
对调研者的培训内容	心理学、社会学、消费者行为学、营销学、市场调研	统计学、决策模型、计算机程序设计、营销学、市场调研
研究的类型	探索性的	说明性的、因果性的

第四节　市场调研内容、原则与程序

一、市场调研内容

（一）市场宏观环境调研

1. 政治环境调研

政治环境是指企业市场营销活动的外部政治形势。政治环境调研，主要是了解对市场影响和制约的国内外政治形势以及国家管理市场的有关方针政策。

一个国家的政局稳定与否，会给企业营销活动带来重大的影响。如果政局稳定，人民安居乐业，就会给企业营销营造良好的环境。相反，政局不稳，社会矛盾尖锐，秩序混乱，就会影响经济发展和市场的稳定。企业在市场营销中，一定要考虑特定国家或地区政局变动和社会稳定情况可能造成的影响。

政治环境调研主要是要收集相关信息以分析国内的政治环境和国际的政治环境。国内的政治环境包括以下一些要素：政治制度、政党和政党制度、政治性团体、党和国家的方针政策和政治气氛等；国际政治环境主要包括国际政治局势、国际关系、目标国的国内政治环境。

政治环境对企业营销活动的影响主要表现为国家政府所制定的方针政策，如人口政策、能源政策、物价政策、财政政策、货币政策等，都会对企业营销活动产生影响。

2. 法律环境调研

世界许多发达国家都十分重视经济立法并严格遵照执行。我国作为发展中国家，也正在加速向法治化方向迈进，先后制定了经济合同法、商标法、专利法、广告法、环境保护法等多种经济法规和条例，这些都对企业营销活动产生了重要的影响。随着外向型经济的发展，我国与世界各国的交往越来越密切，由于许多国家都制定了各种适合本国经济的对外贸易法律，其中规定了对某些出口国家所施加的进口限制、税收管制及有关外汇的管理制度等。这是企业进入国际市场时所必须了解的。

3. 经济环境调研

经济环境对市场活动有着直接的影响，对经济环境的调研，主要从生产和消费两个方面进行。

（1）生产方面。生产决定消费，市场供应、居民消费都有赖于生产。生产方面调研主要包括能源和资源状况、交通运输条件、经济增长速度及趋势产业结构、国民生产总值、通货膨胀率、失业率以及农、轻、重比例关系等。

（2）消费方面。消费对生产具有反作用，消费规模决定市场的容量，也是经济环境调研不可忽视的重要因素。消费方面调研主要是了解某一国家（或地区）的国民收入、消费水平、消费结构、物价水平、物价指数等。

4. 社会文化环境调研

社会文化环境在很大程度上决定着人们的价值观念和购买行为，它影响着消费者购买产品的动机、种类、时间、方式乃至地点。经营活动必须适应所涉及国家（或地区）的文化和传统习惯，才能为当地消费者所接受。

例如，在销往中东地区的各种用品中不能含有酒精，这是因为该地区绝大多数的居民笃信伊斯兰教，严禁饮酒；又如，有些地区消费者喜欢标有"进口"或"合资"字样的商品，而另一些地区消费者却可能相反，这种情况一方面与民族感情有关，另一方面也与各国、各民族的保守意识和开放意识有关，这些都要通过市场调研去掌握。

5. 科技环境调研

科学技术是生产力。及时了解新技术、新材料、新产品、新能源的状况，国内外科技总的发展水平和发展趋势，本企业所涉及的技术领域的发展情况，专业渗透范围、产品技术质量检验指标和技术标准等。这些都是科技环境调研的主要内容。

6. 地理和气候环境调研

各个国家和地区由于地理位置不同，气候和其他自然环境也有很大的差异，它们不是人为造成的，也很难通过人的作用去加以控制，只能在了解的基础上去适应这种环境。应注意对地区条件、气候条件、季节因素、使用条件等方面进行调研。气候对人们的消费行为有很大的影响，从而制约着许多产品的生产和经营，如衣服、食品、住房等。

例如，我国的藤制家具在南方十分畅销，但在北方则销路不畅，受到冷落，其主要原因是北方气候干燥，这种家具到北方后往往发生断裂，影响了产品的声誉和销路。

由此可见，地理和气候环境与社会环境一样，也是市场调研不可忽视的一个重要内容。

（二）市场微观环境调研

1. 市场需求调研

市场需求的调研主要包括市场需求量的大小、市场规模的大小、市场潜量的大小、市场占有率的多少等因素，以便制定有效的营销战略。

2. 消费者人口状况调研

某一国家（或地区）购买力总量及人均购买力水平的高低决定该国（或地区）市场需求的大小。在购买力总量一定的情况下，人均购买力的大小直接受消费者人口总数的影响，为研究人口状况对市场需求的影响，便于进行市场细分化，就应对人口情况进行调研。主要包括总人口、家庭及家庭平均人口、人口地理分布、年龄及性别构成、教育程度及民族传统习惯等。

3. 消费者购买动机和行为调研

（1）消费者购买动机调研。消费者购买动机调研的目的主要是弄清购买动机产生的各种原因，以便采取相应的诱发措施。包括理智动机、感情动机和信任动机等。

（2）消费者购买行为调研。消费者购买行为是消费者购买动机在实际购买过程中的具体表现，消费者购买行为调研，就是对消费者购买模式和习惯的调研，即通常所讲的"3W1H"调研，即了解消费者在何时购买（When）、何处购买（Where）、由谁购买（Who）和如何购买（How）等情况。我们从为某商场所做的市场营销环境调研中了解到：有59%的居民选择距家最近的商店，有10%的居民选择距工作地点最近的商店，有7%的居民选择上下班沿途经过的商店，有18%的居民选择有名气的大型、综合、专营商店，有6%的居民则对购物场所不加选择，即随意性购物。

4. 市场供给调研

对市场供给的调研，可着重调研商品供给来源及影响因素、商品供应能力、商品供应范围等方面。

5. 市场营销活动调研

市场营销活动调研也要围绕营销组合活动展开。其内容主要包括：竞争对手状况调研、产品调研、价格调研、销售渠道调研、促销调研等，现分述如下：

（1）竞争对手状况调研：①有没有直接或间接的竞争对手，如有的话，是哪些？②竞争对手的所在地和活动范围；③竞争对手的生产经营规模和资金状况；④竞争对手生产经营商品的品种、质量、价格、服务方式及在消费者中的声誉和形象；⑤竞争对手技术水平和新产品开发经营情况；⑥竞争对手的销售渠道；⑦竞争对手的宣传手段和广告策略；⑧现有竞争程度（市场占有率、市场覆盖面等）、范围和方式；⑨潜在竞争对手状况。

（2）产品调研。产品调研不仅包括商品实体，还包括包装、品牌、装潢、商标、价格以及和商品相关的服务等。例如，某企业在对淋浴器市场进行调研中了解到，淋浴器的安全性是消费者购买淋浴器时所考虑的最重要因素，因此，该企业将提高产品质量作为整个工作的中心环节来抓，很快使产品质量达到国内一流水平，并在广告中加以强调，使该企业商品盛销不衰。

（3）价格调研。从宏观角度看，价格调研主要是对市场商品的价格水平、市场零售物价指数和居民消费价格指数等方面进行调研。从微观角度看，价格调研的内容可包括：国家在商品价格上有何种控制和具体的规定；企业商品的定价是否合理，如何定价才能使企业增加盈利；消费者对什么样的价格容易接受，以及接受程度；消费者的价格心理状态如何；商品需求和供给的价格弹性有多大、影响因素是什么等。

（4）销售渠道调研包括：①企业现有销售渠道能否满足销售商品的需要？②企业是否有通畅的销售渠道？如果不通畅，阻塞的原因是什么？③销售渠道中各个环节的商品库存是否合理？能否满足随时供应市场的需要？有无积压和脱销现象？④销售渠道中的每一个环节对商品销售提供哪些支持？能否为销售提供技术服务或开展推销活动？⑤市场上是否存在经销某种或某类商品的权威性机构？如果存在，他们促销的商品目前在市场上所占的份额是多少？⑥市场上经营本商品的主要中间商，对经销本商品有何要求？

（5）促销调研包括：如何正确运用促销手段，对企业促销的目标市场进行选择研究，企业促销组合策略运用是否合理等。

二、市场调研的原则

市场调研是通过搜集、整理、分析和研究市场相关信息，为企业经营决策提供正确依据的活动，需要遵循以下原则。

（一）科学性原则

市场调研不是简单地搜集情报、信息的活动。为了在有限的时间和经费情况下获得更多、更准确的资料和信息，必须对调查的过程进行科学的安排；调查所采用的方法、对资料所做的分析都需要认真地研究，以准确反映调查结果，使调研结论是全面的、具有内在逻辑性的，而不是个别的、偶然的现象。

（二）系统性原则

市场调研是全面搜集有关企业经营活动过程的信息资料的活动，既要了解企业的经营实际，还要了解竞争对手的相关情况；既要认识企业内部因素如组织机构、人员配备、管理方式和人员素质等对经营活动的影响，还要认识社会环境因素如政治法律、科学技术、社会文化等对企业和消费者的影响。因此，市场调研一定要建立在系统的基础上，考虑市场环境的相互关系，缺乏系统的市场调研往往是导致企业决策失误的重要原因。

（三）准确性原则

市场调研搜集到的资料必须真实、准确、具有时效性；对调查资料的分析必须实事求是，尊重客观事实，切忌以主观臆造代替科学分析；同时，任何片面的、以偏概全的做法都是不可取的。

（四）经济性原则

这是一切经济活动都必须遵循的原则。市场调研不仅需要人的脑力和体力的支出。还要利用一定的物质手段，以确保调研工作的顺利进行和调查结果的准确性，是一项费时、费力、费财的活动。但市场调研也要讲求经济效益，力争以较少的投入获得最好的效果。

三、市场调研的程序

从营销管理者的角度来讲，有效的市场调研过程一般包括五个步骤：确定问题和调研目标；制订调研计划；收集信息；分析解释信息；提出结论。

（一）确定问题及调研目标

市场调研的第一个步骤是确定营销中存在的问题和调研工作所要达到的目标。这一步应由营销管理人员和市场调研人员密切配合、共同完成。因为营销管理人员最了解营销中存在的问题和应作出的决策，因而也最了解哪些信息对营销决策最重要；调研人员则最了解应如何取得这些信息。确定问题及调研目标往往是市场调研过程中最困难的一个步骤。如果管理者能够在调研之前弄清楚营销中存在的实际问题，就可免除不必要的调研项目。另外，对问题的定义既不要太宽，也不要太窄。如果问题定义得太宽，将耗费太多的精力，得到一些不必要的信息，而真正需要的信息很可能没有得到；如果问题定义得太窄，收到的信息对决策来说还不够。

（二）制订调研计划

调研计划是市场调研的行动纲领。制订市场调研计划时，要求明确需要的信息及其来源、调研方法、调查对象等。最后要提交完整的书面调研计划。

1. 确定所需信息及其来源

营销决策需要哪些信息，是调研计划所需要解决的首要问题。为了得到决策所需的信息，调研人员要收集有关资料，这包括二手资料和原始资料。二手资料是指经别人收集、整理过的资料，它有两个来源：一是内部资料，包括企业营销信息系统中储存的诸如企业历年的销售额、利润状况、主要竞争对手情况等各种数据；二是外部资料，主要是公开出版的各种报刊及杂志、各类咨询公司等所提供的各种有关数据。收集二手资料迅速、方便，但有些不准确、不全面或过时，有时不能满足决策对信息的需要。为了解决这一问题，使决策者能够得到足够、及时、准确的信息，调研人员必须通过实地调研获取原始资料。一般说来，收集二手资料的目的是明确营销中存在的问题和调研目标，而决策所需要的重要资料则多数是通过实地调研获得的原始资料。

2. 确定收集原始资料的方法

收集原始资料，应由专业调研人员设计出原始资料的收集方案，确定实地调研方法。

实地调研方法一般有四种：询问法、观察法、实验法和小组深度访问法。

3. 制订抽样计划

实地调研的另一个问题就是要确定调研对象及样本的大小，调研对象选择技术一般包括全面调查、重点调查、典型调查和抽样调查。抽样调查是市场调研采用的主要方法，抽样调查就是从需要调查的对象的总体中，抽取若干个体进行调查，并根据调查的情况推断总体特征的一种调查方式。抽样调查的设计包括三项内容：一是调查哪些人；二是调查多少人；三是如何抽样。

4. 问卷设计

在收集第一手资料时，有两种主要的工具，一是问卷，即调查表。二是仪器，比如，电流计可用于测量被调查对象在看到了一个特定广告时所表现出的兴趣和感情的强度。一般说来，仪器用的相对较少，而问卷却较为常用。因为问卷是获取市场信息的主要工具。

5. 调查接触方式

收集第一手资料时，接触被调查对象的方式有邮寄问卷、电话访问或面谈。邮寄问卷是在被访问者不愿意面谈，或其反应可能受访问者偏见的影响或曲解的情况下所采取的一种最好的办法。电话访问是迅速收集信息的最好办法，并且可以对被访问者不明确的问题及时澄清。面谈访问是一种最通用的方式，访问人可以提出较多的问题并根据观察来补充访问的不足。面谈访问是一种较为昂贵的访问方法，也容易受被访问者的偏见或曲解的影响。

6. 提交调研计划

调研人员应将调研计划写成书面材料，提交营销管理部门审批。计划中应摘要列出：营销管理中存在的问题、调研目标、调研结果将会对营销决策有何帮助以及调研所需信息及其来源、调研的方法、调查对象、具体的调研步骤。另外，还应该包括调研人员的安排、调研工作的时间进度、调研费用预算等。对上述问题要逐项明确，然后提交书面的调研计划。

（三）收集信息

市场调研的数据收集阶段是一个花费昂贵，也是最容易出错的阶段。这一阶段，主要包括收集、整理和分析信息等工作。收集信息的过程，可以由企业内部的营销人员完成，也可以委托专业调研或咨询公司等机构来完成。企业自己收集信息的好处是，可加强对调查过程和信息质量的控制，而专业调研公司可以缩短调查时间，并且成本较低。数据收集阶段是花费最大又最容易失误的阶段。因此，调研人员应尽可能地按照调研计划去做，使所得的数据资料尽可能地接近事实。

（四）分析与解释信息

收集到的原始资料往往是杂乱无章，无法使用的，必须经过分析和处理。调查人员应协同营销专业人员，利用标准的计算程序或统计技术、决策模型来分析这些数据，以发现那些有助于营销管理决策的信息。

统计分析工具很多，有多元回归分析、判断分析、因子分析、集群分析、联合分析与多维排列等。

（五）提出结论

对调研结果的解释与报告是整个调研过程的最后也是最重要的一个步骤。这一步的工作是对调研结果作出解释，得出结论，向营销管理部门提交调研报告。调研报告不应是一系列的数据或高深的计算公式，而应是简明扼要的结论及说明，并且这些结论或说明应当对营销决策具有直接的意义。这一步应该由管理人员与调研人员共同完成。在很多情况下，对同一调研资料可能作出不同的解释，因此，调研人员应与管理人员共同探讨可能的最恰当的解释。此外，管理人员还要检查调研目标是否达到，所需的分析是否完成，以及是否还有新问题需要补充。最后，管理人员还要决定是否采用调研人员提出的建议。

第五节　市场调研发展历程

最早的有组织的市场调研活动可以追溯到 18 世纪中叶，是由美国农业机械生产商所发起的。19 世纪市场调研的应用范围不断扩展，19 世纪 10 年代 Kellogg 食品公司进行了食品广告的调研；19 世纪 20 年代市场调研公司相继成立；19 世纪 30 年代确立了以预测总统选举为目的的舆论调研方法。但直到 20 世纪初市场调研才真正成为一种影响广泛的社会活动，进而被作为一门学科受到了广大学者的关注。

市场调研作为一门学科，其发展历程可以划分为以下四个阶段。

第一阶段：20 世纪初，帕林撰写的《销售机会》一书标志着市场调研理论初具雏形。在这一阶段的代表性事件包括：1911 年 Curtis 出版公司设立了市场调研部，哈佛商学院创建了商务调研所；1918 年美国西北大学创建了商务调研所；1923 年尼尔森创建了专业的市场调研公司。

第二阶段：20 世纪 30 年代到第二次世界大战结束，市场调研理论逐步形成，应用范围迅速扩展。在理论上，1937 年美国市场营销协会（AMA）出版的《市场调研技术》以及布朗出版的专著《市场调研与分析》得到了广泛认同。F. E. 克拉克和 C. E. 克拉克把"市场信息的收集与阐释"正式纳入营销概念。此外，回归分析、随机抽样等定量分析方法以及座谈会等形式的定性研究均被市场调研所接纳。

在应用上，1929 年美国政府商务部在相关工商团体的配合下，开展了第一次销售普查活动，被誉为"世界市场调研工作的里程碑"。此后，销售普查定期进行，调研范围包括市场结构、销售渠道、中间商的经营成本等。

第三阶段：20 世纪 50 年代至 70 年代，市场调研进入快速成长期。随着现代市场营销学的形成，市场调研成为市场营销活动的必要环节，市场调研的观念深入整个社会的方方面面。大型企业纷纷设立市场调研部门，政府机构也成为市场调研服务的需求者和推动者。在市场需求的推动下，市场调研理论、方法、技术日益完善、成熟。抽样调研、显著性检验、动机调研及消费者行为成为理论研究的重点，心理学、社会学等在市场调研中开始得到系统应用。

第四阶段：20世纪70年代，随着技术的发展和计算机的普及，市场调研进入了信息化时代。

网络经济下，经济发展的驱动力已由资本和劳动力向知识和信息转变。当消费者可以借助互联网自由选择供应商时，如何根据消费者的偏好进行针对性营销，已成为在激烈的市场竞争中关乎企业生存和发展的关键问题。

针对海量市场调研数据所进行的数据挖掘使得市场营销更加精准，同时，由于精确营销可以带来巨大的收益，必将进一步促使企业加强市场调研。因此，在以追求利润最大化为最终目标的市场中，一个与市场调研相关的良性正反馈形成了。

精确预测市场调研的未来是很困难的，但是可以确信，今后市场调研无论在数量上还是质量上都会有极大的提高。研究的数量会越来越多，成本也一定会增加。与此同时，更加高级的方法将得到采用和改进。基于扫描仪的调研、数据库营销和顾客满意度调研将会越来越受重视。不过，最重要的是，市场调研活动的范围将扩大，扩展到诸如非营利组织和政府服务部门等领域。今后，没有正式市场调研部门的公司将寥寥无几。互联网或许是对市场调研影响最大的因素。

本章小结

市场调研的作用主要体现在调研为企业决策及策略的调整提供依据，对企业发现市场机会、进行准确的市场定位，建立与完善市场营销信息系统等提供帮助；根据市场调研的研究性质分类，市场调研可以分为探索性调研和结论性调研，结论性调研主要包括描述性调研和实验性调研；根据市场调研的调研方法分类，市场调研可以分为定性调研和定量调研；市场调研的内容主要包括宏观环境要素的调研和企业微观环境要素的调研，调研过程要遵循科学性、系统性、准确性、经济性等原则，调研的程序主要包括确定问题及调研目标、制订调研计划、收集信息、分析信息、提出结论五个环节；市场调研历史悠久，从学科的角度而言，主要包括四个发展阶段。

本章习题

一、名词解释

1. 探索性调研
2. 描述性调研
3. 定性调研
4. 定量调研

二、简答题

1. 市场调研对企业的作用体现在哪里？
2. 定量调研与定性调研的区别是什么？
3. 市场调研的程序是什么？

第三章

纺织品服装市场预测理论基础

引　言

　　纺织品服装企业要对市场开展有效预测，需要相关预测的理论知识作为铺垫，其中涉及预测的基本要素、作用、内容、预测的原则与步骤，市场预测的影响因素、市场预测误差的测量等内容。

学习目标

　　本章重点研究市场预测的内容和步骤。通过学习本章，要做到：了解市场预测的基本要素以及价值；掌握市场预测的内容和步骤；了解市场预测的发展历程以及影响因素。掌握市场预测精确度的测定指标与方法；明确提高市场预测精确度的措施。

第一节　市场预测基本构成及价值

一、市场预测的基本构成

1. 信息

信息是客观事物特性和变化的表征和反映，存在于各类载体，是预测的主要工作对象、工作基础和成果反映。

2. 方法

方法是指在预测的过程中进行质和量的分析时所采用的各种手段。预测的方法按照不同的标准可以分成不同的类别。按照预测结果属性可以分为定性预测和定量预测，按照预测时间长短的不同，可以分为长期预测、中期预测和短期预测。按照方法本身，更可以分成众多的类别，最基本的是模型预测和非模型预测。

3. 分析

分析是根据有关理论所进行的思维研究活动。根据预测方法得出预测结论之后，还必须进行两个方面的分析：一是在理论上要分析预测结果是否符合经济理论和统计分析的条件；二是在实践上对预测误差进行精确性分析，并对预测结果的可靠性进行评价。

4. 判断

对预测结果采用与否，或对预测结果依据相关经济和市场动态所作的修正需要判断，同时对信息资料、预测方法的选择也需要判断。判断是预测技术中重要的因素。

二、市场预测的价值

对企业而言，进行市场预测尤为关键。自 20 世纪 60 年代以来，由于科学技术的发展，尤其是互联网技术的发展，使得预测精确度得到提高，预测在经济活动中更加受到重视。下面将从市场预测的视角，分析企业进行市场预测的价值。

1. 市场预测是企业制订经营计划的前提与依据

企业制订经营计划，不仅要参考当前和过去的数据以及运营情况，还要考察内外环境的变化，以及企业有关产品的发展趋势、生命周期以及市场需求的变化发展趋势。而欲达此目的，就得运用各种科学的方法进行深入、细致的分析和科学的预测。

2. 市场预测是经营决策的基础

企业生产经营活动的各个阶段、各个生产环节都存在决策问题。任何企业都面临生产技术、产品品种的选择及其经济效益的评价等许多复杂的问题。对此，若无细致周密的调查和科学的预测作为基础，就难以优选出合理、经济、可行的方案，就很难作出正确的决策。

3. 预测可以把握规律与趋势

事实上，市场预测的中心问题就是掌握市场发展变化规律的问题，把握其未来发展趋势的问题。科学的预测可以帮助人们按照事物的发展规律办事，并充分发挥人的主观能动性，减少企业经营活动中的盲目性和经营风险。因此，预测也能提高企业的适应性和竞争力，帮助企业真正按市场需求组织生产和销售，从而更好地满足市场需求。

4. 市场预测有利于企业的经营管理与经济效益

经济效益是企业生产经营活动的根本，提高经济效益是经营管理的目标。而搞好经营管理的条件之一就是积极做好市场预测工作。在企业工作中，进行任何一项科研或技术经济项目，都要讲求经济效益，使之达到技术上的先进可行，经济上的合理可行，这同样也需要对一系列有关的指标进行科学的预测。如果不作经济效益方面的预测，就有可能出现研究成果在技术上是先进的、可行的，在经济上却是不合理的，或者试制出的产品市场不需要或早已饱和，给企业造成很大的经济损失。因此，市场预测可以帮助企业改善经营管理，提高经济效益。

第二节 市场预测的内容

市场预测的内容十分广泛丰富，从宏观到微观，二者相互联系、相互补充。下面将有针对性地选取部分市场预测的内容作简要陈述。

一、市场需求预测

市场需求预测是指通过对消费者的购买心理和消费习惯的分析，以及对国民收入水平、收入分配政策的研究，推断出社会的市场总消费水平。

其内容包括：①对某一种或几种产品潜在需求的预测；②对潜在供应的估计；③对拟设中的产品市场渗透程度的估计；④某段时间内潜在需求的定量和定性特征。除了全部和大部分供出口的产品以外，对产品的潜在需求主要以国内市场为基础进行预测。

二、市场供给预测

市场供给预测是指对一定时期和一定范围的市场供应量、供应结构、供应变动因素等进行分析预测。由于市场供给的大小能够反映市场供应能力的大小，因而，它是决定市场供求状态的重要变量。市场供给预测也是市场预测的重要内容。市场供应量和供应结构的分析预测，也有消费品与生产资料之分，也有全部商品、某类商品和某种商品三个层次。一般来说，应在市场供给调查的基础上，运用合适的预测方法对商品的生产量、国外进口和其他供应量等决定供应总量的变量进行因素分析、趋势分析和相关分析，在此基础上，再对市场供应量和供应结构的变化前景作出预测推断。

三、产品销售预测

销售计划的中心任务之一就是销售预测，无论企业的规模大小、销售人员的多少，销售预测影响到包括计划、预算和销售额确定在内的销售管理的各方面工作。

销售预测是指对未来特定时间内，全部产品或特定产品的销售数量与销售金额的估计。销售预测是在充分考虑未来各种影响因素的基础上，结合本企业的销售实绩，通过一定的分析方法提出切实可行的销售目标。

四、产品价格预测

价格预测是依据市场经济规律，在价格监测的基础上，运用科学的方法，对未来价格的变动趋势所进行的分析研究和判断。根据有关的价格信息和资料，运用科学方法，对商品价格变化动态进行的分析和判断，是社会经济预测的一个组成部分。其重要基础和前提，是广泛地搜集国内外价格资料，准确掌握有关市场价格的重要信息，然后根据具体的要求，编制测算模型。

五、市场环境预测

市场环境预测是在市场环境调研的基础上，运用因果性原理和定性与定量分析相结合的方法，预测国际国内的社会、经济、政治、法律、政策、文化、人口、科技、自然等环境因素的变化对特定的市场或企业的生产经营活动会带来什么样的影响（包括威胁和机会）并寻找适应环境的对策。

例如，人口总量和人口结构的变化，对产品的需求会带来什么样的影响；人口老龄化意味着什么样的商机；宏观经济运行的景气或不景气，对特定的市场和企业的生产经营活动会带来什么样的影响，应采取什么样的对策；产业政策、货币政策、就业政策、能源政策等政策调整，对企业的生产经营活动有什么样的作用，应如何利用这些政策；国际政治经济的动荡、经济危机、地区冲突对国内企业有何冲击，应采取什么样的应对策略；等等，都是市场环境预测的具体内容。市场环境预测应及时收集外部环境变化的信息，分析环境变化带来的威胁和机会，分析企业的优势与劣势，才能得出较为中肯的预测结论。

六、消费者购买行为预测

消费者购买行为预测是在消费者调查研究的基础上，对消费者的消费能力、消费水平和消费结构进行预测分析，揭示不同消费群体的消费特点和需求差异，判断消费者的购买习惯、消费倾向、消费嗜好等有何变化，研究消费者购买什么、购买多少、何时购买、何处购买、由谁购买、如何购买等购买行为及其变化。

消费者购买行为预测的目的在于为市场潜力测定、目标市场选择、产品研发和营销策略的制定提供依据。

除了上述市场预测内容外，市场预测还涉及市场的方方面面，如市场竞争预测、市场行情预测、产品生命周期预测、市场占有率预测等，这里不再一一详述。

第三节　市场预测原则及步骤

一、市场预测的基本原则

预测本身要借助数学、统计学等方法论，也要借助先进的手段。对企业的管理者而言，要进行有效的市场预测需要注意哪些方面，遵循什么预测原则呢？

（一）相关原则

建立在"分类"的思维高度，关注事物（类别）之间的关联性，当了解（或假设）到已知的某个事物发生变化，再推知另一个事物的变化趋势。

最典型的相关有正相关和负相关，从思路上来讲，不完全是数据相关，更多的是"定性"的。

正相关，是事物之间的"促进"。比如，居民平均收入与"百户空调拥有量"；有个大型家具企业，起家把握的一个最大机遇是"中国第三次生育浪潮生育的这些人目前到了成家立业的高峰"。

负相关，是指事物之间相互"制约"。一种事物发展导致另一种事物受到限制。特别是"替代品"。比如，资源政策、环保政策出台必然导致"一次性资源"替代品的出现，像"代木代钢"发展起来的PVC塑钢；某地强制报废助力车，该地一家"电动自行车"企业敏锐地抓住机遇也是一样。

（二）惯性原则

任何事物发展具有一定惯性，即在一定时间、一定条件下保持原来的趋势和状态，这也是大多数传统预测方法的理论基础。比如"线性回归""趋势外推"等。

（三）类推原则

这个原则也是建立在"分类"的思维高度，关注事物之间的关联性。类推性原则是指事物互相之间在结构、模式、性质、发展趋势等方面客观存在着相似之处的特点，可以在已知的某一事物的发展变化情况的基础上，通过类推的方法推演出相似事物未来可能的发展趋势。例如，可以通过一线城市的住宅价格来预测二线城市的住宅价格的大概走势。

（四）概率推断

市场主体不可能完全把握未来，但根据经验和历史，市场参与者能预估一个事物发生的概率，根据这种可能性，采取对应措施。扑克、象棋游戏和企业博弈型决策都在不自觉地使用这个原则。

（五）经济原则

经济原则就是在要求保证预测工作所需要精确度下，合理选择样本容量，正确确定预测模型，正确选择预测方法，以最低的费用和最短的时间获取最实用的预测结果。

二、市场预测的基本步骤

预测应该遵循一定的程序和步骤以使工作有序化、统筹规划和协作。一般而言，市场预测有以下几个步骤：

1. 确定市场预测的目标

明确目标是开展市场预测工作的第一步，因为预测的目标不同，预测的内容和项目、所需要的资料和所运用的方法都会有所不同。

2. 拟定市场预测方案

企业组织相关的预测活动，需要提前制订相关的计划，设立相关组织，制订预测的整体计划，包括人员安排、预测方式的确定、各阶段任务、资金的投入等，为开展预测做好组织和行动上的准备。

3. 搜集市场预测所需要的资料

进行市场预测必须占有充分的资料。有了充分的资料，才能为市场预测提供分析、判断的可靠依据。在市场预测计划的指导下，调查和搜集预测有关资料是进行市场预测的重要一环，也是预测的基础性工作。

4. 选择适当的预测方法

根据预测的目标以及各种预测方法的适用条件和性能，选择出合适的预测方法。有时可以运用多种预测方法来预测同一目标。预测方法的选用是否恰当，将直接影响到预测的精确性和可靠性。运用预测方法的核心是建立描述、概括研究对象特征和变化规律的模型，根据模型进行计算或者处理，即可得到预测结果。

5. 分析修正预测值

分析判断是对调查搜集的资料进行综合分析，并通过判断、推理，使感性认识上升为理性认识，从事物的现象深入事物的本质，从而预计市场未来的发展变化趋势。在分析评判的基础上，通常还要根据最新信息对原预测结果进行评估和修正。

6. 撰写预测报告

预测报告应该概括预测研究的主要活动过程，包括预测目标、预测对象及有关因素的分析结论、主要资料和数据，预测方法的选择和模型的建立，以及对预测结论的评估、分析和修正等。

第四节 市场预测影响因素及预测精确度

一、市场预测的影响因素

（一）对客观事物的认识能力

市场预测是要认识和把握预测对象的发展规律，并对其未来的发展变化作出正确的分析、估计和判断，制订计划以指导当前的行动。市场活动的参与者总是渴望自己的生产经营会在未来取得成功，但是由于未来有诸多的不确定性因素，这就需要做预测。而预测的精确度取决于人们对于客观事物的认知能力。

（二）事物受外来因素干扰的状况和程度

生产预测受到多种因素的影响，有些因素比较容易被注意，有些因素则不易被注意；有些因素比较肯定，有些因素则有较大的不确定性。因此，市场现象和各种影响因素的复杂性，以及其对市场预测对象的干扰，会对市场预测产生很大的影响，甚至决定着对市场预测结果的采纳与否。

（三）预测方法的选择

市场预测的方法有很多，不仅有定性的预测方法，也有定量的预测方法，并且每种预测方法都有其独特的适应性。因此，市场参与者选择什么样的预测方法进行预测，直接影响着预测的效果。

市场预测方法具有科学性的，一方面表现在方法本身是否具有科学的依据；另一方面表现在预测方法的适用性是否得到发挥。

（四）市场商品不同的供需形态

市场供需形态就是各类商品市场供需趋向的规律性。分析不同供需形态对于正确选择预测方法是十分重要的。市场商品供需形态大体分为以下四种类型：

（1）稳定形态。即在所预测的地域范围内市场基本趋于供需平衡状态。处于这种状态的是商品可变程度小，可控的程度大，对市场供需影响少，需求弹性小。

（2）趋势形态。此类商品在各个时间段需求量或供应量呈现直线上升或者下降趋势。

（3）季节性形态。此类商品的需求量或者供应量的变化是随着时间的推移、季节的不同而呈现出周期性的变化。在市场预测值中，必须考虑这些商品的季节性的特征才会得出科学的预测结果。

（4）随机形态。即某些商品在某些时候的需求量呈现出不规则的变化。对于这类商品的预测较为困难，需要采取各种不同的方式、方法来判断、分析，得出正确的预测结果。

二、市场预测的精确度分析

（一）市场预测精确度以及预测误差的原因分析

1. 市场预测精确度

市场预测主要是对未来市场变动的趋势进行的预计或推算，预测值与实际值之间必然会产生一定的误差。市场预测的精确度，是市场预测对象的预测值与其实际值之间的误差程度。误差越小，说明预测的精确度越高，误差越大，则说明预测的精确度越低。市场预测精确度就是利用预测误差来说明市场预测的精确度。市场预测的精确度是对市场预测误差的测定。

2. 市场预测误差的原因分析

（1）随机突发性事件的影响。事物的发展是由诸多因素综合作用决定的，人们对其发展过程，如发展方向、如何发展、发展程度作出量化的分析。如果影响预测对象发展的因素突然发生变化，则会导致预测对象偏离正常的发展轨道，使得预测发展偏差。

（2）信息数据的影响。信息的收集是进行预测的基础和前提，收集的信息精确度越高，越充分，得到预测值的误差越小。但是，在实际的信息收集过程中，往往会出现偏差，例如，出现调查对象不具有代表性、观测数据不真实，或者工作人员计算误差等都会使得数据资料与真实值出现较大偏差。

（3）预测方法的选择。市场预测有诸多可选取的方法和模型，每种预测方法与模型都有一定的局限性。同时，每种预测方法也不可能把所有影响市场的因素全部考虑在内，因此，预测方法都有一个可接受的误差范围，预测者需要依据项目的精确度要求来选取预测方法。

（4）预测者主观因素的影响。由于预测者的知识、经验、观察能力和判断能力不同，对市场认识的精确程度也不同，在预测过程中也难免会有个人的主观色彩和经验主义，主要表现在从众心理、迷信权威和个人价值取向等。

市场预测的对象是会随着时间推移不断变化发展的，而进行市场预测实际是去发掘它的内在的、客观的规律。市场外在的环境也在不断变化，因此，预测对象不会是过去状况的简单重复，而是具有新的发展内容和表现形式。这就要求预测者能灵活适应对市场的变化，及时调整和修正预测中产生的偏差。

（二）市场预测精确度的测定

1. 平均误差

平均误差（$\bar{e}$）是对预测值与平均值之间的离差计算的平均值。其计算公式为

$$\bar{e} = \frac{1}{n} \sum_{i=1}^{n} e_i \qquad (3-1)$$

式中，e_i 为各预测值与实际值之间的离差；n 为观测项数。

其中，e_i 的值一般呈正负值，相加会正负值取消，所以计算得到的最终平均值误差会偏低。一般情况下，只有实际研究问题允许正负误差相抵消或者无负值的情况下，才使用该指标测定预测精确度。

2. 平均绝对误差

平均绝对误差（MAE），是各期误差绝对值的算术平均数，用以表明各期实际观察值与各期预测值（或理论值）的平均误差水平。其计算公式为

$$MAE = \frac{1}{n} \sum_{i=1}^{n} |e_i| \qquad (3-2)$$

3. 均方差值

均方差值（MSE），是对预测值与实际值之间离差平均值计算平均数。其计算公式为

$$MSE = \frac{1}{n} \sum_{i=1}^{n} e_i^2 \qquad (3-3)$$

均方误差中将预测值与实际值之间的离差平方化，同样避免了正负误差相互抵消的问题。但是，离差平方化会使得计算结果的计量单位没有实际意义，与实际值不属于同一量级，不易比较和理解。

4. 标准误差

标准误差（RMSE），是对预测值与实际值之间离差的平方值计算平均数，再将整个平均数开平方。其计算公式为：

$$RMSE = \sqrt{\frac{1}{n}\sum_{i=1}^{n}e_i^2} \qquad (3-4)$$

标准误差就是对均方误差开平方，计算结果与实际值的计量单位相同，便于将它与实际值比较来说明误差大小。统计推断中，通常将它作为度量误差范围的基准，估计（预测）误差范围就等于标准误差的若干倍。

5. 平均绝对百分误差

平均绝对百分误差（MAPE），是用相对数形式百分数表示的预测误差指标。平均绝对百分误差指标，是对预测值与实际值之间离差除以实际值的比值的绝对值计算平均数。其计算公式为：

$$MAPE = \frac{1}{n}\sum_{i=1}^{n}|p_{e_i}| \qquad (3-5)$$

式中，

$$p_{e_i} = \frac{Y_i - \hat{Y}_i}{Y_i} \times 100\% \qquad (3-6)$$

在实际应用中，平均绝对百分误差值越小，则说明预测精确度越高。若该指标值大于10%（或15%），则认为误差太大，预测值不能被采用。

总之，在市场预测中，我们必须对所得到的预测值进行误差评估，若超出了允许的范围，则应该考虑采用另外的预测方法进行新的预测。对于相同的预测对象采取不同的方法进行预测时，应对每种方法所测得的预测值的误差进行测定，比较其大小，选择预测误差最小的预测值作为最终的预测结果。

（三）提高市场预测精确度的措施

市场预测精确度的提高，除了选择一定数量的懂业务、工作态度好、具有预测经验的人员构成合理的预测团队外，还需要做好以下工作：

（1）对信息进行核实与筛选。对于市场收集到的信息，要建立信息档案，分析数据的成因与特性，并留意异类信息，剔除无效信息。

（2）选择恰当的预测方法。需要根据资料的具体特征选择预测方法，在符合预测要求前提下，力求省时、省力、方便、简单。

（3）在保障信息有效性，预测方法合理的情况下，还需要进行实事求是的预见和洞察，保证预测值的真实可靠性。

本章小结

市场预测的基本因素有信息、方法、分析、判断等内容。对于市场主体而言，开展市场预测具有较大意义，市场预测是企业制订经营计划的前提与依据，市场预测是经营决策的基础，市场预测可以把握规律与趋势，市场预测有利于企业的经营管理与经济效益。

市场预测的内容十分广泛丰富，如市场需求预测、市场供给预测、市场价格预测、市场竞争环境预测、产品生命周期预测、市场占有率预测等。

市场预测要遵循一定的原则，如相关原则、惯性原则、类推原则、概率推断原则等。开展市场预测一般遵循如下步骤：确定市场预测的目标，拟定市场预测方案，搜集市场预测所需要的资料，选择适当的预测方法，分析修正预测值，撰写预测报告。

影响市场预测精确度有主客观方面的因素，如对客观事物的认识能力，事物受外来因素干扰的状况和程度，预测方法的选择，市场商品不同的供需形态等。

在市场预测中，我们必须对所得到的预测值进行误差评估，若超出了允许的范围，则应该考虑采用另外的预测方法进行新的预测。

市场预测精确度的提高，除了选择一定数量的懂业务、工作态度好、具有预测经验的人员构成合理的预测团队外，还需要在信息的收集、处理方法等方面下功夫。

💡 本章习题

一、思考题

1. 影响市场预测的因素有哪些？
2. 市场预测的内容有哪些？
3. 市场预测的步骤有哪些？
4. 市场预测的误差原因有哪些？
5. 提高市场预测精确度的措施有哪些？

二、练习题

1. 某地一个童装厂近年来的销售形势较好，据悉，这主要得益于生育潮而引起的人口红利，以及人们生活水平的提高。然而，该厂周厂长近日来却为产品销售和资金周转发愁。原来，2016 年年初，该厂设计了一批童装新品，有男童的香槟衫、迎春装，女童的飞燕衫、如意衫等。借鉴成人服装的镶、拼、滚、切等工艺，在色彩和式样上体现了儿童的特点：活泼、雅致、漂亮。但是也由于工艺比原来复杂，成本较高，该童装的价格比普通童装高出了80% 以上，如一件香槟衫的售价在 180 元左右。为了测试这批产品的市场吸引力如何，春节前夕，厂里与百货商场联合举办了"新颖童装迎春展销"。小批量投放市场十分成功，柜台前顾客拥挤，购买踊跃，一片赞誉之声，许多商家主动上门订货。连续几天亲临柜台观看消费者反应的周厂长，看在眼里，乐在心里，不由自主地想道："现在很多家庭都是一个孩子，为了把孩子打扮的漂亮，父母都舍得花钱。只要货色好，价格高些看来没问题。"周厂长当下决定，趁热打铁，尽快组装批量生产，及时抢占市场。

为了确定计划生产量，以便安排以后的月份生产，周厂长根据 2015 年以来的月销售额，利用加权移动平均法，计算出以后月份预测数。考虑到这次展销会的热销场面，他决定把生产能力的 70% 安排新产品，30% 安排老产品。2 月份的产品很快被订购一空。然而现在是 4 月份了，3 月份的产品还没有落实销路。询问了几家老客商，他们都反映有难处。原以为新产品童装十分好销，然而 2 月份订购的那批货，卖了一个月，还没有卖出去 1/3，他们现在没有能力也不愿意订购这类童装了。对市场出现的 180 度的需求变化，周厂家感到十分纳闷。他弄不明白：这些新产品都经过试销，自己也参加了市场调研与预测，为何事与愿违呢？

问题：

（1）你认为该服装厂产品滞销的原因是什么？

（2）为什么市场的实际发展情况会与周厂长的市场调研与预测出现大的偏差？

2. 日本著名的环球时装公司，由 20 世纪 60 年代创业时的零售企业发展成为日本有代表性的大型企业，靠的主要是第一手"活情报"。他们在全国 81 个城市顾客集中的车站、繁华街道开设侦探性专营店，陈列公司所有产品，给顾客以综合印象，售货员主要任务是观察顾客的采购动向；事业部每周安排一天时间全员出动，3 人一组、5 人一群，分散到各地调查，有的甚至到竞争对手的商店观察顾客情绪，向售货员了解情况，找店主聊天，调查结束后，当晚回到公司进行讨论，分析顾客消费动向，提出改进工作的新措施。全国经销该公司时装的专营店和兼营店均制有顾客登记卡，详细地记载每一个顾客的年龄、性别、体重、身高、体型、肤色、发色、兴趣、嗜好、健康状况、家庭成员、家庭收入，以及使用什么化妆品，常去哪家理发店和现时穿着及家中存衣的详细情况。这些卡片通过信息网络储存在公司信息中心，只要根据卡片就能判断顾客眼下想买什么时装，今后有可能添置什么时装。

问题：分析环球时装公司获得成功的重要原因？

3. 2016 年 6 月初，某品牌服装公司对其经销商进行了全面调查，本次调查旨在了解其新产品的市场发展趋势，包括产品的价格、促销效果和竞争产品等多种情况以及未来市场的发展趋势等。在本次调查中该公司发出了 250 份问卷，最终收回问卷 50 份，有效回收率为 20%，并且回收的问卷主要集中在北京、上海，而其他几个作为样本的城市（如济南、成都、广州等）均没有收到有效问卷。

面对上面的结果，该公司认为这次调查失败，因为回收的问卷太少，并且回收的问卷在地域上过于集中。于是公司领导找来部分被调查者了解一下他们的看法。

部分被调查者反映问卷开放式题目过多，在回答时占用的时间比较长，因此部分问题回答得不是很深刻，甚至很多题目不想回答。

部分被调查者反映，题目太乱，让人找不到其中的逻辑顺序，并且在开头就有很多难的题目，这样在回答了几个题目之后就不想再答下去了。

部分被调查者反映在具体调查过程中，有些调查人员的行为不是很合适，没有礼貌等，使得他们拒绝合作，即使填写也不会提供真实的数据。

总结后，该公司决定重新进行一次调查，并强调在调查中尽量克服上面所提到的问题。

问题：

（1）请分析这次调研失败的原因？

（2）如何减少调研的误差？

第四章

纺织品服装市场调研方案设计

引　言

市场调研方案设计就是根据调研所研究的目的和调研对象的性质，在进行实际调研之前，对调研工作总任务的各个方面和各个阶段进行通盘考虑和安排，提出相应的调研实施方案，制定合理的工作程序。市场调研方案是进行市场调研工作的框架和蓝图。它涉及市场调研活动的各个环节，若市场调研方案设计得不合理，调研工作就很难顺利完成。调研问题是指一项调研研究所要解决的主要问题和主要问题下的分支问题。由纺织品服装企业提出的市场调研问题，大多是没有经过仔细深入考虑提出的，因此问题范围会较为广泛，针对性不强，如新产品不被市场上的消费者认可、销售局面难以打开、企业缺乏知名度、产品在市场上的竞争力弱、市场份额逐渐下滑等。这就需要将调研问题逐层分解为若干个分支问题，从而确定调研问题。当界定好市场调研问题后，如何进行调研的实际操作，需要通过设计调研方案进行落实，并对设计好的调研方案进行评价，以保证调研方案的科学性。

学习目标

本章重点研究调研方案的设计。通过学习本章，要做到：了解市场调研方案设计的概念，掌握市场调研的过程及市场调研方案的构成，并运用相关理论设计科学的调研方案解决纺织品服装市场中存在的调研问题。

第一节　纺织品服装市场调研过程

市场调研是具有科学性的活动，纺织品服装企业只有科学地开展市场调研才能取得较好的调研结果为企业决策提供科学的依据。市场调研过程可划分为准备阶段、实施阶段、分析和总结阶段三个阶段。

一、纺织品服装市场调研的准备阶段

纺织品服装市场调研的准备阶段是调研工作的开端。准备是否充分，对于实际调研工作和调研的质量影响较大。一个良好的开端，往往可收到事半功倍的效果。调研准备阶段，重点是解决调研的目的、要求，调研的范围和规模，调研力量的组织等问题，并在此基础上，制订一个切实可行的调研方案和调研工作计划。这个阶段的工作步骤具体如下：

（一）界定调研问题

调研活动展开之前，应有明确的调研目标，即调研人员必须明确调研问题是什么。一般可从以下情况中去界定调研问题。

（1）明显与纺织品服装市场需求不相适应的营销因素，如销量的下降、库存超过合理水平。

（2）与潜在的纺织品服装市场需求不相适应的营销因素，如虽然销量增加但市场占有率下降，有可能造成未来销量的下降。

（3）从营销规律中发现问题，如纺织品服装企业新产品上市对本企业老产品销量的影响，消费者需求的变化对本企业产品的影响等。

（二）初步情况分析和非正式调研

对初步发现的调研问题应进行进一步的研究，可通过搜集相关资料、开展非正式的探测性调研以判明问题症结之所在，弄清楚究竟哪些调研问题才能为企业的营销活动提供充分科学的决策依据。与此同时，应考虑调研的范围和规模是否合适，调研的力量、时间、费用是否有充分保障。在界定调研问题时应注意：

（1）调研问题是否为关键问题，非关键问题应该放弃。

（2）调研问题能否取得信息资料，否则应修改调研问题。

（3）如确定的调研问题成本高收益小也应进行调整。

（三）制订调研方案和工作计划

纺织品服装市场调研方案是对某项调研本身的设计，目的是使调研有秩序、有目的地进行，它是指导调研实施的依据。调研方案设计的内容有：

（1）为解决调研问题需收集哪些信息资料才能达到目的；

（2）怎样运用数据分析问题；

（3）明确获得答案及证实答案的做法，

（4）信息资料从哪里取得，用什么方法取得；

（5）评价方案设计的可行性及核算费用的说明；

（6）方案进一步实施的准备工作。

纺织品服装市场调研工作计划是指对某项调研的组织领导、人员配备、考核、工作进度、完成时间和费用预算等的预先安排，目的是使调研工作能够有计划、有秩序地进行，以保证调研方案的顺利实现。

纺织品服装市场调研方案和调研计划各有不同的作用。一般来说，大型的市场调研应分别制订调研方案和调研计划。但对于一些内容不很复杂、范围较小的纺织品服装市场调研，可以把两者结合起来。

二、纺织品服装市场调研的实施阶段

市场调研方案和调研计划经有关部门或领导批准以后，就进入了调研实施阶段。这个阶段的主要任务，是组织调研人员深入实际，按照调研方案或调研提纲的要求，系统地收集各种可靠资料和数据，听取被调研者的意见。这一阶段大体包括以下具体步骤：

（一）建立市场调研组织，集中调研人员，组织学习或培训

市场调研部门，应当根据调研任务和调研规模的大小，配备好调研人员，建立市场调研组织。调研规模大的可以建立调研队或大组，下面再分设若干小队或小组。调研规模小的一般可成立一个调研小组。调研人员可以是本单位调研部门的专职人员，也可以是从其他部门抽调的人员。调研人员确定后，需要集中学习。对于临时吸收的调研人员，更需要进行短期培训。学习和培训的内容主要包括：明确调研方案，掌握调研技术，了解与调研目标有关的方针、政策、法令和必要的经济知识和业务技术知识等。对调研人员进行培训，是保证调研质量的一项十分重要的措施。

（二）组织调研人员，收集现成资料

市场调研所需的资料，可分为原始资料和现成资料两大类。原始资料是指需要通过实地调研才能取得的第一手资料。取得这部分资料所花的时间较长，费用较大。现成资料是指机关、企业等单位或个人现有的第二手资料。取得这部分资料比较容易，花费较少。在实际调研中，应当根据调研方案所提出的资料范围和内容，尽可能组织调研人员收集现成资料。本单位内部资料可以责成有关人员提供。外部资料要向有关单位或个人索取，可以根据所需资料的性质，确定向哪些单位或个人收集。有些市场信息资料，可以从图书馆，各种文献、报刊中取得。收集第二手资料，必须保证资料的准确性和可靠性。对于统计资料，应该弄清指标的含义和计算的口径，必要时应调整计算口径，使之符合调研项目的要求。某些估计性的数据，要了解其估算方法和依据以及可靠程度。某些保密的资料，应当根据有关保密的规定，由专人负责收集、保管，严防泄密。

（三）确定调研单位，收集原始资料

在市场调研中，光靠收集第二手资料是不够的，还必须通过实地调研收集原始资料。

例如，家用电器需求调研，除收集有关的第二手资料外，还必须选择一定数量的城乡居民家庭进行实地调研，以取得有关居民需求的第一手资料。在实地调研中，应当根据调研方案所确定的方式，先选择好调研单位，然后运用各种不同的调研方法取得第一手资料。市场调研一般可采用普查、重点调研、典型调研和抽样调研等方式。向调研单位进行调研的方法一般有询问法、观察法、实验法等。

三、纺织品服装市场调研的分析和总结阶段

调研资料的分析和总结阶段，是得出调研结果的阶段。这一阶段的工作如果抓得不紧或者草率从事，会导致整个调研工作功亏一篑，甚至前功尽弃。它是调研全过程的最后一环，也是市场调研能否充分发挥作用的关键。这一阶段包括以下步骤：

（一）整理分析资料

市场调研所获得的大量信息资料往往是分散的、零星的，某些资料也可能是片面的、不真实的，必须系统地加以整理分析，经过去粗取精，去伪存真，由此及彼，由表及里的改造制作，才能客观地反映被调研事物的内在联系，揭示问题的本质和各种市场现象间的因果关系。这一步的工作内容主要包括：

1. 资料的检查、核实和校订

对于调研所得资料，在整理编辑过程中，首先要检查资料是否齐全，是否有重复或遗漏之处，是否有可比性，是否有差错，数据和情况是否相互矛盾，一经发现问题，应及时复查核实，予以订正、删改和补充。在实地调研中，调研人员应当边调研、边检查，以便及早发现问题，及时核实订正。调研告一段落后，应再仔细核实一遍，力求资料真实可靠。

2. 资料的分类汇编

凡经核实校订的资料，应当按照调研提纲的要求，进行分类汇编，并以文字或数字符号编号归类，以便归档查找和使用。如果用电子计算机处理数据，要增加一个卡片打孔过程，把数据信息变换为代码，打入卡片。

3. 资料的分析和综合

调研所得的各种资料，反映着客观事物的外部联系。为了透过现象看本质，要用科学的方法，对大量资料进行分析和综合，弄清调研对象的情况和问题，找出客观事物的内在联系，从中得出合乎实际的结论。对于调研所得的数据，可以运用多种统计方法加以分析，并制成统计表。对于调研中发现的情况或问题，可以通过集体讨论，加以分析论证。

（二）编写调研报告

市场调研报告是对某件事情或某个问题调研研究之后，编写的书面报告。它是调研的最后成果，是用客观材料对所调研的问题作出系统的分析说明，提出结论性的意见。编写一份有分析、有说明的调研报告，是市场调研最后阶段最主要的工作。

市场调研报告的基本内容一般包括三部分：一是调研单位的基本情况；二是所调研问题的实事材料以及分析说明；三是调研结论和建议。此外，还可以包括调研目的、方法和调研步骤等的说明。调研时所应用的调研表以及经过整理的统计资料和图表等，可以作为报告的附件。

市场调研报告的结构多种多样，没有固定的格式。一般地说，大体由导语、主体、结束语三部分组成。

编写市场调研报告，应当把握好以下几个问题：

第一，坚持实事求是原则。调研报告要如实反映情况和问题，对报告中引用的事例和数据资料，要反复核实，必须确凿、可靠。要坚决反对弄虚作假，决不隐瞒真相或者夸大谎报。

第二，要集思广益。从分析材料、草拟报告提纲和初稿，直到最后修改定稿，都要听取调研组内、外各方面的意见，以提高调研报告的质量。

第三，调研报告的内容必须紧扣调研主题，突出重点。结构要条理清楚，语言要准确精练，务必把所说的问题写得清楚透彻。

第四，调研结论要明确。调研结论切忌模棱两可，不着边际。要善于发现问题，敢于提出自己的见解，向领导或有关部门提出建议，以供决策者参考，发挥调研报告应有的作用。

（三）总结经验教训

市场调研的全过程结束以后，要认真回顾和检查各个阶段的工作，总结经验教训，以便改进今后的调研工作。总结的内容大体有以下几个方面：

（1）调研方案的制订和调研表的设计是否切合实际。

（2）调研方式、方法和调研技术的实践结果，有哪些成功经验可以推广，有哪些失败教训应当吸取。

（3）实地调研中还有哪些问题没有真正搞清楚，需要继续组织追踪调研。

（4）对参加调研工作的人员作出考核，要表彰先进，鞭策后进，促进调研队伍的建设，提高调研水平和工作效率。

第二节　界定纺织品服装市场调研问题

调研问题的正确界定为整个调研过程提供了保证和方向，调研问题的正确界定相当于整个调研过程成功了一半。如果调研问题被误解或者错误界定，那么调研人员在后续工作中付出的努力、花费的时间和金钱将化为乌有。

一、经营管理决策问题与调研问题的关系

界定调研问题应包含经营管理决策问题和具体的调研问题两个层面的内容。经营管理决策问题指企业在经营管理中所面临的问题，主要回答决策者需要做什么，关心的是决策者可能采取的行动，属于行动导向型的问题。例如，"如何进一步扩大市场占有率""是否向市场推出系列产品""是否需要利用广告进行促销"等。调研问题是信息导向型的，

是以信息为中心，它的主要内容是确定需要什么样的信息，以及如何有效地获取信息。在实际情况中，只有确定管理者面临何种经营管理决策问题后，才能最终确认市场调研问题。

例如，经营管理决策问题是：应该推出新产品吗？

将之转化为调研问题则是：确认顾客对计划推出的新产品的偏好和购买意愿。

又如，经营管理决策问题是：应该改变广告促销方式吗？

将之转化为调研问题则是：确认现有广告促销方式的效果。

二、界定市场调研问题的过程

图4-1展示了调研问题的界定过程。在这个过程中，首先，调研人员必须通过分析环境来了解问题产生的背景，这里包括对某些重要的影响因素进行分析和评价。为了界定调研问题，调研人员有必要同决策人沟通，访问行业专家和其他有识之士，分析二手资料，有时还要进行定性调研，这些工作将会使调研人员明确经营管理决策问题。在此基础上，将经营管理决策问题再转化为市场调研问题。

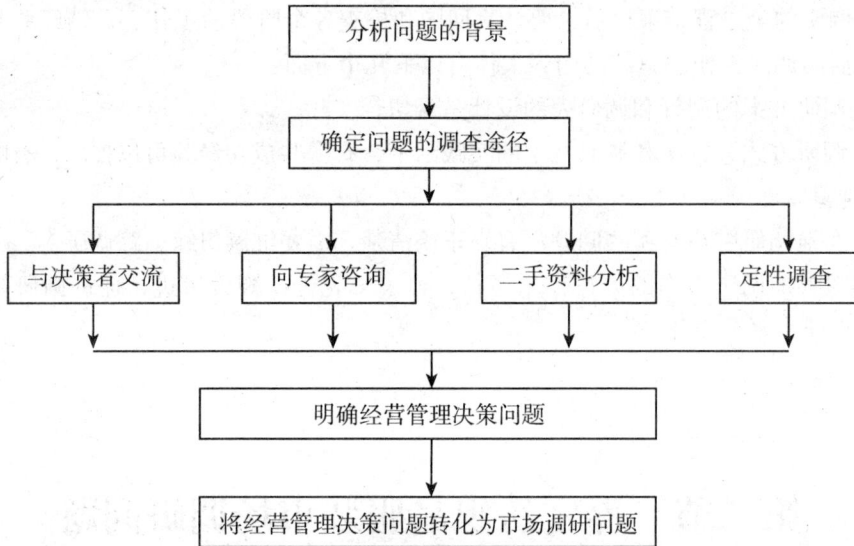

图4-1　界定市场调研问题的过程

（一）分析调研问题的背景

为了了解市场调研问题的背景，市场调研人员必须了解客户及其所在的行业，特别应该重点分析那些对界定调研问题有较大影响的因素。为此，必须了解各种有助于背景分析的相关资料。

1. 掌握与企业和所属行业相关的各种历史资料和发展趋势

这些资料包括销售额、市场份额、盈利性、技术、人口统计、生活方式等。掌握这些资料，对于揭示潜在的问题和机会很有价值。对历史和发展趋势的分析应分别在行业层面和企业层面进行。例如，当一个企业的销售额与整个行业的销售额同时下降时，比之企业的销售额下降而行业的销售额上升的情况，所反映的问题是不同的，前者很可能出自行业，而后者很可能出自企业。

2. 掌握与分析企业的各种资源和面临的制约因素

资金、研究技能、成本、时间、调研手段等都是市场调研的制约因素。如果一个拟议中的调研项目需要 15 万元经费，而实际上的预算经费只有 10 万元或更少，这个项目就难以得到管理者批准。在很多情况下，市场调研的范围都受到预算费用的限制。比如经费有限，在安排对公司顾客进行调研时，不得不将调研范围从全国压缩到几个主要的区域市场。而如果只增加少量成本，能使调研问题的范围大幅扩展，显著地增强调研项目的效用，就很容易得到管理者的批准。当必须尽快作出决策的时候，时间因素的限制就显得非常重要。

此外，委托企业的人员、组织结构、文化、决策风格等，也可能成为市场调研的制约因素。但是，不能因为存在这些制约因素而削弱调研对于决策者的价值或影响调研程序的完整性。如果一项调研项目值得进行，就应该认真做好。如果资源过于有限，以至于无法进行高质量的调研，应建议客户量力而行。因此，了解资源及其他限制条件是非常必要的，尤其是在结合考虑企业和决策者目标的情况下，更是如此。

3. 分析决策目标

决策目标包括决策者组织目标和决策者个人目标。调研必须服务于决策目标，这是调研成功的前提条件之一，但要做到这一点却并非易事。

决策者对组织目标的界定通常并不十分准确，且过于原则，即使目标是明确的，往往也难以操作，如"改善公司的形象""提高经营效益"等。这就需要调研人员具备提炼组织目标的能力，应注意并善于使组织目标具体化和清晰化。一个有效的办法就是向决策者提供可选择的解决问题途径，问他们将采取什么行动。如果每个答案都不被采用，应做进一步探查，以便揭示导致这些答案未被采用的原因。

有时，决策者不想明确组织目标的原因可能是出于某些个人目标的考虑，如想通过调研来推迟一个棘手的决策，或者出于对现行决策的尊重，或者为了逃避责任，或者为了保护自己或他人的名誉等。对于上述情况，调研人员应予以明察。

除上述内容之外，还应了解消费者的购买行为、法律环境、经济环境、文化环境、企业的营销能力和科技水平等。

（二）调研问题界定中的调研途径

为准确地界定调研问题，只分析调研问题的背景是不够的，还应开展一定的调研工作，如与决策者交流、向专家咨询、二手资料分析、必要的定性调研等。

1. 与决策者交流

市场调研是为营销管理决策提供依据的，决策者需要了解调研的功能和局限。调研可以提供与营销管理决策相关的信息，但并不能提供解决问题的办法，这需要管理者作出判断和选择。反过来，调研者也需要了解决策者面临的决策或营销管理问题的实质，了解决策者和组织的目标，以及决策者希望通过调研获得的信息。此外，决策者也是全面情况的掌握者。所有这些都决定了调研人员在界定调研问题的过程中与决策人员交流讨论的重要性和必要性。在实践中，要接触决策人员，尤其是主要决策者往往比较困难。尽管如此，调研者仍然有必要与关键的决策者进行接触。

2. 向专家咨询

拜访一些熟悉调研问题相关情况的专家，向专家进行咨询，将有助于对市场调研问题的了解和认识。调研人员应通过多种渠道从企业内部和外部选择合适的专家。但应注意，拜访专家只是为了界定调研问题，而不是寻求解决问题的方法。拜访专家之前应做好充分准备，提前列明将要谈论的问题，但拜访中无须严格按照事先准备的问题顺序进行咨询，而应根据访问现场的具体情况，营造出轻松气氛，以灵活的方式进行交流，这样有助于专家充分发表自己的见解，达到获得专家建议的目的。

3. 二手资料分析

在界定市场调研问题的过程中，对二手资料的分析是非常必要和有益的，它是调研者了解有关调研问题背景的最节约、最迅速的渠道。因此，分析有关的二手资料是调研问题界定中的一个基本调研途径。

4. 定性调研

有时，从上述调研途径中所获得的信息仍不足以界定调研问题，就有必要开展定性调研。这种定性调研通常样本较小，具有一定的探索性，调研方式也较为灵活，如访谈法、德尔菲法等。

（三）将经营管理决策问题转化为调研问题

在充分掌握有关信息的基础上，调研人员应正确界定经营管理决策问题，并把它们转化为调研问题。例如，某企业一个产品系列的市场份额一个时期以来逐渐下降，此时经营管理决策问题是"怎样恢复失去的市场份额"。针对这一问题，可供选择的行动方向有：改进现有产品、推出新产品、改变其他营销组合因素、细分市场、寻求新市场等。假设决策者认为不合适的市场细分是失去市场份额的原因，并要求营销调研针对此问题提供有关信息，那么，营销调研问题就是如何对影响市场细分的各种因素进行识别和评价。表4－1的示例进一步说明了经营管理决策问题和调研问题之间的关系。

表4－1　经营管理决策问题和调研问题之间的关系

经营管理决策问题	调研问题
一个新产品是否应向市场推出	确定消费者对此新产品的偏好及购买意向
是否应对市场进行细分	掌握市场消费者购买行为与特点
是否应改变促销活动	确定现行促销活动的效果
是否应改变某产品的价格	确定价格的需求弹性，不同价格对销售的影响
怎样恢复失去的市场份额	测量现有顾客对企业及产品的印象

但在转化过程中易出现两种错误。一是过于宽泛，导致不能为整体调研方案提供清晰的指导，比如，探寻品牌的营销策略、增强企业的竞争能力等。二是过于狭窄，限制了研究者的视角，妨碍研究者去设计管理决策问题中的重要部分。为了避免出现这两种错误，可以先将调研问题用比较宽泛的、一般的术语来陈述，然后再具体规定调研问题的各个组

成部分，为进一步的操作提供清楚的思路。

第三节 纺织品服装市场调研方案设计

一、市场调研方案的构成

市场调研方案一般由以下内容构成。

（一）确定调研目的

调研目的是指特定的调研课题所要解决的问题，即为何要调研？要了解和解决什么问题？通过调研要取得什么样的资料？取得这些资料有什么用处？等等。例如，某企业在经营过程中出现商品销售量下降的情形，此时确定的调研目的可能是"发现引起企业销售量下降的原因"。而这些原因可能是：商品结构不合理；服务质量下降；消费者购买力下降；企业资金不足，周转缓慢；企业促销不利；竞争者产品大幅降价等。这些问题涉及面广，比较笼统，需要找出主要原因。

明确调研目的是调研方案设计的首要问题，只有确定了调研目的，才能确定调研的范围、内容和方法，否则就会列入一些无关紧要的调研项目，而漏掉一些重要的调研项目，无法满足调研的要求。衡量一个调研方案设计是否科学的标准，主要看方案的设计是否体现调研目的的要求，是否符合客观实际。

（二）确定调研对象和调研单位

确定调研对象及解决向谁调研的问题，这与调研的目的是紧密联系在一起的。调研对象是根据市场调研目的选定符合条件的市场活动的参与者，如有关性别、年龄、文化程度、收入水平、职业等方面都是确定调研对象时需要考虑的因素。

调研单位是指被收集资料的每个单位，即我们在调研中要进行调研研究的一个个具体的承担者。调研单位主要有两类：一类是客观存在的实体，如个人、家庭、企业、机关、学校等；另一类是已经发生的行为、事件和现象等。在全面调研中，调研对象的每个单位都是调研单位。在非全面调研中，调研单位是调研对象中被收集资料的部分单位。例如，为了了解某服装品牌在某地区的专卖店的经营情况及存在的问题，需要对该地区该品牌的所有专卖店进行全面调研，那么该地区范围内所有的该品牌专卖店就是调研对象，每一个专卖店就是调研单位。

在确定调研对象和调研单位时，应注意以下问题：

（1）严格规定调研对象的含义，并指出它与其他有关现象的界限。例如，以城市职工为调研对象，就应明确职工的含义，划清城市职工和非城市职工、职工与居民等概念界限。

（2）调研单位的确定取决于调研目的和对象，调研目的和对象发生变化，调研单位也随之发生变化。例如，要调研城市职工本人的基本情况时，调研单位就不再是每一户城市职工家庭，而是每一个城市职工了。

（3）调研单位和填报单位两者既有区别又有联系。调研单位是调研项目的承担者。填报单位是指填报项目的单位。两者有时一致，有时不同。例如，对某地区工业企业设备进行普查，调研单位为该地区工业企业的每台设备，而填报单位是该地区的每个工业企业。但在有的情况下两者又是一致的。例如，在进行职工基本情况调研时，调研单位和填报单位都是每一个职工。在调研方案设计中，当两者不一致时，应当明确从何处取得资料并防止调研单位的重复和遗漏。

（三）确定调研内容

确定调研内容就是确定调研项目。调研项目是将要向调研单位调研的内容。调研项目是取得资料的项目，它是表明调研对象特征的各项标志，也就是明确向被调研者了解什么问题。例如，调研对象是消费者，可供选择的调研项目有姓名、住址、收入、职业和文化程度等内容。如果做一商品调研，调研项目可以包括商品质量、销售数量和购买时间等。

调研项目可以有多种选择，选择的原则取决于调研目的和目标，也就是说，应该依据调研目的和目标选择调研项目。调研项目是为了取得资料而设计的，是调研内容的具体化。在确定调研项目时，除了要考虑调研目的和调研对象的特点，还要注意以下问题：

（1）调研项目的确定既要满足调研目的和任务的要求，又要能够取得数据，包括在哪里取得数据和如何取得数据。凡是不能取得数据的调研项目应舍去。

（2）调研项目应包括调研对象的基本特征项目、调研课题的主体项目（回答是什么）和调研课题的相关项目（回答为什么）。

（3）调研项目的表达必须明确，调研项目的答案选项必须有确定的形式，如数值式、文字式等，以便统一调研者填写的报告形式，便于调研数据的处理和汇总。

（4）调研项目之间应尽可能相互关联，使取得的资料能够互相对应，具有一定的逻辑关系，以了解调研现象发展变化的结果、原因，检查答案的准确性。

（5）调研项目的含义必须明确、肯定，必要时可附加调研项目或指标解释及填写要求。

（四）确定调研的方式、方法及调研工具

（1）确定调研方式即确定调研对象的范围，也就是根据项目的具体需要，确定普查或者抽样调研。如果是抽样调研，还需要确定是随机抽样还是非随机抽样。

（2）调研方法即采取什么样的方法取得调研资料。常见的调研方法有观察法、实验法、询问法，而有些方法又分为多种类型。例如，询问法包括面谈访问法、电话访问法、邮寄调研法、留置问卷调研法、互联网调研、小组讨论等。

（3）在设计调研项目之后，必须进一步具体设计反映这些调研项目的调研工具。调研工具是指调研项目的物质载体，如调研提纲、调研表、调研卡片、调研问卷等。例如，采用访问法进行调研，就应事先对调研问卷进行设计。问卷设计中的关键是提什么问题以及提问的方式。又如，采用观察法或实验法，则需要设计记录观察结果的记录表和登记表，还要考虑进行观察、实验时使用何种仪器和设备等。在设计上述各种调研工具时，应考虑到调研项目的多少，调研者和被调研者的方便，对资料进行整理分析时的需要，被访问者或参加观察、实验者的文化水平、专业技术等方面的因素。只有科学地设计调研工具，才能使调研过程顺利进行。

（五）确定资料整理和分析的方法

采用实地调研方法搜集的原始资料大多是零散的、不系统的，只能反映事物的表象，无法深入研究事物的本质和规律性，这就要求对大量原始资料进行加工汇总，使之系统化、条理化。目前这种资料处理工作一般已由计算机进行，这在策划中也应予以考虑，包括采用何种操作程序以保证必要的运算速度、计算精度及特殊目的。

随着经济理论的发展和计算机的运用，越来越多的现代统计分析手段可供我们在分析时选择，如回归分析、相关分析、聚类分析等。每种分析技术都有其自身的特点和适用性，因此，应根据调研要求选择最佳分析方法并在方案中加以规定。

（六）确定提交调研报告的方式

调研报告是调研结果的集中表现。能否撰写出一份高质量的调研报告，是决定调研成败的重要环节。市场调研报告是市场调研研究成果的一种表现形式。它是通过文字、图标等形式将调研的结果表现出来，以使人们对所调研的市场现象或问题有一个全面系统的认识和了解。在制定调研方式时须明确提交调研报告的形式和份数，调研报告的基本内容、图表要求等。

（七）确定调研时间和调研工作期限

调研时间是指调研资料所属的时间。如果所要调研的是时期现象，就要明确规定资料所反映的是调研对象从何时起到何时止的资料。如果所要调研的是时点现象，就要明确规定统一的标准调研时点。

调研期限是规定调研工作的开始时间和结束时间，包括从调研方案设计到提交调研报告的整个工作时间，也包括各个阶段的起始时间，其目的是使调研工作能及时开展、按时完成。为了提高信息资料的时效性，在可能的情况下，调研期限应适当缩短。

通常一个市场调研项目的进度安排大致要考虑如下几个方面：

（1）总体方案设计、论证。

（2）抽样方案设计。

（3）问卷设计、测试、修改和定稿。

（4）调研员的挑选与培训。

（5）调研实施，搜集资料。对于大型抽样调研实施调研之前还需要进行试点。

（6）数据的审核、录入、整理和分析。

（7）调研报告的撰写。

（8）有关鉴定、发布会和资料出版。

（9）调研工作的总结。

（八）确定调研经费预算

市场调研的费用因项目不同，差异甚大。在作经费预算时，我们常列出调研过程中各项费用支出项目及金额，然后求出总费用。在进行经费预算时，一般需要考虑如下几个方面：方案策划费，抽样设计费，问卷设计费，问卷印刷费，调研实施费（包括选拔、培训调研员，试调研，交通费，调研员劳务费，管理督导人员劳务费，礼品或谢金费，复查费等），数据录入费，数据统计分析费，调研报告撰写费，资料费、复印费、通信联络等办公费用，专家咨询费，劳务费（公关、协作人员劳务费等），上交管理费或税金等。

（九）确定调研的组织计划

市场调研是一项有计划、有组织的活动。为保证市场调研有计划、有秩序地进行，取得预期成果，必须有一定的组织保障。根据市场调研目的和任务要求，建立专门的市场调研组织领导机构，配置相应的工作人员，组织、指挥、协调市场调研工作，检查调研工作进度，确保完成调研任务。选择合适的市场调研人员，这是完成市场调研任务的关键。另外，还要注意对市场调研人员的培训，以统一要求、统一行动。对市场调研人员要规定必要的调研期限和调研工作进度，加强调研工作的协作配合，提高执行效率，还要安排执行监督和控制计划。

（十）附录部分

市场调研方案的最后还应附上与调研有关的各种有价值的信息，比如，调研项目负责人及主要参与者名单、调研团队成员基本情况，抽样方案的技术要求，问卷及有关参数技术，数据处理和分析所运用的统计软件等。

二、市场调研方案的评价

（一）调研方案的可行性研究

在对复杂的社会经济现象进行调研时，所设计的调研方案通常不是唯一的，需要从多个调研方案中选取最优方案。同时，调研方案的设计也不是一次性完成的，而是需要经过必要的可行性研究，对方案进行试点和修改。可行性研究是科学决策的必经阶段，也是科学设计调研方案的重要步骤。方案的总体评价可以从不同角度来衡量，但在一般情况下，对调研方案进行评价应包括四个方面的内容：①调研方案是否体现调研目的和要求；②调研方案是否具有可操作性；③调研方案是否科学和完整；④调研方案是否能使调研质量高、效果好。

（二）调研方案评估的方法

对调研方案进行评估的方法很多，现主要介绍逻辑分析法、经验判断法和试点调研法。

1. 逻辑分析法

逻辑分析法是利用事物的各种已知条件，根据事物之间内在的相互关系，对未知事物的结果进行推理判断的一种科学分析方法。逻辑分析法用于检查所设计的调研方案的部分内容是否符合逻辑和情理。例如，要调研某城市居民的消费结构，而设计的调研指标却是居民消费结构或职工消费结构，按此设计所调研出的结果就无法满足调研的要求，因为居民包括城市居民和农民，城市职工也只是城市居民中的一部分。显然，居民、城市居民和职工三者在内涵和外延上都存在着一定的差别。又如，对于学龄前的儿童，要调研其文化程度；对于没有通电的山区，要进行电视广告调研；都是有悖于情理的，也是缺乏实际意义的。逻辑分析法可对调研方案中的调研项目设计进行可行性研究，而无法对其他方面的设计进行判断。

2. 经验判断法

经验判断法是组织一些具有丰富调研经验的人员，对设计出的调研方案加以初步研究和判断，以说明方案的可行性。例如，对家教市场中的师资情况进行调研，就不宜用普查方式，而适合采用抽样调研；对于棉花、小麦等集中产区的农作物的生长情况进行调研，就适宜采用重点调研等。经验判断法能够节省人力和时间，在比较短的时间内作出结论。但是这种方法也有一定的局限性，主要是因为人的认识是有限的、有差异的，事物在不断地发生变化，各种主客观因素都会对人们判断的准确性产生影响。

3. 试点调研法

试点是整个调研方案可行性研究中的一个十分重要的步骤，对于大规模市场调研来讲尤为重要。试点的目的是使调研方案更加科学和完善，而不仅仅是收集资料。试点也是一种典型调研，是"解剖麻雀"。从认识的全过程来说，试点是从认识到实践，再从实践到认识，兼备了认识过程的两个阶段。因此，试点具有两个明显的特点：一是实践性；二是创新性。两者相互联系，相辅相成。试点正是通过实践把客观现象反馈到认识主体，以便起到修改、补充、丰富、完善主体认识的作用。同时，通过试点，还可以为正式调研获取实践经验，并把人们对客观事物的了解推进到一个更高的阶段。

试点调研的任务，一是对调研方案进行实地检验。调研方案的设计是否切合实际，还要通过试点进行实地检验。检查目标的制定是否恰当，调研指标设计是否正确，哪些需要增加，哪些需要减少，哪些说明和规定需要修改和补充。试点完成后，要分门别类地提出具体意见和建议，使调研方案的制订，既科学合理，又解决实际问题。二是作为实战前的演习，试点可以了解调研工作的安排是否合理，以及哪些是薄弱环节有待改进。

此外，试点调研应注意以下问题：一是应建立一支精干有力的调研队伍。其成员应包括有关负责人、调研方案设计者和调研骨干，这是做好试点工作的组织保证。二是应选择适当的调研对象。要选择规模较小、代表性较强的试点单位。必要时可采取少数单位先试点，再扩大试点范围，然后全面铺开的做法。三是应采取灵活的调研方式和方法。调研方式和方法可以多用几种，经过对比后，从中选择适合的方式和方法。四是应做好试点的总结工作，即要认真分析试点的结果，找出影响调研成败的主客观原因。不仅要善于发现问题，还要善于结合实际，来探求解决问题的方法，充实和完善原有调研方案，使之更加科学和易于操作。

✎ 本章小结

市场调研方案设计就是根据调研所研究的目的和调研对象的性质，在进行实际调研之前，对调研工作总任务的各个方面和各个阶段进行通盘考虑和安排，提出相应的调研实施方案，制定合理的工作程序。市场调研方案是进行市场调研工作的框架和蓝图。它涉及市场调研活动的各个环节，若市场调研方案设计得不合理，调研工作就很难顺利完成。

市场调研过程可划分为准备阶段、实施阶段、分析和总结阶段三个阶段。准备阶段的工作步骤具体包括：界定调研问题；初步情况分析和非正式调研；制订调研方案和工作计划。实施阶段的工作步骤具体包括：建立市场调研组织，集中调研人员，组织学习或培训；组织调研人员，收集现成资料；确定调研单位，收集原始资料。分析和总结阶段的工作步骤具体包括：整理分析资料；编写调研报告；总结经验教训。

界定纺织品服装市场调研问题首先应区分经营管理决策问题与调研问题的关系。界定市场调研问题的过程包括：分析调研问题的背景；调研问题界定中的调查途径；将经营管理决策问题转化为调研问题。

纺织品服装市场调研方案一般由以下内容构成：确定调研目的；确定调研对象和调研单位；确定调研内容；确定调研的方式、方法及调研工具；确定资料整理和分析的方法；确定提交调研报告的方式；确定调研时间和调研工作期限；确定调研经费预算；确定调研的组织计划；附录部分。

对调研方案进行评价应包括四个方面的内容：调研方案是否体现调研目的和要求；调研方案是否具有可操作性；调研方案是否科学和完整；调研方案是否能使调研质量高、效果好。调研方案评估的方法主要有：逻辑分析法；经验判断法；试点调查法。

本章习题

一、名词解释

1. 调研方案设计
2. 经营决策问题
3. 调研问题

二、思考题

1. 市场调研的过程是什么？
2. 经营管理决策问题与调研问题的关系？
3. 市场调研方案一般由哪些内容构成？
4. 调研方案评估主要有哪些方法？

第五章

纺织品服装市场二手数据的获取

数据是简单的事实或者对某些现象的记录，市场调研中数据的获取环节至关重要。从数据的来源类型看，直接调研获取一手数据，间接调研获取二手数据，两种数据都是调研分析的基础，本章重点从二手数据的角度介绍纺织品服装市场二手数据的获取问题。

通过本章的学习，掌握直接调研与间接调研的分类以及一手、二手数据的区别；熟悉二手数据的来源与优缺点，掌握企业内部二手数据的来源与分类；了解网络二手数据的收集方法。

第一节　数据来源类别

市场调研的数据来源基本上可以分为两类：间接调研和直接调研。

一、间接调研

间接调研是根据一定的调研目标，收集、利用现已存在的各种资料，并以此为基础，了解调研对象的过去，把握调研对象的现在，推测调研对象的未来。间接调研所利用的现有资料又被称作第二手资料或间接资料。在国际贸易调研中主要采用的是间接调研，因为间接调研和直接调研相比，所花时间少，所需的费用省，而且简便易行。间接调研的数据来源又进一步分为内部数据来源和外部数据来源。

（一）内部数据来源

内部数据是指来自组织（企业或公司）内部的数据。主要的内部数据来源包括：

（1）簿记资料。

（2）成本核算资料，如销售成本、边际贡献等。

（3）营业额统计资料，如总营业额、系列产品的营业额、单项产品营业额、各客户组的营业额、代理商营业额、地区营业额、周期营业额等。

（4）客户统计，如客户类别、客户大小和所在地区、订货数量、经销渠道、索赔情况、申诉情况等。

（5）询价和报价统计。

（6）用户服务的报告与记录统计。

（7）早期的直接调研结果。

在上述的内部资料中，统计资料对市场调研人员具有特别的作用，即它可通过时间性比较来发现问题，使企业能尽早采取措施改变市场策略。如月度统计表和年度统计表可清楚地说明内部统计数据能系统地应用市场调研目的。如某销售区的发展状况、不同的客户与产品系列的经销情况以及上述计划的完成情况等。

除了统计资料外，为客户提供服务的外勤工作报告也是市场调研的重要资料来源。外勤工作是企业连接销售市场的重要环节，外勤人员与客户有持久而直接的接触，两方面有着密切的关系。因此，他们能得到别人不能或很难得到的重要信息（如客户的愿望、竞争企业的营销手段、竞争企业的销售途径等）。为了将外勤人员带来的信息用于今后的市场调研中，必须按规定的格式对外勤信息进行系统的筛选。

（二）外部数据来源

外部数据指的是从组织外部获得的二手数据。主要的外部数据来源包括：

（1）国家主管部门等官方发表的资料。

（2）研究所、市场调研机构、大学等发表的资料。

（3）其他公司发表的专业资料，如营业报告、公司期刊、产品目录和广告小册子等。

（4）经济协会和行业组织发表的资料。

（5）图书、专业杂志、报纸和其他公开发行的刊物中发表的资料。

（6）国际机构的统计资料，如联合国、欧盟、世界银行等统计资料。

（7）数据库资料。

在外部资料来源中，近几年来，数据库因其既能够临时使用又能通过大多数通信网络长期使用而起着越来越重要的作用。自 1972 年出现第一家商业数据库以来，可长期使用的数据库市场在世界上飞速扩大。在英语国家中，数据库的使用已非常广泛，但在其他国家应用面相对狭小，中国于 1993 年 7 月在北京成立了首家中英合资的数据库。由于数据库的优势正日益明显，调研资料采用数据库将是设计消费与经济活动分析的一个发展方向。

二、直接调研

直接调研是指企业确定调研目标后，由调研的实施者亲自对调研对象进行的调研。直接调研是市场调研一手数据的直接来源，这种方法具有真实性、实效性等特点。直接调研是目前应用十分普遍的一种调研方法。《孙子兵法》中讲过："知己知彼，百战不殆。"不只是打仗，其实无论做任何事情，要想取得真实有价值的情况，解决实际问题，都需要深入实际，对调研对象作直接调研，这才能获得第一手材料，从而为科学决策提供可靠依据。直接调研可以通过以下几种形式来进行。

（一）访问法

访问法又称询问调研法，是指由访问者向被调研者提出问题，通过被调研者的口头回答或填写调研表等形式来收集市场信息资料的一种方法，访问法是最常用的市场调研方法，也是收集第一手资料最主要的方法。访问法既可以独立使用，也可以与观察法等结合。访问法分类如下：

1. 根据对访问内容是否有统一设计，访问法可以分为标准化访问和非标准化访问

标准化访问也称结构性访问，就是按照统一设计的、有一定结构的问卷所进行的访问调研。这种访问调研法把问题标准化，事先拟好题目、问题顺序和谈话用语，按一定的方式询问。其特点是：选择访问对象的标准和方法，访谈中提出的问题、提问的方式和顺序，以及对被访者回答的记录方式等都是统一设计的，甚至连访谈的时间、地点、周围环境等外部条件，也力求保持基本一致。标准化访问的最大好处是，便于对访问结果进行统计和定量分析，便于对不同被调研者的回答进行对比研究。但是，这种访问方法缺乏弹性，难以灵活反映复杂多变的社会现象，难以对社会问题进行深入探讨，同时也不利于充分发挥访问者和被调研者的积极性和主动性。

非标准化访问，也称非结构性访问，是指事先不制定表格，也不按固定的问题顺序去问，访问者可以就某个问题与被调研者进行自由的交谈，以了解某些想研究的心理问题。这种访问方法适合探索性研究。对访问对象的选择和访谈时所要询问的问题有一个基本要求，但可根据访谈时的实际情况做必要调整。非标准化访问有利于充分发挥访问者和被调

研者的主动性和创造性，有利于适应千变万化的客观情况，有利于调研原设计方案中没有考虑到的新情况、新问题，有利于对社会问题进行深入的探讨。但是，这种方法对访问者的要求较高，同时对访问调研的结果难以进行定量分析。

2. 根据访问调研一次访问人数的多少，访问法可分为个别访问和集体访问

个别访问是由一个访问者和一个被调研者所构成的访问，适合访问某个特定个体的情况，了解带有隐私性、隐蔽性的个体情况，作深入的研究。集体访问是由 1~3 名访问者和 2 名以上的被调研者所构成的访谈。适合为了了解某个群体的情况和想法的调研。

另外，按访问内容传递方式的不同，访问法可分为面谈访问、电话访问、邮寄访问、留置访问、日记调研和互联网调研等。这是市场调研中最常见的一种方法。

（二）观察法

它是日常工作最普遍的活动，也是调研研究应有的基本功。观察法是对调研对象直接进行观察，并将观察所得客观地记录下来，加以系统的整理、分析、研究，从而得出比较正确的结论。科学的观察法要明确观察目的和范围，依据观察提纲系统地搜集资料并加以验证，得到真实的而不是虚假的资料。观察法在实际工作中，又分四种形式：参与观察，包括和被调研人同吃、同住，一起工作和活动；非参与观察，即以参观者的姿态了解情况；控制观察，即事先设计表格和记录工具，进行有一定项目及内容结构的观察；无控制观察，如走马观察法等。在运用观察法时，一定注意与其他方法结合进行，这样会收到更好的效果。

（三）实验法

实验法是从影响调研对象的若干因素中选出一个或几个因素（即自变量）作为实验因素，在其余诸因素均不发生变化的条件下，了解实验因素的变化对调研对象（即因变量）的影响程度，用以决定企业市场营销策略的一种方法。从某种意义上说，实验法是把事物放在某一特定的条件下进行观察，因而也可以当作一种特殊的观察法。

进行实验时，接受实验的被研究对象称为实验组。往往与实验组进行对比实验调研的非实验对象称为控制组。有的实验是在现实情况下进行的，是现场实验，而有的实验是在受控制的环境下进行的，属于实验室实验。

调研人员进行实验的目标，是要确定实验处理是不是导致正在被度量的结果的原因。所以实验调研通常又称为因果性调研。它有潜能去证明一种变量的变化能否引起另一种变量产生一些预见性变化。为了证明因果关系，即 A 引起 B，我们必须证明 A、B 之间符合以下三个条件：

（1）存在相关关系（有时也称为共生变量）。调研人员可以借助统计程序来验证统计关系的存在和方向。

（2）事件发生存在适当的时间顺序。为了证明 A 引起 B，调研人员必须能够证明 A 在 B 之前发生。

（3）不存在其他可能的原因性因素。在许多营销实验中最难证明的是 B 发生的变化并不是 A 以外的其他因素引起的，本章大多数讨论与实验设计问题相关，这使我们能够排除或调整其他可能原因性因素的影响。

第二节 二手数据的来源及优缺点

一、二手数据的来源

从大的方面讲，二手数据的来源分为两个：企业内部数据来源和企业外部数据来源。不过，现代信息技术已经使得这种差别趋于模糊。例如，政府出版的书刊或公共图书馆里的各种资料，对企业来说当然是外部数据，然而借助电子数据交换技术企业可以通过网络向在线信息供应商购买这些数据，并将其储存在公司的决策支持系统里。当然，这类数据仍然属于企业外部数据。

（一）企业内部数据来源

内部数据是那些源自企业内部的数据，或者是由公司最先记录的数据，属于企业专有数据。内部数据包括企业经营、管理活动的各种记录，主要来源包括以下几种：

（1）业务资料：指与企业业务经营活动有关的各种资料，如订货单、进货单、发货单、合同文本、发票、销售记录、业务员访问报告等。

（2）统计资料：包括各类统计报表和统计分析资料等。

（3）会计资料：指由企业财会部门提供的各种财务、会计核算和分析资料，包括生产成本、销售成本、各种商品价格及经营利润等。

（4）企业积累的其他资料：包括日常简报、经验总结、顾客建议和意见、各种调研报告、同业卷宗及有关照片和录像等。

很多公司定期收集、记录并储存内部数据，以便用于解决未来的某些问题。销售信息可以根据账目、产品或地区进行分类，然后确认各种订单、延期交货及未履行订单的有关信息，并在这些历史数据的基础上预测未来的销售情况。

调研人员经常需要聚集或分解内部数据。例如，调研人员使用内部二手数据来分析过去3年的销售情况，将销售按照行业、产品、购买水平等标准分类，结果发现，60%的顾客只代表其销售业务总量的2%。对内部数据的上述简单调研表明，公司营销工作的方向存在某些严重问题，公司所服务的目标市场有待重新界定。

（二）企业外部数据来源

外部数据是由调研人员所在企业以外的机构记录或收集的数据。政府、报刊、商业协会及其他组织都可以产生这类信息，这些机构构成企业外部数据的原始来源。这些信息传统上是以出版物的形式存放在公共图书馆等机构的，这里的公共图书馆实际上是二手数据的分发机构，而不是原始来源。

1. 二手数据的分发机构

在分析企业外部数据来源之前将原始数据来源与分发机构区分开来是有益的。因为随着现代信息技术的发展及信息商品化趋势的推动，二手数据的分发渠道正变得越来越发达,人们可以从很多渠道得到同一份数据。例如,大量的中小企业可以直接向政府购买某些计算机化的普查数据,也可以通过图书馆或其他媒介获得普查数据,还可以向二手数据销售商购买。但是在这里,原始数据源只有一个,那就是政府。

图书馆是二手数据的传统分发渠道。图书馆的信息仓库一直发挥着连接二手数据使用者和生产者的桥梁作用。一方面,图书馆直接同信息生产商打交道,购买和存储各种数据资料;另一方面,图书馆也组织编写各种索引,吸引使用者在图书馆的书架上寻找自己需要的二手数据,甚至还提供一些延伸服务。

互联网是二手数据的现代分发渠道。互联网的诞生与使用增加了获得二手数据的国际化程度。它不仅能够提供图书馆这种传统渠道的各项功能,同时增加了很多新功能,大大方便了二手数据的查找、存储和数据使用效率。

2. 二手数据的原始来源

根据信息生产商的性质分类,外部二手数据有五个基本来源:书籍与期刊来源、政府来源、大众媒介来源、行业协会来源及商业性来源。

①书籍与期刊来源:书籍与期刊是最主要的二手数据来源。调研人员如果能找到关于自己调研主题的各类书籍,就等于自己的调研工作成功了一半。

②政府来源:政府机构有自己的统计调研机构,每年都提供大量的数据资料。大部分数据是具有权威性的,如人口普查数据、经济单位普查数据、第三产业普查数据等。这些数据在实地调研过程中可以直接运用。

地方政府也是特定区域市场二手数据资料的主要来源,有时更适合特定区域市场实地调研的需要。

③大众媒介来源:各种大众传播媒介在市场化、产业化浪潮的推动下,专业化发展趋势越来越明显。在广播电视专栏节目里或各种专业出版物中,调研人员可以很容易地找到关于各种主题的信息资料,不仅丰富,而且深入。

④行业协会来源:很多行业协会都会收集行业内企业的各种数据,行业协会逐步成为行业性的信息中心。例如,汽车行业协会就会收集汽车行业的供求数据及其他各种数据,为行业内企业和其他相关行业企业提供信息服务。

⑤商业性来源:有些专业调研企业选择某些专门领域建立调研网络,将信息作为标准化产品来生产。通常,这些调研公司不接受或较少接受定制调研委托,它们的业务就是生产信息,然后出售或出版这些信息资料。因此,这些专业调研企业就构成企业外部二手数据的重要来源。

二、二手数据的优缺点

使用二手数据有三个主要优点:①通常情况下,它较容易获得;②比起收集原始数据,它的成本要低许多;③它能被快速获得,而收集原始数据,从开始到结束可能要几个月的时间。简单地说,就是省事、省钱和省时,所以在可能的情况下研究者总是优先考虑使用二手数据解决问题。即使在需要收集原始数据的项目中二手数据的作用也不容忽视,它能够很好地辅助现有的原始数据。二手数据的分析能使研究者熟悉行业状态,包括它的销售和利润趋势、消费者行为的变化、主要竞争者和行业所面临的重大问题等。二手数据分析能够确定相关的概念、术语和变量，这在对原始数据进行分析时是非常有用的。例如，一家银行的管理层雇用了一家营销研究公司，管理层和研究公司决定进行一项调研以测量该银行在顾客心目中的形象。研究者通过对已有的有关银行形象的二手数据的查阅，可以确定银行形象的要素。同样，研究小组在回顾了二手数据后，认为存在三种类型的顾客：零售顾客、会计人员和其他关联银行。当研究人员向银行管理层提出建议后，研究的最初目标被确定为测量在三类顾客心目中的银行形象。

尽管二手数据的优点表明了这种信息的收集在研究中的重要作用，但二手数据还是存在一些缺点，其中的主要问题包括测量单位的不一致、对数据进行分类的标准不同、二手数据的更新难以经常做到、缺乏评估二手数据的可信度的信息。归纳起来，可以说二手数据的缺点表现在三个方面，即相关性差、时效性差和可靠性低。

（1）相关性差。由于二手数据不是专门为研究者需要解决的问题而收集的，它是为其他目的而收集的，因此不可避免地造成二手数据与项目要求的数据在很多方面不一致。重要的有两个方面：①所收集的二手数据的测量单位与研究者所要求的测量单位不一致。例如，在分析市场时，营销研究人员对调研对象的收入水平特别感兴趣。但是，所获得的收入信息可能是以不同测量方式得到的：总收入、税后收入、家庭收入、人均收入等。又如，一个研究项目需要按照经营范围来对行业分类，但二手数据却是根据销售量大小、员工数目、利润水平等来分类的。问题的关键是，研究人员必须确定哪一种测量单位最适合他的研究。②二手数据的分类定义可能对研究者来说完全没用。二手数据经常是按一个变量分成几类，并提供每一类发生频率的数据。例如，某豪华轿车公司特别关注年收入在20万元以上的家庭百分比，但所收集到的二手数据却只能提供年收入在10万元以上的家庭百分比，此时该公司就不能使用这种被提炼过的分类方法的数据资料。类似的情况很多，二手数据不能够恰好给出我们所需要的数据。值得注意的是，即使有时候二手数据中的名词、变量和术语等表面上与当前的研究一致，但是实际的内容和操作性测量却有更大差异。

（2）时效性差。所谓二手数据，就是在当前的研究项目之前已经存在的数据，因此在反映当前市场、消费者以及环境等信息方面存在差距。经常遇到下面的情况，营销研究人员高兴地找到某些二手数据，其测量单位和其所要求的相一致，分类也正确，可是仔细分析发现数据却"过时"了。比如，一家研究公司受企业委托研究投资连锁快餐的可行性。研究人员经过二手数据搜寻，发现可以在计算机数据库中比较便宜地得到某调研公司的研究报告，可惜稍微有点过时，报告是三年前作出的。又如，一家手机制造企业的研究项目非常关注手机消费者的购买行为，研究人员从辛迪加公司获得了两年前的消费者研究报告。两年的时间似乎不算长，但是深入研究会发现正是这两年消费者的行为发生了非常大的变化。在两年前，消费者中也许有相当大的比例是首次购买手机，而现在也许大部分消费者是二次购机，并且手机技术的发展也在影响着消费者行为。幸运的是，营销研究、广告等商业公司的发展将有助于得到较新的数据。

（3）可靠性低。毫无疑问，好的研究需要非常可靠的数据。现在，二手数据浩如烟海，但是必须清楚地知道有些二手数据存在不真实的情况。即便是政府部门的统计数据也存在一定程度的误差，甚至不排除部分数据有很大的水分。至于商业数据，包括市场规模、销售额、利润水平、广告支出等，虚夸的问题、瞒报的问题以及选择性披露的问题更加严重。在实践中，可靠性的判断也十分困难，这使得二手数据的可靠性问题变得更加突出。

第三节　内部数据库

营销调研中首先要收集、使用的资料是企业的内部资料。企业内部的数据库对于分析、辨别存在的问题、制定与评价相应的决策行动方案等，都是必不可少的。尤其是在利用外部研究机构参与企业的营销调研工作的情况下，为熟悉研究问题背景情况而收集企业内部资料也是不可缺少的工作。另外，对内部资料的分析结果可以与收集到的外部资料进行相关比较，以发现问题及各种变化，也有利于企业内部数据库的更新。对于许多公司来说，存放着现有顾客和期望顾客信息的计算机数据库，已经成为非常重要的营销工具，简单地说，内部数据库（internal database）就是相关信息的集合，而这些信息是从组织内部的资料发展而来的。

一、企业内部数据资料的种类与来源

企业内部数据资料主要是指业务资料，如订货单、进货单、发货单、合同文本、发票、销售记录等；统计资料，如各类统计报表、统计分析资料等；企业积累的其他资料，如日常剪报、调研报告、经验总结、顾客意见等。这些二手资料来源于下列部门：

（一）业务经营部门

企业中的各种业务经营部门承担着企业的市场营销业务，其在业务经营活动中所积累的销售资料、发票、购销合同、送货或退货单、订购单、客户名录、促销资料、修理单、往来函电等，是重要的第二手资料。通过对各种业务资料的收集和分析，可以了解本企业主要营销活动的内容、顾客或用户对企业商品的需求状况及变化动向等，有利于企业营销活动的开展。

（二）财会部门

财会部门承担着对企业经营活动的数量关系进行记录、核算的职能；还承担着资金的筹措、使用、成本、利润的核算等职能。其在管理活动中形成和保存的各种财会资料，有利于掌握本企业的经济效益和各类商品经营状况，有利于对营销活动从经济上进行考核。

（三）计划统计部门

计划统计部门承担着整个企业经济活动的规划、各种资料汇总、分析等职能。其在业务中形成和保存的各种计划、日报、月报、季报、年报等统计报表是十分重要的第二手资料，其中许多可以直接用于营销调研。

（四）生产技术部门

生产技术部门承担着产品的开发、设计、生产、新技术开发等职能。其在活动过程中积累的各种台账、设计及开发方案、总结、报告等，是研究分析企业生产状况、产品状况、科技进步状况、库存情况、工艺设备情况的第二手资料。

（五）档案部门

档案部门，承担着保管企业各类重要资料的职能。其保管的规章制度、重要文件、计划、总结、合同文本等资料，通常全面地反映了企业的概貌，是不可忽视的第二手资料来源。

二、内部数据库的管理

有效地运用内部数据库必须遵从以下几个步骤：

第一，企业必须建立数据库管理系统。该系统包括在计算机中以图像和文字的形式存储资料，组织数据资料以便有效地利用、更新和修改资料，并且保证在营销决策中便利地从系统中抽取信息。这并不是一件简单的工作。在当今的技术条件下，在计算机中存储信息已是很普遍的事情，而将硬件和软件以及丰富的人员条件相结合，建立一个实用性较强的内部二手数据库则是一件非常复杂的工作。

第二，数据库的使用者必须在利用数据库管理软件进行数据存储和数据库操作方面接受培训。一名管理者在使用这类软件时必须具备以下基本能力：一是信息输入，即向数据库添加新内容。二是信息查询，即查询特定的信息条，比如两年内不需要使用的潜在销售对象。三是信息分类，即按照字母顺序排列的潜在销售对象名单按邮政编码分类，以便分发给各地区的销售代表。四是信息提炼，即调研者需要根据现有顾客的情况粗略估计一下新产品的销售潜力。

管理者还应该了解用于数据库的电子数据表软件。电子数据表软件是设计用来展示标准商业电子数据表的。在表中，数据的各行和各列分别标以恰当的标题，使用者可以随意进行加减、拆并或是插入公式。表格化的最终结果，可以打印出来作为完整的报告。这种软件最大的优点在于运算中所能达到的惊人的计算速度。对这些电子数据表软件的熟练运用，可以帮助营销人员在短时间内设计大量不同的方案，并对其影响、作用一一加以分析。

从软件技术的角度看，数据库技术在不断进步。以往大多数数据库是采用平面文件管理方法，而目前则趋向于采用更为复杂和功能更强的关系型数据库。关系型数据库比起传统的数据库管理方式（有时就是指所谓的平面文件管理方法）具有许多优点。在关系型数据库中，数据是存放在若干个小组织或小文件中，而不是放在一个大文件中。每一个小文件都含有一条关键信息，这条信息将文件中的独立信息与其他独立文件中的相关信息相联结，组成了整个关系型数据库。

例如，一个顾客数据库可能包含一个存放顾客个人资料，如姓名、邮寄地址和社会保险号的文件。这些资料只是偶尔变动。每一个顾客所购买的产品则存放在另一个文件中，这个文件需要不断更新（每当购买行为发生时）。这两个文件可能通过社会保险号互相联结。

每发生一次新的购买行为，一条关于所购产品、价格、其他购买信息和购买者的社会保险号的记录就生成了。而在传统的平面文件管理方法下，每发生一次购买，所有的信息（产品购买信息和购买者个人信息）都需要刷新一遍。关系型数据库具有以下一些明显的优点：

（1）节约数据存储空间。在关系型数据库中只有很少的多余信息。像地址之类的资料，对每一个顾客只输入一次，而不是每增加一次购买就输入一次。

（2）数据库更为灵活。关系型数据库使得数据的存放和使用变得更为灵活、更为有效。在平面文件数据库中，每增加一个新数据栏，整个数据库都必须刷新一次，才能将新数据栏加到每条记录中去。在关系型数据库中，新信息被存放在一个新文件中，所以对其他文件中的信息没有影响。

（3）简化了对重要信息的加密工作。对关系型数据库加以简单的设置就可以限制使用者进入数据库的特定领域，方法是对特定领域使用特殊的口令或密码，同时开放不重要的领域。在平面文件数据库中，要保密数据库的一部分，只能对整个数据库加密，这就限制了数据库的合理使用。

（4）可以满足不同用户的需要。使用平面文件，需要建立不同的数据库范本，并加以修改，才能满足不同使用者的需要。而在关系型数据库中，物理数据保持不变，而不同使用者所看到的数据形式或报告（有时称为逻辑数据）则可以变化。

当然，所有这些优点都伴随着代价：一是关系型数据库要求更复杂的软件和更有经验的人员来设计它。二是如果公司要获得关系型数据库的全部益处，则需要进行更周密的策划。三是关系型数据库要求更大功率的处理器，但这一点随着计算机的性能价格比不断提高，正变得不太重要了。

三、内部数据库营销

数据库营销是指利用大型的记录顾客和潜在顾客的个人情况以及购买方式的计算机文件进行销售。

内部数据库有很多用途，如可以用于：评估销售区域；确定利润最高的和利润最低的顾客群；确定利润最高的细分市场，并以更高的效率和效益集中营销力量；将营销力量集中于最需要支持的产品、服务和细分市场；通过为不同的细分市场提供再组合和再定价的产品，来提高收入；评估投放新产品或新服务的机会；确定销量最佳或最盈利的产品或服务；评估现存的营销问题等。

数据库营销是成长得最快的一种内部数据库应用方式，它能够将顾客个性化的信息通过直接邮寄传送给每一个人。它也被称为"微营销"，是一种集体的记忆，公司通过数据库可以了解每一位现有顾客和潜在顾客的情况，并根据顾客情况提供销售服务。

一些国外的公司通过成立"顾客俱乐部"来建立数据库，他们用免费小商品、打折优惠等措施鼓励顾客加入"顾客俱乐部",填写顾客姓名和地址。我们国内的一些公司也在用激励的方法鼓励人们填写姓名和地址回邮,但有的公司可能方法欠佳,如声称"不寄回某单证将不能享受免费维修服务"。但顾客有消费者权益保护法撑腰,往往并不理会某些公司的无理声明。

第四节 网络数据收集

一、网络数据收集的方式

网络数据收集就是利用互联网发掘和了解顾客需求、市场机会、竞争对手、行业趋势、分销渠道以及战略合作伙伴等方面的情况,针对特定营销环境进行调研设计、收集资料和初步分析的活动。它能推动和促使企业准确把握市场需求、更有效地面对竞争,提供更具有竞争力的产品和服务,并及时跟进市场环境变化有效地调整营销策略。网络数据收集主要有两种方式:一种是利用互联网直接进行问卷调研,收集第一手的资料,称为网上直接调研;另一种是利用互联网的媒体功能,从互联网收集二手资料,通常称为网上间接调研。本节主要针对网上间接调研进行介绍。

二、网络间接调研概述

网络间接调研是指企业通过搜索引擎、相关站点、公告栏、新闻组、电子邮件等途径对网上的二手信息进行收集。互联网使我们可以接触各种各样的信息,这当中有的信息是免费的,有的信息是需要付费的。

网上间接信息的来源包括企业内部信息源和企业外部信息源。与市场有关的企业内部信息源,主要是企业自己搜集、整理的市场信息,企业产品在市场销售的各种记录、档案材料和历史资料,如客户名称、购销记录、推销员报告、客户中间商记录等。企业外部市场信息源包括:政府有关部门、国际贸易研究机构以及设在各国的办事机构,它们通常能较全面地搜集世界或所在国的市场信息资料;还有外国政府网站、图书馆、国际组织、银行、商情调研机构以及相关企业。

寻找关于某一特定公司的信息,首先要去的地方是该公司的主页,每个公司的主页一般都有关于该公司的背景信息以及公司的产品信息。关于公司和行业的财务信息,最好的来源是为投资者提供信息的网站,这些网站提供了行业的一般表现、股票价格和单个公司的财务数据,以及诸如消息汇编之类的一般信息等。对于其他类型的信息,有许多潜在相关的网站,如国家以及地方统计局的主页。如果不确切知道网址,通过访问互联网上的搜索引擎,输入关键词进行搜索,访问搜索列出的网址链接。使用网上间接信息虽然比直接调研更方便、更经济,但需要对信息源进行评价。

三、网络间接调研的实施步骤

（一）收集竞争者信息的方法

收集互联网上竞争者信息的途径，主要有以下几种：

①访问竞争者的网站。

②收集竞争者网上发布的信息。

③从其他网上媒体获取竞争者信息。

④从有关新闻组和 BBS（论坛）中获取竞争者信息。

（二）收集市场行情信息的方法

企业收集市场行情资料，主要是收集产品价格变动、供求关系变化方面的信息。收集信息时，首先通过搜索引擎找出所需要的商情信息网站地址；然后访问该网站，登记注册，有的网站需要收费，可以根据需要信息的重要性和可靠性决定是否访问收费信息网；在商情信息网站获取需要信息时，一般要用网站提供的搜索工具进行查找，查找方法与搜索引擎基本类似。一般来说，不同商情信息网侧重点不一样，最好是同时访问若干家相关但不完全相同的网站，以求找出最新、最全面的市场行情。

（三）收集消费者信息方法

通过互联网了解消费者的偏好，主要采用网上直接调研法来实现。了解消费者偏好也就是收集消费者的个性特征，为企业细分市场和寻求市场机会提供基础。

利用互联网了解消费者偏好，首先，要识别消费者的个人特征，如地址、年龄、E-mail、职业等，可以采用奖励和赠送的方法，吸引访问者登记和填写个人情况表，为避免重复统计，一般对已经统计过的访问者在其计算机上放置一个 Cookie（临时文件），记录下访问者的编号和个性特征，这样既可以让消费者下次接受调研时不用填写重复信息，也可以减少对同一访问者的重复调研。其次，在对消费者调研一些敏感信息时，应注意一些技巧。

企业还可以通过网页统计方法了解消费者对企业网站感兴趣的内容，现在的统计软件可以如实记录下每个访问网页的 IP 地址、如何找到该网页等信息。根据这些信息，可以判定消费者感兴趣的内容是什么，注意的问题是什么。

为方便消费者，企业也可以在企业网站上设置 BBS，允许消费者对公司的产品进行评述和提出意见。企业也可以让消费者直接通过网络下订单，提出自己的个性化需求，公司因此可以获得消费者需求的第一手资料。

（四）收集市场环境信息方法

企业仅仅了解一些与其产品紧密关联的信息是不够的，特别是在作重大决策时，还必须了解一些政治、法律、文化、地理环境等方面的信息，这有助于企业从全局高度综合考虑市场变化因素，寻求市场商机。互联网作为信息海洋，上述信息在互联网上基本都可以了解到，关键是寻找到有用的信息。

本章小结

市场调研的数据来源分为两类，即间接调查和直接调查。间接调查获得的资料叫二手资料，二手资料的来源又分为内部二手数据来源和外部二手数据来源；直接调查获取的资料叫一手资料，直接调查的方法主要包括访问法、观察法和实验法。二手数据的收集具有明显的优缺点，大多数的调研活动是从二手数据的收集开始的。企业内部数据库是内部二手数据的来源，具体包括企业各职能部门提供的数据、信息，内部数据需要加强管理，以便更好地为企业的营销活动服务；网络数据收集是目前常用的数据收集方式，在网络平台上既可以进行间接调研又可以进行直接调研。

本章习题

一、名词解释

1. 间接调研
2. 直接调研
3. 网络数据收集

二、简答题

1. 市场调研中直接调研的方法有哪些？
2. 简述二手数据的来源及优缺点。
3. 如何收集互联网上竞争者的信息？

第六章

纺织品服装市场定性调研方法

引 言

在纺织品服装市场的调研活动中定性调研也是常用的基本调研方法之一。通过焦点小组、深度访谈、影射法等研究者可以更深入地了解消费者心理层面的感受与想法，因此，在定量调研成为主流的当下，定性调研的方法仍值得重视与运用。

学习目标

通过本章的学习，了解定性调研的基本方法；熟悉焦点小组访谈法的特点与基本流程，掌握深度访谈的基本步骤；了解影射法的定义与运用。

第一节　焦点小组访谈法

一、焦点小组访谈法的定义

焦点小组访谈法也叫座谈法或小组讨论法，是挑选一组具有代表性的被调查者，在一个装有单向镜或录音、录像设备的房间中，采用小型会议的形式，由主持人引导对研究主题进行讨论，从而获得信息的一种调查方法。

焦点小组访谈法源于精神病医生所用的群体疗法，其特点在于，焦点小组访谈法不是单独访问一名被调查者，而是同时访问若干个被调查者。焦点小组访谈的过程是主持人与多个被调查者相互影响、相互作用的过程，"群体动力"在访谈过程中起关键作用。

如今，焦点小组访谈法已经广泛地应用于各个方面，例如，理解消费者对某类产品的认识、偏好及行为；获取消费者对新产品的印象；获取关于产品的改进思路；研究广告创意；获取消费者对具体的市场营销计划的初步反应等。值得注意的是，焦点小组访谈法在消费品领域的调查中应用最为广泛，而对于工业企业来说则较少用到。造成这种情况的原因是：要把不同领域的管理者如工程师、销售经理、财务主管集中在一起进行讨论的难度较大。

二、焦点小组访谈法的目标

焦点小组访谈法有四个最主要的目标：①获取创意；②理解顾客的语言；③显示顾客对产品和服务的需要、动机、感觉以及心态；④帮助理解从定量分析中获得的信息。

获取创意，是指用该方法为一项新产品、新服务或新的改进做调研；理解顾客的语言，是指用该方法了解顾客在描述一项产品或服务时使用的语句，以便在产品或服务宣传用词方面加以改进，这将有助于产品的广告设计和产品宣传手册的设计，这一信息也将有助于调研问卷的确定，并为以后的定量分析提供帮助；显示顾客对产品或服务的需要、动机、感觉以及心态，是指用该方法真正了解顾客对产品或服务的感觉，以便更新营销方法，这一优点会在随后的调研中得到体现；帮助理解从定量分析中获得的信息，是指该方法有助于更好地理解从其他调研中获得的数据，有时也能显示为什么从该方法中发现了这些信息。

三、焦点小组访谈法的优、缺点

（一）焦点小组访谈法的优点

焦点小组访谈法之所以得到广泛的应用，其原因在于焦点小组访谈法与其他调查方法相比有着不可替代的优势。

第一，资料收集速度快，效率高。焦点小组访谈法在同一时间访问若干个被调查者，节约了人力和时间，提高了调查活动的效率。

第二，取得的资料较为广泛。在焦点小组访谈中群动力的作用巨大，在群动力的作用下，一个人的评论会引起其他人的一连串反应，这就会产生"滚雪球效应"，使资料收集的范围较为广泛。

第三，调查结果是比较好的职工教育材料。通过访谈的录像和录音资料，可以使更多的员工直接接触顾客，了解顾客的意见和需求。

第四，可以进行科学监测。焦点小组访谈法容许对数据的收集过程进行密切的监视，观察者可以亲自观看访谈的情况并将讨论过程录制下来，以备后期分析使用。

（二）焦点小组访谈法的缺点

尽管焦点小组访谈法具有很多优点，但也存在一些缺点。

第一，对主持人的要求较高。焦点小组访谈法的调查质量很大程度上依赖于主持人，主持人既要熟练掌握访谈技巧，又要具有组织会议的能力，高素质主持人是焦点小组访谈成功的关键。

第二，容易产生偏差。焦点小组访谈的结果容易受委托方、主持人的影响而产生偏差。

第三，不宜对敏感性问题进行调查。

第四，不利于资料的整理和分析。焦点小组访谈产生的结果往往是无结构性的凌乱数据，这使得对结果的编码、分析和解释都很困难。

四、焦点小组访谈法实施过程

（一）准备阶段

（1）明确座谈会主题：通常一个座谈会有一个明确的主题，而且是到会者共同关心和了解的话题，这样才能调动每个到会者参与讨论的积极性。

（2）确定访谈进行的场所和时间：焦点小组访谈通常在一个焦点小组测试室中进行。焦点小组访谈进行的时间一般为 90～180 min。

（3）确定访谈组数或次数：这主要取决于问题的性质、细分市场的数量、访谈产生新想法的数量、时间与经费等。一个项目的焦点访谈通常需要数个小组。

（二）聘请主持人

选择好小组座谈会的主持人属于准备工作范围，这一准备工作因重要性突出，往往需要给予专门的关注。在所有影响小组座谈会的因素中，主持人是最为关键的，主持人可以说是小组座谈会的核心人物。主持人的能力对于一场座谈会的成功与否起着至关重要的作用，他既要求所有与会者自然地开展讨论，又要确保讨论焦点不偏离主题。有时在小组座谈会的进行过程中，会有一两个人试图主导讨论，同时也会有一两个人或因害羞等原因不愿意参与讨论，因此，好的主持人就需要有好的洞察力、人际互动和沟通能力，以识别和克服影响小组座谈讨论主题的现象。

具体而言，对小组座谈会主持人的基本要求是：①灵活。在小组座谈过程中如果出现混乱场面，主持人必须能够随机应变并及时调整访谈提纲中的计划。②洞察。主持人必须足够敏感，以便能够在既有感情又保持理智的基础上去引导小组成员的讨论。洞察与会者的内心，从而引出其深层次的看法和那些与会者平时自己都没有发现的潜意识表达。③把握全局。主持人要允许小组讨论有所发散或出现兴奋点，但座谈会主题总体上必须在自己的掌控之中。④理性地投入。为了促进主持人和与会者的相互交流，主持人应该既表现出热情和不断的感情投入，还应该坚持不偏不倚、超然的态度，不能表现出对某一发言者的特别关注或兴趣。⑤鼓励。主持人必须鼓励和促进与会者参与的热情，通过表示出自己对问题的不理解，进而鼓励与会者具体地表达出真实的看法，主持人还必须关注并随时引导、鼓励那些沉默的与会者积极参与讨论。

主持人的选择对于焦点小组访谈法的效果起着至关重要的作用。对于主持人的要求主要有以下三个方面：

（1）市场调查专业知识：要求主持人深入了解调查背景、调查目的以及调查程序。主持人应该与市场调查机构和代理机构共同制定座谈会大纲。

（2）沟通能力：主持人应该熟悉被访者的背景资料，创造轻松的会议气氛，鼓励与会者畅所欲言，保持倾听的态度，准确理解被访者的发言。

（3）组织能力：主持人应该把握讨论的主题，既要防止一个话题占用过多时间，又要防止偏离讨论主题。支持人应该引导被访者之间的讨论达到彼此激发灵感产生的效果，控制每个人的发言时间和频次，避免出现"一言堂"或者"各说各话"现象。

（三）邀请和甄别被访者

一般而言，座谈会的参与者以 8～12 人为宜。研究员根据座谈会的主题确定被访者的条件，由访问员邀请符合条件的候选人，并从中甄选参加座谈会的被访者。研究表明，被访者参与焦点小组访谈的动因，按重要性排序依次是：报酬、对调查内容感兴趣、时间、对调查课题比较了解、好奇、有发表观点的机会等。

通常，从以下几个方面甄别被访者：

（1）经历或经验：与会者对座谈会的主题有一定的经验或经历。例如，在大学生对新手机的购买意向调查中，候选人的条件是：打算在最近三个月购买第一个手机或者更换手机的大学生。

（2）个性特点：性格开朗、友好热情、思维活跃、见解独到、表达流利的人是座谈会的最佳邀请对象。

（3）均分配额：对于设定的配额要平均分配，一般每个配额放大 2～3 人进行预约。此外，被访者的年龄、居住的地区应平均分布，行业与职业则应尽可能分散。

（4）排除对象：排除专业性强的被访者，如律师、记者和教师等，他们很容易掌握讨论的主动权、影响他人的观点。排除曾经参加过焦点小组座谈的人。避免参与者之间存在亲友或同事关系，因为这种关系会影响发言和讨论。

（四）举行座谈会

（1）拟定座谈会通知书：座谈会通知书的内容一般包括：项目名称、通知书填写日期、座谈会召开的城市、组别、日期、主持人及其他参与人员、地点、场地、录音/录像/摄像设备、笔录/同传的要求、参加者的年龄和性别、使用某类产品等条件及其他注意事项和要求，如代购产品、场地通风、食品、餐食要求等。

（2）会场布置：座谈会的场所，可以是办公室或会议室，也可以是主持人或某一参与者的家中。最理想的焦点小组座谈会场所，则是市场调查公司内专门用于座谈会的会议室。会议室内有一张大圆桌和舒适的椅子，某个隐蔽的角落安装有麦克风和摄像头，此外还有一面单面镜。单面镜的另一侧则是观察室，方便客户观看讨论的进行情况。

座谈会开始前，组织者将主持人和被访者的名牌按照座位顺序摆放在桌子上。这样可以方便参与者就座，便于记录员记录和整理发言，同时便于主持人的主持工作。

此外，不同的调查项目会需要不同的现场布置，如广告效果座谈会需要投影仪和屏幕；概念测试需要制作概念板；口味测试需要更多的准备，苏打水、饼干、笔、纸等都要提早到位。

（3）座谈会的过程：整个座谈会的进程大致按以下步骤进行：

①自我介绍。主持人首先进行自我介绍，而后请被访者逐一进行自我介绍，初步营造轻松的会议气氛。

②会议规则说明。主持人在正式开始讨论之前明确会议的规则，如每人每次发言不得超过2min；发言时不允许批评其他人；别人发言结束之前，不要插话。

③正式讨论。主持人明确提出讨论的主题，并按照座谈会大纲依次提出讨论的问题，由被访者进行讨论。一般而言，座谈会的时间控制在2h左右为宜。

（4）会议结束：讨论结束后，主持人将酬金发给每位被访者。会议结束后，由会议的组织人员整理会场，同时关闭监听设备，为下一组座谈会做好准备工作。

（五）座谈会总结

座谈会结束后，需要进行总结工作，包括以下几个方面：

（1）观看座谈会录像：主持人或市场研究人员观看座谈会录像，除被访者的发言外，重点观察被访者的肢体语言，从而全面分析被访者的观点。

（2）座谈会记录：及时整理、分析座谈会记录，检查记录是否准确、完整，及时查缺补漏。

（3）核实关键信息：对于被访者提到的关键事实或数据，进行必要的核实。

（4）填写反馈表：反馈表通常由代理机构设计，供市场研究机构或主持人填写，内容包括甄别条件合格度、配额、出席率、对被访者的控制能力、笔录质量和硬件设施状况等。

（5）座谈会报告：内容包括调研目的、调查的主要问题、访谈过程、调研发现以及建议。

第二节　深度访谈法

一、深度访谈法的定义

深度访谈法是指调查员采用一对一的形式，在轻松和谐的气氛中，与受访者就某一问题进行深入、充分和自由的探讨交流，从而获得有关调研资料的一种探索性调研形式。

深度访谈法的特点在于它是无结构的、直接的、一对一的访问。因深度访谈是无结构的访问，其调研走向依据受访者的回答而定。在访问过程中，调查员直接面对受访对象，能及时捕捉和抓住被调查者在探讨某一问题时所表现出来的潜在动机、信念、态度和情感。另外，深度访谈也是一对一的访问，所以，受访者有充足的时间和机会把自己的观点淋漓尽致地表达出来。

二、深度访谈法的实施步骤

1. 准备阶段

（1）确定调查员。深度访谈法与焦点小组访谈法一样，对调查员的访谈技巧和专业水平有较高的要求。调查员应具备：良好的沟通能力和进一步探询问题的能力；把离题话题巧妙地转移到主题范围的能力；快速的笔记能力和综合能力等。因此，精心挑选调查员是准备阶段的一项重要工作。

（2）选择受访者。在确定受访者时，代表性是一个很重要的因素。作为某产品（或服务）的消费者或潜在消费者，其意见领袖人物通常容易较快地进入调查员的视野。

（3）预约访谈时间。这是一项不能忽视的工作，预约有三方面的意义：一是表达了对受访者的高度重视和尊重；二是便于受访者安排工作和生活；三是使受访者有一定时间对访谈内容进行相应的准备。

（4）其他准备。如预先拟定访谈提纲，准备访谈用品、资料和纪念品等。

2. 实施阶段

准备工作就绪后，深度访谈即进入实施阶段。这一阶段，调查员扮演着至关重要的角色。

（1）友善地接近受访者。一般有两种方式，其一是直接接近，即开门见山，介绍自己的身份，直接说明调查的意图，之后开始正式访谈。这种方式一般适用于访谈双方相互了解或者事先预约的情形之下；其二是间接接近，借助某一契机（如开会、学习、娱乐等），在活动中与受访者建立友谊，融洽情感，再进行正式访谈。这种方式适用于访谈双方较为陌生，直接接近易遭拒绝的情形。

（2）展开访谈。在调查员简要说明此次访谈的目的、意义和主题之后，访谈就正式开始。访谈过程中，调查员一定要围绕访谈提纲进行，适时引导，使访谈不偏离主题。访谈中，调查员应保持中立客观的态度，调查员的言语应文明、礼貌、平等、准确、明了、恰当，不随意左右别人的观点和思想。访谈中，调查员无须为一些枝节问题与受访者纠缠。在受访者回答问题或陈述观点时，调查员要表现出极大的兴趣去认真倾听，在受访者的理解和认同中得到更多更深入的调研资料。

3. 结束阶段

访谈结束时，调查员应迅速重温访谈结果或检查访谈提纲，看是否还有遗漏项目。若无遗漏，调查员也不要迅速离去，在与受访者进行必要的情感沟通之后，真诚感谢对方对本次调查工作的支持与合作，以寻求下一次的继续合作。

三、深度访谈的技术与技巧

1. 深度访谈技术

常用的深度访谈技术主要有阶梯前进、隐蔽问题探询和象征性分析三种。阶梯前进是沿着一定问题的线索进行访谈，使调查者有机会了解被访者的思想脉络。隐蔽问题探询是将重点放在个人的"痛点"而不是社会的共同价值观上，以了解与个人深切相关的问题。象征性分析是通过反面比较来分析对象的含义。要知道"是什么"，先要想办法知道"不是什么"。例如，在调查某产品时，可先了解某产品的不适用方面及对立的产品类型。

2. 深度访谈各阶段的技巧

（1）接近被访者是正式访谈前的序幕，应掌握一定的技巧。一般来说，接近被调查者主要有两种方式：①正面接近。即开门见山，先介绍自己的身份，直接说明调查的意图，之后就可开始正式访谈。②侧面接近。即在某种共同的活动中接近被访者，等与被访者建立起一定的友谊或有共同语言时，再在一种自然、和谐的气氛中说明来意，进行正式访谈。

（2）在访谈开始前，应和被访者建立融洽关系。访问员所提出的第一个问题应该是一般性的问题，能引起被访者的兴趣，并鼓励他（她）充分而自由地谈论其感受和意见。一旦被访者开始畅谈之后，访问员应避免打岔，而是成为一个被动倾听者。为了牢固掌控访问主题，有些问题可以直截了当地提出来，访问员提出的问题必须是开放式的，不可有任何的提示或暗示。访问员的访问技巧是很重要的，绝不可把深度访问变成访问员和被访者之间一问一答的访问过程。访问员通常会在访问前准备好一份大纲，列举所要询问的事项，以防止偏离访谈目标，但并不使用问卷，也不一定按照大纲上所列的顺序一项一项地问下去，问题的先后顺序完全按照访问的实际情况来决定。在必要或时间允许的情况下，可从被访者关心的话题开始，逐步缩小访谈范围，最后问所要提问的问题。

（3）在访问过程中，调查人员应始终采取公平的立场和用语。调查人员应讲文明，有礼貌，用语准确、明了、贴切、恰当，调研人员通常只讲很少的话，尽量不问太多的问题，只是间歇地提出一些适当的问题，或表示一些适当的意见，以鼓励被访者多说话，逐渐泄露他们内心深处的动机。访问员要善于用沉默的技巧，使被访问者无意识地泄露动机。因为，恰当的沉默可使被访问者有时间去组织他们的思想，使他们感到不讲不舒服，或认为访问员希望他们继续说下去，因此，他们就会继续发表意见以打破沉默。访问人员有时也可以利用一种"重播"技术，以上扬的音调重复叙述受访者答复的最后几个字，促使受访者继续说下去。

（4）在访谈结束时应注意的事项。一是调查人员必须迅速重温访谈结果或迅速检查一遍访谈提纲，避免遗漏重要项目，找出回答中出现的各种问题。二是在访谈结束时，应再征求一下被访者的意见，了解他们还有什么想法、要求等，不要一回答完提纲中的问题就随即离去，这样有可能会多掌握一些情况和信息。

深度访谈法在可取得所需资料的前提下，尽可能缩短时间，一般时间控制在 1~2h 之内，尽量不要超过 2h。

四、深度访谈法的优点和局限

1. 深度访谈法的优点

（1）相对于小组座谈，深度访谈法消除了群体压力，受访者更愿意表达自己的真实想法。

（2）在一对一的访谈中，受访者更能感到自己的意见被人重视，从而获得深入的信息。

（3）深度访谈法可以应用于一些特殊情况，解决较复杂的调查问题。

2. 深度访谈法的局限

（1）所花费的时间和经费较多。由于访问员要一个一个地访问受访者，所花费的时间和经费都很多，所以在市场调查中深度访谈的应用比较有限。

（2）获取的资料难以量化和推论。

（3）对访问员的自身素质要求较高。

第三节 影射法

一、影射法的定义

专题组座谈和深度访谈都是直接方法中的一种，其调研的真实目的并没有对调查对象隐瞒或者本身就很明显。影射法与它们不同，它试图隐瞒调研的真实目的。这种方法通常运用于调查对象不能或不愿意直接回答问题的情况。为了应对这种情况，采访者将一系列模糊或不完整的图片、报告或情节呈现给调查对象。其隐含的假设是，当被要求回应这些提示时，调查对象就会表露出自己潜意识里的信息。

影射法是非结构的、间接的提问方法，它要求调查对象描述的情境是模糊且不确定的。在描述这样的情境时，调查对象会间接地影射出自己的动机、信仰、态度或感受。调查对象的潜在信息会通过分析其答案得出。例如，调查对象可能会被要求分析别人的行为而不是自己的行为。在这一过程中，调查对象间接地影射出自己的动机、信仰、态度或感受。在一个里程碑式的调研中，美国邮政总局（USPS）使用影射法来探究为什么大多数 8～13 岁的男孩不把集邮当作一种爱好。他们先让一组男孩样本观看屏幕，上面一个 10 岁的男孩正在整理自己邮册里的邮票，然后再让这组男孩来描述这个场景并评价这个男孩。大多数调查对象认为屏幕上的男孩很"娘娘腔"。在对这一结果进行调查研究之后，邮政总局实施了一个针对 8～13 岁孩子的成功宣传活动，以改变集邮是"娘娘腔"的爱好这一偏见。

影射法在营销调研中可分为联想法、完成法、构筑法和表达法。

二、影射法的分类

（一）字词联想法

字词联想法是向受调查者出示一个字或词，然后要求他们写出看到这个词时所想到的其他词语，例如，呈现"奔驰"二字时，受调查者可能联想到"豪华""舒适""有钱人""当权者"等字眼。呈现"牙膏"时，则可能联想到"防酸""洁白""防蛀""黑妹""含氟"等。

运用字词联想法时，要注意受调查者反应的三个方面：

①联想词语的数量。这个指标反映了给定词的意义性，数量越多，说明该词的意义越丰富；数量越少，说明该词的意义越贫乏。

②联想词语的性质。联想出的词语可分为三类，第一类为积极的、肯定的或褒义的；第二类为中性的；第三类为消极的、否定的或贬义的。

③每一个词的联想时间。如果反应迅速，说明该字词对受调查者具有较强的刺激力，同时也能说明反应的态度或动机比较强。反之，如果反应缓慢，说明该字词刺激力较弱，受调查者的态度和动机不强。

字词联想法可用于产品的消费动机和偏好调查。例如，"牙膏"一词，如果消费者迅速联想到"防酸"，可能说明反应者比较看重牙膏的防酸作用；如果消费者迅速联想到"黑妹"，说明他们对"黑妹"牙膏有特殊的偏好或者常用黑妹牙膏。

字词联想法也可用于企业形象和品牌形象的调查。例如，向受调查者呈现"海尔"二字，消费者可能联想到"电冰箱""中国最著名品牌""家用电器""服务及时""张瑞敏"等。从这些反应中，市场研究者可以分析出受调查者对"海尔"的印象。

企业和商品通常希望自己的名称会让人产生有利的联想，尤其是让人联想起企业的性质、商品的用途等。透过受调查者的联想，研究者可以发现哪些名词更适合商品或企业。

（二）句子和故事完成法

在句子与故事完成法中，调研对象通常会拿到一组残缺的句子或一段不完整的故事，然后将其补充完整。其中回答的范围有的有受限制，即限制完成法；有的不受限制，即自由完成法。下面所举的就是一个针对香水所做的自由完成法的调查：

（1）香水是 _____

（2）最适合香水的颜色是 _____

（3）香水让你感到 _____

但是如果是高品质的香水是"_____"，或者包装良好的香水是"_____"等，就属于限制完成法。

句子与故事完成法经常和语句联想法连用，两者的区别在于，句子与故事完成法偏向于了解调研对象生活空间和行动范围；而语句联想法则着重于测试受访者情感、态度及注意的范围或对象；等等。

（三）故事构建法

故事构建法指由调查人员向被调查者提供有头有尾的文章，由被调查者按自己的意愿完成，使之成篇，借以分析被调查者的隐秘动机的方法。例如：

一个朋友对我说，前几天，她在市场上看到一种新款服装，设计、做工、面料都很好，只是价格贵了一点。朋友当时出于价格方面的考虑没有买，朋友总结说，价格贵的东西不好卖。我说，_____

_____。

（四）结构技法

结构技法与完成技法十分相近。结构技法要求被调查者以故事、对话或绘图的形式构造一种情景。图画回答法、卡通试验法、消费者绘图法都是经常使用的形式。

图画回答法，或主题统觉法或 TAT 法（thematic apperception test）。具体的做法是：首先向被调查者展示一系列的图画。在其中的一些画面上，人物或对象描绘得很清楚，但在另外一些中却很模糊。调查人员要求被调查者看图讲故事。从被调查者对图画的解释可以反映出个性特征。例如，可以根据被调查者对图画的解释将其描绘为冲动的、有创造性的、没有想象力的等。

卡通试验法由调查人员向被调查者出示卡通图片，并请被调查者依据自己的理解来虚构故事，调查人员便依据该虚构故事来分析被调查者的态度和想法。典型的卡通试验包含两个卡通人物，一个人的对话框中写有内容，而另一个则是空白的，要求被调查者完成空白的对话框。

消费者绘图法是由被调查者画出他们的感受或对一个事物的感知。通过调查者画的图形可以揭示其内在动机和态度。例如，麦卡恩－埃利克森广告代理公司曾经使用绘图法来研究为什么在某些市场上"突击牌"蟑螂喷雾剂比"格斗牌"灭虫碟更受欢迎。调查人员让大量使用蟑螂喷雾剂的家庭主妇画出她们消灭蟑螂的过程，结果发现，她们使用喷雾剂的原因之一是，用喷雾剂喷射蟑螂可以在喷射后看着它们死去。

（五）表现技法

表现技法是给被调查者提供一种文字的或形象化的情景，请他将其他人的感情和态度与该情景联系起来。具体的方法有角色表演法和第三者技法。

角色表演法是请被调查者以他人的角色来处理某件事，从而间接反映其真实动机和态度。例如，要求被调查者扮演负责处理顾客抱怨和意见的经理。被调查者的处理方式表现了他们对购物的态度。

第三者技法是通过第三人称，如"你的邻居""你的朋友""大多数人"等，来提问的一种方法。例如，"为什么很多人不喜欢使用信用卡消费"。用第三人称提问，表面上被调查者回答的是其他人的看法，而实际上，被调查者自己的态度也会随之暴露出来。使用第三者技法可以减轻被调查者的个人压力，因此可以得到较为真实的回答。

三、影射法的优缺点

与非结构化的直接法（例如，专题组座谈和深度访谈）相比，影射法的主要优势在于：它可以得出调查对象在知道调研目的前提下，不愿意或不能说出的答案。有时，调查对象在直接法中也可能有意或无意地误解调研人员的用意，在这种情况下，影射法能够通过掩饰调研目的来提高回答的准确性。当话题受私人、敏感或受到社会规范的制约时，事情尤其如此。影射法还能够帮助我们了解潜在意识中的动机、信仰和态度。

影射法可能存在以下不足之处：

（1）需要有专门的、训练有素的调查员，而这种人员往往非常缺乏；

（2）通常会花较高的费用；

（3）可能会出现严重的解释偏差；

（4）开放式的提问常给分析和研究带来一定困难。

四、影射法的应用

影射法应用于了解以下问题或情形：

（1）某种行为的原因；

（2）拥有或使用某产品对消费者意味着什么；

（3）当人们不清楚其情感和意见，或不愿意承认对其形象有影响的方面时或出于礼貌不愿批评他人时。

本章小结

定性调研的方法主要包括焦点小组访谈法、深度访谈法、影射法等方法。焦点小组访谈法是挑选一组具有代表性的被调查者，在一个装有单向镜或录音、录像设备的房间中，采用小型会议的形式，由主持人引导对研究主题进行讨论，从而获得信息的一种调查方法。深度访谈法是指调查员采用一对一的形式，在轻松和谐的气氛中，与受访者就某一问题进行深入、充分和自由的探讨交流，从而获得有关调研资料的一种探索性调研形式。影射法是指通过隐瞒调研的真实目的，采访者将一系列模糊或不完整的图片、报告或情节呈现给调查对象。当调查对象被要求回应这些信息时，调查对象就会表露出自己潜意识里的信息。以上三种方法各有各的特点和应用条件，开展的程序各不相同，在实际工作中要灵活应用，以便作出定性调研的结论。

本章习题

一、名词解释

1. 焦点小组访谈法
2. 深度访谈法
3. 影射法

二、简答题

1. 简述焦点小组访谈法实施过程。
2. 简述深度访谈法的优点和局限。
3. 简述影射法的优缺点。

第七章

纺织品服装市场一手数据调研方法：
定量调研

引　言

　　在很多调研项目开始阶段，收集二手数据并进行定性调研都是必要的，但往往又是不充分的，对解决所面临的问题也不是根本有效的。如何为解决所面临的问题提供充分的、切实有效的信息呢？解决办法就是启用一手定量数据的调研。在二手数据收集和定性调研的基础上，调研人员有把握通过一手定量数据调研获取充分、有效的信息，有效解决所面临的问题。一手定量数据调研在数据收集难度、调研花费时间及投入的人力、财力和物力上，都要比定性调研大得多。因此，一手定量数据调研构成数据收集方法的主体。资料显示，在全部调研费用中，大约72%用于定量研究，其余则用于定性调研。

学习目标

　　本章重点研究一手数据调研方法。通过学习本章，要做到：了解访问法、观察法、实验法的概念、分类及其优缺点，掌握入户访问、街头拦截访问、电话访问、直接观察法、间接观察法、实验法等多种调研方法的操作步骤，并运用这些调研方法解决纺织品服装市场中存在的调研问题。

　　按照数据收集的具体方式不同，一手定量数据的调研方法可以归纳为三大类，即询问法、观察法和实验法。上述每一类调研方法和每一种操作方法各有特点及自身的适用性。从理论上认识和把握每一类调研方法及其具体操作方法的特点和适用性（本章稍后将展开深入分析），是正确使用这些方法、获得所需的真实数据的必要前提，但是还不充分。调研设计者还必须了解调研实践，对调研方法应用实践中可能出现的问题和障碍保持警惕，吸取以往的经验教训。

第一节　访问法

访问法是通过询问的方式向被调查者了解市场情况，获取原始资料的一种方法。采用访问法进行调查，对所要调查了解的问题，一般都事先陈列在调查表中，按照调查表的要求询问，所以又称调查表法。根据调查人员与被调查者接触的方式不同，又可将访问法分为入户访问、街头拦截访问、电话访问、邮寄访问、留置问卷访问等形式。本节重点介绍入户访问、街头拦截访问和电话访问。

一、入户访问

入户访问是指调研者进入被访者家中或单位进行调研的一种形式。这种访问曾被认为是最佳的访谈方式，是可以进行深度访谈和特定室内用品测试的有效访谈方式。首先，入户访谈是一种私下的、面对面的访谈形式，能直接得到信息的反馈，可以对复杂的问题进行解释，在需要使用书面材料加快访谈速度和提高访谈数据质量的时候可以使用专门的问卷技术，能够对被访问者进行相应的启发等。其次，入户访问能够确保受访者在一个自己感到熟悉、舒适、安全的环境里轻松愉快地接受访谈。

（一）入户访问的优缺点

访问人员亲自到被访者家里，可以增加他们完成访问工作的可能性。提高了参与率，由此提供了一个更具有代表性的总体样本。利用入户访问的形式，可以访问到那些电话不易联系到的人，如没有家庭电话、电话没有列入电话簿或者由于某些原因拒接电话的人。这种访问可以帮助解决电话访问或者问卷调研出现的不应答的问题。入户访问还具有很大的灵活性，由于调查者与被调查者双方面对面交流，交谈时间可以灵活安排，同时对于一些新发现的问题，尤其是那些争议较大的问题，调查者可以采取灵活委婉的方式迂回提问，逐层深入。当被调查者对某一问题误解或不理解时，调查者可以当面予以解释说明，有利于资料收集工作的顺利进行。

入户访问的调查费用较高，主要表现为调查员的培训费、交通费等；访问调查周期较长；匿名性较差，难以收集个人敏感性问题的资料。另外，入户访问可能会漏掉某些潜在的应答者，如那些住在装有安全设置的高级住宅里的人，或者有些因为太繁忙，根本无法在工作时间内接受个人访问的人员。因而，入户访问一般不适用于大规模的市场调查活动。

（二）入户访问调查中的误差

在入户访问调查过程中，人的主观因素（如经验、知识等）对调研结果有一定的影响，从而可能产生调研的误差，主要有抽样误差和非抽样误差两种。抽样误差分为随机抽样误差和系统抽样误差；非抽样误差具体包括替代信息误差、替代样本误差、拒访误差、回答误差、调查员误差等。非抽样误差对调查结果的影响通常比抽样误差更大些。

（三）入户访问的步骤

为保证入户访问调查工作的顺利进行和调研成果的真实有效，调研人员应遵循以下步骤：

（1）明确调查目标；

（2）拟定调查对象的范围（客户或家庭）；

（3）科学抽样；

（4）设计标准问卷；

（5）实施预先测试性调查；

（6）开展正式的入户面访调查。

（四）访问户和访问对象的确定

1. 访问户的确定

如果抽样方案中已经给出了待访问户的具体地址或名单，调查员则只需按方案中指定的访问户去进行调研。但是在更多情形下，抽样方案无法给出具体的待访问户的名单，而只是给出若干个抽样点（如居委会）和如何抽取待访问户的具体规定，这样调查员就有一定的确定访问户的主动权。应该注意的是，为控制调查员的误差，研究者赋予调查员的抽样主动权应尽量减小，即规定尽可能详细的抽取访问户的办法。例如，可规定在每个抽样点按等距抽样法抽取访问户，还要规定起点的确定方法、抽样间距的计算方法以及行走路线的方向等。甚至当抽中的访问户无人或拒访时，抽样方案也能给出具体的变通处置办法。

2. 访问对象的确定

访问户一旦确定，有针对性地选择访问对象就显得十分重要。鉴于不同的研究目的，访问对象的确定也是有差别的。如果调查的内容涉及家庭重大财政支出（如住房、汽车等），一般应访问户主或最具决定权的家庭成员；如果调查内容主要涉及个人的行为或态度（如对服装款式的看法），一般是访问家中某个年龄段的所有成员（如18岁以上），或是按某种规定选取一位家庭成员进行访问。不管是哪一种情况，抽样方案都要规定具体的确定方法。

（五）入户访问的技巧

在入户访问调查中，访问员是一个颇为重要的角色，他（她）的服饰穿着、语气表情、询问方式都会影响调查能否成功进行。要想获得访问对象的配合与支持，访问员就必须讲究相应的访问技巧。

1. 获得信任和合作

访问员的首要任务是取得被访者的理解与合作，因此，访问员必须保持本身端正的仪容、用语得体、口齿伶俐、态度谦和礼貌，给人以亲切感、友善感、平等感和信任感，使被访人员消除顾虑，打开家门，放心地接受访问。

2. 准确、清晰地询问

在入户访问调查中，向被调查者询问有关问题是必不可少的，而访问人员掌握表达问题的艺术又是非常重要的，否则极易出现访问调查的误差。询问问题的主要技巧有：①按照问卷中问题的次序发问；②准确、清晰、缓慢地读出每个问题；③详细地询问每个问题；④重复被误解的问题。

3. 适当追问

追问是进行开放性问题调查的一种常用技术，追问可以分为两类，一类是勘探性追问，另一类是明确性追问，即澄清。前者是在被访者已经回答的基础上，进一步挖掘、深究问题的方法，目的在于引出被访者对有关问题的进一步阐述；后者是让被访者对已回答的内容作进一步详细的解释，目的在于进一步明确被访者给出的答案。访问人员常用的追问技巧有：①重复问题；②观望性停顿；③重复应答者的回答；④提出中性问题等。

4. 客观记录

尽管记录回答看起来非常简单，但错误经常在记录阶段发生。因此，访问人员掌握恰当的记录规则是十分必要的。记录封闭性问句的应答规则较为简单，一般是在应答者回答的代码前作出相应标记，困难主要在于对那些开放性问句的记录。在记录回答的问题时，访问人员应注意两个规则：①边访问边记录；②原原本本地记录。

5. 友好地离开

入户访问最后面临的一个问题是如何结束访问并退出被访者家中。访问人员只有确信所有调研资料已搜集齐全，方能结束访问。匆促离开是一种不明智的做法。一方面，访问人员匆促离开，可能就不能够记录被访者提供的自发性评论或补充性意见；另一方面，匆促离开也是失礼的一种表现，友好离开既是对被访者的一种尊重，也是未来进一步合作的需要。

二、街头拦截访问

街头拦截访问又称为不定点访问，它是在街区选择适当的地点（一般为商业街、娱乐场所、生活小区等），由访问员对其拦截的合格的受访者进行访问的方法。这种方法常用于总体抽样框难以建立、需要快速完成的小样本的探索性研究。

（一）街头拦截访问的优缺点

1. 优点

（1）节省费用。由于被访者自己出现在访问员的面前，因此，访问员可将大部分时间用于访谈，且节省了时间及车旅费用。

（2）避免入户困难。在公共场所，被调查者没有怕露底的心理，所以相对来讲比较容易接受访问。

（3）便于对访问员的监控。拦截调查通常是在选好的地点进行，所以可以指派督导员在现场进行督导，以保证调查的质量。

2. 缺点

（1）不适合内容较长、较复杂或者不能公开的问题的调查。

（2）调查的精确度可能很低。由于所调查的样本是按非概率抽样抽取的，调查对象在调查地点出现带有偶然性，可能会影响调查的精确度。另外，在某一地点调查，很难得到代表性强的样本。

（3）拒访率较高。因为调查对象有充分的理由来拒绝接受调查。

（二）街头拦截访问的具体操作

1. 街头拦截访问的准备工作

（1）准备问卷，并对问卷内容全面了解。一般来说，街头拦截访问往往会使被调查者措手不及，这就需要调查者进行说明，介绍调查的目的和内容。为此，作为调查者必须对问卷内容全面了解，只有熟悉内容才能清晰、熟练地进行介绍，赢得调查对象的信赖。

（2）相关知识的准备。视不同调查内容要有相关知识的积累，当涉及某件商品或服务时，要先通过图书馆和网络来查找相关资料，有时还需要实地考察一番。比如，要调查一件服装产品的市场反应，就需要了解这件衣服的面料、款式、价格、流通渠道等。对调查的事物有了先期的认识，就能对街头拦截调查胸有成竹。

（3）预先观察调查地点。到街头拦截的调查地点，实地了解一下那里的环境、人流等情况，看哪里是做街头拦截调查的好地方。便于调查的地点一般是人流较多的购物休息之处。

（4）检查调查所需的物品。一般调查需要带两支笔、供回答问卷的硬板等，着装也要求整齐些。

（5）了解有关职业规则。调查人员应明确受访者的权利与调查人员的义务等，遵守相关职业规则。受访者的权利有自愿，匿名，了解调查人员的真实身份、目的、手段。对未成年人调查须经其监护人同意。调查人员要履行以下义务：不做出有损市场调查行业声誉或让公众失去信心的举动，不探查他人隐私；不能对自己的技能经验与所代表机构的情况作不切实际的表述，不误导调查者；不能对其他调查人员作不公正的批评和污蔑；必须对自己掌握的所有研究资料保密；在没有充分数据支持下不能有意散布市场调查中所得的结论。

2. 拦截访问的操作

（1）准确寻找被调查对象。环顾四周，寻找出可能会接受调查的目标对象。街头人群具体分行走人群和留步人群。留步人群要找那些在一边休息或似乎在等人的对象，径直走上前去询问他们。如果被拒绝，也要很有礼貌地说："对不起，打扰您了。"

（2）上前询问，注意姿态。选准调查对象后，就要积极地上前询问。上前询问的短短几步也是有讲究的，朝调查对象起步应该缓步侧面迎上。整个行走过程，目光应对准被调查者。当决定开口询问时，应在被调查者右前方或左前方一步停下。

（3）开口询问，积极应对。良好的开始是成功的一半，开口的第一句话很重要。在这句话中，要有准确的称呼、致歉词和目的说明。你可以说："对不起先生，能打搅您几分钟做一个调查吗？"此时，良好心态，笑的魅力，语言表达都要协调地配合在一起。

对于询问，调查对象会有许多种反应。第一种是不理睬，这说明他对街头拦截调查极度拒绝，向他致歉就可以结束了。第二种是有礼貌的拒绝，这时应当针对对方的借口进行回应，比如对方说没时间，可以应对说只需一点点时间。最好还能让对方看看调查问卷，以求调动兴趣。第三种可能是对方流露出一些兴趣，问你是什么调查。这时要把握住机会，让对方看看调查问卷，并向他解释调查的内容，及时地递上笔。只要让对方接过，一般就能够让对方接受你的调查。第四种情况较为少见，对方一口答应接受调查。

（4）随步询问，灵活处理。在应对行走人群时，让对方自动停下脚步是一个不错的切入点，说明对方对你有兴趣。如果对方不愿停下脚步，这就需要我们跟随对方走几步，同时用话语力争引起对方的兴趣。切切不可直截了当地要求对方停下脚步。一般跟随对方走出十米依然无法让对方停步，就应当终止。

（5）被调查者信息收集需加小心。对于被调查者的信息资料，如姓名、年龄、住址、电话等，有时也需要在街头拦截调查中得知。甚至有时调查的目的就是要了解被调查者的基本信息，以利开展营销活动。这一内容的调查要小心处理。在调查中要尊重他们的权利，不能强求。在调查开始时，先要诚实地将自己的真实身份、调研的目的、为何要了解他们的基本资料的原因告知被调查人，同时向他们告知我们的义务，询问他们是否愿意告知。只要处理得当，一般情况下，被调查者愿意留下他们的信息资料。

3. 调查完成后的必要工作

（1）当被调查者回答完所有问题后，应当浏览一遍，不要有所遗漏。

（2）向被调查者表示感谢，与其告别。

（3）当完成一次调查后，先不要将问卷取下。展开新的调查时，可以当着被调查者的面将已用过的问卷取下，这样可以使被调查者更易于接受调查。

（4）等到所有的问卷都完成后，需要整理一下。在调查过程中往往会有废卷和白卷的情况。第一是切切不能作假，第二是不要将问卷毁损。在街头拦截调查结束后将所有的问卷交给负责人，这是最原始的资料，需要进行集中整理统计，形成有效的营销信息资料。

三、电话访问法

电话访问法是由调查人员通过电话，依据调查提纲或问卷，向被调查者询问以获得信息的一种调查方法，包括传统的电话调查方法和计算机辅助电话调查方法（CATI）。传统的电话调查方法使用的工具是普通的电话。访问员在电话室内，按照调查设计所规定的随机拨号方法确定拨打的电话号码，如拨通则筛选被访者，并逐项提问，同时加以记录。计算机辅助电话调查在一个配有 CATI 设备的场所进行，整套系统软件包括自动随机拨号系统、自动访问管理系统（实时监听系统、双向录音系统）和简单统计系统等。访问员只需戴上耳机，等待电脑自动甩号，根据筛选条件甄别被访者，然后按照问卷上的问题进行访问，整个过程最大的优点是质量的监控保证及操作的规范化。

（一）电话访问法的优缺点

1. 优点

（1）取得市场信息资料的速度最快。

（2）节省调查时间和经费。

（3）覆盖面广，可以对任何有电话的地区、单位和个人进行调查。

（4）被调查者不受调查者在场的心理压力影响，因而能畅所欲言，回答率高。

（5）对于那些不易见到面的被调查者，如某些名人，采用此法有可能取得成功。

（6）采用计算机辅助电话系统，更有利于对访问质量的监控。

（7）访问员的管理更为系统规范，管理集中、反馈及时有效。

2. 缺点

（1）被调查者只限于有电话和能通电话者，在经济发达的地区，电话普及率很高，这种方法能得到广泛应用。但在经济不发达、通信条件比较落后的地区，电话尚未普及，在一定程度上会影响调查总体的完整性，开展调查的面也较窄。

（2）电话提问受到时间的限制，询问时间不能过长，内容不能过于复杂，故只能进行简单的问答，无法深入了解一些情况和问题。

（3）由于无法出示调查说明、照片、图片等背景资料，也没有过多的时间逐一在电话中解释，因此，被调查者可能因不了解调查者的确切意图而无法回答或无法正确回答问题。

（4）无法针对被调查者的性格特点控制其情绪，如对于挂断电话的拒答者，很难做进一步的规劝工作。

电话访问法适用于急需得到结果的市场调查，目前我国许多市场调查机构已开始采用这种方法。随着我国电讯业的发展，电话调查作为一种快捷、有效的调查方法，将会越来越得到广泛的重视和运用。

（二）电话访问法的应用范围

（1）对热点问题、突发性问题的快速调查。

（2）关于某特定问题的消费者调查。比如，对某种新产品的购买意向、对新开栏目的收视率调查等。

（3）特定群体调查。比如，对于投资者近期投资意向和打算的调查。

（4）已经拥有了相当的信息，只需进一步验证情况时的调查。

（三）电话访问法的具体操作

1. 电话访问的准备工作

（1）访问员要求有较强的语言表达能力和沟通、理解能力，所以在电话访问前期，应逐一挑选普通话标准、语音优美、有亲和力、能吃苦耐劳、做事认真的访问员。

（2）必须明确电话访问的目的，要知道你想通过此次电话访问得到什么。

（3）相关知识的准备。视不同的调查内容要有相关知识的积累，特别是调查内容所涉及的行业相关专业知识。

（4）在拨打电话之前，应该对达到预期目标的过程进行设计，可以准备一张问题列表，并对可能得到的答案有所准备，最好选用两项选择法进行询问。

（5）要有足够的被拒绝的心理准备，由于人们快节奏的生活，另外还有电话诈骗等社会问题的出现，电话访问频频受阻。这要求访问人员一定要有信心和恒心，坚持下去，就一定能够找到提供信息的人。若有可能，应提前寄一封信或卡片告知被调查者将要进行电话询问的目的和要求以及奖励办法等。

（6）进行试访训练。试访是正式访问的战前演练，目的是了解访问员对调查背景、问卷内容以及访问技巧的掌握程度和熟练程度。能否做细、做足试访工作对电话访问成败与否起着非常重要的作用。

应安排1~2名督导进行现场巡视，及时纠正访问员不规范的询问方式和记录方式，及时处理访问过程中不可预见的突发问题，保证访问过程正常有序进行。可安排专人对访问过程的录音进行抽查，掌握访问员的共性问题和个性问题，并针对这些问题将访问员再次集中培训，确保访问员在统一口径和规范操作程序下搜集信息。

2. 电话访问的开场白

开场白或者问候是访问员与受访者通上话以后在前30秒钟所讲的，或者说是访问员所讲的第一句话，其可以建立受访者对访问员的第一印象。在电话访问中，第一印象是决定访问员的这个电话能否进行下去的一个关键因素。一般来讲开场白包括以下几个部分：

（1）问候/自我介绍。例如，"您好，我是××公司的××。"

（2）表明打电话的目的。例如，"上个星期您提到……您对我们服务人员的服务态度感到满意吗？"

（3）确认客户时间是否允许。例如，"可能要花您几分钟的时间，现在方便吗？"如果受访者此时很忙，尽可能与受访者约定下次访谈的时间。约定时应采用选择性的问题。例如，"您看我们的下次访谈定在明天上午还是下午呢？""是下午两点还是下午三点呢？"

（4）提出问题把受访者引入会谈中。例如，"那个问题您怎么看？""它对您有什么帮助吗？""帮助在什么地方？""您认为我们下一步应如何做？"

3. 电话访问进行中

（1）电话访问进行中要注意倾听电话中的背景音，例如，有电话铃声、门铃声、在有人讲话时，应询问受访者是否需要离开处理，这表明你对受访者的尊重。

（2）提高提问和听话的能力。通过提问去引导你们的电话访谈，在听取受访者回答时正确理解其意图，包括话外音。

4. 打完电话后

打完电话之后，访问员一定要向被访者致谢。例如，"感谢您用这么长时间帮助我们，您的宝贵意见我们会认真考虑，谢谢，再见。"

第二节　观察法

一、观察法的含义与分类

观察法是指调查者到现场凭自己的视觉、听觉等感官或借助摄录像器材，直接或间接观察和记录正在发生的市场行为或状况，以获取有关原始信息的一种实地调查法。

按观察的形式不同分为直接观察法和间接观察法。详细分类如图 7 – 1 所示。

（一）直接观察法

直接观察法是调查者直接深入调查现场，对正在发生的市场行为和状况进行观察和记录。主要观察方式如下：

（1）参与性观察是指调查者直接参与到特定的环境和被调查者对象中去，与被调查者一起从

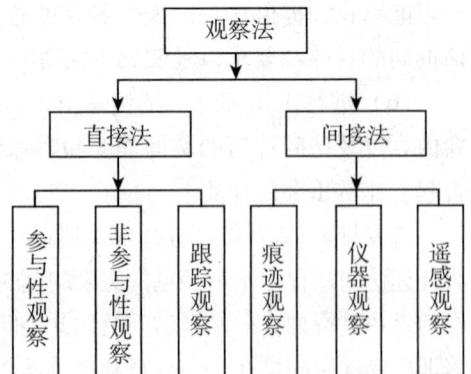

图 7 – 1　观察法的分类

事某些社会经济活动，甚至改变自己的身份，身临其境，借以收集获取有关的信息，如"伪装购物法"或"神秘顾客法"。

（2）非参与性观察又称局外观察，是指调查者以局外人的身份深入调查现场，从侧面观察、记录所发生的市场行为或状况，用以获取所需的信息，如供货现场观察、销售现场观察和使用现场观察等。

（3）跟踪观察是指调查员对被调查者进行连续性的跟踪观察，如商场顾客购物跟踪观察、女士着装跟踪观察、用户产品使用跟踪观察等。

（二）间接观察法

间接观察法是指对调查者采用各种间接观察的手段（痕迹观察、仪器观察等）进行观察，用以获取有关的信息。

（1）痕迹观察是通过对现场遗留下来的实物或痕迹进行观察，用以了解或推断过去的市场行为，如食品橱柜观察法、垃圾清点观察法等。

（2）仪器观察是指在特定的场所安装录像机、录音机或计数仪器等器材，通过自动录音、录像、计数等获取有关信息，如商场顾客流量自动测量、交通路口车流量自动测量、电视收视率自动测量等。

（3）遥感观察是指利用遥感技术、航测技术等现代科学技术搜集调查资料的方法，如地矿资源、水土资源、森林资源、农产品播种面积与产量估计、水旱灾害、地震灾害等均可采用遥感技术搜集资料。这种方法目前在市场调查中应用较少。

二、观察法的优缺点

（一）观察法的主要优点

1. 真实和可信

观察调查法最大的优点是信息的直观性、真实性和可信性。因为被观察者不知道，甚至没有意识到他们正在接受观察调查。因此，观察到的信息资料是调查对象的自然状态和毫无掩饰、极为自然的正常行为，既没有调查对象的刻意做作，也没有调查人员的误导和影响。调查人员直接从被调查对象身上获取的原始资料真实、可靠，收集到的信息资料具有最高的可信性。

2. 时效性长

在观察调查法中，可以利用各种载体如实地对信息资料进行记录。这些载体与信息资料都可以长期保存、使用和处理；即使是人员观察，也要求及时进行记录。因而，信息资料可以长期保留，具有比较长的时间效应。

3. 具有一定的隐蔽性

观察调查法容易隐蔽企业的真实目的，有利于隐蔽企业市场竞争的策略方向和意图。在市场竞争激烈的情况下，观察调查活动不容易被外界发现，尤其可以避免被竞争对手觉察，为企业进行市场营销决策争取了主动和时间。

（二）观察法的主要缺点

1. 认识表面化，观察深度不够

利用观察调查法对调查对象进行观察调查，其基础是所谓的"黑匣子"理论。因此，观察只能看到行为和结果，而对行为发生的原因和动机无法确定，这样就不能给经营决策提供充分的依据，给企业管理带来一定的困难。

2. 时间长、费用高

使用观察方法进行市场调研，有时需要各种先进的仪器，要求调查人员有比较高的知识和一定的技术，或为全面及客观地反映事实，防止偶发因素的影响，需要较长时间的观察才能发现某种规律。因此，使调查活动的时间拉长，总成本升高。

3. 受限性较大

在各种市场调研方法中，观察调研法受限性较大，一般只适用于较小的微观环境，而且同时受到观察人员自身的身体条件、观察能力、记忆能力、心理分析能力等的限制，观察指标也比较单一。

三、观察法的操作

（一）观察法的准备工作

1. 明确观察目的

观察目的是根据调查任务和观察对象的特点而确定的。明确观察目的，即要明确观察解决什么问题。然后确定观察的范围、对象，观察的重点，具体计划观察的步骤。

2. 制订观察计划，特别要明确观察对象与目标

一般说来，观察计划包括观察目的、观察对象、观察重点与范围、通过观察需要获得的资料、观察的途径、观察的时间、次数和位置、选择观察的方法、列出观察的注意事项、观察人员的组织分工、观察资料的记录和整理、观察者的应变措施等内容。

这里提到的观察对象和目标可以是物（产品、竞争广告、市场关系等），也可以是人（顾客、行人）。观察对象与观察目标是根据调查目的确定，例如，为了调查商场营业员的服务情况，观察对象就为商场的营业员，观察的内容包括该商场对营业员工作时间内各个方面的工作标准和要求，如仪容、仪表、言行举止、对顾客的态度等方面。

3. 设计观察记录表

为了将观察结果快速准确地记录下来，并便于随身携带，将观察内容事先制成便于汇总的小卡片，制作卡片时，应先列出所有观察项目，经筛选后保留重要项目，再将项目根据可能出现的各种情况进行合理的编排。

4. 选择观察地点

观察地点的选择既要便于观察，又要注意隐蔽性。

5. 准备观察仪器

市场调查中观察并不仅限于通过人的视觉，而是指通过人的五种感觉器官的所有感觉。运用不同器官进行观察，所需配备的观察仪器也是不同的，如表7-1所示。

（二）进入观察现场

进入现场应取得有关人员的同意，或出示证件说明，或通过熟人介绍，或通过内线，或取得观察对象中关键人物的支持而进入。一旦进入现场，观察者要尽快取得被观察者

信任。

表 7 - 1　感觉和观察工具

感觉	人体器官	在市场调查中的作用	辅助手段
视觉	眼睛	行为观察（广告牌效果检验）	望远镜、显微镜、照相机、摄影机
听觉	耳朵	谈话观察（顾客的言谈）	助听器、录音机、噪声测量仪
触觉	手指手掌	表面检验（纹路、结构、皮肤）	触式测试仪、盲视仪、金相仪
味觉	舌、口腔	品味	化学分析仪、味料专用分析仪
嗅觉	鼻	食品、香料检验	香料分析仪

（三）进行观察和记录

1. 观察

观察应有计划。观察应与思考相结合。观察应有序进行。具体可以采用下列几种方法：

（1）采用直接观察法进行观察。直接观察法就是调查人员直接到调查现场进行观察。例如，在柜台前观察消费者的购买行为，记录他们对商品的挑选情况；在橱窗前观察过往客户对橱窗的反应，分析橱窗设计的吸引力；在大街上观察人们的穿着和携带的商品，以分析市场动向用以开发新产品。

在进行直接观察时需要做好以下工作：

第一，尽可能不让被观察者觉察到你在记录他（她）的表现。

第二，不要先入为主，观察要具有客观性。观察的对象反映的是什么，就记录什么，不要掺杂个人的任何成见或偏见，更不要把个人主观的推测和客观的事实相混淆，这样观察所得到的材料，才会是真实可靠的。为了增加客观性，可以利用仪器进行观察，或者采取几个人同时观察一个研究对象，同时记录，观察后互相核对记录的方法来提高客观性。

第三，在观察的过程中，需要观察者的思维和注意保持高度的集中，每当一种现象出现时，一定要找出引起这种现象出现的原因。

第四，冷静处理偶发情况。观察时出现预先没有估计到的特殊情况时，不要慌乱失措，可如实把发生的情况记录下来，在观察过程和观察结束以后予以适当处理。

（2）采用痕迹观察法进行观察。痕迹观察法就是在调查现场观察和分析被调查者活动后留下的痕迹。这种方法在各种调查中被广泛应用，也应用于市场调查。

例如，从居民的垃圾中分析居民的消费水平；国外有的汽车商派人观察汽车上收音机的指针停留的位置，以便选择受司机欢迎的电台做广告。

在进行痕迹观察法时观察者要有耐心和细心。要严格地要求自己，不产生厌倦的情绪，具有顽强地进行工作的精神。

（3）采用仪器观察法进行观察。行为记录法主要通过有关仪器，对调查对象进行记录和分析。

例如，美国尼尔逊广告公司，通过电子计算机系统在美国各地 12500 个家庭中的电视机上装上电子监听器，每90秒扫描一次。每一个家庭只要收看3秒电视节目就会被记录下来，据此选择广告的最佳时间。在我国，有的商家用录像机录下消费者购买行为，以分析消费者的购买动机和购买意向。

2. 记录

在观察的过程中认真做好记录，是必不可少的重要环节。做观察记录，应符合准确性、完整性、有序性的要求，为此，必须及时进行记录，不要依赖记忆。观察记录有两种方式，一种是当场记录，另一种是事后追记。

现代科学技术为社会调查提供了许多先进的调查手段，如录音机、摄像机等。但市场调查中使用这些技术手段要慎重，使用这些仪器会在一定程度上影响被观察者的行为。

事后追记多在不适合或不可能当场记录时采用，如观察的是敏感问题。

第三节　实验法

一、实验法的含义和类型

（一）实验法的含义

实验法是指从影响调研对象的若干个因素中选择一个或几个因素作为实验因素，在控制其他因素均不发生变化的条件下，观察实验因素的变化对调研对象（因变量）的影响程度，为企业的营销决策提供参考依据。例如，企业可以控制产品的形状（或价格），然后在不同的地点销售，从中确定不同的产品形状（或价格）对产品销售的影响，从而确定销售量（额）受产品不同形状（或价格）变化的影响程度等。在这里，产品的形状（或价格）为自变量，而产品的销售量（额）是因变量。

实验法在营销调研中的应用主要表现在两个方面：一是解释一定变量之间的关系（如上例）；二是分析这种关系变化的性质，如在改变商品质量、价格、包装、广告等条件下，通过实验的方法，测试其销售量的变化是增加还是减少。

（二）实验法的类型

实验调查法的类型很多，根据调查的目的不同，选用的具体类型也有区别。

1. 正式调查和非正式调查

根据实验结果能否进行误差分析，实验调查法分为正式调查和非正式调查两种。所谓的正式调查，是指能够进行实验误差分析的调查。它要求有比较规范的实验手段和设备，实验结果有比较充分的数据，对数据进行的误差分析能够满足要求等。正式调查要求比较严，费时相对较长，费用也较高。非正式实验调查只需要了解调查后的结果或者现象即可，不需要进行各种误差分析。例如，不对样本、数据、人为因素造成的误差等进行分析。如果对实验的数据要求不是很严格，例如，只需要实验结果，一般情况下，企业比较习惯做非正式的实验调查。

2. 实验室实验调查法、仿真实验调查法和市场实验调查法

根据进行调查的真实程度及地点和形式，实验调查法可分为实验室实验调查法、仿真实验调查法和市场实验调查法三种。在实际的实验调查中，实验室实验调查和仿真实验调查都是在实验场合进行的实验性调查。只有在真正的具体市场上进行的实验调查，才是市场实验调查。

实验室实验调查法是指把调查对象请到科学研究的实验室内，进行一个与实际市场有比较大距离的、带有研究性质的实验性调查方法。这种调查方法多适用于对一些深层次因素的调查，如心理指标的测试调查、一些不成熟方案的消费者实验等。仿真实验调查法是指把调查对象请到一个经过人为布置过的、尽量模仿真正市场的实验场地，按照调查人员设计的方案对调查对象进行测试的一种调查方法。这种方法比较近似于市场的情景测试调查法。仿真实验调查虽然与实际市场调查仍然有一定的距离，但是对有些需要进行保密的调查项目，对一些进行真正市场调查成本比较大的实验项目，在仿真实验室内或者在秘密地点内进行仿真实验调查活动，一般情况下有比较好的效果。市场实验调查法是指把实验项目放在实际的市场上进行试销式求证的调查方法。例如，对市场营销因素组合决策方案的优选，对一些有战略意义的市场的开拓，对处于大规模生产前阶段的新产品等，都可以在经过挑选的不同的具体市场上分别进行求证式的市场实验，然后预测市场实际销售结果，从而达到分辨优劣和进行方案优选的目的。

3. 有对比实验调查和无对比实验调查

从进行调查活动的过程中是否有对比组，可以把实验调查法分为有对比实验法和无对比实验法。

无对比实验是在没有对照组的情况下，只对实验对象自身因素前后的变化进行实验和对比分析。无对比实验法属于非正式实验法。有对比实验调查法不仅需要对调查对象进行试验分析，而且需要寻找一个与调查对象有可比性的、保持不变状态的对照物，使其在对实验结果进行分析时，能够排除非实验因素的影响。因为对照组的存在可以减少实验误差，有对照组的实验可以说是比较正式的实验调查法。

4. 市场营销组合因素实验法和影响因素实验法

从控制的内容来看，实验调查法可分为市场营销组合因素实验法和影响因素实验法。

如果调查的内容属于可以控制的市场营销因素，则称为营销因素调查，也可以叫自变量实验调查法。如果调查的内容属于各种环境因素，或者其他对企业市场营销活动有影响的不可控因素，则称为影响因素调查法。

5. 工具实验调查法和人员实验调查法

工具实验调查法是指完全依赖工具或者主要使用工具进行实验调查的一种方法。而人员实验调查法是指基本不使用工具，或者不是以使用工具为主来进行实验调查的一种方法。

二、实验法的优缺点

实验法是通过实验活动提供市场发展变化的资料，然后估计实际的情况，作出决策。

这是企业表现出的一种积极主动的市场态度，对检验宏观管理的方针政策与微观管理的措施方法的正确性来说，是一种有效的方法。

（一）实验法的优点

1. 可以探索不明确的因果关系

通过实验设计，控制一个或几个因素（自变量），尽可能地排除外来因素的影响，观察某些市场现象之间是否存在着因果关系以及相互影响程度。

2. 通过实验取得的数据比较客观，实验的结论有较强的说服力

在实验单位、实验变量、实验设计、实验条件和实验环境都基本相同的情况下，实验结果不会因为实验员、实验时间、地点等因素的不同而不同。实验具有一定的可重复性，比较有说服力。当然，在实际的市场活动中影响经济现象的因素很多，可能由于非实验因素不可控制，而在一定程度上影响实验效果。

（二）实验法的缺点

实验法的运用也存在一定的局限性并且费用较高。实验法只适用于对当前市场现象的影响分析，对历史情况和未来变化的影响较小。实验的设计中，很多因素是难以人为控制的，相互关系复杂，这都会影响实验的正确性。所需的时间较长，又因为实验中要实际销售、使用商品，因而费用也较高。

三、实验法的操作

（一）实验法的准备

1. 选择实验对象，根据调查目的，确定实验变量

确定实验对象和实验变量，是实验法的第一步工作。实验对象就是要进行实验的具体产品。实验变量是根据调查目的来确定，比如，想知道不同的广告策划对方便面销售量的影响，那么实验对象就是方便面，实验变量就为广告策划；超市里不同的陈列方法对销售量的影响，那么实验变量就为商品的陈列方法。

2. 确定实验场所

实验调查法可以在实验室进行。例如，在一个模拟商场中，试验一种新的商品陈列和购买方式，可以邀请一些目标顾客在这个模拟的商场参观购物，来调查其销售效果。

实验调查法也可以在现场进行。它是在自然的市场环境中实施的，需要注意的是选择的实验环境应该是两个相互匹配的商场、城市或地区。这种方法的优点是在自然环境下实施的，其调查结果也比较接近实际。

3. 确定实验组与控制组

实验组与控制组从选出的几个相互匹配的商场（也可以是城市、地区）中的实验对象确定，选择若干实验对象为实验组，同时选择若干与实验对象相同或相似的调查对象为控制组，并使实验组与控制组处于相同的实验环境之中。实验者只对实验组进行实验活动，对控制组不进行实验活动，根据实验组与控制组的对比得出实验结论。

实验组与控制组应具有可比性，即两者的业绩、规模、类型、地理位置、管理水平等各种条件应大致相同。只有这样，实验结果才具有较高的准确性。

4. 选择实验方法

在下文（实验法的进行）详细介绍。

5. 制作实验表格

根据实验方法的选择，制作相应的实验表格。如采用单一实验组前后对比的实验方法，实验表格如表 7-2 所示。

表 7-2　单一实验组前后对比表

单位：千瓶

汽水品种	实验前销售量 Y_0	实验后销售量 Y_n	实验结果 $Y_n - Y_0$
A　B　C	60　66　56		
合计	182		

6. 测量实验前实验组和控制组的销售量

如果采用的是实验前后对比的方法，就必须先测出实验前的销售量，并填入上面的表格。

（二）实验法的进行

1. 选择实验方法

（1）如果能排除非实验变量的影响，或者是非实验变量的影响可忽略不计的情况下，就选择单一实验组前后对比实验。

该实验选择若干实验对象作为实验组，将实验对象在实验活动前后的情况进行对比，得出实验结论。

其实验程序如下：选择实验对象，对实验对象进行实验前检测，对实验对象进行实验后检测并作出实验结论。

其公式为：

$$实验效果 = 后检测结果 - 前检测结果 \qquad (7-1)$$

在市场调查中，经常采用这种简便的实验调查。

例 7.1　某饮料为了提高汽水的销售量，认为应改变原有的陈旧包装，并为此设计了新的包装图案。为了检验新包装的效果，以决定是否在未来推广新包装，厂家取 A，B，C 三种口味的汽水作为实验对象，对这三种汽水在改变包装的前一个月和后一个月的销售量进行了检测，如表 7-3 所示。

表 7-3　单一实验组前后对比表

单位：千瓶

汽水品种	实验前销售量 Y_0	实验后销售量 Y_n	实验结果 $Y_n - Y_0$
A　B　C	50　56　46		
合计	152		

（2）如果需要实验结果比较准确，选择实验组与控制组对比实验。

其实验程序如下：选择实验对象，并在相同或相近的市场条件下将其划分为实验组与控制组，对实验组进行实验，分别对实验组和控制组进行实验后检测，作出实验结论。

其公式为：

$$实验效果 = 实验组实验后检测结果 - 控制组检测结果 \qquad (7-2)$$

在市场调查中，也常常采用这种简便的实验调查。

例7.2 某品牌服装为了了解广告明星是否对消费者购物产生影响，选择了A，B，C3个专卖店为实验组，再选择与之条件相似的D，E，F3个专卖店为控制组进行观察。在实验组中，店内置有多幅醒目的明星照片为POP广告，而控制组则没有类似的设置。实验为期一个月，如表7-4所示。

表7-4 实验组与控制组对比表

单位：千件

服装品种	实验后销售量
A，B，C（实验组）	
D，E，F（控制组）	
实验结果	

（3）如果实验经费充足，需要实验结果更加贴近现实，就选择实验组与控制组前后对比实验。

实验组与控制组前后对比实验的设计，是在实验中对于实验组和控制组在实验前后进行检测，然后根据其检测结果作出实验结论。

其实验程序如下：选择实验对象，并将其划分为实验组和控制组，对实验组和控制组分别进行实验前检测，对实验组进行实验，对实验组和控制组分别进行实验后检测，作出实验结论。

其公式为：

$$实验效果 = 实验组结果（后检测 - 前检测） - 控制组结果（后检测 - 前检测）$$

$$(7-3)$$

由于是对实验组和控制组都进行实验前后对比，再将实验组与控制组进行对比的一种双重对比的实验法。它吸收了前两种方法的优点，也弥补了前两种方法的不足。

例7.3 某某连锁快餐集团为了了解汉堡包调料配方改变后消费者有什么反应，选择了A，B，C，D，E5个下属连锁快餐店为实验组，而其余5家F，G，H，I，J下属连锁快餐店为控制组进行观察。对其月销售额进行实验前后对比，如表7-5所示。

表7-5 实验组与控制组前后对比表

单位：千个

快餐类别	实验前销售量	实验后销售量	实验结果
A，B，C，D，E（实验组）	31 29 28 32 29（Y_0）		
F，G，H，I，J（控制组）	29 33 27 28 30（X_0）		
实验结果			

2. 使实验变量发生变动

在单一实验组前后对比实验中，由于没有控制组，直接使实验变量发生变化，观察引起实验结果的变化，通常表现为销售量的变化，例如，在例7.1中，改变汽水的包装，检测包装的变化对销售量的影响。

在采用有控制组的对比实验中，只对实验组的实验变量发生变动，控制组作为参照对象。

3. 在一段时间后，测量实验结果

实验变量发生变动后，对销售量产生影响所需的时间不同，有些因素在短时间内就能看出影响，比如，价格的变动；有些因素可能所需时间较长，比如，包装的变化、产品营销策略的变动、配方的变动等。所以为了使结果更准确，一般选择实验时间为一个月。在一个月后对实验组和控制组的销售量进行测量，填入实验表格中。

例7.1中，原表7-3~表7-5如下所示：

表7-3　单一实验组前后对比表

单位：千瓶

汽水品种	实验前销售量 Y_0	实验后销售量 Y_n	实验结果 $Y_n - Y_0$
A　B　C	50　56　46	55　61　52	5　5　6
合计	152	168	16

例7.2中，原表7-4则显示为：

表7-4　实验组与控制组对比表

单位：千件

服装品种	实验后销售量
A，B，C（实验组）	2800　3000　2900
D，E，F（控制组）	2500　2400　2600
实验结果	1200 =（2800 + 3000 + 2900）-（2500 + 2400 + 2600）

例7.3中，原表7-5则显示为：

表7-5　实验组与控制组前后对比表

单位：千个

快餐类别	实验前销售量	实验后销售量	实验结果
A，B，C，D，E（实验组）	31 29 28 32 29（Y_0）	33 31 29 35 31（Y_n）	2 2 1 3 2（$Y_n - Y_0$）
F，G，H，I，J（控制组）	29 33 27 28 30（X_0）	30 32 28 28 31（X_n）	1 -1 1 0 1（$X_n - X_0$）
实验结果		$(Y_n - Y_0) - (X_n - X_0) = 10 - 2 = 8$	

（三）计算并分析实验结果

三种实验方法的计算方法不同，具体参见公式7.1，7.2，7.3分别计算出实验结果，并把相应结果分别填入上面的表格。

分析实验结果：在例7.1，例7.2，例7.3中，根据实验结果，可以作出如下的分析。

分析：从表7-3的实验结果可知，改变包装比不改变包装的销量大，说明顾客不仅注意汽水的口味，也对其包装有所要求。因此断定，改变汽水包装，以促进其销售量增加的研究假设是合理的，厂家可以推广新包装。

但应注意，市场现象可能受许多因素的影响，16000瓶的销量增加量，不一定只是改变包装引起的，可能只是天气变得炎热引起的。因此，单一实验组前后对比实验，只有在实验者能有效排除非实验变量的影响，或者是非实验变量的影响可忽略不计的情况下，实验结果才能充分成立。

分析：从表7-4中的实验结果可知，一个月内控制组D，E，F 3个专卖店共销售了7500千件，实验组A，B，C 3个专卖店共销售了8700千件，这说明使用广告明星作促销后增加了1200千件销售量，此举对企业很有利。

在其他因素不变的情况下，销售量增加就可以看成完全是广告影响造成的。但是，市场受多种因素影响，在市场实验期间，消费者的偏好及竞争者的策略都可能有所改变，从而影响实验的结果。而这种方法对实验组和控制组都是采取实验后检测，无法反映实验前后非实验变量对实验对象的影响。为弥补这一点，可将上述两种实验进行综合设计。

分析：从表7-5中的实验结果可知，实验组的变动量10000个，包含实验变量即调整配方的影响，也包含其他非实验变量的影响；控制组的变动量2000个，不包含实验变量的影响，只有非实验变量的影响，因为控制组的配方未改变。实验效果是从实验变量和非实验变量共同影响的销售额变动量中，减去有非实验变量影响的销售额变动量，反映调整配方这种实验变量对销售额的影响。

由此可见，实验组与控制组前后对比实验是一种更贴近现实的调查方法。

本章小结

按照数据收集的具体方式不同，一手定量数据的调研方法可以归纳为三大类，即询问法、观察法和实验法。

访问法是通过询问的方式向被调查者了解市场情况，获取原始资料的一种方法。采用访问法进行调查，对所要调查了解的问题，一般都事先陈列在调查表中，按照调查表的要求询问，所以又称调查表法。根据调查人员与被调查者接触的方式不同，又可将访问法分为入户访问、街头拦截访问、电话访问、邮寄访问、留置问卷访问等形式。

观察法是指调查者到现场凭自己的视觉、听觉等感官或借助摄录像器材，直接或间接观察和记录正在发生的市场行为或状况，以获取有关原始信息的一种实地调查法。按观察的形式不同分为直接观察法和间接观察法。观察法的优点主要有：真实可信；时效性长；具有一定的隐蔽性。其缺点主要表现在：认识表面化，观察深度不够；时间长、费用高；受限性较大。观察法的操作过程主要包括：准备工作；进入观察现场；进行观察和记录。

实验法是指从影响调研对象的若干个因素中选择一个或几个因素作为实验因素，在控制其他因素均不发生变化的条件下，观察实验因素的变化对调研对象（因变量）的影响程度，为企业的营销决策提供参考依据。实验调查法的类型很多，根据调查的目的不同，选用的具体类型也有区别。实验法的优点主要有：可以探索不明确的因果关系；通过实验取得的数据比较客观，实验的结论有较强的说服力。其缺点主要体现在：只适用于对当前市场现象的影响分析，对历史情况和未来变化的影响较小；实验的设计中，很多因素是难以人为控制的，相互关系复杂，这都会影响实验的正确性；所需的时间较长，又因为实验中要实际销售、使用商品，因而费用也较高。实验法的操作主要包括以下步骤：实验法的准备；实验法的进行；计算并分析实验结果。

本章习题

一、名词解释

1. 访问法
2. 入户访问
3. 街头拦截访问
4. 电话访问法
5. 观察法
6. 直接观察法
7. 间接观察法
8. 实验法

二、思考题

1. 入户访问有哪些优点和缺点？
2. 街头拦截访问的具体操作步骤有哪些？
3. 电话访问法的应用范围如何？
4. 观察法的操作步骤有哪些？
5. 实验法有哪些类型？

第八章

纺织品服装市场调研抽样设计

引 言

在市场调查中，为了取得某一市场的总体情况，运用全面调查方法可以取得全面、完整的统计资料，进而了解市场总体特征。但是在许多情况下，比如，在市场总体非常大、总体单位数较多的情况下，或者是市场总体的综合特征要经过破坏性测试才能取得的情况下，对总体单位进行全面调查是非常困难的，也是根本不可能的，这时只能对部分单位进行调查，进而推断总体的综合特征。在市场调查工作中，抽样调查作为一种非全面调查方式已经成为一种非常重要的、应用广泛的调查方式。

学习目标

本章重点研究抽样方案。通过学习本章，要做到：了解抽样调查中的基本术语，掌握抽样方案设计的基本内容，并运用随机抽样和非随机抽样解决纺织品服装市场中存在的抽样问题。

第一节　抽样方案设计

一、抽样调查的概念和特征

(一) 抽样调查的概念

抽样调查的概念有广义和狭义之分。广义上，抽样调查是指从总体中抽取一部分单位进行观察，根据观察结果来推断总体的调查方法，包括随机抽样和非随机抽样。随机抽样就是按随机原则抽样，抽样时要保证总体内所有单位具有相同的被抽中和不被抽中的机会；非随机抽样就是调查者根据自己的认识和判断，选取若干个有代表性的单位。狭义上，抽样调查就是指随机抽样。一般我们所说的抽样调查，大多是指随机抽样。

(二) 抽样调查的特征

抽样调查具有以下特征，这些特征更多是针对随机抽样而言。

1. 抽取样本的客观性

在随机抽样中按照随机原则抽取样本，可以从根本上排除人为因素的干扰，从而保证样本推断总体的客观性，这是取得真实、可靠市场调查结果的基础。

2. 抽样调查可以比较准确地推断总体

抽样调查的最终目的，是用对样本调查所计算的指标推断总体的相应指标。抽样推断时表现样本指标与总体指标之间的抽样误差不但可以准确计算，还可以根据研究市场问题目的的需要，对误差的大小加以控制。

3. 抽样调查是一种比较节省的调查方法

抽样调查仅对总体中少数样本单位进行调查，因此人力、财力、物力都比较节省，从而降低了市场调查的费用。更值得注意的是，抽样调查还省时。由于抽样调查的抽样数目较少，所需收集、整理和分析的数据也相应减少许多，因而能够在较短的时间内完成市场调查工作，大大节省了调查时间。这对于时效性要求较高的市场调查来说，更是一种至关重要的优点，它可以使决策者迅速掌握市场信息。

4. 抽样调查的应用范围广泛

在市场调查中，调查的内容很多。抽样调查所适用的范围是广泛的，它可用于不同所有制企业的调查，也可用于不同地区的市场调查，还可用于不同商品的市场调查。此外，对于不同商品的消费者及对商品的价格进行调查等都可以采用抽样调查方法。

二、抽样调查中的基本术语

(一) 总体与样本

总体是所要调查研究的现象的全体，它是具有同质性和差异性的许多个别事物的集合体。总体单位数通常用 N 表示。

样本是按随机原则从总体中抽出来的一部分单位的综合体，样本中包含的单位个数称为样本量，用 n 表示，n/N 称为抽样比。

（二）参数与统计量

参数是总体的数量特征，即总体指标。参数在抽样时往往是未知的，是需要进行推断的。参数通常有总体均值（$\bar{X}$），总体标准差（σ），总体比率（P）等。

统计量是样本的数量特征，即样本指标。统计量随样本不同而不同，因而是一个随机变量。统计量通常有样本均值（$\bar{x}$），样本标准差（S），样本比率（p）等。

（三）抽样框与抽样单位

抽样框是一个包括全部总体单位的框架，用来代表总体，以便从中抽取样本的一个框架。抽样框可以是一览表（名单或名录）、一本名册、一幅地图、一段时间等。

抽样单位是指样本抽取过程中的单位形式，也即从抽样框中直接抽取的单位。它可能是总体中的基本单位，也可能是总体中的基本单位的集合。

例如，若调查某市大学的教学用品需求，则全市大学的集合为总体，抽样框是全市的大学名单。总体单位是每一个大学，抽样单位可以是总体中的每一个大学，也可以是大学分类中的每一个大学。

（四）样本量与样本单位

样本量是指样本的大小，即一个样本中包含的样本单位的多少。样本量的大小，取决于抽样调查的精度要求、总体各单位的标志变异程度、抽样估计的可信程度、抽样方式和方法等因素。

样本单位是构成样本的基本单位，与总体单位的形式是一致的。样本单位可以直接从总体中抽取总体单位，也可以从抽样单位中产生。

（五）总体分布、样本分布与抽样分布

（1）总体分布：总体各单位标志值的分布状况，又称总体结构。

（2）样本分布：样本中各样本单位标志值的分布状况，又称样本结构。当样本量足够大时，样本分布趋于总体分布。

（3）抽样分布：从总体中抽取的所有可能样本的统计量构成的分布。根据中心极限定量，当样本量足够大时，样本均值等统计量的分布趋近于正态分布，因而可用正态分布来做区间估计。

（六）重复抽样与不重复抽样

从 N 个总体单位中抽取 n 个组成样本，有两种抽取方法。

（1）重复抽样，即每抽出一个单位进行登记后，放回去，混合均匀后，再抽下一个，直到抽满 n 个为止。重复抽样有可能出现极大值或极小值组成的极端样本。

（2）不重复抽样，即每次抽出一个单位进行登记后，不再放回参加下一次抽取，依次下去，直到抽满 n 个为止。不重复抽样可以避免极端样本出现，抽样误差比重复抽样小。

（七）抽样误差与抽样标准误差

抽样误差是指在遵守随机原则的条件下，样本指标与总体指标之间的差异，是一种偶然性的代表性误差，不包括系统性误差和非抽样误差。抽样误差的大小通常受样本量大小、总体标准差、抽样方法、抽样方式四个因素的影响。

抽样误差的大小常用抽样标准误差来反映，而抽样标准误差是指所有可能的样本均值（或样本比率）与总体均值（或总体比率）的标准差，抽样标准误差的平方称为抽样方差。依定义，有：

$$\sigma_{\bar{x}} = \sqrt{\frac{\sum (\bar{x} - \bar{X})^2}{M}} \qquad (8-1)$$

$$\sigma_p = \sqrt{\frac{\sum (p - P)^2}{M}} \qquad (8-2)$$

式中，$\sigma_{\bar{x}}$ 代表样本平均数的抽样标准误差，σ_p 代表样本比率的抽样标准误差，M 代表样本个数。上述公式可用来解释抽样误差的实质，但不能实际应用，因为所有可能的样本个数太多，总体均值或总体比率是未知的，是需要推断的，同时，在实际抽样时，往往只能抽取一个样本进行调查。因此，抽样标准误差的计算需要寻求别的测定方法，将在以下各种抽样方式中介绍。

（八）点估计与区间估计

点估计也称定值估计，当样本容量足够大时，可直接用样本均值代替总体均值，用样本比率代替总体比率，据此计算有关的总量指标。

区间估计是用一个取值区间及其出现的概率来估计总体参数，具体来说，区间估计是用样本统计量和抽样标准误差来构造总体参数的取值范围，并用一定的概率来保证总体参数落在估计的区间内。其概率称为置信概率，概率的保证程度称为可靠性或置信度（Z），估计区间称为置信区间。

总体均值 $\qquad\qquad\qquad \bar{X} = \bar{x} \pm z\sigma_{\bar{x}} \qquad\qquad (8-3)$

总体比率 $\qquad\qquad\qquad P = p \pm z\sigma_{\bar{p}} \qquad\qquad (8-4)$

其中，$z\sigma_{\bar{x}}$ 和 $z\sigma_{\bar{p}}$ 又称允许误差或极限误差，记作 Δ；$\Delta / \bar{X}$，Δ / P 称为估计的相对精度。

（九）抽样方式与抽样方法

（1）抽样方式。指抽样调查的组织方式，通常有简单随机抽样、分层抽样、系统抽样、整群抽样、目录抽样、多阶段抽样等。

（2）抽样方法。指在抽样调查的组织方式既定的前提下，从总体的全部单位（个体）中抽取 n 个单位组成样本的方法。通常有重复抽样与不重复抽样两种抽取方法，而重复抽样与不重复抽样的具体实施，又有不同的做法。

三、抽样调查的适用范围

在现代社会中，由于人们越来越讲科学，讲定量，抽样调查的作用越来越显著。但是，抽样调查并不适用于所有社会调查对象和社会调查活动。抽样调查的适用范围如下：

（1）对于某些庞大的研究总体，不可能进行普遍调查，但需要了解其全面情况时，就要采取抽样调查。例如，要调查某省城乡居民的社区参与愿望，不可能进行普遍调查，只能根据一定的抽样方式随机抽取一部分居民进行抽样调查，以此推论和说明某省城乡居民社区参与愿望的一般情况。

（2）对于同质性较强，差异不大的研究总体，没有必要进行普遍调查就能了解全面情况时，可以采取抽样调查。例如，要调查某城市大学生的暑期打算和活动安排时，由于大学生的同质性较强，只需调查足够大的样本，就可以推断该城市大学生的总体情况，这时，就可以进行抽样调查。

（3）对普遍调查的资料进行补充或修正时，必须进行抽样调查。有的普遍调查需要花费较多的人力、财力、物力，通常要若干年才能进行一次，那么，在上一次普遍调查完成后下一次普遍调查尚未开展的期间内，许多资料会变得陈旧，这时，就要通过抽样调查补充和修正。

（4）当人力、财力、物力和时间等不容许开展普遍调查，但又要了解总体的一般情况，且允许误差可以放宽时，应当开展抽样调查。这是较为常见的情况。事实上，现在许多研究课题由于人力、物力和财力有限，要在较大范围内开展普遍调查颇有难度。

四、抽样方案设计

市场调查方案是对整个市场调查工作所作的通盘考虑和安排，但在实际调查工作中，由于采取各种不同的调查方式，往往会遇到与调查方式相关的诸多事项，为了提高调查效率和质量，事先需作合理的统筹和安排。

抽样方案就是对抽样调查中的总体范围、抽样方式、抽样方法、抽样数目、抽样框、抽样精度、抽样实施细节等问题所作的安排，其目的在于提高抽样调查和推断的科学性和可靠性，控制抽样调查的过程，提高抽样调查的效率，确保抽样调查的质量。抽样方案设计的基本内容如下：

（一）明确抽样调查的目的

抽样调查的目的应根据市场调查的任务和要求及管理者和用户的信息需求确定，并与市场调查总体方案设计中界定的调查目的和任务保持一致。

（二）定义调查总体和抽样单位

定义调查总体就是给调查对象一个明确、可以操作的定义，使调查对象与非调查对象可以明确地加以区分。例如，在对某化妆品消费者意见的调查中，调查的对象是女性消费者，还要再规定"18周岁以上，45周岁以下的女性消费者"。这样调查时，什么人属于调查对象，什么人不属于调查对象，就比较容易判断了。

在界定总体的时候，有时也要注意界定被排除的对象。例如，央视—索福瑞公司在界定家庭户中的样本成员时，就规定下列人员不列为样本成员：

（1）住宿学生，仅在周末或寒暑假回家的学生；

（2）连续离家超过3个月的打工人员或驻外人员；

（3）由于结婚等原因而搬出家庭的人员；

（4）吃在家中、长期住集体宿舍的人，应根据其在家中看电视的情况决定。

界定抽样单位，实际上就是明确划分个体单位的标准，确定总体中个体或部分的范围或单位，使各部分或个体相互不重叠。在多级抽样调查中，每一级抽样单位都必须给予相应的定义。例如，在全国性的抽样调查中，一级抽样单位通常是以行政区作为划分标准，如"省""直辖"或"自治区"，然后从中抽出若干个市，由市进一步抽出区，由区抽出街道，由街道再到居住小区，最后一级的抽样单位通常是"户"或"个人"。

（三）确定合适的抽样框

抽样框是指代表调查总体对象的样本列表。完整的抽样框中，每个调查对象应该出现一次，而且只能出现一次。市场调查中，有些调查的抽样框的资料是现成的，如企业调查中，以企业为抽样单位，可以以工商局的企业注册档案作为抽样框；电话调查中，以电话号码作为抽样单位，电话号码簿就是现成的抽样框。但有时没有现成的抽样框可以利用，就须自行建立一个。

市场调查中最常用的是关于居民户的抽样框。本来这种抽样框可以从居委会的户籍管理资料中直接获得。但是，由于流动人口越来越多，户籍资料并不能如实地反映当时当地的真实情况，或者有的居委会不愿意提供这些资料，这就需要进一步完善或重新建构抽样框。

当有现成的户籍管理资料时，可以直接在这些资料的基础上，选派人员进一步加以核实，删去已经搬迁或长期不在所属居委会住的住户，增加长期居住在所属居委会而户口并不在所属居委会的住户名单。这种方法虽然工作量大，但抽样框是比较准确的。

在所选的小区中，如果没有现成的户籍资料，建立抽样框的方法是：以该居委会的住宅分布为基础，标出各区域内住户的详细地址，这些地址表就构成了抽样框，如表8－1所示。

表8－1　××市××路××街居委会地址表

序号	详细地址
1	1号1楼右手第一家
…	…
51	5号301房
…	…
101	20号508房
…	…

例8.1　有关美国总统选举的调查

背景与情境：1936年罗斯福任美国总统的第一任期届满，共和党人兰登与罗斯福竞选下一任总统，美国《文学摘要》杂志对240万人进行了调查，预测兰登将会当选，而刚起步不久的盖洛普公司对5万人进行了调查，认为罗斯福将会当选。最终的调查结果证实了盖洛普公司的预测，不久，《文学摘要》杂志也倒闭了。

为什么《文学摘要》杂志会出现预测的失败？

《文学摘要》杂志失败的原因在于选择样本框的错误，它借助了一些俱乐部的名单和电话号码簿，从中获得1000万人的地址，将问卷邮寄给他们，当时的美国正处在经济萧条时期，能够加入俱乐部和拥有电话的都是富裕阶层，从而排斥了穷人进入样本的可能性。而当时罗斯福的新政恰恰是有利于穷人而不利于富人的，从而使样本缺乏了代表性。所以，得出的结论是错误的。如果是现在，这种抽样调查经过修正以后，其结果不会出现很大偏差。所以，抽样框的不完整往往导致产生抽样误差。

（四）确定调查对象

确定调查对象是在现有抽样框的基础上，按照抽样要求，逐一抽取构成样本的单位。在随机抽样调查的实际操作中，常以户为最小单位进行随机抽取。被抽到的对象的名单、地址或电话是事先确定的。这样在样本确定之后，所面临的另一个问题是，一户中往往包括若干个符合调查条件的成员，在这些成员中应该具体对哪一位进行调查呢？可以对每户分别采取抽签法和随机数字表法来抽取，但比较麻烦。实际中常用的方法是用一组现成的表格来决定户内的抽取对象，其效果与简单随机抽样相似，但是用起来却方便多了，详见表8-2。具体操作步骤如下：

（1）先写清表头的编号，核实好家庭人口和符合调查条件的人口数。

（2）将符合条件的家庭成员姓名按年龄从大到小的顺序填写在"姓名"栏。

（3）取编号的尾数和家庭符合条件人口数交叉的数字，确定抽中人序号。

（4）按序号选出调查对象的姓名，并在对应的"抽中人"栏打"√"，开始调查。

表8-2　入户随机抽样调查表

家庭人口_____（人）　　　　符合条件家庭人口_____（人）　　　　编号_____

序号	姓名	年龄	性别	选样	问卷编号尾数									
					1	2	3	4	5	6	7	8	9	0
1					1	1	1	1	1	1	1	1	1	1
2					2	1	2	1	2	1	2	1	2	1
3					1	3	2	1	3	1	3	1	3	2
4					2	2	4	1	3	4	1	3	3	2
5					2	5	3	3	4	4	1	1	5	3
6					3	1	4	1	5	2	6	2	3	6
7					4	5	6	5	2	3	2	7	1	3
8					4	5	6	2	7	1	8	3	4	5
9					2	4	5	9	3	7	6	1	8
10					5	2	3	4	10	9	9	8	9	1

（5）调查结束后，将此表保存好。

（五）选择抽样方法

具体的抽样方法很多，在一项市场调查中采用什么样的抽样方法，要综合各种主客观因素来考虑。主要依据调查对象总体的规模和特点、调查的性质、抽样框资料、调查经费及调查的精度要求等方面来决定。

（六）确定样本容量

样本容量的确定原则是控制在必要的最低限度。对于一个特定的抽样调查，在达到一定的样本容量后，再增加样本容量对提高它的统计精度就起不了多大的作用，而现场调查的费用却成倍增加，非常不合算。例如，要研究"爱摩人"是什么肤色的人种，只要抽取几个样本就足够了。但是，若要研究他们的平均身高，抽取几个样本就不太合理。

（七）制定选择样本单位的操作程序

无论是使用随机抽样还是非随机抽样，在一个调查项目的数据收集阶段必须指定和明确选择样本单位的操作程序。对于随机抽样来说，这个程序更为重要，必须详细、清晰，不受访问员干扰。

（八）抽样实施

抽样员在实施抽样过程中，要求腿勤、嘴勤、手勤，尤其是现场抽样，要在完全熟悉抽样背景、抽样区域后，再进行抽样。遇到特殊情况拿不定主意要多问，还要把抽取的样本的详细情况清楚地记录下来，保证访问员能方便地找到、联系到。

第二节　随机抽样

根据调查对象的性质和研究目的的不同，采用随机抽样技术可以选择：简单随机抽样、系统抽样、分层抽样、整群抽样等。

一、简单随机抽样

（一）简单随机抽样的概念

简单随机抽样（simple random sampling）又称纯随机抽样，它是从一个包含 N 个单位的总体中，抽取 n 个单位作为样本，且给予总体中的每一个个体一个已知且相等的抽中概率。根据抽样单位是否放回可分为有放回随机抽样和无放回随机抽样。

（二）简单随机抽样的优缺点

简单随机抽样的优点是：方法简单直观，易于理解，样本的结果可以映射到目标总体上，当总体名单完整时，可直接从中随机抽取样本，由于抽取概率相同，计算抽样误差及对总体指标加以推断比较方便。大多数统计推论的方法都假定数据是由简单随机抽样方法收集的。尽管简单随机抽样在理论上是最符合随机原则的，但在实际使用中则有一定的局限性，表现在以下几方面：

（1）采用简单随机抽样，一般必须对总体各单位加以编号；而实际所需调查总体往往是十分庞大的，单位非常多，逐一编号几乎是不可能的，即通常很难构建一个可以供简单随机抽样用的抽样框架。

（2）某些事物无法适用简单随机抽样，例如，对连续不断生产的大量产品进行质量检验，就不能对全部产品进行编号抽样。

（3）当总体的标志变异程度（方差）较大时，简单随机抽样所产生的样本可能具有代表性，也可能没有。虽然平均来说，所抽出的样本可以很好地代表总体，但是一个给定的简单随机样本也存在错误代表目标总体的可能；如果样本量很小，这种情况就更可能发生。其代表性就不如经过分层后再抽样的代表性高。

（4）由于抽出样本单位较大或跨越地理区域很广，较为分散，就会增加数据收集的时间和成本，和抽样调查节省人力、物力、时间的初衷相违背。因此，这种方式适用于总体单位数不太庞大以及总体分布比较均匀的情况。

（5）简单随机抽样经常比其他概率抽样方法的精确度低，有较大的标准差。

（三）简单随机抽样的方法

要产生简单随机样本，首先需将总体 N 个总体单位从 1 到 N 编号，每个单位对应一个号，如果抽到某个号，则对应的那个单位入样，直到选出 n 个单位样本。通常采用抽签法和随机数法。

1. 抽签法

当总体不大时，可以用均匀同质的材料制作 N 个签，将它们充分混合，然后一次抽取 n 个签，或一次抽取一个签但不放回，接着抽下一个签直到第 n 个签为止，则这 n 个签上所示的号码表示入样的单位号。然后，按照抽中的号码，查对调查单位，加以登记。

2. 随机数法

当总体较大时，抽签法实施起来很困难，这时可以利用随机数表、随机数骰子、摇奖机和计算机产生的伪随机数进行抽样。在使用随机数表时，为克服可能的个人习惯，增加随机性，使用随机数表的页号及起始点应该用随机数产生。

（1）随机数表。是由数字 0，1，2，…，9 组成的表，每个数字都有同样的机会被抽中。

用随机数表抽取简单随机样本时，一般是根据总体大小 N 的位数决定在随机数表中随机抽取相同列数，如果要抽取 m 位数的 n 个样本，则在随机数表中随机抽取 m 列，顺序往下，选出头 n 个符合要求的互不相同的数，如果选取的 m 列随机数字不够，可另选其他相同 m 列继续，直到抽满 n 个单元为止。但如果 N 的第一位数字小于 5，且 n 不小，可采用随机数减去 N 或除以 N 的处理方法，取其余数或商作为取样随机数。这时可采用在随机数表中随机抽取 m 列，顺序往下，如果得到的随机数大于 N，则将这个数字减去 N，由此大于 N 的数字被扔掉，取其余数作为入选样本。或者，在随机数表中随机抽取 m 列，顺序往下，如果得到的随机数大于 N，且小于 N 的倍数，则用这个随机数除以 N，得到的商入样，显然这两种方法比第一种方法效率要高。

（2）随机数骰子。随机数骰子是由均匀材料制成的正 20 面体，面上标有 0～9 的数字各 2 个。我国"运筹"牌随机数骰子一盒有 6 个不同颜色的骰子，使用时，根据总体大小 N 的 m 位数，将 m 个不同颜色的骰子放入盒中，并规定每种颜色所代表的位数，如红色代表个位数，蓝色代表十位数，黄色代表百位数等，盖上盒盖，摇动盒子，使骰子充分旋转，然后打开盒盖，读出骰子所表示的数字。重复上述步骤，直到产生 n 个不同的随机数。

（3）摇奖机。各类彩票中奖号码的产生通常是由摇奖机完成的，这个过程可以从电视节目中看到。将标有数字 0~9 的 10 个球放入摇奖机中，充分搅拌，使球充分转动，直到摇出其中的一个球，记录该球所标明的数字，产生了随机数的个位数；将球放回到摇奖机中，重复上述步骤，直到摇出一个球，记录该球所标明的数字为随机数的十位数；同理产生百位数等，如此产生一个随机数。重复上述步骤，直到产生 n 个不同的随机数。

（4）计算机产生的伪随机数。利用计算机产生的随机数具有快捷、方便的特点。但需要注意的是，利用计算机产生的随机数是伪随机数，并不能保证其随机性，通常产生的伪随机数有循环周期。当然，我们希望产生的伪随机数循环周期越长越好。在可能的情况下，建议还是利用随机数表和随机骰子来产生随机数。

二、系统抽样

（一）系统抽样的概念

系统抽样又叫等距抽样，它是在随机选取第一个样本单位以后，然后自此每隔 n 个单位再选取其他所有样本单位进行调查的方法。

（二）系统抽样的优缺点

系统抽样的优点有两个方面。一是它能产生比简单随机抽样更具代表性的样本。因为总体的各部分都能在一定程度上被包括到样本中，能保证被抽取的样本单位在总体中均匀分布。二是在调查的组织工作上有许多方便之处，便于抽样，容易实施。因此，在市场调研中经常会使用系统抽样方法。

但是，系统抽样也有其缺点。当总体单位排序恰好与抽样间隔周期一致时，存在着可能选取到一个严重偏差的样本的风险。比如，在以家庭为单位的市场调研中，如果按照户口簿上的名单进行系统抽样，而一连串的家庭都是一夫一妻一子女，如每隔 3 人或 6 人或 9 人抽一个作样本，要么全抽中丈夫，要么全抽中妻子或孩子，均缺乏代表性。因此，只要第一个样本单位不按随机原则抽取，那么系统抽样就成了非概率抽样。

（三）系统抽样的过程

第一步：将总体单位按一定标准有序排列，编上序号。如果排列标准采用与调查项目有关的标识，如收入高低、年龄大小等依高低次序排队，则称其为有关标识系统抽样；如果排列标准无特定标识，即与调查项目无关，如以编号、地理位置、地名笔画、工商企业名录等作为排列依据，则称其为无关标识系统抽样。

第二步：按随机原则确定第一个样本单位的位次并抽样。

第三步：计算以第一个样本单位为起点的各样本单位间的抽样距离。公式为 $R = \dfrac{N}{n}$。其中，R 为抽样距离；N 为总体单位总量；n 为样本容量。若遇上计算结果有小数时，要四舍五入划为整数距离，并且将总体单位排列成一个封闭圈，以避免出现不足样本单位量的情况。

第四步：按确定的抽样距离进行实际抽取样本，直到满足样本容量。

例 8.2　某城市有零售企业 5989 个，拟定样本容量为 100 个，进行企业经营状况调查，使用系统抽样方法的过程如下：

第一步：按零售企业的年营业额（也可按其年利润额、职工人数或营业面积等）多少进行排队编号。

第二步：计算抽样距离 $R = \dfrac{5989}{100} \approx 60$（个）。

第三步：采用简单随机抽样在 1～60 号内随机抽取一个企业作为第一个样本单位，假定其序号是 18。

第四步：以序号 18 为第一点，按上述 60 个单位的距离，依次确定各样本单位编号分别为 78，138，198……直到抽足 100 个样本单位为止。

三、分层抽样

（一）分层抽样的概念

分层抽样又称类型抽样，是在抽样前按某一特征对调查总体进行分类或分组，然后按随机的原则从各组中抽取样本。分层抽样把整体中具有某种特征，或特征比较接近的单位归为一组，从而使各组中个体之间的某种特征差异缩小，而组与组之间的特征差别更明显，以此来增加样本对总体的代表性，计算出来的抽样误差也就比较小。例如，调查人口可按年龄、收入、职业、位置等标志划分为不同的阶层，然后按照要求在各个阶层中进行随机抽样。分层抽样实质上是科学分组和抽样原理的结合。

分层抽样实质上是把科学分组方法和抽样原理结合起来，前者能划分出性质比较接近的各层（组），以减少标志值之间的变异程度；后者是按照随机原则，可以保证大数法则的正确运用。因此，分层抽样一般比简单随机抽样和系统抽样更为精确，能够通过对较少的抽样个体调查得到比较精确的推断结果，特别是当总体数目较大、内部结构复杂时，分层抽样常常能取得令人满意的结果。

（二）分层抽样的优缺点

1. 分层抽样的优点

（1）该法比简单随机抽样和系统抽样等方法更为精确，能够通过对较少的抽样单位的调查，得到比较准确的推断结果，特别是当总体较大、内部结构复杂时，分层抽样常能取得令人满意的效果。

（2）分层抽样在对总体进行推断的同时，还能获得对每层的推断。

2. 分层抽样的缺点

（1）有时在实际工作中层的划分并不容易，需要收集必要的资料，从而耗费额外的费用。

（2）分层抽样要求各层的大小都是已知的，当它们不能精确得知时，就需要通过其他手段进行估计，这不仅增加了抽样设计的复杂性，而且也会带来新的误差。

（三）分层抽样的主要方式

分层抽样的方式一般有等比例抽样与非等比例抽样两种。

1. 等比例分层抽样

等比例分层抽样是按各层（或各类型）中的个体数量占总体数量的比例分配各层的样本数量。用公式表示为 $\dfrac{n_i}{n}=\dfrac{N_i}{N}$。其中，$n$ 为样本量，N 为总体单位数，n_i 为第 i 层应抽取的样本数，N_i 为第 i 层的总体单位数。

例如，某地共有居民（N）为 20000 户，按收入高低进行分类，其中，高收入居民（N_1）为 4000 户，中等收入居民（N_2）为 12000 户，低收入居民（N_3）为 4000 户。从中抽选 200 户进行购买力调查，则各类型应抽取的样本个数为：

高收入样本数目为：

$$n_1=\frac{N_1}{N}n=4000\div20000\times200=40$$

中等收入样本数目为：

$$n_2=\frac{N_2}{N}n=12000\div20000\times200=120$$

低收入样本数目为：

$$n_3=\frac{N_3}{N}n=4000\div20000\times200=40$$

这种方法简单易行，分配合理，计算方便，适应各类型之间差异不大的分类抽样调查。如果各类之间差异过大，则不宜采用，而应采用非等比例分层抽样。

2. 非等比例分层抽样

非等比例分层抽样不是按各层中个体数占总体数的比例分配样本个体，而是根据其他因素，如各层平均数或成数均方差的大小，抽取样本的工作量和费用大小等，调整各层的样本个体数，即有的层可多抽些样本个体，有的层可少抽些样本个体，这种分配方法大多适用于各类总体的个体数相差悬殊或均方差相差较大的情形。在调研个体相差悬殊的情况下，如按等比例抽样，可能在总体个数少的类型中抽取样本个数过少，代表性不足，此时可适当放宽多抽；同样，均方差较大的，也可多抽些样本个数，这样可起到平衡均方差的作用。但是，在调查前准确了解各层（组）标志变异程度的大小是比较困难的。

如果按分层均方差的大小调整各层样本个体数（称为分层最佳抽样），其任意一层抽取的样本量 $n_i=\dfrac{N_i\sigma_i}{\sum N_i\sigma_i}\times n$。其中，$\sigma_i$ 为任意一层的标准差，N_i 为任意一层的单位数。

（四）分层抽样的应用程序

（1）找出突出的（重要的）与所研究的行为相关的人口统计特征和分类特征。例如，研究某种产品的消费行为时，按照常理，男性和女性有不同的偏好。为了把性别作为有意义的分层标志，调查者一定能够拿出资料来证明男性和女性的消费水平明显不同。采用这种方式就可以识别出各种不同的显著特征。

（2）按照所选定的特征把总体各单位分成两个或两个以上的相互独立的完全的层（组）。例如，按性别分为男性、女性两组；按收入分为高收入、中收入、低收入三组。至于分层（组）使用何种标志，我们一般根据常识来判断。例如，我们要进行一次新产品的销售调查，要预测销售额，通常要按经济收入进行分组，因为经济收入高的人群购买新产品的可能性比较大。

（3）在每个层（组）中进行简单随机抽样。分组后，在一层（组）中保证每个总体单位都有被选的机会，在每个层（组）中独立进行简单随机抽样。

（4）各层（组）中抽出的子样本共同构成调查样本。

四、整群抽样

（一）整群抽样的概念

整群抽样又称分群随机抽样，是将总体划分为若干群，从总体中随机抽取一部分群作为样本，对抽中群的各子体进行普遍调查的一种抽样技术。例如，在农村经济调查中，对随机抽中的村民小组的所有农户都进行调查；在城镇居民住宅调查中，对随机抽中的住宅小区的所有住户都进行调查。

整群抽样与分层抽样既相同又有明显区别。整群抽样是按群体来分层的，可看作是分层抽样的特殊形式。但它们之间有两点主要区别。一是分组要求不同。分层抽样中要求各层间差异较大而层内差异较少；整群抽样要求群内差异大而群间差异较小。二是样本单位的分布不同。分层抽样中样本单位较均匀地分布于各层内；而整群抽样中的样本单位集中于抽中的几个群体内。

（二）整群抽样的优缺点及适用范围

整群抽样样本单位比较集中，进行起来比较方便，因把调查单位局限在某一地理范围内，为调查人员节省了时间和费用。但因样本只能集中在若干群中，不能均匀地分布在总体的各个部分，用以推断总体的准确性要差。

整群抽样方法适用于总体可以划分为若干群，这些群之间差异小而群内部差异大的情况。

以上四种随机抽样方式，其共同特点是均以随机原则为基础，因而调查总体中的每一单位被抽取的机会是均等的或基本均等。但是，实际工作中，由于客观条件，如调查费用、调查时间的限制，随机抽样并不是对所有调查都是可行的。因为采用随机抽样，要求调查人员具有比较熟练的技术水平和丰富的工作经验，而且时间长、费用高。因此，在市场调查中，对调查总体不甚了解或者调查总体过分庞杂时，往往也采用非随机抽样调查。

第三节　非随机抽样

非随机抽样技术主要有：任意抽样、判断抽样、配额抽样、滚雪球抽样等。

一、任意抽样

任意抽样又称便利抽样，是根据调研者的方便与否来抽取样本的一种抽样方法。"街头拦截法"和"空间抽样法"是方便抽样的两种最常见的方法。

"街头拦截法"是在街上或路口任意寻找某个行人，将其作为被调研者进行调研。例如，在街头向行人询问其对市场物价的看法，请行人填写某种问卷等。

"空间抽样法"是对某一聚集的人群，从空间的不同方向和方位对他们进行抽样调研。例如，在商场内向顾客询问对商场服务质量的意见；在劳务市场调研外来务工人员打工情况等。

任意抽样简便易行，能及时取得所需的信息资料，省时、省力、节约经费，但抽样偏差较大，一般用于非正式的探测性调研，只有在调研总体各单位之间的差异不大时，抽取的样本才具有较高的代表性。

二、判断抽样

判断抽样又称主观抽样、目的抽样，是指研究人员凭主观意愿、经验和知识，从总体中选择具有典型代表性样本作为调查对象的一种抽样方法。应用这种抽样方法的前提是研究者必须对总体的有关特征有相当高的了解。所谓"判断"，主要包括对总体的规模与结构以及样本代表性两方面的判断。

判断抽样适用于调查人员基于既定选择标准抽取典型样本的任何情形。比如，被选来确定一种新产品潜力的试销市场；在投票行为研究中选出的代表民意的选区；为测试一个新的商品陈列系统而选出的百货商店等。

判断抽样选取样本单位一般有两种方法：一种是由专家判断决定样本单位，选择最能代表普遍情况的对象，常以"平均型"或"多数型"为标准。"平均型"是在调查总体中具有代表性的平均水平的单位；"多数型"是在调查总体中占多数的单位。应尽量避免选择"极端型"，但也不能一概而论，有时也会选择"极端型"，其目的是研究造成异常的原因。另一种是利用调查总体的全面统计资料，按照一定标准，主观选取样本。样本的代表性和调查结果的准确性取决于调查者对调查对象的了解程度及其判断能力，因此这是一项富含经验性的工作。

判断抽样需要注意的两种情况：首先，强调样本对总体的代表性。当调查的目的在于了解总体的一般特征时，判断抽样方式必须严格选择对总体有代表性的单位作为样本。其次，注重对总体中某类问题的研究，而并不过多考虑对总体的代表性。在这种情况下，判断抽样必须有目地选择样本，即选择与研究问题的目的一致的单位作为样本。

判断抽样成本低、便捷，调查回收率高。然而样本资料只能说明调查总体某些特征的大致情况，因为通常没有明确定义总体，而并不支持对一个特定总体的直接推论。判断抽样是主观的，它的价值完全取决于研究人员的判断、专业知识以及创造力。如果不要求有广泛的总体推论，它可能有用。

三、配额抽样

（一）配额抽样的含义

配额抽样也称定额抽样、计划抽样，是将总体依某种标准分层（群），然后按照各层样本数与该层总体数成比例的原则主观抽取样本。配额抽样与分层随机抽样很接近，最大的不同是分层随机抽样的各层样本是随机抽取的，而配额抽样的各层样本是非随机的。例如，在研究自杀问题时，考虑到婚姻与性别都可能对自杀有影响，可将研究对象分为未婚男性、已婚男性、未婚女性和已婚女性4个组，然后从各组非随机地抽样。配额抽样是通常使用的非随机抽样方法，但样本无法保证代表性。

（二）配额抽样的分类

配额抽样分为独立控制配额非随机抽样和相互控制配额非随机抽样两大类。

1. 独立控制配额非随机抽样

这种方式是分别独立地按分层特征来分配样本单位数，在按多个特征对总体进行分层的情况下，这些交叉特征对样本单位的分配没有限制。

例8.3　某市进行牛奶消费需求调查，确定样本量为300名，选择消费者年龄、性别、收入3个标准分类。各分类标准的样本配额数见表8-3。

表8-3　消费者年龄、性别、收入各类标准样本配额数

年龄		性别		月收入	
18~35岁	50	男	150	1000元以下	40
36~45岁	100	女	150	1000~2000元	100
46~60岁	110	—	—	2000~3000元	100
60岁以上	40	—	—	3000元以上	60
合计	300	合计	300	合计	300

从表8-3可以看出，虽然有年龄、性别、收入三个控制特征，但各特征是独立控制配额抽取样本数的，不要求相互受到牵制，也不规定三种控制特征之间有任何关系。例如，在年龄组18~35岁的有50人，这50人中男女各多少，各种收入层次的人各占多少，都没有规定。这就是独立控制配额抽样的特点。

独立控制配额抽样具有简便易行、费用少等优点，但有选择样本容易偏向某一类型而忽视其他类型的缺点。但这个缺点可通过相互控制配额抽样来弥补。

2. 相互控制配额非随机抽样

这种方式明确规定了几种分类标准的样本配额的交叉关系，调查员在选取调查单位时，必须符合规定的样本交叉配额。如例 8 - 3 中，3 种分类标准交叉分配的样本单位数的配额见表 8 - 4。

表 8 - 4　相互控制配额抽样分配表

收入及性别 / 年龄	1000 元以下		1000 ~ 2000 元		2000 ~ 3000 元		3000 元以上		合计
	男	女	男	女	男	女	男	女	—
18 ~ 35 岁	4	5	7	7	9	3	10		
36 ~ 45 岁	7	6	10	16	23	17	10		
46 ~ 60 岁	5	5	20	28	19	20	4		
60 岁以上	3	5	8	4	6	3	5		
小计	19	21	45	55	57	43	29	31	—
合计	40		100		100		60		300

由表 8 - 4 可以看出，相互控制配额抽样下，其样本比例是以各类单位在总体中所占比例为基础调整而定的，且调查面广。所以，调查人员只要按样本配额抽取调查单位，样本对总体的代表性就强。

（三）配额抽样的优缺点及适用范围

配额抽样法应用简便，能够较快地取得调查结果；所需调查费用比是随机抽样低；所需调查时间少。不足之处是无法估计抽样误差，而且在抽样前要掌握一些第二手资料，如果这些资料不具备就无法抽样，如果这些资料不准确就会造成抽样误差。

配额抽样法通常适用于小型市场调查，因为配额抽样法既易行又省钱，只要抽样设计科学，调查员素质好，就会大大提高调查结果的可信度。

四、滚雪球抽样

滚雪球抽样（snowball sampling）是指通过少量样本获得更多调查单位，即通过使用初始被调查者的推荐来选取被访者的抽样程序。

滚雪球的步骤为：首先，找出少数样本单位；其次，通过这些样本了解更多的样本单位；最后，通过更多的样本单位去了解更多数量的样本单位。以此类推，如同滚雪球，使调查样本越来越多，结果越来越接近总体。

滚雪球抽样多用于总体单位的信息不足或观察性研究的情况。这种方法的局限性是样本单位之间必须有一定的联系。如果样本单位之间缺乏联系，或者有意割断联系，滚雪球抽样就会缺乏依据，影响抽样调查的进行及其效果。

第四节　抽样误差及样本容量

一、抽样误差

有调查就必然存在误差，因为误差不可能完全避免，或大或小。而且误差产生的原因很多，性质也不同。抽样调查中的误差包括抽样误差和非抽样误差两类。

非抽样误差是基于随机抽样之外的各种原因引起的误差，比如，重复登记、遗漏、计算错误、弄虚作假等引起的误差，这是抽样调查中应极力避免的误差。

（一）抽样误差的概念

抽样误差是指随机抽样中，由于抽样的随机性而引起的样本统计量的数值与总体参数真值之间的差异。抽样误差产生的原因在于：对任何随机抽样方案，都会存在许多待选样本，实际抽到的只是其中的某一个样本，不可能保证所抽样本的结构与总体结构完全一致，所以，样本估计量的数值与总体参数真值之间就会存在误差。在随机抽样中，抽样误差是无法避免的，但其最大的特点是可测性和可控性及抽样误差可以根据随机抽样理论进行计算，并采用适当的方式（如增加样本容量、改进抽样方式等）加以控制。

（二）抽样误差的影响因素

为了计算和控制抽样误差，需要分析影响抽样误差的因素。抽样误差的影响因素主要有以下几个方面：

1. 抽样数目（n）的多少

在其他条件不变的情况下，抽样误差的大小与抽样数目的多少成反比，即抽样数目越多，抽样误差越小；反之，抽样数目减少，抽样误差增大。显然，如果抽样数目扩大到与总体单位数相等时，即 $n = N$ 时，则抽样调查就成为全面调查，样本指标数值就等同于总体指标数值，抽样误差也就不存在了。

2. 总体各单位之间的差异程度

总体各单位之间的差异是客观存在的。差异程度越大，抽样误差越大；反之，差异程度越小，抽样误差越小。可以设想，如果总体各单位之间没有差异，就不会产生抽样误差。

3. 抽样的方法

抽样的方法不同，抽样误差也不同。一般来说，重复抽样的误差要大于不重复抽样的误差。

4. 抽样的方式

不同的抽样组织形式有不同的抽样误差。因为抽样组织形式合理程度不同，必然会产生不同的抽样效果。一般来说，分层随机抽样是由于总体进行分组，同组内各单位之间的差异较小，因而它的抽样误差要比简单随机抽样误差和等距抽样误差小。而整群抽样的误差受抽样单位分布极不均匀的影响，其误差是最大的。等距抽样由于实行的是等距离抽样，总体中被抽中的单位分布比较均匀，因此其抽样误差较小。

了解影响抽样误差的因素，对于控制和分析抽样误差十分重要。在上述影响抽样误差的因素中，总体各单位之间的差异程度是客观存在的因素，是调查者无法控制的。但抽样数目、抽样方法、抽样的组织形式却是调查者能够选择和控制的。因此，在实际工作中，应当根据研究的目的和具体情况，做好抽样设计和实施工作，以获得经济有效的抽样效果。

（三）抽样平均误差的计算

在随机抽样的实际工作中，抽样误差是用抽样平均误差来衡量的。抽样平均误差是反映抽样误差一般水平的指标，其实质是抽样指标的标准差，它是可以事先计算并加以控制的。

抽样平均误差的计算，与抽样方法和抽样的组织形式有直接关系。不同的抽样方法和抽样组织形式计算抽样平均误差的公式是不同的。在这里主要以简单随机抽样为例说明其计算方法。

1. 样本平均数的抽样平均误差

（1）在重复抽样条件下，抽样平均数的平均误差的计算公式为：

$$\mu_{\bar{x}} = \sqrt{\frac{\sigma^2}{n}} = \frac{\sigma}{\sqrt{n}} \qquad (8-5)$$

式中，$\mu_{\bar{x}}$ 为平均数的抽样平均误差；σ 为总体标准差；n 为样本单位数。由公式可以看出，抽样平均误差的大小与总体标准差成正比，而与样本单位数成反比。

（2）在不重复抽样条件下，抽样平均数的平均误差的计算公式为：

$$\mu_{\bar{x}} = \sqrt{\frac{\sigma^2}{n}\left(1 - \frac{n}{N}\right)} \qquad (8-6)$$

式中，$\mu_{\bar{x}}$ 为平均数的抽样平均误差；σ 为总体标准差；n 为样本单位数；$\left(1 - \frac{n}{N}\right)$ 为修正系数。

应用上述公式时应注意，公式中的 σ 是指总体指标的标准差。事实上，总体指标是未知的，所以通常都用样本指标的标准差来代替。实践证明，用样本的标准差来代替总体的标准差，只要组织工作得当，抽样数目足够，一般都能获得满意的结果。

例 8.4 对某市 1500 名消费者进行购物消费支出调查，随机抽取其中 5% 的消费者作为样本，调查所得的资料如下：样本单位数为 75 人，平均每人购物消费支出 434.4 元，购物消费的标准差为 46.8 元，要求计算抽样平均数的平均误差。

已知：$n=75$，$\bar{x}=434.4$ 元，$\sigma=46.8$ 元，则抽样平均数的平均误差的计算如下：

重复抽样：$\mu_{\bar{x}} = \sqrt{\frac{\sigma^2}{n}} = \frac{\sigma}{\sqrt{n}} = \frac{46.8}{\sqrt{75}} = 5.38$（元）

不重复抽样：$\mu_{\bar{x}} = \sqrt{\frac{\sigma^2}{n}\left(1 - \frac{n}{N}\right)} = \sqrt{\frac{46.8^2}{75}(1-5\%)} = 5.27$（元）

2. 样本成数的抽样平均误差

（1）在重复抽样条件下，抽样成数的平均误差的计算公式为：

$$\mu_p = \sqrt{\frac{p(1-p)}{n}} \qquad (8-7)$$

式中，μ_p 为抽样成数的抽样平均误差；p 为总体成数；n 为样本单位数。

（2）在不重复抽样条件下，抽样成数的平均误差的计算公式为：

$$\mu_p = \sqrt{\frac{p(1-p)}{n}\left(1-\frac{n}{N}\right)} \qquad (8-8)$$

式中，μ_p 为抽样成数的抽样平均误差；p 为总体成数；n 为样本单位数，N 为总体单位数；$\left(1-\dfrac{n}{N}\right)$ 为修正系数。

在计算成数的平均误差时，由于总体成数是未知数，可用样本成数来代替。

例8.5 从某商场购进的某批 2000 条毛巾中随机抽取 10% 进行质量检验，其中合格品为 196 条，要求计算合格率的抽样平均误差。

根据已知资料计算得知：$n = 2000 \times 10\% = 200$，$n_1 = 196$，则 $p = \dfrac{n_1}{n} = \dfrac{196}{200} = 98\%$

抽样合格率的平均误差的计算如下：

重复抽样：$\mu_p = \sqrt{\dfrac{p(1-p)}{n}} = \sqrt{\dfrac{98\% \times 2\%}{200}} = 1\%$

不重复抽样：$\mu_p = \sqrt{\dfrac{p(1-p)}{n}\left(1-\dfrac{n}{N}\right)} = \sqrt{\dfrac{98\% \times 2\%}{200}(1-10\%)} = 0.94\%$

（四）抽样极限误差的计算

抽样极限误差又称允许误差，是指变动的样本指标与确定的总体指标之间产生抽样误差被允许的最大可能范围。它是根据所研究对象的变异程度和分析任务的要求来确定的可允许的误差范围。抽样极限误差用"Δ"表示。样本平均数或成数的抽样极限误差可以表述为：

$$\Delta_{\bar{x}} = |\bar{x} - \overline{X}| \qquad (8-9)$$

$$\Delta_p = |p - P| \qquad (8-10)$$

式中，$\Delta_{\bar{x}}$ 为平均数抽样极限误差；Δ_p 为成数抽样极限误差。

由于总体平均数和总体成数是未知的，它要靠实测的抽样平均数或成数来估计，因而抽样极限误差的实际意义是希望总体平均数落在抽样平均数的范围内，总体成数落在抽样成数的范围内。

二、样本量的确定

（一）样本量的影响因素

样本量是指样本中所包含的抽样单位的数目。影响样本量大小的因素比较多，从进行调查的实际情况看，确定一个科学而合理的样本量，要考虑三大方面的因素：一是数理统计方面的因素；二是营销管理实际需求方面的因素；三是实施调查方面的因素。

1. 数理统计方面影响样本量的因素

（1）总体的构成情况。总体的构成情况分为两个方面：总体规模的大小和总体内部的构成情况。总体规模的大小，即一个总体中所包含的抽样单位的多少。总体规模越大，样本量就要越大。总体内部的构成情况，即总体的异质情况。总体的异质程度越高，需要的样本量越多。

（2）抽样误差的大小。在其他条件一定的情况下，允许的误差小，抽样数目就应相对多一些；反之，允许误差大，抽样数目就可少一些。在抽样调查设计时，应当取多大的允许误差，要根据调查的目的要求、调查经费和时间来确定。一般来说，调查的准确度要求高、调查力量强、调查经费充足，允许误差就可以定得小一些；反之，允许误差就只能放大一些。

（3）抽样的方法。不同的抽样方法需要的样本量也不相同。对总体没有进行任何处理的简单随机抽样，在重复抽样的情况下，构成总体中的每个个体都有被重复抽到的可能性。因此，相对于分层抽样、等距抽样而言，简单随机抽样对总体的代表性要差一些，需要的样本量也相对多一些。整群抽样由于以"群"作为抽样单位，对总体代表性的损失较大，因此需要的样本量比简单随机抽样要大。

总之，在抽样误差相同的前提下，分层抽样需要的样本量最小，等距抽样所需的样本量稍大于分层抽样的样本量，简单随机抽样所需的样本量又比等距抽样的样本量大，整群抽样所需的样本量最大。

2. 管理方面影响样本量的因素

（1）经费预算。由于调查也是一项营销成本投入，因此经费预算的大小就要看调查在整个营销中的重要性。比如，市场调查的目的是获得较为精确的某类产品市场消费总量及潜在发展空间方面的信息，以作为论证是否购买一条先进生产线、开发生产新产品的重要决策依据，诸如这种用于论证大项目投入的调查，调查费用投入比较大，如果调查仅仅为了跟踪一次促销活动的效果，费用也就相应较小。

（2）调查的精度要求。一般而言，样本量越大，抽样误差越小，调查精度相应越高，但精度高意味着样本量大，成本也高。

3. 调查实施方面影响样本量的因素

（1）问题的回答率。调查问题的回答率表明调查对象对所有提出的问题的回答情况。首先，在问卷中，有时可能会设计一个过滤性问题，根据被调查者对该问题的回答来决定下一个问题是否需要回答。因此，对于带有过滤性问题的后续问题而言，它的样本量就会减少。

其次，问卷设计中的一些缺陷也可能导致被调查者不能作出回答。

由于这些因素的存在，使得每个问题的回答率高低不一，每个问题可分配到的实际样本量相差较大，可能导致某些问题的样本量过少，从而在统计中失去意义。要根据实际需要，通过增加样本量来弥补这类问题。

（2）问卷的回收率。在实际中，要根据问卷的回收率考虑样本量。例如，邮寄调查的问卷回收率一般低于访问调查的问卷回收率，所以需要的样本量相应地也应高一些。

（二）确定样本量的方法

在抽样调查中，对于概率抽样和非概率抽样，确定样本量的方法是不同的。非概率抽样的样本量主要根据主观判断和从事实际调查的经验来确定；概率抽样的样本量则是在计算的基础上确定的。因此，样本量大小的确定主要有理论方法和经验方法两种。

1. 理论方法

虽然简单随机抽样在实际中很少被单独使用，尤其在大规模抽样调查中更是如此，但简单随机抽样样本量的计算却有着重要的实用价值。实际调查中确定复杂抽样方法的样本量时，常常是先计算出在一定精度条件下的简单随机样本量，然后在此基础上进行修正，从而确定复杂抽样方法的样本量。为此，我们首先讨论简单随机抽样的样本量的计算方法。

传统的数量统计理论给出了简单随机抽样的样本量的确定方法。从抽样实际误差范围估计的精确度和可信度的要求出发来确定必要的样本量。

抽样误差范围可以用公式 $\Delta = \tau \times \upsilon$ 大致计算出。式中，τ 是可信度系数，可查标准正态分布表获得。常用的可信度有 90%、95%、99% 等，其对应的系数相应是 1.65、1.96、2.58。υ 是抽样误差，在重复抽样中，$\upsilon = \dfrac{\delta}{\sqrt{n}}$，$n$ 是样本量，δ 是总体标准差。由于总体标准差是未知的，用样本标准差 s 来代替，即 $\upsilon = \dfrac{s}{\sqrt{n}}$，实际应用中是用以前做过的类似调查或通过小规模试验性调查所获得的资料代替。不重复抽样中，$\upsilon = \dfrac{s}{\sqrt{n}}\sqrt{1 - \dfrac{n}{N}}$，$N$ 是总体单位数。

计算简单随机抽样的样本量有两种情形：一是测定的指标是平均数时；二是测定的指标是百分数时。

（1）当测定的指标是平均数时。工具公式 $\Delta = \tau \times \upsilon$ 和 $\upsilon = \dfrac{s}{\sqrt{n}}$ 可以推导出：

重复抽样的样本量
$$n = \frac{\tau^2 s^2}{\Delta^2} \tag{8-11}$$

同理，不重复抽样的样本量
$$n = \frac{N\tau^2 s^2}{N\Delta^2 + \tau^2 s^2} \tag{8-12}$$

需要说明的是，在实际抽样时，我们基本上采用不重复抽样，但在计算样本量时，我们可以用重复抽样条件下的公式，因为这样可以简化计算过程。

（2）当测定的指标是百分数时。有时候，我们测定的指标不能用平均数来表示，如"性别""受教育程度"这类变量，这些标量取值的百分数就是频率，有的也称为成数。例如，某总体中男性占 64%，这个百分数就是频率，他用 p 来表示，样本频率的抽样误差公式为：

重复抽样的抽样误差
$$\upsilon = \sqrt{\frac{p(1-p)}{n}} \tag{8-13}$$

不重复抽样的抽样误差 $\quad v = \sqrt{\dfrac{p\,(1-p)}{n}} \cdot \sqrt{1-\dfrac{n}{N}}$ $\qquad$ (8-14)

测样本量的计算公式为

重复抽样的样本量 $\qquad n = \dfrac{\tau^2 p\,(1-p)}{\Delta^2}$ $\qquad$ (8-15)

不重复抽样的样本量 $\qquad n = \dfrac{N\tau^2 p\,(1-p)}{N\Delta^2 + \tau^2 p\,(1-p)}$ $\qquad$ (8-16)

上面仅仅介绍了使用简单随机抽样时样本量的计算方法，在等距抽样中也可以用上述公式。在分层抽样中，所需要的样本量一般要小于简单随机抽样的样本量；整群抽样的样本量要大于简单随机抽样的样本量。也可以直接用简单随机抽样计算的样本量大致估计其他几种抽样方法的样本量，在此就不专门对其他抽样方法的样本量的计算方法进行介绍了。

2. 经验方法

前面介绍了样本量的计算方法，这种方法使用起来比较困难，加之在正式抽样前有些统计指标无法确定，如样本标准差、误差范围等，这些指标只能根据小范围的探测性调查结果近似代替或大致估计，这也给样本量大小的确定增加了不确定性。所以，即使是理论确定样本量大小的方法，得到的样本单位数也不一定精确。如果想要得到一个比较精确的样本规模，往往需要抽样专家和专业研究人员的指导。在一般的市场调查中，其实并不要求很高的精确度和把握度，调查与预测人员往往可凭经验来决定样本的大小。

在统计学中，把容量小于或等于 30 个单位的样本叫小样本，大于或等于 50 个单位的样本叫大样本。在实际市场调查中，由于面对的总体及总体的异质性较大，一般都要抽取大样本，样本规模为 50～5000 个单位。

在大总体或复杂总体情况下，如果遵循了随机性原则抽样，样本量在 2000～2500 之间就够了。所谓大总体或复杂总体，实际说来就是指一个国家、一个省、一个城市、一个县或一个地区，在这样大的范围内抽样时，由于调查对象的总体是由许多不同性质、不同类别的子总体所组成的，单位之间的异质性较大，而且总体单位数目巨大，所以称为大总体或复杂总体。有时为了加大保险系数，样本量也可增加到 4000～5000，但无论多大的总体，样本量都不应超过 10000。要想充分保证样本对总体的代表性，关键不在于拼命加大样本量，而在于按随机原则来抽样。

调查对象如果是小总体，样本量在 200～250 之间即可。例如，对一个学校、一个机关、一个街道、一个企业进行的抽样，因为总体规模较小，内部异质性相对亦较小，样本量不需太大。

调查与预测人员总结了总体规模与样本占总体比重之间的大致关系，可以作为经验确定样本量的大致范围，见表 8-5。

表 8-5 经验确定样本量的范围

总体规模	100 以下	100～1000	1000～5000	5000～10000	10000～100000	100000 以上
样本占总体的比重	50% 以上	50%～20%	30%～10%	15%～3%	5%～1%	1% 以下

本章小结

广义上，抽样调查是指从总体中抽取一部分单位进行观察，根据观察结果来推断总体的调查方法。包括随机抽样和非随机抽样。狭义上，抽样调查就是指随机抽样。抽样调查的特征主要有：抽取样本的客观性；抽样调查可以比较准确地推断总体；抽样调查是一种比较节省的调查方法；抽样调查的应用范围广泛。

抽样方案设计的基本内容如下：明确抽样调查的目的；定义调查总体和抽样单位；确定合适的抽样框；确定调查对象；选择抽样方法；确定样本容量；制定选择样本单位的操作程序；抽样实施。

根据调查对象的性质和研究目的的不同，采用随机抽样技术可以选择：简单随机抽样、系统抽样、分层抽样、整群抽样等。非随机抽样技术主要有：任意抽样、判断抽样、配额抽样、滚雪球抽样等。

抽样误差是指随机抽样中，由于抽样的随机性而引起的样本统计量的数值与总体参数真值之间的差异。抽样调查中的误差包括抽样误差和非抽样误差两类。

样本量是指样本中所包含的抽样单位的数目。影响样本量大小的因素比较多，从调查的实际情况看，确定一个科学而合理的样本量，要考虑三大方面的因素；一是数理统计方面的因素；二是营销管理实际需求方面的因素；三是实施调查方面的因素。在抽样调查中，对于概率抽样和非概率抽样，确定样本量的方法是不同的。非概率抽样的样本量主要根据主观判断和从事实际调查的经验来确定；概率抽样的样本量则是在计算的基础上确定的。因此，样本量大小的确定主要有理论方法和经验方法两种。

本章习题

一、名词解释

1. 抽样调查
2. 总体
3. 样本单位
4. 抽样误差
5. 抽样方法
6. 分层抽样
7. 配额抽样

二、思考题

1. 抽样方案设计包括哪些基本内容？
2. 简述整群抽样的优缺点及适用范围。
3. 简述滚雪球抽样的操作步骤。
4. 抽样误差的影响因素有哪些？
5. 样本量的影响因素有哪些？

第九章

纺织品服装市场调研问卷设计

引 言

当通过二手调查不能完全搜集到想要的调查信息时，往往会通过一手资料调查来继续搜集资料。在一手资料的调查中，大多数情况下都要使用问卷来搜集所需的资料。问卷法非常适合大规模的调查活动，因为它比较客观统一，效率比较高，可以用团体方式进行，调查费用低，不必花很多力气训练调查人员。因此，问卷调查是纺织品服装企业广泛采用的调查方式。

学习目标

本章重点研究问卷设计。通过学习本章，要做到：了解问卷的概念与分类，掌握问卷的构成、问卷问题的设计，并运用问卷解决纺织品服装市场中存在的问卷调研问题。

第一节　市场调研问卷概述

一、问卷的概念

问卷（questionnaire）是调查者根据调查目的和要求，按照一定的理论假设设计出来的，由一系列问题、被选答案、说明以及代码表所组成的书面文件，是向被调查者收集资料的一种工具。问卷设计的目的是设计一份理想的问卷，这份问卷既能描述出被调查者的特征，又能测量出被调查者对某一社会经济事物的态度，并在一定条件下以最小的计量误差得到所需要的数据。

二、问卷的分类

在进行问卷调查之前，调查者通常要设计一份结构严谨的问卷，在访问过程中严格按照问卷预备的问题依次提问，这样可以方便以后资料的处理。调查问卷形式有很多，根据不同的分类，可将调查问卷分成不同的类型。

（一）根据问卷传递方式不同分类

根据问卷传递方式不同，问卷可分为访问问卷、留置问卷、报刊问卷、邮寄问卷和网上问卷。

1. 访问问卷

访问问卷分为面访问卷和电话问卷两种，是调查者按统一设计的问卷向被调查者当面或在电话中提问，再由调查者根据被调查者的口头回答来填写问卷。这是一种较为普通的问卷形式。

2. 留置问卷

留置问卷是由调查者将调查问卷发送给选定的被调查者，约定一定期限后，如 1～2 天后，再登门取回填写好的问卷，或等待被调查者填答完毕之后再统一收回。还有一种做法是通过某些单位或组织，间接地向调查对象发放问卷，然后再通过它们集体回收，或附上回邮信封要求被调查者将填写好的问卷直接寄回。为了感谢合作，一般都会赠送被调查者小礼品。

3. 报刊问卷

报刊问卷就是将市场调查问卷登载在报刊上，随报刊发行传递到被调查者手中，并希望读者对问卷作出书面回答后，按规定时间寄还报刊编辑部或调查组织者。报刊问卷实际上是以读者为调查对象，它具有调查范围广、费用和时间比较节省及能保证匿名性等优点，但采用报刊问卷，存在调查者对被调查者无法进行选择、问卷回收率低等不利因素。

4. 邮寄问卷

邮寄问卷就是由调查人员将问卷通过邮局寄给选定的调查对象，并要求他们按规定的要求和时间填写问卷，然后寄回调查机构。邮寄式问卷的被调查者能避免与陌生人接触而引起的情绪波动，而且有充足的时间填写问卷。调查者可以设计一些较敏感或隐私问题进行调查，如涉及个人情感等隐私方面的问题和政治倾向等敏感性问题，这类问题如采用其他方式来进行问卷调查，很可能要么得不到回答，要么得到的回答都朝符合社会期望的方向倾斜，而邮寄式问卷在很大程度上可以避免这一现象。但邮寄式同样存在着问卷回收率低的问题，因此，调查内容必须能很快引起被调查者的兴趣，这就对问卷设计提出了更高的要求。

5. 网上问卷

网上问卷是将事先设计好的问卷在互联网上发布，通过互联网来进行调查的一种问卷类型。这种问卷调查成本较低，传播迅速，但调查对象具有一定的局限性，只能在那些使用互联网的用户中进行，而互联网用户只占总人口的一部分。同时，由于整个调查较难控制，因此网上所获取的信息的准确性和真实性难以确定。

（二）根据问卷填答者不同和调查方法不同分类

根据问卷填答者不同和调查方法不同，调查问卷可分为自填式问卷和代填式问卷。

1. 自填式问卷

自填式问卷，是指由调查者将事先设计好的问卷发给被调查者，由被调查者根据实际情况自己填写的问卷。上述留置问卷、报刊问卷、邮寄问卷、网上问卷都属于自填式问卷。

2. 代填式问卷

代填式问卷则是由调查者按照事先设计好的问卷或提纲向被调查者提问，然后根据被调查者的回答进行填写的问卷。上述访问问卷就是代填式问卷。

（三）根据调查者对问卷的控制程度分为结构型问卷和非结构型问卷

1. 结构型问卷

结构型问卷又称标准化问卷或控制式问卷。其特点是每个问卷的提问方式和可能答案都是固定的，提问方式在调查时不能变动，所有调查对象都回答同一结构的问题。

结构型问卷根据答题形式又分为封闭式问卷、开放式问卷和半封闭式问卷。封闭式问卷是指调查者提供一些可能的答案，受访者只能从已给的答案中进行选择的问卷。开放式问卷是指调查者只提出问题，不提供可能的答案，被调查者自由作答的问卷。半封闭式问卷是指封闭式与开放式相结合的问卷。半封闭式问卷的主要目的一是避免遗漏可能的答案，二是避免备选答案过多时造成的冗余现象。

2. 非结构型问卷

非结构型问卷指事先不准备标准表格、提问方式和标准化备选答案，只是限定调查方向和询问内容，然后由调查者和被调查者自由交谈的问卷。这种问卷适用于较小规模的深层访谈调查。

三、问卷的作用

问卷的基本作用是根据调查目的和要求，搜集调查所需的第一手资料，以便进行统计分析。具体来说，体现在以下几个方面：

（1）把调查目的转化为特定的问题。调查目的就是调查所要解决的问题，只有通过问卷才能把所要解决的问题特定化。

（2）使问题和回答范围标准化，确保问题环境的相似性和一致性，减少由调查人员引起的计量误差。

（3）有利于数据的编码。

（4）可作为调研的记录和证据，便于分析、审核和保存。

（5）节省调查时间，提高调查效率。

第二节　市场调研问卷构成

一份良好的问卷，应能达到市场调查目的，并促使被调查者愿意合作，提供正确情报资料。一份完整的调查问卷通常包括标题、说明信、主体内容、编码、被调查者情况、结束语和作业证明记载。其中调查内容是问卷的核心部分，调查内容主要包括各类问句、问句的回答方式，这是调查问卷的主体，是每一份问卷都必不可少的内容，而其他部分则根据设计者需要可取可舍。

一、问卷的标题

问卷的标题一般要求用言简意赅的中性词语陈述调查的内容，概括说明调查研究主题，使被调查者对所要回答哪方面的问题有一个大致的了解。例如，"运动服在大学生市场发展前景调查""应届大学毕业生就业情况调查"等，而不要简单采用"问卷调查"这样的标题，过于简单的不明确方向的词汇，容易引起叫答者不必要的怀疑而拒答。尽量不要使用敏感性词语以免影响被调查者的态度。

二、说明信

说明信又称卷首语或开场白，它是写在问卷开头的一段话，是调查者向被调查者写的简短信，用来介绍调查者并说明调查的目的、意义以及有关填答问卷的要求等内容。说明信一般包括以下几方面的内容：

（1）问候语。有称呼和问候，如"××先生、女士：您好"。问候语需要用尊敬的称呼，口吻要亲切，态度要诚恳，从而增加被调查者回答问题的热情，并能激发他们的兴趣，得到积极配合。

（2）调查人员自我介绍，表明调查者的个人、身份或组织名称。

（3）调查的目的与意义，简单的内容介绍，对调查目的的说明以及合作请求，这是问卷设计中一个十分重要的方面。

（4）关于匿名的保证，如涉及需为被调查者保密的内容，必须指明予以保密，不对外提供等，以消除被调查者的顾虑，以期获得准确的数据。

（5）填表说明，是对被调查者回答问题的要求，主要在于规范和帮助被调查者对问卷的回答，用来指导被调查者填答问题的各种解释和说明。如关于选出答案做记号的说明，关于选择答案数目的说明，例如，凡在回答中需选择"其他"一项作为答案的，请在后面的"＿＿＿＿"中用简短的文字注明实际情况，或只需在选中的答案中打"√"即可。

（6）最后要对叫答者的配合表示真诚的感谢，或说明将赠送小礼品。大量的实践表明，几乎所有拒绝合作的人都是在开始接触的前几秒钟内就表示不愿参与的。因此，说明信是不可或缺的，特别前三项是必须具备的内容，其他内容视具体情况而定，如以下两例：

例 9.1　您好！感谢您百忙中抽出时间来完成此份调查问卷。此问卷调查内容仅为了解用户对于现在 QQ 安全中心产品 QQ 被盗的疑问，以便在日后完善产品内容，优化操作流程，从而更好地服务于广大 QQ 用户，将用户在使用 QQ 产品过程中的安全疑惑降到最低。在此，向您表示感谢！祝您：天天开心，万事顺利。

例 9.2　适逢新春佳节之际，东宇公司祝您新春愉快，万事如意！为了更好地为您服务，我公司正在开发系列新产品，我们十分想听听您对新产品的意见，请您在百忙中予以合作，谢谢您的支持！

三、问卷的主体内容

问卷主体是市场调查所要收集的主要信息，它由一个个问句及相应的选择答案项目组成。显然，这部分内容是问卷设计的重点，是问卷的核心内容，问句应覆盖课题研究的全部范围，主要是以提问的形式提供给被调查者，这部分内容设计的好坏直接影响整个调查的价值。至于怎么设计将在下面两节中详细介绍。

四、被调查者基本情况

所谓被调查者的基本情况，主要是指被调查者的一些主要特征。如果调查的是企业组织，其基本情况是指企业名称、单位代码、行政区划代码、企业地址、企业规模、企业所在国民经济行业、企业登记注册类型、职工人数、销售收入等，如是个人或家庭，包括个人的年龄、性别、文化程度、职业、职务、收入等，家庭的类型、人口数、经济情况等。具体列入多少项目，应根据调查目的、调查要求而定，并非多多益善。尽管被调查者往往对这部分问题比较敏感不愿意回答，但有些问题与研究目的密切相关，如消费者个体特征不同对某一特定事物的态度、意见以及行为倾向存在很大差异，同时这些内容在问卷中起的作用是沟通调查者与被调查者之间的联系。

五、编码

编码是将调查问卷中的调查项目以及备选答案给予统一设计的代码。编码既可以在问卷设计的同时就设计好，也可以等调查工作完成以后再进行。前者称为预编码，后者称为后编码。在实际调查中，常采用预编码。编码一般应用于大规模的问卷调查中。因为在大规模问卷调查中，调查资料的统计汇总工作十分繁重，借助于编码技术和计算机，则可大大简化这一工作。例如，①您的姓名；②您的职业……

六、结束语

结束语置于问卷的最后，有的问卷也可以省略。结束语要简短明了，用来简短地对被调查者的合作表示感谢，也可以设置开放题，征询被调查者的意见、感受以及其他补充说明等。

七、作业证明的记载

所谓作业证明的记载，即"调查情况记录"。这个记录一般包括：调查人员（访问人员）姓名、编号、访问时间等，如有必要，还需注明被调查者的姓名、单位或家庭住址、电话等，以便审核和进一步追踪调查。

在调查实践中，问卷设计既要有科学性，又要有艺术性。不同目的的调查，问卷设计的差别很大，不可能存在普遍适用的问卷模式。

第三节 市场调研问卷问题设计

问题是问卷的核心，一个好的问卷必须合理、科学和艺术地提出每一个问题，罗列每一个备选答案。设计问题的时候，设计者必须对问题的类别、提问的方法仔细考虑，否则，一旦出现问题用语不当的情况，可能使被调查者产生误解不愿意回答或错误回答，甚至引起反感。备选答案的顺序排列不同也会导致调查结果天壤之别。这些都会导致调查的失败。因此，设计者在设计问卷时，必须根据设计问卷的步骤和原则进行，还要根据不同的问题类型反复推敲，才能设计出高水平的调查问卷。

一、问题的类型

调查问卷的问题分类标准很多，比如，可以根据提问的方式的不同，根据提问的性质的不同来分类。根据不同标准，调查问卷问题可以分为各种不同的类型。但是，最基本的分类还是按照问题是否提供答案来分类。根据这一标准，调查问题可分为开放式问题和封闭式问题两种类型。

（一）开放式问题

开放式问题，也称自由式问题，是指在设计问题的时候，只提出问题，不限定答案，由被调查者自由回答。例如，"你心目中理想的教师的形象如何？""你在学校学习中最苦恼的问题是什么？"等。

开放式问题提问方法比较灵活，可用于不知道问题答案有几种的情况，也可让被调查者自由发挥，能收集到生动的资料，还有利于调动被调查者的兴趣，争取被调查者的合作。因为对答案没有限制，被调查者完全可以按照自己的想法去回答。利用这种提问方式，往往可以获得意外的信息资料。

因此，开放式问题适合答案复杂且数量较少或者各种可能答案还不清楚的问题，在消费者动机调查中应用广泛。但是，开放式问题的不足之处也比较明显。因为各个被调查者回答内容千差万别，答案无法标准化，对开放式问题的统计处理常常比较困难，有时甚至无法归类编码和统计，而且在这个过程中很可能会产生误差。另外，开放式问题要求回答者有较高的知识水平和语言表达能力，能够正确理解题意，思考答案，并表达出来，因而适用范围有限。自填式问卷通常不用开放式问题。被调查者回答此类问题，需花费较多的时间和精力，同时许多人不习惯或不愿意用文字表达自己的看法，导致回答率低。

（二）封闭式问题

封闭式问题是指设计调查问题的时候，给出可供选择的答案，要求被调查者从中作出选择。

例 9.3　您购买的万科新城商品房的原因是（　　　）。请在下列答案中选择您认为合适的一个，将其英文编号写在括号里。

A. 地理位置好　　　B. 价格适中　　　C. 户型设计好　　　D. 房屋质量可靠

从调查实施的难易度看，封闭式问题容易回答、节省时间，文化程度较低的调查对象也能完成，被调查者比较乐于接受这种方式，因而问卷的回收率较高。封闭式问题答案标准化程度高，便于调查后期统计分析。因此，封闭式问题是大多数问卷的主体。但是，设计封闭式问题的时候，某些问题的答案不易列全，被调查者如果不同意问卷列出的任何答案，没有表明自己意见的可能，而调查者也无法发现。如果遇到所调查的问题本身就比较复杂，答案设计的难度较大，难免会产生遗漏的信息或者无法收集深层次的资料。

在实践中，为了避免两种形式的缺点，常常将两者结合在一起使用，这称为混合型问题。其设计的方法是在一个问题中只给出部分答案，让被调查者从中选择，而另一部分答案不给出，要求被调查者根据实际情况自由发挥作答。

综上所述，鉴于开放式问题在适用范围和统计分析等方面的缺陷，目前的问卷调查多以封闭式问题为主，但在一些少数几个答案不能包括大多数情况的提问中，问卷设计者不能肯定问题的所有答案，或者要了解一些新情况时也可采用开放式问题。有时候，为了保证封闭式问题包括全部答案，可以在主要答案后加上"其他"之类的答案，以作补充，避免强迫被调查者选择不真实的答案。

二、问卷问题的设计

（一）开放式问题的设计

开放式问题有很多设计方法，主要有以下几种：

1. 自由回答法

自由回答法又称无限制回答法，是指设计问题时不设计备选答案，要求被调查者根据问题用文字形式自由表述。例如，您认为佳洁士牙膏的主要优点是什么？

这类问题可以直接了解被调查者的态度和观点，回答不拘形式，可获得深层次的意见，而且在设计的时候不受限制，比较容易。但是，自由回答法不适合所有人，因为在有限的时间里，有些被调查者不愿对问题作过多的思考，有些被调查者不知道如何回答，他们都会放弃作答此类问题，或者给出虚假答案。另外，这种方法统计起来比较困难。

2. 词语联想法

词语联想法就是将按照调查目的选择的一组字词展示给被调查者，并要求他们立即回答所想到的是什么。在立即反应下，可以获得与"刺激词汇"相对应的联想。常用的设计方式如下：

（1）自由联想法，是指不限制联想性质和范围的方法，回答者可充分发挥其想象力。例如，看到"酒"你联想到什么？被调查者的回答可能是"豪爽""醉""浓烈""暴力"等。这从不同侧面反映了酒的特点，可为改进工艺和市场定位提供有关信息。

（2）控制联想法，是指把联想控制在一定范围内的方法。例如，看到"电视"会联想到什么食品？被调查者可能回答自己看电视广告中出现的食品，也有可能是看电视时消费的食品，有的兼而有之，有的则什么都不是。

（3）提示联想法，是指在提出刺激词语的同时，也提供相关联想词语的一种方法。

例 9.4 看到"自行车"你会想到什么？请在下面词语中挑选答案。

代步、健身、娱乐、载物、运动、其他……

提示联想法所给出的联想提示带有导向性，如例 9.4 的提示，将联想往自行车功能方向引导，被调查者的思维也由此向这方面集中。

词语联想法是一种最大限度地开发被调查者内心隐藏信息的资料收集方式，常用来比较、评价和测试品牌名称、品牌形象、广告用语、消费者动机和偏好等调查。在使用词语联想法的时候，主要通过被调查者的词语反应时间的分析来得出结论。被调查者回答问题越快，说明被调查者对这个词语印象越深刻，越能反映其态度；反之亦然。

3. 回忆法

这种方法是用于调查被调查者对品牌名、企业名、广告灯的印象强烈程度、记忆程度而使用的一种设计问题的方法。例如，请说出您所知道的口香糖牌子？

运用这种方法，可以比较广告活动前后消费者对品牌的回忆差异，以反映广告效果。但是，使用这种方法的时候要注意计算不同回忆次序和次数的比值，以分析被调查者的回忆强度，还要根据各个项目的回忆量和总回忆量的比值，来分析被调查者对各种品牌的印象深浅程度。

4. 问句完成法

问句完成法是将问题设计成不完整的句子，请被调查者补充完成。

例 9.5 可口可乐是_____。

例 9.6 当您感冒的时候，最先吃的是_____。

与词语联想法相比，问句完成法不用强调被调查者回答问题的时间，由于完成的是句子，调查结果也比较容易分析。因此，常用于调查消费者对某种事物的态度或感受。为了减少被调查者回答问题时的顾虑，设计此类问题的时候应避免使用第一或第二人称。

5. 故事构建法

这种方法是由调查者向被调查者提供只有开头或只有结尾的不完整文章，请被调查者按照自己的意愿将其补充完整，使之成为完整的故事。通过这样的方式，调查者可以分析被调查者的隐秘动机。

例9.7

丽丽说：前天，我在新世界百货看到一款 ONLY 的衣服，款式真漂亮，质量也好，就是太贵了！

"我"说：你买了吗？

丽丽说：太贵了！我没买。所以说，价格贵的东西都不好卖，再好的质量、款式也没用。

这个时候，"我"会说什么？

请被调查者以"我"的身份完成对话。

6. 卡通测试法

这种方法是按照调查目的设计出两个人物对话的卡通图画，其中一个人说出一句话，由被调查者以另一个人的身份完成图中的对话，从而了解被调查者的想法。

为了使被调查者易于了解和接受调查，设计卡通画的时候要注意整个问卷的主题是文字而不是图画，因此，图画内容尽量不要对语言反映有影响，图画人物表情要中立，保持客观。

7. 主题视觉测试法

这种方法是通过向被调查者出示一组漫画或图片，要求被调查者根据自己的理解描述漫画或图片的内容，或者编造一个故事，从中探询被调查者的态度或愿望的一种方法。

总的来说，开放式问题的提问方法比较灵活，既可以使用一般的问卷形式提出问题，又可以用图片、漫画等形式提出问题。其突出的优点是：提问方法比较灵活，可以用一般的问卷形式提出问题，也可以使用产品实体、图片等形式提出问题，这样有利于调动被调查者的兴趣，争取他们的合作；由于对答案没有任何限制，被调查者完全可以根据自己的想法回答问题，因此，能够得到较为深入和真实的观点与看法，往往还能获得意外的信息资料。因此，开放式问题适合答案复杂且数量较少或者各种可能答案还不清楚的问题，在消费者动机调查中应用较为广泛。这种提问的方式也有其不足之处，那就是：由于每个被调查者的答案差异较大，答案标准化程度较低，很难对答案进行分类，所以增加了编码和统计分析的工作量；在调查过程中，由于没有统一的答案，调查人员在记录被调查者的回答的时候，会发生遗漏、误解等差错，产生误差；回答这样的开放式问题需要花费被调查者大量的时间和精力，容易遭到拒答和产生理解偏差；对被调查者的表达能力要求较高，文化水平高、表达能力强的被调查者回答问题比较详尽，能够准确表达自己的想法，提供的资料较多，而表达能力差的被调查者可能无法反映自己真实的观点，因此造成代表性误差。

（二）封闭式问题的设计

封闭式问题在市场调查中应用非常广泛，形式也多种多样，尤其是答案的设计方法，主要以问题需要、统计方便为准则。常用的有以下几种：

1. 二项选择法

二项选择法又称为是否法、真伪法、两分法，是指提出的问题仅有性质相反的两种答案可供被调查者选择，回答时只能从中选择其一，如"是"或"否""有"或"没有"等。这种问题的回答项目非此即彼、简单明了。这种问题的形式一般如下：

例9.8 您是否购买过空调？

A. 是　　　B. 否

这类问题的答案通常是互斥的，调查结果统计得到"是"与"否"的比例，明确简单，便于统计，但得到的信息量太少是其最大的缺点。由于二项选择法仅仅给出了意义截然相反的两个答案，被调查者无法区分自己真实感受的程度差别，当两个答案都不满意的时候只能勉强选择其一，这就产生了测量误差。

2. 多项选择法

多项选择法是指提出问题有两个以上的答案，被调查者可选择其中一项或多项作为答案。这些问题可以使被调查者完全表达要求、意愿，还可以根据多项选择答案的统计结果，得出各项答案重要性的差异。

例9.9 您买山地车是因为（　　　　）。

A. 经济条件允许　　　　　B. 自己骑着玩、个人娱乐　　C. 送给朋友

D. 上下班骑，代步工具　　E. 气派、赶时髦　　　　　　F. 周围邻居或熟人有用的

G. 为了旅游、锻炼身体　　H. 其他（具体写出）＿＿＿＿＿

多项选择法也是问卷中采用最多的一种问题形式，设计的具体类型一般包括三类：

（1）单项选择类型，是指要求被调查者对所给出的多项答案只选择其中的一项。

例9.10 您的年龄是（　　　　）。

A. 25岁以下　　　B. 25～45岁　　　C. 46～60岁　　　D. 60岁以上

（2）多项选择类型，是指让被调查者按照自己的实际情况选择合适的答案，数量不限。

例9.11 您从何处了解到《瑞丽》杂志？（可多选）

广播电视宣传□报刊广告□地铁广告□车身广告□其他户外广告□互联网□销售网点（报刊亭、书店、便利店、超市等）□休闲场所□邮局□其他□

例9.12 您家有哪些家用电器？（请在题号上打"√"）

A. 彩电　　　B. 录像机　　　C. 空调　　　D. 电冰箱

E. 计算机　　F. 微波炉　　　G. 电话　　　H. 其他（具体写出）＿＿＿＿＿

要将每一个答案都看成一个变量，都给一个编码，这样此例中就有8个变量，编码时也就要给8个编码。

（3）限制选择类型，是指要求被调查者在所给出的多项答案中，选择自己认为合适的答案，但数量要受到一定的限制。

例9.13 当初您选择这家公司工作的时候，主要考虑下列哪些因素？（选择三项并排序，填写下列表格）

第一位	第二位	第三位

A. 能改变生活处境　　B. 公司的名气大　　C. 工资待遇好

D. 能见世面、增长见识　　E. 工作不好找，能有工作就不错了

多项选择法提供的答案包括了各种可能的情况，使被调查者有很大的选择余地，而且资料整理也很简单。但是，多项选择答案的排列顺序可能会影响被调查者的正确选择，排在前面的答案被选中的机会较多。而当设计的备选答案不够全面，被调查者没有合意的选择项时，他们一般倾向于考虑现有答案或者"其他"选项。

在设计这种多项选择的问题时，答案应尽可能地包括所有可能出现的情况，但是绝对不能重复；备选答案也不宜过多，一般不超过 10 个；注意备选答案的排序问题；要对备选答案进行事前编码，以便资料的统计整理。

3. 其他方法

从理论上讲，问卷设计中问题的设置方法还有很多，但这几种是基本常见的，其他方法也多是从这几种方法引申变化而来的。

（1）一对一比较法，是指把调查对象配对，让被调查者一一比较选择答案。

例 9.14　请比较下列每一组不同品牌的彩电，哪一种的质量更好？

A. 海尔□和海信□　　B. 长虹□和海信□　　C. 海尔□和长虹□

例 9.15　请比较下列每一组不同品牌的彩电，哪一种更美观？

A. 海尔□和海信□　　B. 长虹□和海信□　　C. 海尔□和长虹□

（2）顺位法，就是限制类型的多项选择法的递延。

例 9.16　请您按您选择服装时考虑的主次顺序，以 1、2、3、4、5 为序填在下列□内。

价格□　　款式□　　面料□　　颜色□　　做工□

例 9.17　请您按您的喜欢程度对以下品牌进行编号，最喜欢者为 1 号，依次类推。

飘柔□　　潘婷□　　沙宣□　　舒蕾□　　海飞丝□　　力士□

（3）矩阵式，是一种将同一类型的若干个问题集中在一起，构成一个问题的表达方式。

例 9.18　您对沈阳电信提供的服务看法如何？（请在所选"□"内打"√"）

	很满意	满意	基本满意	不满意	很不满意
①装机移机服务	□	□	□	□	□
②话费查询服务	□	□	□	□	□
③电话障碍修复	□	□	□	□	□
④公用电话服务	□	□	□	□	□

矩阵式的优点是节省问卷的篇幅，同时把同类问题放在一起，回答方式又相同，节省了回答者阅读和填写的时间。

（4）表格式，是矩阵式的一种变体，其形式与矩阵式十分相似。比如，上述矩阵式问题对应的表格式。

例 9.19　您对沈阳电信的下列服务看法如何？（请在对应表格内打"√"）

	很满意	满意	基本满意	不满意	很不满意
①装机移机服务					
②话费查询服务					
③电话障碍修复					
④公用电话服务					

表格式的问题除了具有矩阵式的特点外，还显得更为整齐、醒目。但应当注意的是，这两种形式虽然具有简单集中的优点，但同时也使人产生呆板、单调的感觉。因此，在一份问卷中这两种形式的问题不易用得太多。另外，这两种形式只能减少问题在问卷中的篇幅，并不能减少其数量，如例 9.18 中实际上就包含了四个问题。

在实际的调查活动中，我们要在独立进行问卷设计的时候多多摸索、熟悉掌握，甚至根据问题的需要创造更多好办法。

第四节　市场调研问卷的措辞与顺序

一、问卷的措辞

（一）问题要简洁明了

简洁明了的问题容易被不同文化背景、不同阶层的被调查者理解和接受，也可以避免因为理解错误而产生的回答偏差。主要注意以下几种情况：

（1）避免提一般性的问题。如果问题的本来目的是在求取某种特定资料，但由于问题过于一般化，被调查者所提供的答案资料无多大意义。一般性的问题对实际调查工作没有指导意义。例如，某酒店想了解旅客对该酒店房租与服务是否满意，那么像"您对本酒店是否感到满意？"这样的问题，显然有欠具体。由于所需资料牵涉房租与服务两个问题，所以应分别询问，以免混乱，应该为"您对本酒店的房租是否满意？"和"您对本酒店的服务是否满意？"

（2）避免使用冗长复杂的句子。句子越复杂，被调查者越容易出错。虽然这样做语言显得很优美，但是，被调查者理解起来很困难，增加了填写问卷的时间。因此，在语意表达清楚的前提下，句子要尽量简洁。

（二）措辞要确切、通俗

问题的措辞指的是将所需的问题内容和结构转化为被调查者能清楚、容易理解并接受的句子。如果措辞不当，就会导致被调查者拒绝接受访问或提供错误的信息。最终影响调查的结果。

（1）尽量避免使用专业化术语。大规模的调查中，调查对象的文化背景、教育水平、知识经验有很大差别，所以应该尽量减少使用专业术语。

例 9.20　您家本月的收入环比增加多少？同比增加多少？

环比和同比是统计分析中的专业术语，环比在此表示与上月相比较，同比表示与去年同期相比较。如果不作解释，显然答题者是无法作出选择的，即便给出答案也没有意义。

例 9.21　您是否认为使用计算机数字技术制作的广告更具有吸引力？

例 9.22　您觉得××购物广场的 DM（直接邮递广告，即常见的优惠赠券、样品目录和单张海报等）怎么样？

（2）避免用不确切的词。用词一定要保证所要提问的问题清楚明了，具有唯一的意义。不确切的词和含混不清的问句会使被调查者不知从何答起，如"普通""经常""一些"等，以及一些形容词，如"美丽"等。

（3）避免使用夸张的词汇。夸张的词语可能转移被调查者的关注点，不利于获得准确的调查结论。

例 9.23　您认为您会花多少钱购买一件能够防止身体受到辐射而导致癌症的防辐射衣服？

（4）避免使用含混不清的句子。

例 9.24　你最近是出门旅游，还是休息？

出门旅游也是休息的一种形式，它和休息并不存在选择关系。正确的问法是："你最近是出门旅游，还是在家休息？"

（三）避免否定形式提问

否定句句式有一种加强的语气，会影响被调查者的思维，不利于其对问题的正确理解，容易造成相反意愿的回答或选择。由于受到习惯思维的影响，人们往往不习惯否定形式的提问。比如，"您是否不赞成商店实行'打折'促销活动？"就是依据否定问句，受习惯思维的影响，人们往往倾向于选择答案"是"，即"不赞成"。实际上，相当一部分可能并非出自本意。

（四）避免引导性提问

合格问卷中的每个问题都应该是中立的、客观的，不应该带有诱导性和倾向性，应该让被调查者自己去选择答案。如果在问句中包含了调查者的观念或看法，暗示了被调查者，会使被调查者产生顺从心理，导致调查结果产生系统性偏差。

例 9.25　你对"洋快餐"对我们民族快餐业的冲击有何看法？

这个问句中的用词和语气都显示了某种倾向性和暗示性，不利于真实回答。可改成"现在很多地方引进了国外快餐，你对此有何看法？"

（五）避免提断定性的问题

有些问题是先判定被调查者已有某种态度或行为，基于此进行提问。例如，"你一天抽多少支烟？"这种问题即为断定性问题。被调查者如果根本不抽烟，就会导致无法回答。正确的处理办法是此问题可加一条"过滤"性问题。即"你抽烟吗？"如果回答者回答"是"，可继续提问，否则就可终止提问。

（六）一项提问只包含一项内容

一个问句最好只问一个要点，一个问句中如果包含过多询问内容，会使被调查者无从回答，也给统计处理带来困难。

例 9.26　您是否觉得这款西服既时髦又舒适？

（七）避免隐含的假设和选择

隐含的假定是指没有表述清楚假定的背景。

例 9.27　赞成在我国采取高收入政策吗？

这样的询问隐含了'工资和物价同步增长"的意思，会导致过高的"赞成"比例。应改成"如果工资和物价同步增长，您赞成在我国采取高收入政策吗？"

隐含的选择是指没有明显表述清楚的可能选择。

例9.28 在市区内购物时，您愿意乘坐出租车吗？

这样的询问隐含"乘坐公交车或开私家车"的情况，最好改成"在市内购物时您是愿意乘坐出租车还是愿意开私家车，或者乘坐公共汽车？"

（八）避免直接提出敏感性问题

有些关于个人隐私方面的问题，如关于年龄、财产、收入、婚姻状况等问题，一些被调查者不愿意回答或不愿意真实回答，因此在问题用词时要注意隐蔽性。直接询问一些敏感性问题总会使被调查者产生反感而拒答。还有些被调查者可能不愿示弱或怕被看不起而说谎。这类问题直接提问往往会遭到拒绝，因此应改为采用非直接、联想式提问。

（九）避免推算、估计、需要考虑时间性的问题

在调查活动中，通过一张问卷了解被调查者的消费动机、情感和行为，是一件很复杂的工作。在这样一张问卷中，应该保证被调查者充分理解我们的问题，这也就要求问题应该是具体的，应该能够让被调查者根据实际情况很快地说出自己的答案。那么，那些需要被调查者去推算和估计的提问方式或者需要考虑时间性的问题就是我们的大忌，因为这样困难的问题会使被调查者捏造答案，提供虚假信息。

例9.29 您去年家庭的生活费支出是多少？用于食品、衣服的分别为多少？

这样的问题，除非被调查者连续记账，否则很难回答出来。可以改为"您家上月生活费支出是多少？"显然，这样缩小时间范围可使问题回忆起来较容易，答案也比较准确。

（十）拟订问句要有明确的界限

对于年龄、家庭人口、经济收入等调查项目，通常会产生歧义的理解，如年龄有虚岁、实岁，家庭人口有常住人口和生活费开支在一起的人口，收入是仅指工资，还是包括奖金、补贴、其他收入、实物发放折款收入在内。如果调查者对此没有很明确的界定，调查结果也很难达到预期要求。

二、问卷的顺序

1. 问题的安排应该符合逻辑性

设计问卷时，问题的安排应符合逻辑性。可以按照时间先后、由里到外、由上至下等顺序依次排序，符合人们的思维习惯。否则，会影响被调查者回答问题的兴趣，不利于作答。

2. 问题的安排应先易后难

在安排问题时，把简单的、容易回答的问题放在前面，而复杂的、较难回答的放在后面，以使被调查者感到轻松，有信心继续回答。否则，可能会影响他们回答的情绪和积极性。

3. 问题的安排先普通后敏感

如果把敏感性问题放在前面，被调查者一开始遇到敏感性问题，会引起被调查者的反感，产生防卫心理，致使他们不愿意回答或直接拒绝作答，从而影响整个调查。

4. 问题的安排先封闭后开放

被调查者在回答开放式问题时需要一定的思考和时间。因此，一份问卷中的开放式问题不宜过多，一般不超过三个，而且开放式问题一般放在后面。否则，会影响被调查者填

写问卷的积极性，从而影响整个问卷的回答质量。

第五节 市场调研问卷的评价

一份好的调查问卷是什么样的呢？有没有一定的评价标准呢？一般来讲，好的调查问卷必须考虑这样几个问题：首先，它是否能提供必要的管理决策信息？是否考虑到了应答者的情况？是否能够比较方便地进行编辑、编码、处理数据？

一、问卷能否提供决策的信息

问卷的主要作用就是提供管理决策所需的信息，任何不能提供管理或决策重要信息的问卷都是没有价值的，都应该被放弃或修改。如果管理者对问卷不满意，那么，问卷设计者就应该继续修改问卷。

二、考虑到应答者

一份问卷应该简洁、有趣、具有逻辑性并且方式明确。尽管一份问卷可能是在办公室或会议室里制作出来的，但它要在各种情景和环境条件下实施；因忙于家务或其他事先有所安排的受访者会终结毫无意义的访谈；有些访谈是在受访者渴望回到电视机前进行的；另外一些访问是和一个忙于购物的购买者进行的；还有一些访问是在受访者的孩子缠住他们的时候进行的，仅时间的漫长就将使访问变得枯燥无味。

设计问卷的研究者不仅要考虑主题和受访者的类型，还要考虑访问的环境和问卷的长度。近期的一项研究发现，当受访者对调查题目不感兴趣或不重视时，问卷长度就不重要了。换问话说，无论问卷是长是短，人们都不会参与问答。同时，研究发现当消费者对题目感兴趣或当他们感到问题回答不会太困难时，他们会回答一些较长的问卷。

三、使问卷适合应答者

一份问卷应该针对预期应答者明确地设计，尽管父母是典型的冷冻谷类食品的购买者，但儿童经常直接或间接地影响对品牌的选择。这样，对儿童进行品尝测试的问卷应当用儿童的语言表述。而对成人购买的问卷应当使用成人的语言设计。

总之，问卷设计最重要的任务之一是使问题适合潜在的应答者。问卷设计者必须避免使用营销专业术语和可能被应答者误解的术语。实际上，只要没有侮辱或贬低之意，运用简单的日常用语是最好的方式。

四、调查问卷服务于许多管理者

简言之，一份调查问卷必须具有以下功能：第一，它必须完成所有的调研目标，以满足管理者的信息需要；第二，它必须以可以理解的语言和适当的智力水平与应答者沟通，并获得应答者的合作；第三，对访问员来讲，它必须易于管理，方便地记录下应答者的回答；第四，它还必须有利于方便快捷地编辑和检查完成的问卷，并容易进行编码和数据输入；第五，问卷必须可转换为能回答管理者起初问题的有效信息。

✎ 本章小结

在一手资料的调查中，大多数情况下都要使用问卷来搜集所需的资料。问卷（questionnaire）是调查者根据调查目的和要求，按照一定的理论假设设计出来的，由一系列问题、被选答案、说明以及代码表所组成的书面文件，是向被调查者收集资料的一种工具。调查问卷形式有很多，根据不同的分类，可将调查问卷分成不同的类型。

一份完整的调查问卷通常包括标题、说明信、主体内容、编码、被调查者情况、结束语和作业证明记载。其中调查内容是问卷的核心部分，调查内容主要包括各类问句、问句的回答方式，这是调查问卷的主体，是每一份问卷都必不可少的内容，而其他部分则根据设计者需要可取可舍。

问题是问卷的核心，一个好的问卷必须合理、科学和艺术地提出每一个问题，罗列每一个备选答案。调查问题可分为开放式问题和封闭式问题两种类型。开放式问题，也称自由式问题，是指在设计问题的时候，只提出问题，不限定答案，由被调查者自由回答。封闭式问题是指设计调查问题的时候，给出可供选择的答案，要求被调查者从中作出选择。开放式问题设计方法主要有以下几种：自由回答法；词语联想法；回忆法；问句完成法；故事构建法；卡通测试法；主题视觉测试法。封闭式问题的设计方法主要有：二项选择法；多项选择法；一对一比较法；顺位法；矩阵式；表格式等。

问卷的措辞应反复推敲。问题的安排应做到：符合逻辑性；应先易后难；先普通后敏感；先封闭后开放。

对市场调研问卷进行评价应考虑到以下方面：问卷能否提供决策的信息；问卷是否适合应答者；问卷能否服务于多方面的管理者。

💡 本章习题

一、名词解释

1. 问卷
2. 开放式问题
3. 封闭式问题
4. 主题视觉测试法
5. 词语联想法

二、思考题

1. 市场调研问卷由哪些部分构成？
2. 开放式问题的设计方法有哪些？
3. 封闭式问题的设计有哪些方法？
4. 问卷的措辞应注意哪些问题？
5. 问卷的顺序应注意哪些问题？

第十章

纺织品服装市场调研的数据基本分析

引　言

在纺织品服装市场上，通过问卷获取数据以后，就要对调研数据进行统计分析，调研人员常用的统计方法有描述分析、推断分析、差异分析、相关分析和预测分析。诸如均值、众数、中位数、极差、标准差等是描述性分析中常用的指标，本章从基本分析的角度进行阐述。推断分析包括置信区间、假设检验，而差异分析是在推断分析的基础上进行更深层次的分析，包括群体间显著性差异的 t 检验和方差分析等，将在第十一章进行介绍。相关分析和预测分析在后述章节中进行深入分析。

本章将介绍问卷数据资料的审核、编码与录入等数据处理的过程以及数据基础描述性分析的方法。首先，介绍问卷数据的审查与整理编辑；其次，介绍数据编码（事前编码与事后编码）的内容及原则，以及编码后运用统计软件进行数据的录入；再次，介绍数据整理后的频数分布，以及衡量频数分布的集中趋势、离散程度和分布形态的统计量；最后，介绍交叉分析和与其相关的双变量和多变量的交叉列表分析。

学习目标

了解问卷的审查与整理，掌握问卷资料的编码与录入，能够熟练运用描述数据集中程度和离散程度的指标，理解问卷的交叉列表分析。

第一节 问卷的审查与整理

通过市场调查实施阶段所获得问卷资料还只是粗糙的、表面的和零碎的东西，需要经过审核和整理加工，第一步就是先审查问卷是否合格并对问卷进行必要的整理、编辑，才能进行数据的编码和录入，从而有助于进行分析研究并得出科学的结论。因此，调查资料的审核与整理工作是调研过程中的一个必不可少的环节。

一、市场问卷的审查

问卷的审核是对调查问卷获取的各种资料进行审查和核实，对问卷资料进行筛选，即发现并"挤出"收集起来的调查问卷中的"水分"。问卷的审核对获取有效的有价值的信息具有重要意义。

（一）问卷审核的主要内容

收集问卷后，审查的主要内容有以下几个：

1. 问卷完整性审核

审核市场调查问卷的完整性就是检查应报送的单位有无遗漏，报送的材料是否齐全。如果有遗漏，应及时查明原因加以补报。只有掌握被调查现象全面的而不是残缺不全或被歪曲的资料，才能对现象进行科学的预测。不完整的问卷常见的有几种情况：①大部分的问题无回答；②个别问题无回答；③相当多的问卷对同一问题无回答。

2. 问卷准确性审核

对市场调查资料的审核要看它的准确性。第一种是明显的错误答案的审核，指那些前后不一致的答案或其他答非所问的答案；第二种是无兴趣答卷的审核，有些被调查者明显是对所提问题缺乏兴趣。此时，审核的方法有逻辑审核和计算检查。

3. 问卷及时性审核

及时性审核就是要检查各种调查资料，是否按规定及时提供。如果迟报，应对迟报的原因进行分析，并提出改进意见，以求做到各单位按时或提前上报，提高市场调查资料的质量。

4. 问卷协调性审核

对市场问卷资料进行协调性审核就是要检查各种调查资料或各部分资料之间，是否连贯，是否一致，是否对立、是否有明显差异，如果有此类问题，则要弄清楚是什么实际情况以及是什么原因引起的，提高市场调查资料的质量。

（二）问卷资料审核的方法

（1）逻辑审核，就是检查问卷内容是否合理，各个项目之间有无相互矛盾的地方。例如，"大学生年龄 20 岁而工龄已经 5 年"就属于明显的逻辑错误，要弄清楚情况，核准后予以纠正。

（2）计算审核，就是检查问卷中各项数据在计算方法和计算结果上是否有误，数据的计量单位有无与规定不符的地方等。例如，表格内数据一般要小于或等于合计栏数据，若出现错误，应重新计算。

（3）抽样审核，就是从全部问卷中抽取一部分问卷进行质量检验，用以推断全部问卷资料的准确程度，并修正调查结果的方法。

二、市场问卷的整理

问卷的整理是运用科学的方法，对问卷中存在的错误进行必要的修正，为了提供问卷的准确性和精确性而进行的再检查，目的是确保编辑后的问卷便于后面的编码、录入和分析。通常采用以下方法进行问卷的整理与编辑：

（一）给出估计值

当发现问卷的答案不完整或不正确时，可以想办法根据已有的信息，利用插补法给出一个合理的估计值。插补法具体的有30多种方法，但主要的还是推理插补法、均值插补法、邻近插补法、回归插补法、多重插补法和加权调整法。例如，当问卷显示受访者曾经购买某一服装品牌，但回答知道或听说过哪些品牌时却没有在该品牌上画"√"，这时可以假设该受访者应该知道或听说过该品牌，如例10.1，利用的都是推理插补法。

例10.1　推理插补法

某问卷中有这样两个问题：

问题5：逛街购物对我来说是一种享受。

□十分赞成　□赞成　□不赞成也不反对　□不赞成　□十分不赞成

问题15：逛街是我生活中一件愉快的事。

□十分赞成　□赞成　□不赞成也不反对　□不赞成　□十分不赞成

这两个问题虽然语义上有些差别，但是对两个问题的态度应该是一致的，可能程度不同而已。如果出现某个受访者在问题5上选择了赞成，而在问题15上没有作出选择，出现了答案的不完整，其原因可能是疏忽遗漏了该问题。通过分析，第5题的程度略大于第15题，若第5题回答的是"赞成"，那么可以假设第15题也是"赞成"。

均值插补法是最常用的一种插补法，它计算调查所得数据的均值，然后用均值去代替所有的缺失值。均值插补法比较简单，但是它不能真实反映数据的分布，分布上容易形成尖峰，从而导致低估方差。此时，还可以使用局部均值插补法，将调查数据分成不同的部分，然后在每一部分分别使用均值差值法。

在没有更可靠的办法时，也可以采用中位数作为估计值，或与其他相关变量进行回归，根据模型求出估计值代替缺失数据。

（二）设为缺失值

在整理过程中，如果无法给出一个合理的估计值，可以考虑设为缺失，这种方法适合三种情况。第一，有不满意答案的问卷的数量很小；第二，每份有这种情况的问卷，不满意答案的比例很小；第三，有不满意答案的变量不是关键变量。

（三）放弃整份问卷

如果问卷中不合格或不完整的答案占较大比例或者关键变量数值缺失，但又无法退还给调查员工返工时，可以考虑放弃整份问卷。但是，需要事先确定判断标准，第一，每份不合格的问卷中，不满意答案的比例很大；第二，关键变量的答案是缺失的；第三，不合格的问卷（被访者）的比例很小（小于10%）；第四，样本量很大；第五，保证放弃的问卷和保留的问卷之间在关键特征方面无显著差异；并如实记录和报告不合格问卷的数量。

（四）返回现场调查

当原始不合格问卷的比例较高时（超过10%），或者原始样本量较小，需要将不合格问卷退还给调查员返工，同时加强对调查员的现场督导，确保重新访问的质量和成功率。在商业性的市场调查中，有时样本量是比较小的，而且被访者是比较容易识别的。不过，由于访问时间和所采取方法的不同，第二次得到的数据可能和第一次的会有些差别。

问卷的审核整理，其主要任务是更完整、确切地审查和校正回收上来的全部问卷资料。这一工作要求由那些对调研目的和过程有深入了解，且具有敏锐的观察力的人员来进行整理。为保证问卷资料的一致性，最好由一个人来处理所有材料，即使需要分工合作，也必须是每个工作人员分配若干份问卷，对每一份问卷从头审到尾，而不是分段把关、流水作业。

第二节 问卷的编码与录入

一、问卷的编码

问卷数据编码是根据问卷中所含信息及预先设计好的编码规则，将每一个观察变量赋予相应的数值或符号的全过程。编码的过程主要包括编码的原则、编码方式的选择。下面通过一份调查问卷（例10.2）的部分信息介绍问卷的编码，大部分题目选用了事前编码法，少数个题项选用了事后编码法。

例10.2 问卷的编码

服装品牌 ZARA 问卷调查

您好，我们是中原工学院经济管理学院的学生，我们利用课余时间进行实习，需要打扰您几分钟，回答几个关于 ZARA 品牌服装的购买问题。请将您的真实情况和看法告诉我们，对于您的合作，非常感谢。

请在您要选择的项目后面的"□"内打上"√"。

A：对 ZARA 品牌的认知和看法

1. 您是否知道 ZARA 这个品牌？

□知道 □不知道

2. 您是否购买过 ZARA 品牌？

□有 □没有

3. 您选择 ZARA 品牌是因为：

□价格　　□设计　　□品牌　　□质量　　　□其他

4. 您认为 ZARA 品牌服饰的价格如何？

□便宜　　□适中　　□有些贵　　□很贵

5. 您认为 ZARA 的衣服质量如何？

□很好　　□一般　　□比较差　　□无所谓

6. 您认为 ZARA 的款式、设计如何？

□极具时尚感　　□大众化　　□形象不突出　　□保守低调

7. 您对专卖店的店面环境、摆设、视觉印象：

□很满意　　□满意　　□一般　　□不满意

8. 您对 ZARA 模仿国际大牌设计的看法？

（一）问卷编码的形式与内容

一般地，按照问卷问题性质可以将编码分为封闭式问题的编码和开放式问题的编码；按照编码时间前后分为事前编码和事后编码。封闭式问题都是事前编码，而开放式问题宜采用事后编码。

1. 事前编码

本节从事前编码和事后编码两个方面分别对封闭式问题和开放式问题的编码进行研究。由于单项选择题与多项选择题编码方式有所不同，单项选择题编码比较简单，这里主要介绍单项选择题的编码方式。常用的事前编码方法有以下两种：

（1）顺序编码法。

顺序编码，即用某个标准对问卷信息进行分类，并按照一定的顺序用连续的数字或字母进行编码的方法。也是最常用的编码方法。例如上述案例中，调查品牌的认知和看法，将它进行编码。

例 10.3　顺序编码法

Q1. 您是否知道 ZARA 这个品牌？

1 = 知道

2 = 不知道

Q2. 您是否购买过 ZARA 品牌？

1 = 有

2 = 没有

Q3. 您选择 ZARA 品牌是因为：

1 = 价格

2 = 设计

3 = 品牌

4 = 质量

5 = 其他

Q4. 您认为 ZARA 品牌服饰的价格如何？

1 = 便宜

2 = 适中

3 = 有些贵

4 = 很贵

（2）分组编码法。

分组编码法，是根据调查对象的特点和信息资料分类及其处理的要求，把具有一定位数的代码单元分为若干组，每个组的数字均代表一定的意义。所有项目都有同样的数码个数。比如，对目前在校大学生进行一次关于国际品牌服装购买意向的调查，相关信息包括性别、类别、月消费、品牌意向四项。用分组编码法进行如下编码：

例 10.4 分组编码法

性别	类别	月消费	品牌意向
1 = 男	1 = 本科生	1 = 小于 500 元	1 = MANGO
2 = 女	2 = 硕士生	2 = 501 ~ 800 元	2 = H&M
	3 = 博士生	3 = 801 ~ 1200 元	3 = TOPSHOP
		4 = 1201 ~ 2000 元	4 = C&A
		5 = 2001 元以上	5 = UNIQLO
			6 = 其他

若编码为 2241 就表示为一名女士硕士研究生，每月消费在 1202 ~ 2000 元之间，并且有购买 MANGO 品牌的意向。分组编码容易理解记忆，但是如果数位过多，会造成数据处理和系统维护的困难。在 SPSS 软件中，问卷编码一般采取一个问题对应一个变量，单个进行编码。

事先编码与事后编码相比较有以下优势：①事先编码只需要调查人员在相应的答案上记录即可，无须进行文字记录。一方面，方便了调查人员的记录，节省了时间；另一方面，减少了受访者的回答时间，从而在一定程度上降低了拒访率。②事先编码在一定程度上提高了信息的使用价值。一方面，进行事先编码选择的答案比较标准化，有利于后期研究工作的进行；另一方面，受访者通常给出的答案准确度较高。

2. 事后编码

事后编码是指在调查以前没有编码，调查时进行一定的文字记录，在调查以后根据调查结果进行编码。通常开放式问答题和封闭式问答题的"其他"选项适用于事后编码，如对购买者有关动机、喜好和厌恶方面的问题，很难准确地预测被访问者的回答。

开放式问题的编码比较复杂，其编码方案的设计通常有两种思路：理论指导下的演绎性编码和基于样本分布的归纳性编码。

演绎性编码是根据现有的理论或以往的研究设定编码方案，然后对开放性问题的答案进行归类。例如，根据有关消费者购买行为为理论和经验，可以将消费者购买某一服装品牌时的主要因素分为质量、价格、服务、品牌形象、销售渠道五大类，然后对有关购买因素的具体答案进行归类和编码。

归纳性编码有相似之处，也有不同之处。它是根据问卷中的开放性问题答案的样本分布情况进行适当的分类，确定编码方案。例如，对于开放性问题"你为什么会选购 ZARA 服装？"研究者翻阅所有受访者的答复后，将原因列出，然后进行归类，并制定编码表（表 10-1 和表 10-2）。

表 10-1　开放式问题答案

问题：您为什么会选择购买 ZARA 品牌？列出如下答案（设只有 14 个样本）		
1. 质量好	6. 身边的人都买这个牌子	11. 耐穿
2. 价格便宜	7. 款式时尚	12. 偶然随机购买
3. 品牌不错	8. 和国际品牌同步	13. 没有什么特别的原因
4. 经常在广告中看到	9. 种类齐全	14. 我没想过
5. 有促销活动	10. 互联网更新快	

表 10-2　对表 10-1 中开放问题的合并分类与编码

回答类别的描述	表 10-1 中的回答	分类的数字编码
质量好	1, 11	1
品牌形象好	3, 4, 6, 8	2
价格便宜	2, 5,	3
销售渠道广	10	4
款式	7, 9	5
不知道	12, 13, 14	6

以上，只是一个简化的例子，实际上，开放性问题的答案可能五花八门，整理归纳起来要复杂得多，不过，这项工作可以遵循下列步骤进行：

（1）列出答案，也就是将所有答案都一一列出。在大型调研中，这项工作可以作为编辑过程的一部分或单独的一个部分完成。

（2）合并答案。将所有有意义的答案列成频数分布表。首先，确定可以接受的分组数，此时主要是从调研的目的出发，考虑分组的标准是否能紧密结合调研目的和问卷答案；其次，根据拟定频数分布表中整理出来的分组数，对表中整理出来的答案进行挑选合并。在符合调研目的的前提下，保留频数多的答案，然后把频数较少的答案尽可能归并成含义相近的几组。对那些含义相去甚远，或者虽然含义相近但合起来频数仍不够的答案，最后一并以"其他"来概括，作为一组。

（3）为所确定的分组选择正式的描述词汇。

· 145 ·

（4）根据分组结果制定编码规则。

（5）对全部回收问卷的该开放式问题答案进行编码。

（二）问卷编码的基本原则

进行编码时，必须遵循以下原则：

1. 统一编码表

无论是开放题还是半开放，几道问题选项或答案内容相同、相近、类似的情况下，将这几道题目采用统一的编码表。这样有助于控制编码，同时也给后期的数据处理、分析带来很多方便。另外，对于确定的编码表，在正式开展调查前应在小范围内对编码表进行测试，一边对编码表进行修正，并使编码人员充分理解编码表。

2. 编码的唯一性和排斥性

即不重叠、不遗漏。①不重叠，即每个答案对应的编码应当是唯一的，不能有重叠的情况，例如，将没有服装购买频次的编码设为：1 = 少于 1 次，2 = 1 ~ 4 次，3 = 每周 1 次或更多，则编码 2 和 3 之间有部分重叠。②不遗漏，即编码方案应该涵盖所有可能的情况，不应当有任何遗漏。无法列出所有可能的情况时，可以设"其他"，但该组在样本中的比例不应超过 10%。

3. 编码详略得当

在归纳确认最终编码表的时候，应当根据研究的需要确定编码的详细程度。过细将不便于汇总和分析，过粗又导致大量信息丢失，无法满足分析的需要。在没有把握的情况下，宜细不宜粗，因为如果分组偏细，可以进行合并；如果分组过粗，不能满足分析的需要。

4. 编码的合理性

编码应充分反映调查项目之间内在的逻辑关系，如对地区的编码，在对本省地市的编码值上应该接近，以反映本省地理位置接近这一客观事实，并且在处理和汇总时容易设定条件。在使用数字进行编码时要遵循：能用自然数，绝不用小数；能用正数决不用负数；能用绝对值小的正数绝不用绝对值大的正数。

5. 编码的一致性

每个编码的含义对所有的问卷都是一致的，例如，不能在一部分问卷中用 1 代表男性，而在另一部分问卷中，用 1 代表女性。

二、问卷的录入

在进行数据编码以后，接下来是进行数据的录入工作。问卷的录入是将编码数据通过键盘或其他设备录入计算机内，形成电子数据集。在大型的市场调研项目中，由于数据的录入工作量很大，而且相当烦琐，所以除了要求录入人员具有良好的基本素质和敬业精神以外，通常录入人员还需要借助专业的数据录入软件进行数据的辅助录入工作。

（一）录入方式的选择

在问卷的录入方式上，可以采用一些特定的输入软件，也可采用通用的数据库软件或专业的统计软件，通常运用最多的是 SPSS 软件，来进行数据的录入与分析处理，下面介绍几种常用的数据录入软件以及相关的数据转换工作。

1. 用 Excel 或 FOXPROD 等常见的数据库软件进行录入

这些软件比较适用于变量不多，但有较多字符型变量，样本不大或样本虽大但呈现某种规律性的情况。用上述两种软件录入数据完毕以后，为了后期分析和统计的需要，通常需要将这两种文件转化为 SPSS 文件，数据的转换放在后面进行介绍。由于 Excel 和 FOX-PRO 软件在国内比较普及，具体用法这里不再赘述。

2. 直接用 SPSS 软件进行录入

SPSS 软件适用于变量不多，样本较少且基本上以数值型变量为主的情况。由于该软件具有强大的数理统计功能，因此相对于其他输入软件，采用 SPSS 进行直接录入后不需要再进行数据格式的转换。

作为专业的统计软件，SPSS 具有操作简便、应用广泛、分析与计算功能强大与丰富的图表表达功能。目前在国内拥有很高的普及率，由于 SPSS 软件内容非常多，不再一一赘述，这里直接利用 SPSS 软件研究问卷的录入步骤。

（1）建立 SPSS 数据文件。

将调查获取的数据录入 SPSS 数据文件中，第一步要建立 SPSS 数据文件。操作很简单，打开 SPSS 软件，输入问卷数据，然后点击图中"文件（F）"菜单，就可以得到如图 10-1 所示的画面。点击"保存"或"另存为（A）"就会出现一个对话框，让使用者为文件命名。在文件命名完成并保存以后，这个 SPSS 数据文件就建立完成，并随时可以调用了。

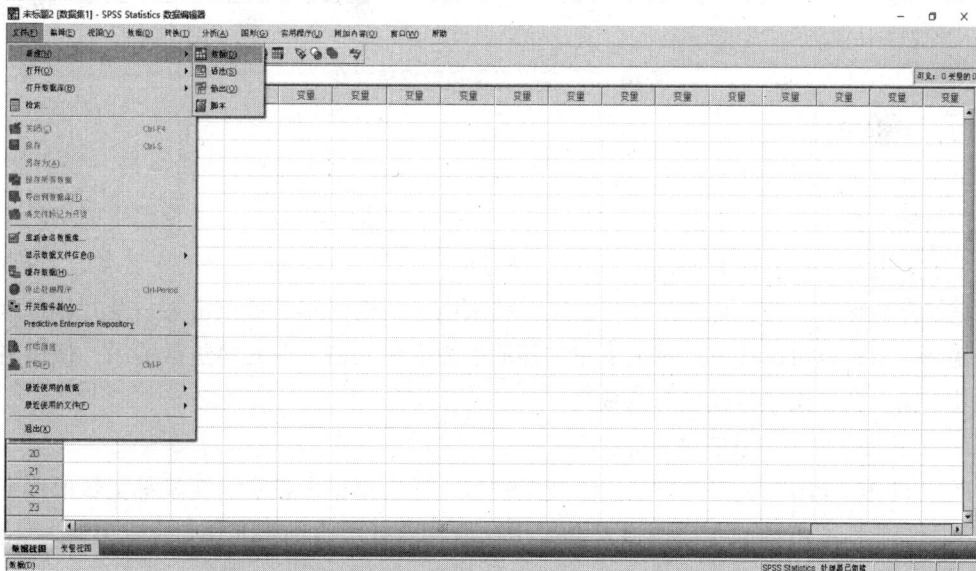

图 10-1　建立 SPSS 数据文件

（2）定义变量和数据格式化。

在正式录入数据之前，一般需要先逐个定义变量和将数据格式化。具体操作方法如下：

首先，激活数据编辑窗口，也即是打开第一步所建立的 SPSS 文件。然后，在画面的下部点击"变量视图"钮，出现如图 10－2 所示的画面。其中，在二维表格的上边是 10 个键，用于定义变量和数据的格式化。它们分别是名称（定义变量名称）、类型（定义变量类别）、宽度（定义变量宽度）、小数（定义变量值的小数位数）、标签（定义变量标签）、值（定义变量的重要性）、缺失（定义缺失值）、列（定义数据排列方式）、对齐（定义对齐格式）和度量标注（定义量表种类）。最后，根据需要为变量命名、标签和对数据格式化。

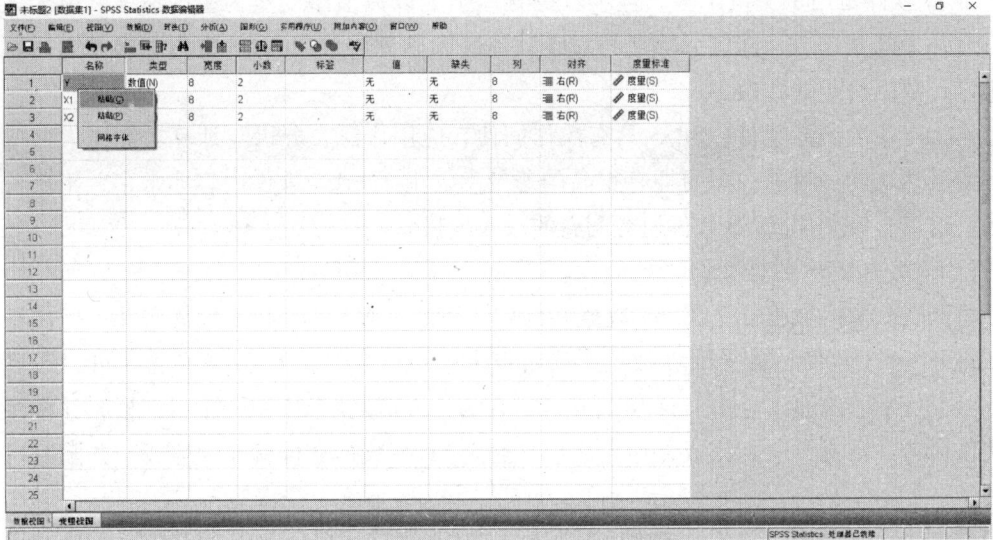

图 10－2 定义变量和数据格式化

（3）数据录入。

定义好变量并格式化数据之后，即可向数据编辑窗口键入原始数据。

用鼠标点击图 10－2 中的"数据视图"键，回到数据编辑窗口。数据编辑窗口的主要部分是一个电子表格，横方向以 1、2、3、…、m 个变量（或事前定义的变量名）。行列交叉处是保存数据的空格，称为单元格。鼠标移入电子表格内用右键点击某一单元格，该单元格就被激活；也可以按方向键上下左右移动来激活单元格。单元格被激活后，使用者即可向其中输入新数据或修改已有的数据。

3. 利用特定的统计软件进行录入

PCEDIT 和 EPIDATA 等软件适用于变量较多、样本量很大且全部变量都是数值型变量的情况。专业性的市场调查公司通常会采用这两种软件。目前 PCEDIT 的应用较为广泛，它是由联合国开发的非商业性软件，为人口统计学应用而设计。通常采用的是 DOS 下的 PCEDIT 版本。其功能除录入外，还有统计频数、交叉列表等功能。由于篇幅有限，且主要研究纺织品服装市场，这里就不再详细介绍。

（二）问卷数据的转换

本书中，我们重点介绍 SPSS 在市场调研和分析中的应用，如果问卷的工作人员采用其他的方式录入数据，就必然涉及数据的格式转换问题，即如何将其他格式的文件转换为 SPSS 数据格式。

当采用的录入软件有所不同时，需要转化的步骤可能有所差异，但主要采取两种方式：

（1）对以 Excel，FOXPROD，ACCESS 等软件形式录入的文件，可以打开 SPSS 软件，在"文件"菜单中选择"Open"选项，然后在随后弹出的对话框中选择需要打开的文件形式，并在 SPSS 的提示下进行相应的操作（图 10－3）。

（2）对以 ASCⅡ文件形式保存的文件，则需要先打开 SPSS 软件，在"文件"菜单中选择"Read ASCⅡ Data"，找到文件存放的路径，然后按照 SPSS 的提示进行相应的操作。

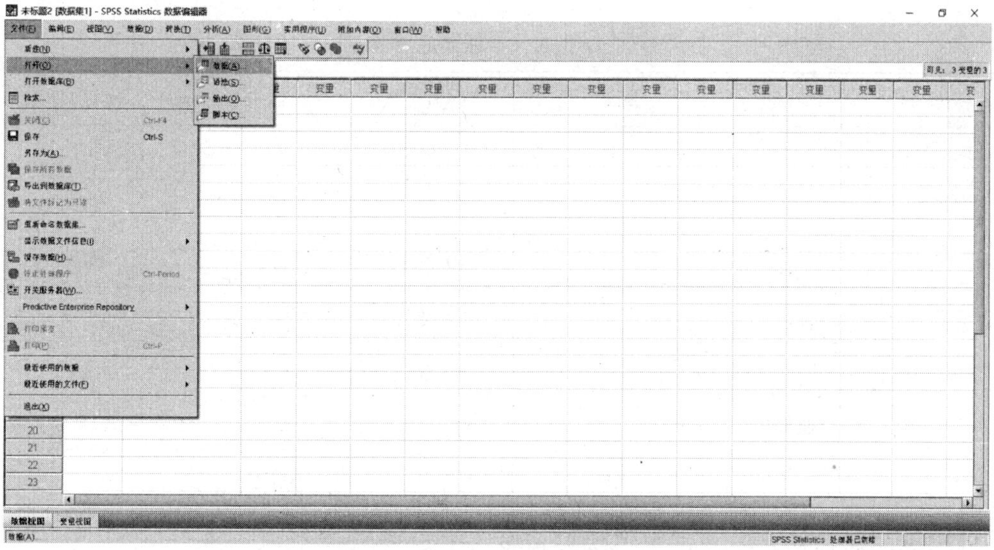

图 10－3　对 Excel 文件数据的录入

第三节　数据的描述分析

问卷数据经过收集，准备好以后，通常首先进行描述性统计分析，描述性统计分析是市场调查资料分析中最常用的分析方法，主要用于描述和评价调研现象的数量特征和规律，如规模、水平、结构、集中趋势、离散程度、分布形态等。其中频数分布是描述性统计的基础，本节主要介绍衡量频数分布的集中趋势、离散程度和分布形态的相关统计量，以及 SPSS 软件的实际应用。

一、频数分布基础

频数分布考察的是单个变量的取值范围和分布情况，将某一变量的取值与其对应的样本的频数、频率和累计频率按顺序列表，就构成了频数分布的变量数列。在营销研究中，通常用频数对有关变量进行描述，例如，"某一品牌购买者中忠实用户所占的比例有多少？"，"对某一品牌不满意的顾客在全体顾客中的比例是多少？"等。

从理论上分析，频数分布的基础是数据的分组，指根据研究的目的和要求，按某个标志（或若干个标志）将总体划分为若干个不同性质的组，品质分组和数量分组都可以对其变量进行编码，特殊地，对与数量分组有单项式的和组距式之分。这直接影响着集中程度指标和离散程度指标的计算。由于基础理论大多教材都有介绍，这里不再一一赘述。

为了更直观地叙述描述性分析，我们选用案例的数据进行说明，用 Excel 进行的频数分析（表 10 - 3）。

表 10 - 3　河南地区大学生对××服装品牌满意程度的频数分布

满意程度	变量值	频数	百分比	有效百分比	立即百分比
非常不满意	1	7	3.5	3.6	3.6
比较不满意	2	36	18.0	18.8	22.4
一般	3	81	40.5	42.2	64.6
比较满意	4	59	29.5	30.7	95.3
非常满意	5	9	4.5	4.7	100.0
	缺失值	8	4.0		
	合计	200	100.0	100.0	

从满意度的频数分布可以看出：有相当学生（40.5%）对该服装品牌满意度一般；非常不满意和非常满意的学生数很少，还有少数学生没有作出评价；总的来说，对整体的满意度不是很高，认为比较满意和非常满意的只有 35.4%。此外，变量的分数分布还可以通过图形显示出来，这里可以简单地使用条形图进行分析（图 10 - 4），其他图形的描述放在最后一章（市场分析报告）再进行介绍。这样可以对分布的形状有一个更直观

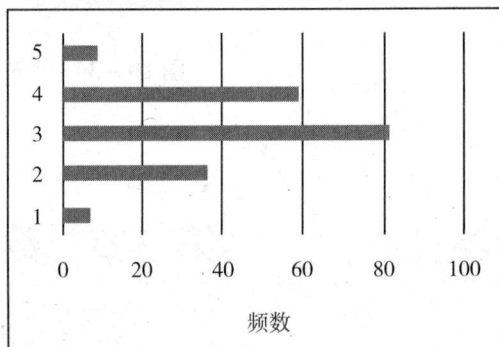

图 10 - 4　样本满意度的频数分布条形图

的了解，并判断所有观察到的分布与假设的分布形状是否一致。

通过考察有关变量的频数分布有助于了解变量分布的基本特征、项目缺失和无效值情况，为评估数据质量和在进一步的分析中选择合适的统计方法提供依据。虽然频数分布可以直观地描述变量取值的分布情况，但信息往往过于详细，因此，需要用描述性统计指标进行概括。与频数分析有关的最常用的统计量包括集中趋势指标（数值型平均数、位置型平均数）、离散程度指标（极差、平均差、标准差、变异系数）和分布形状指标（偏度与峰

度）。

二、集中程度指标

集中趋势指标反映数据向某一中心靠拢或者集中的程度，主要包括两大类：一类是数值平均数。这类平均数需要全体数据参与计算，常见的数值平均数包括算术平均数、几何平均数以及调和平均数等；第二类是位置平均数。这类平均数不需要全部数据参与计算，只需要特定位置的数据参与计算便可得到，常见的位置平均数包括众数、中位数、分位数等。

集中趋势指标的作用主要在于其反映了数据分布的一般水平和集中趋势。如果数据存在某种向某个中心点集聚或者靠拢的趋势，通过计算其"集中趋势"指标便可将这些中心点描述出来。对于时间序列数据，集中趋势指标反映序列一般水平。例如，某市若干年 GDP 时间序列，其平均数说明该市这些年 GDP 的一般水平。

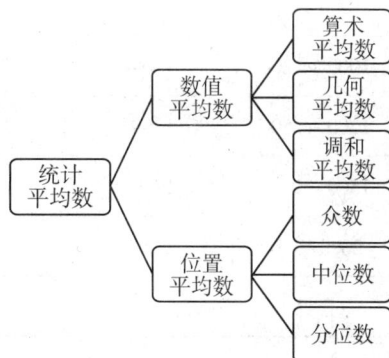

图 10-5 集中趋势指标分类

（一）算术平均数

算术平均数是指一组数据相加后除以数据的个数得到的结果。其基本形式见式

$$平均指标 = \frac{总体标志总量}{总体单位总量}$$

根据掌握资料的不同算术平均数可分为简单算术平均数与加权算术平均数，一般用大写字母 A 表示平均数。

1. 简单算术平均数

简单算术平均数，即将各单位的标志值简单加总起来，再除以变量值个数。一般适用于未分组的数据。如果全部数据为：$x_1, x_2, \cdots, x_n$，则其公式为：

$$\bar{x} = \frac{x_1 + x_2 + \cdots + x_n}{n} = \frac{\sum_{i=1}^{n} x_i}{n}, 简记为 \bar{x} = \frac{\sum x}{n}$$

2. 加权算术平均数

加权算术平均数适用于分组的数据，如果变量值为：$x_1, x_2, \cdots, x_n$，各组单位数或者权数 $f_1, f_2, \cdots, f_n$，则其公式为：

$$\bar{x} = \frac{x_1 f_1 + x_2 f_2 + \cdots + x_n f_n}{f_1 + f_2 + \cdots + f_n} = \frac{\sum_{i=1}^{n} x_i f_i}{\sum_{i=1}^{n} f_i}, 简记为 \bar{x} = \frac{\sum x f}{\sum f}$$

其实，对于算术平均数，有如下公式：

$$\bar{x} = \frac{\sum x f}{\sum f} = \sum \left(x \cdot \frac{f}{\sum f} \right)$$

其中，$\dfrac{f}{\sum f}$ 为各组单位数占全部单位数的比重，是一种结构指标，也称"频率"。

例 10.5　现抽查某学校 200 名学生的春季服装消费支出资料如表 10 - 4 所示，试计算这 200 名学生的春季服装平均消费支出。

表 10 - 4　某学校 200 名学生春季服装支出情况表

春季服装支出（元）		学生人数	支出金额（元）	人数比重（%）	金额（元）
分组	组中值(x)	f	xf	$f/\sum f$	
1000 以下	900	20	18000	10	90.0
1000 ~ 1200	1100	40	44000	20	220.0
1200 ~ 1500	1350	100	135000	50	675.0
1500 ~ 2000	1750	30	52500	15	262.5
2000 以上	2250	10	22500	5	112.5
合计	—	200	272000	100	1360.0

解：该学校 200 名学生的春季服装平均消费支出为：

解法一：$\bar{x} = \dfrac{\sum xf}{\sum f} = \dfrac{272000}{200} = 1360$（元／人）

解法二：$\bar{x} = \sum \left(x \cdot \dfrac{f}{\sum f} \right) = 1360$（元／人）

（二）调和平均数

调和平均数是标志值的倒数的算术平均数的倒数，也称倒数平均数。在一定条件下，可作为算术平均数的变形加以应用。调和平均数可分为两类：简单调和平均数与加权调和平均数。一般用符号 H 表示调和平均数，计算公式为：

$$简单调和平均数：H = \frac{n}{\dfrac{1}{x_1} + \dfrac{1}{x_2} + \cdots + \dfrac{1}{x_n}} = \frac{n}{\sum\limits_{i=1}^{n} \dfrac{1}{x_i}} = \frac{n}{\sum \dfrac{1}{x}}$$

$$加权调和平均数：H = \frac{m_1 + m_2 + \cdots + m_n}{\dfrac{m_1}{x_1} + \dfrac{m_2}{x_2} + \cdots + \dfrac{m_n}{x_n}} = \frac{\sum\limits_{i=1}^{n} m_i}{\sum\limits_{i=1}^{n} \dfrac{m_i}{x_i}} = \frac{\sum m}{\sum \dfrac{m}{x}}$$

在利用调和平均数进行计算时，分子指标取总体的单位总量，分母指标取总体标志值倒数的总量，这一点和算术平均数不同，但两者的实质是一样的，只是在不用已知条件下采取不同的形式进行计算。

计算平均指标时，是采用算术平均数，还是采用调和平均数。一般不可简单套用公式。要根据客观实际问题所反映的经济关系和所掌握的资料来选择平均数的计算形式。可见，求解平均数问题的关键是要熟练掌握客观现象的经济关系实质。

（三）几何平均数

几何平均数（通常记为 G）是指把各个标志值连乘起来，然后开 n 次方，其 n 次方根即为几何平均数，用于具有环比性质的现象计算平均数。根据获取资料不同也分为简单几何平均数和加权几何平均数。其计算公式为：

$$\text{简单几何平均数：} G = \sqrt[n]{x_1 \cdot x_2, \cdots, x_n} = \sqrt[n]{\prod x}$$

$$\text{加权几何平均数：} G = \sqrt[f_1+f_2+\cdots+f_n]{x_1^{f_1} \cdot x_2^{f_2}, \cdots, x_n^{f_n}} = \sqrt[\Sigma f]{\prod x^f}$$

几何平均数应用范围较窄，主要应用于计算平均发展速度、平均增长速度、平均合格率与平均收益率等。

A、G、H 三种平均数需要所有标志值参与计算，统称为数值平均数。它们都能度量数据的集中趋势或总体的一般水平，在经济管理领域应用广泛。数值平均数需要所有数据参与计算，因而容易受极端值影响。下面介绍另一类平均数—众数、中位数。这些平均数是根据数据中处于特殊位置上的个别单位或部分单位的标志值来确定。习惯把它们称为位置平均数 。

（四）众数

众数是一组数据中出现次数最多的那个标志值，或频率最高的标志值。众数也可以概括地反映全部数据的一般水平或集中趋势。例如，销售量最多的服装款式或色彩，也即通长所说的"流行款式"或"流行色"，就属于此意义的众数。

众数的计算方法可以分为两种：

1. 未分组变量数列或单项式分组数列求众数

未分组变量数列求众数比较简单，只要找出分布数列中出现次数最多的那个标志值即可。

例10.6 未分组变量数列或单项式分组数列

下列 10 个数：5、6、6、4、8、7、6、5、6、9

众数为：$M_o = 6$（频数为 4，最多）

对于单项式分组求众数也是一样，又如，表 10 - 3 中，针对服装品牌满意度调查中，根据观察可以发现，学生对某品牌满意度以变量值 3（一般）出现的频率最高，则众数为 3。需要注意的是，众数并非唯一。如果出现几个标志值的次数或者频率是最高的，则可能有多个众数，还有可能出现没有众数的情况。

2. 组距式分组数列

任何求众数的问题都可以通过观测原始数据，统计出现频率最高的那个标志值来确定。但现实中，在原始数据不方便查找或者对所求众数不需要太精确的情况下，可以利用分组数据来近似推算众数。

组距式分组数列求众数，需要满足两个假设条件：①假定众数一定出现在次数最多的组；②众数组内各单位分布基本均匀。

$$\text{下限公式：} M_o = L_{M_o} + \frac{f_{M_o} - f_{M_o-1}}{(f_{M_o} - f_{M_o-1}) + (f_{M_o} - f_{M_o+1})} \times d_{M_o}$$

上限公式：$M_o = U_{M_o} - \dfrac{f_{M_o} - f_{M_o+1}}{(f_{M_o} - f_{M_o-1}) + (f_{M_o} - f_{M_o+1})} \times d_{M_o}$

其中，M_o 为众数，L、U 分别为众数所在组的下限与上限，f_{M_o} 为众数组次数，f_{M_o-1} 为众数组前一组次数，f_{M_o+1} 为众数组后一组次数之差，d_{M_o} 为众数组组距。由公式可以看出，如果众数数组前一组频数比后一组高，则众数靠近下限，反之，应靠近上限。

（五）中位数

将一组数据按一定顺序排序以后，处于中间位置的那个数称为中位数。

中位数的求法和众数类似，也分为未分组数据或单项式分组数据与组距式分组数据求中位数。

1. 未分组数据或单项式分组数据计算中位数

对未分组数据计算中位数比较简单，先对数据从小到大或者从大到小进行排列，然后用下列公式确定中位数位置：

$$M_e = \begin{cases} x_{\left(\frac{n+1}{2}\right)} & n \text{ 为奇数} \\ \dfrac{1}{2}\left\{ x_{\left(\frac{n}{2}\right)} + x_{\left(\frac{n}{2}+1\right)} \right\} & n \text{ 为偶数} \end{cases}$$

例 10.7 下列 10 个数：5、6、6、4、8、7、6、5、6、9，从小到大排序：4、5、5、6、6、6、6、7、8、9。

则 $M_e = \dfrac{6+6}{2} = 6$

其中，n 为数据个数，当 n 为奇数时，中位数正好是位置处于中间的那个标志值；当 n 为偶数时，中位数为中间两个标志值的平均值。

对于单项式分组，求中位数可以利用累计频数观察中间位置对应的变量数值，即为中位数。例如，在表 10-3 中，针对大学生对某品牌满意度的调查，学生样本数为 200 人，则中位数是第 100 位与第 101 位同学的满意度的平均数，因为第三组累计频数为 124，第二组累计频数为 42，所以排序后第 100 位和第 101 位同学的满意度都为 3，观察可得中位数为 3。

2. 组距式分组数据求中位数

对于变量值分组数据，在对中位数要求精确度不高的情况下，可以用频数分布进行近似计算。首先要确定众数所在的组，然后通过公式计算众数的近似值，同众数一样，这里同样要满足一个前提条件：中位数所在组内各单位分布基本均匀，便可利用线性插值法计算中位数的近似值。计算公式如下：

$$\text{下限公式：} M_e = L_{m_e} + \frac{\dfrac{\sum f}{2} - s_{M_e-1}}{f_{M_e}} \times d_{M_e}$$

$$\text{上限公式：} M_e = U_{m_e} - \frac{\dfrac{\sum f}{2} - s_{M_e+1}}{f_{M_e}} \times d_{M_e}$$

其中，M_e 为众数；L、U 分别为中位数所在组的下限与上限；$\dfrac{\sum f}{2}$ 为位置数；f_{M_e} 为中位数组次数；s_{M_e-1} 为中位数组前一组的累计次数；s_{M_e+1} 为中位数组后一组的累计次数；d_{M_e} 为中位数组组距。

通过以上集中程度指标可以看出，众数是一组数据中出现次数最多的变量值，它用于对分类数据的概括性度量，其特点是不受极端值的影响，但它没有利用全部数据信息，而且还具有不唯一性。一组数据可能有众数，也可能没有众数；可能有一个众数，也可能有多个众数。中位数是一组数据按大小顺序排序后处于中间位置的变量，它主要用于对顺序数据的概括性度量。均值是一组数据的算术平均，它利用了全部数据信息，是概括一组数据最常用的一个值。

三、离散程度指标

离散程度指标又称离中趋势指标、变异指标、标志变动度，它是反映数据对象特征的另一个重要指标，与平均数反映的数据集中程度截然相反，离散程度指标反映的是数据围绕中心上下波动的程度。平均指标反映了各单位某一数量标志的共性，而离散程度是反映数据差异程度的指标。离散程度越小，数据分布差异性越小，则平均指标的代表性就越强，反之，则越弱。常见的离散程度指标有极差、平均差、方差与标准差、变异系数。

（一）极差

极差又称全巨，是指变量数列中最大变量值与最小变量值之差，反映总体大概的离散程度，一般用符号 R 表示。

对于未分组的数据或单项式分组数据，其计算公式为：

$$R = x_{\max} - x_{\min}$$

其中，$X_{\max}$ 为数列中最大标志值；$X_{\min}$ 为数列中最小标志值。

对于组距式分组数据，由于最大标志值和最小标志值无法确定，因此用标志值最大组的上限与标志值最小组的下限，分别近似代替最大标志值和最小标志值。

极差是一个粗糙的测度数据离散程度的指标，它仅与两个极端值有关，只受最大值和最小值的影响，而与其他数据以及总体单位数都无关。极差虽然计算简便，但是易受极端值影响，不能准确反映全部变量值的实际离散程度。在实际工作中，极差可以用于检查产品质量的稳定性和进行质量控制。

（二）平均差

平均差是指各变量值与其算术平均数离差绝对值的算数平均数。平均差越大一般用符号 AD 表示。

简单平均法——资料未分组时，平均差的计算公式为：

$$AD = \frac{\sum |x - \bar{x}|}{n}$$

加权平均法——资料分组时，平均差的计算公式为：

$$AD = \frac{\sum |x - \bar{x}| \cdot f}{\sum f}$$

平均差将所有的变量值与平均数进行比较，并将这些差异求平均数，得出差异的一般水平，从而反映各变量值对其平均数的平均差异量，能够全面概括反映所有变量值的离散程度或变异状况。平均差越大，说明整个标志值差异程度越大，反之，则越小。

平均差是根据全部变量值计算出来的，较好地克服了极差、四分位差只用极端值进行计算导致错误结论的情况，对整个标志值的离散程度有一个较好的代表性。但是，由于每一个变量值和算术平均数的离差均采用绝对值的形式，所以不利于代数运算，因此实际中应用较少。

（三）方差与标准差

方差与标准差是测定一组数据离散程度最常用的指标。方差是指各单位标志值与其算术平均数的离差平方的算术平均数，用 σ^2 表示。标准差是方差的算术平方根，标准差又称为"均方差"，用 σ 表示。

（1）资料未分组时，方差与标准差的计算公式如下：

$$方差：\sigma^2 = \frac{\sum (x - \bar{x})^2}{\sum n}$$

$$标准差：\sigma = \sqrt{\frac{\sum (x - \bar{x})^2}{n}}$$

（2）资料分组时，方差与标准差的计算公式如下：

$$方差：\sigma^2 = \frac{\sum (x - \bar{x})^2 f}{\sum f}$$

$$标准差：\sigma = \sqrt{\frac{\sum (x - \bar{x})^2 f}{\sum f}}$$

上述公式中，x 为变量值；f 为各组次数；$\bar{x}$ 算数平均数；σ^2 为方差；n 为变量值个数；σ 为标准差。

例10.8 某服装品牌企业职工工资资料如表10-5所示，试计算该企业员工工资的标准差是多少？

表10-5 某纺织品服装企业职工工资统计表

月工资 x（元）	员工数 f（人）	工资额 xf（元）	$(x-\bar{x})^2 f$
800	5	4000	1352000
1000	10	10000	1024000
1200	20	24000	288000

月工资 x（元）	员工数 f（人）	工资额 xf（元）	$(x-\bar{x})^2 f$
1500	7	10500	226800
2000	5	10000	2312000
2500	3	7500	4177200
合计	50	66000	9380000

解：$\bar{x} = \dfrac{66000}{50} = 1320$（元）

$$\sigma^2 = \frac{\sum (x-\bar{x})^2 f}{\sum f} = \frac{9380000}{50} = 187600（元）$$

$\sigma = \sqrt{187600} = 433.13$（元）

计算结果表明，该企业员工工资的标准差为 433.13 元。

由例 10.8 不难发现，方差与标准差的计算结果单位是不一致的，方差的单位是平房单位，标准差的单位与变量值一致，离散程度没有扩大。标准差是进行离散程度分析时用得最多、最为广泛的指标，它对数据的稳定程度有敏锐的反应能力。方差与标准差采用平方的方法来避免正负离差相互抵消为零的问题，也消除了平均差中绝对值符号的正负号问题，更便于进行代数运算。

（四）变异系数

上述的几种离散程度指标，都是一些绝对量指标。从定义上看，它们的取值不仅受本身离散程度的影响，还与标志值水平、计量单位等关系密切，也就是说，标志值大，有可能计算出来的离散程度指标会较大。当比较平均数大小有较大差异或者计量单位不同时的两个总体的离散程度时，还需要用变异系数进一步分析。

变异系数又称离散系数，是将离散程度指标除以标志值的算术平均数得到的相对数形式的离散程度指标。它有效地排除了标志值大小及计量单位对离散程度指标的影响。常见的有标准差系数、平均差系数和极差系数，其公式如下：

标准差系数：$V_\sigma = \dfrac{\sigma}{\bar{x}} \times 100\%$

平均差系数：$V_{AD} = \dfrac{AD}{\bar{x}} \times 100\%$

极差系数：$V_R = \dfrac{R}{\bar{x}} \times 100\%$

在统计工作中，运用最多的变异系数就是标准差系数，如不特别说明，"变异系数"一般就是指"标准差系数"。

如例 10.8 中，某服装企业员工平均工资为 1320 元，标准差为 433.13 元，经计算，其标准差系数为 $V_\sigma = \dfrac{433.13}{1320} \times 100\% = 32.81\%$。

四、分布的偏度与峰度

集中趋势与离散程度是数据分布的两个重要数值特征，有时还需要了解数据分布的形状特征，想要知道数据是对称分布还是偏斜分布，或者了解数据是否扁平分布，这就需要由分布形态特征的指标——偏度与峰度来说明。

（一）矩的概念

矩也称为统计动差，反映分布偏斜或离散程度的指标。统计学中定义变量对常数 a 的"k 阶矩"为：

未分组的形式：$a_k = \dfrac{\sum\limits_{i=1}^{n}(x-a)^k}{n}$

分组的形式：$a_k = \dfrac{\sum\limits_{i=1}^{n}(x-a)^k f_i}{\sum\limits_{i=1}^{n} f_i}$

特殊地，当 $a=0$，就是 k 阶原点矩，即变量 x 关于原点的 k 阶距，一般形式为：

$$\mu_k = \frac{\sum\limits_{i=1}^{n} x^k}{n} \text{ 或者 } \mu_k = \frac{\sum\limits_{i=1}^{n} x^k f_i}{\sum\limits_{i=1}^{n} f_i}$$

可以看出，一阶的原点矩就是算术平均数。二阶的原点矩就是平方平均数。

如果 $a=\bar{x}$，就变成了关于分布中心 $\bar{x}$ 的"k 阶中心矩"，变量 x 关于分布中心（平均数）的 k 阶距。一般形式为：

$$\nu_k = \frac{\sum\limits_{i=1}^{n}(x_i-\bar{x})^k}{n} \text{ 或者 } \nu_k = \frac{\sum\limits_{i=1}^{n}(x_i-\bar{x})^k f_i}{\sum\limits_{i=1}^{n} f_i}$$

当 $k=0$ 时，即零阶中心矩 $\nu_0=1$；
当 $k=1$ 时，即一阶中心矩 $\nu_1=0$；
当 $k=2$ 时，即二阶中心矩 $\nu_2=\sigma^2$。

（二）分布的偏度

偏度是衡量频数分配不对称程度，或偏斜程度的指标。当总体的概率分布为非对称时，其分布呈偏斜状，通常计算公式为：

$$\alpha = \frac{\nu_3}{\sigma^3} = \frac{\nu_3}{(\nu_2)^{\frac{3}{2}}}$$

当 $\alpha=0$ 时，左右完全对称，为正态分布；当 $\alpha>0$ 时，为正偏斜；当 $\alpha<0$ 时，为负偏斜。如图 10-6 所示。

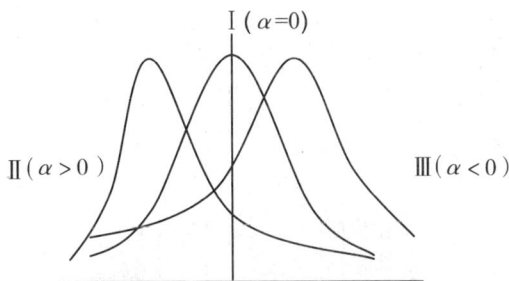

图 10－6　分布的偏度

（三）分布的峰度

峰度是指分布的尖峰或者平缓程度，对于峰度进行度量的指标称为峰度，用以衡量频数分配的集中程度，即分布曲线的尖峭程度的指标。计算公式如下：

$$\beta = \frac{\nu_4}{\sigma^4} - 3 = \frac{\nu_4}{(\nu_2)^2} - 3$$

当峰度指标 $\beta=0$ 时，分布为正态峰度；当峰度指标 $\beta>0$ 时，表示频数分布比正态分布更集中，分布呈尖峰状态；当峰度指标 $\beta<0$ 时，表示频数分布比正态分布更分散，分布呈平坦峰。如图 10－7 所示：

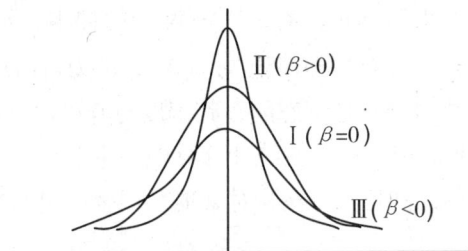

图 10－7　分布的峰度

五、常用统计量的分布函数

在实际数据分析过程中，会搜集一系列原始数据，这些数据只是分析总体的一个子样本，它们的特征和变异都表现在数据的分布上。通常用数据的图或表的形式来描述数据的分布情况，如频数表、频数图、直方图等，如果将这些图表用数学函数描述出来，就成为样本的分布函数 $F(Y)$。样本分布函数是用来描述样本取值与概率密度之间关系的函数，用该函数可计算样本数据落在一定区间的概率。由于统计量是样本的函数，因此样本分布函数又称为统计量分布函数。在数据分析过程中，常用的分布函数有如下几个：

（一）正态分布

正态分布基本特点是数据分布具有良好的对称性，呈现两头小，中间大。一般的正态分布函数由数学期望值和均方差确定，正态分布可简记为 $N(u, \delta^2)$，当 $\mu=0$，$\delta^2=1$ 时，称为标准正态分布，其特点是均值为 0，标准差为 1，偏度与峰度均为 0，如图 10－8 所示。

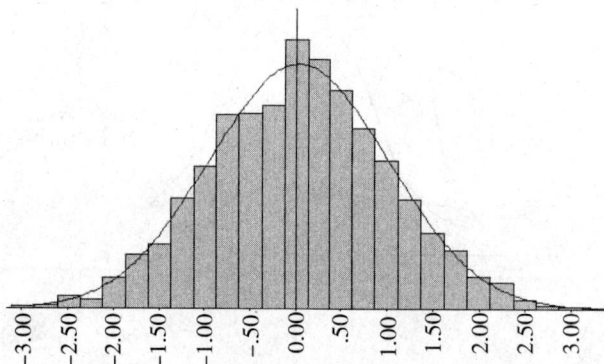

图 10 – 8　标准正态分布

根据统计原理，如果将若干服从正态分布的样本通过线性叠加所形成的样本，也服从正态分布。理论研究证明，只要抽取的样本足够大，大量的自然现象或社会现象均服从正态分布。在统计计算中，一个正态总体或两个正态总体均值变异的检验均使用了这一规律。如检验两个地区调查结果是否相同，或前后两次调查结果是否相同，通常需要从统计的角度分析差异的显著性，并作出判断。

（二）χ^2 分布

若随机变量 X 服从标准正态分布，X_1，$X_2\cdots$ 为 X 的样本，构造一个统计量 $\chi^2 = X_1^2 + X_2^2 + \cdots$，称该统计量服从 χ^2 – 分布，即简记为 $\chi^2(N)$，N 为自由度 Df。该分布的特点是其均值为 N，其方差为 $2n$，数据分布是偏态的，其偏度与峰度由该统计量的自由度决定，该分布通常用来构造假设检验的统计量。在统计计算中，主要用来进行一个正态总体方差的变异检验及独立样本的非参数检验。如检验对某地区调查结果与往年相比，其方差是否发生显著性的变化。

（三）T 分布

若随机变量 X 服从 $N(0, 1)$，Y 服从 $\chi^2(N)$ 分布，构造一个统计量 T，其表达式为：

$$T = \frac{X}{\sqrt{Y/n}}$$

称 T 服从自由度为 N 的 T 分布，简记为 $T(N)$，N 为自由度 Df。其特点是具有对称性，其自由度等于 χ^2 – 分布的自由度，偏度与峰值与统计变量的自由度有关，当自由度很大时，其分布可近似为标准正态分布，因此正态分布是该分布的一个特例。在统计计算中，该统计量主要用来构造检验变量，用来检验一个方差未知的正态总体均值是否等于某一期望值、两个方差齐性总体的均值是否相同，对于两个方差不具有齐性的总体均值检验采用正态分布统计量进行检验。

（四）F 分布

若随机变量 U 和 V 分别服从 $\chi^2(N)$、$\chi^2(M)$ 分布，构造一个统计量 F，其表达式为：

$$F = \frac{U/n}{V/m}$$

称 F 服从 F 分布，记为 $F(N, M)$。该分布的特点是偏度与峰度由两个 χ^2 – 分布的样本的各自的自由度共同决定，该统计量主要用来构造检验变量，用来检验两个正态总体的方差是否具有齐性（equality of variances）或相同，检验回归方程的显著性等。

（五）二项分布

又称 $0-1$ 分布，其特点是变量的取值只有 0 或 1，即是或不是。在市场调查中许多问题属于这种分布，如对品牌形象的评价，可能有四个备选答案，每个答案都服从 $0-1$ 分布。此外，分析某类个体占总体的比例，也可用 $0-1$ 分布来描述，记为 $B(1, P)$，表示属于该类的个体所占的百分比为 P，不属于该类个体所占的百分比为 $1-P$，记为 $B(0, 1-P)$。$0-1$ 分布的特点是：其均值等于 P，其方差等于 $P(1-P)$。

二项分布主要用于非参数检验，如想分析不同地区的被访者对该品牌形象的评价是否有差异，属于非参数检验（non-parametric test），可采用二项分布对每个答案进行检验。如果对该问题的变量设计没有分解为 $0-1$ 分布的变量，在分析前，要对原数据进行转换。

第四节　数据的交叉分析

我们可以通过简单的描述性分析解决很多数据分析问题，但当变量出现多元时，比如，研究品牌的使用者与收入的关系、研究顾客对某品牌的态度和对于其他品牌的态度有何不同、研究品牌渗透率与地区的关系等问题时，通常要求将多个变量联系起来进行分析。在这些情况下，通常采用交叉列表分析，也称之为联列表分析。

一、含义及意义

（一）含义

交叉列表分析，简称交叉分析，是指同时将两个或两个以上有一定联系的变量及其变量值按照一定的顺序交叉排列在一张统计表内，使得变量值成为不同变量的特点，从中分析变量之间的相关关系，进而得出科学结论的一种数据分析技术。

交叉列表是多个频数表的重组，表格中每个格子为列表变量特定值的特异组合。每一格子都是两个列表变量值的特定组合，每个格子中的数值说明落在某个特定变量值结合格子中对象有多少。交叉列表可以检验属于多个变量类的观察对象的频数。通过观察频数，我们可以辨别交叉列表中变量间的关系。只有分类（名称）变量或含有少数值的变量才能列表。如果想将连续性变量列表（如收入），首先要将其转变为一定范围值。

（二）交叉列表分析的意义

在市场调查研究中常常需要回答以下问题，如"在名牌商品的消费者中，女性占多大的比重？""不同的消费观念（奢侈品消费、绿色消费和实用型消费）与文化价值观（儒家文化价值观、道家文化价值观、佛教文化价值观）有关联吗？""奢侈品消费行为与社会阶层（高、中、低）有关吗？"

对此，调研人员会进一步提出与这些问题相关的涉及其他领域的更深入的问题，以便帮助调研人员深入理解调研结果。由于在市场调查与预测中交叉列表分析方法会被广泛地使用，交叉列表分析使用的意义表现在以下几个方面：

（1）通俗易懂。交叉列表分析的结果一目了然，尤其便于一些没有较深统计学专业技能的管理人员的理解。

（2）分析深入全面。通过对调查项目进行一系列的交叉列表分析，可以全面、深入分析和认识一些比较复杂的事物或想象。

（3）分析结果应用广泛。许多市场调查与预测项目的数据整理和分析在一定程度上依赖交叉列表分析得以解决。

（4）分析结果使用方便。交叉列表分析中的清楚的解释在很大程度上能成为市场调查与预测结果制定经营管理措施的有力依据。

（5）分析过程操作简单、容易掌握。交叉列表分析技术操作简单、容易掌握，一般市场调查与预测人员都能掌握，在 SPSS 与 Excel 软件通过菜单就可以实现。

二、交叉列表分析中变量的选择与确定

制作出来的交叉列表能否对经营管理措施有帮助，关键取决于交叉列表分析中变量的选择与确定。如果交叉列表分析中变量的选择与确定不当，可能会导致错误结论的产生。

选择和确定交叉列表中的变量，包括其内容和数量，都应根据调查项目的特点来确定。

（1）在基础性的市场调查与预测项目中，应尽可能地把所有与问题相关的因素都确定为进行交叉列表分析的变量。例如，关于牛奶销售问题的研究项目中，调查与预测人员把可能影响牛奶销售的因素（如牛奶的品牌、产地、包装、口感、容量等）都加以考虑。

（2）在一些应用型市场调查与预测项目中，调查与预测人员具有较多的选择和确定交叉列表分析变量的自由。例如，研究必胜客比萨店是否受一些关键因素的影响和制约，考虑的变量因素应包括消费者的性别、收入水平、职业、年龄等。调查与预测人员也可以把消费者的受教育程度、民族、性别等作为考虑的因素。在这一类调查项目中，交叉列表的变量取决于调查项目的要求和调查与预测人员的分析判断。

（3）在简单的事实收集型调查与预测项目中，需要考虑的变量因素通常在调查与预测要求中明确列出，调查与预测人员只需要按照要求把各项数据列入已经设计好的表格中即可。例如，研究个人年收入水平与受教育程度之间的关系，交叉列表中的变量无疑是个人年收入水平与受教育程度。

不管调查与预测人员在选择和确定交叉列表分析变量因素时有多大的自由选择空间，变量因素必须在资料收集之前设计确定好。只有如此，才能有针对性地收集数据资料，才能掌握足够的数据资料来进行交叉列表分析。

三、双变量的交叉分析

双变量及多变量交叉列表分析，是用于提供基本调查结果的最常用形式。交叉表又称列联表、交互分析表，交叉列表分析可以清楚地表示两个变量之间的相互关系。交叉列表可以看成是分类的频数表，即一个变量的频数分布是根据另一个变量的取值来进一步细分的，所以又称为联合分布表。例如，下面给出了对某品牌"知悉程度"和对该产品"购买量"之间的某种关系（表10-6）。从表10-6中可以看出，对该品牌产品知悉程度高的消费者购买量似乎也比较多。

表10-6 对某品牌产品"知悉程度"与"购买量"的交叉列表

购买量＼知悉程度	低	高	行合计
少	100	130	230
多	150	320	470
列合计	250	450	700

为了更进一步考察这两个变量之间的关系，一般要求计算百分数。从理论上讲，百分数既可以列合计为基数计算，也可以行合计为基数计算。但是，实际上到底应该按照哪一种方式计算，则取决于研究者将哪个变量当作自变量、哪个变量当作因变量。一般准则是按照自变量各类的合计来计算因变量各类的百分数。在这个例子中，研究者可能将"知悉程度"当作自变量，"购买量"作为因变量。因此，百分数应以列（自变量）合计为基数计算，如表10-7所示。从表10-7中可以看出，在对该品牌产品知悉程度高的消费者中，购买量多者占71.1%；而对该品牌产品知悉程度低的消费者中，购买量多者只占60%。

表10-7 按"知悉程度"分类的"购买量"二维列联表

购买量＼知悉程度	低	高
少	40%	28.9%
多	60%	71.1%
列合计	100%	100%

在处理和分析数据时，研究者可能难以确定哪个变量用作自变量更为合适，因此提供给客户的交叉表一般是包含四部分数字的完整的交叉表，每格内的四个数字分别表示频数、行百分数、列百分数和总百分数（表10-8）。如果必要，在上述四个数字之外还提供检验的统计量及对应的概率值。

表 10 – 8　某品牌消费者"知悉程度"和"购买量"的交互分析表

		知悉程度		行合计
		低	高	
购买量	少	100	130	230
		43.5%	56.5%	
		40.0%	28.9%	
		14.3%	18.6%	32.9%
	多	150	320	470
		31.9%	68.1%	
		60.0%	71.1%	
		21.4%	45.7%	67.1%
列合计		250	450	700
		35.7%	64.3%	100.0%

四、多变量交叉列表分析

市场调查中变量之间的关系是复杂的，只研究两个变量之间的关系通常是不够的，很多时候还要考虑多个变量之间的关系。利用二维列表可能发现两个变量之间似乎密切相关，但是在引进一个变量（称为第三个变量或控制变量）形成三维列表之后，可能发现原来两个变量之间的相关关系变弱或消失了；相反，利用二维列表可能发现两个变量值间似乎没有什么联系，但是再引进一个变量形成三维列表之后，可能发现原来两个变量之间呈现显著的相关关系；等等。由此可见，单纯考虑两个变量之间的联系很可能导致错误判断。因此，在双变量交叉列表分析的基础上，经常需要引入第三个变量作为多维交叉列表分析。

多维交叉列表分析大致分为以下几种情况。在原来两个变量具有相关关系的情况下，引入第三个变量作多维交叉列表分析后，可能出现三种结果；更精确地显示原来两个变量间的联系；证明原来两个变量没有相关关系；原来两个变量之间的关系没有变化。在原来两个变量没有相关关系的情况下，引入第三个变量作多维交叉列表分析后，可能出现两种结果：原来两个变量之间的关系没有变化；揭示原来两个变量之间被隐含的某种相关关系。下面重点分析说明通过多维交叉列表分析揭示原来两个变量之间关系发生变化的几种情形。

（一）在原来两个变量具有相关关系的情况下引入第三个变量，多维交叉列表更精确地显示原来两个变量之间的相关关系

在表 10 – 9 的双变量交叉列表分析中，可以发现"婚姻状况"与"时装购买量"两个变量之间存在一定的相关关系，即"未婚"者购买时装多的比例明显高于"已婚"者。为避免错误性判断，在上述双变量交叉列表的基础上再引入第三个变量，如教育程度、职

业、居住区域或性别。这里引入"性别"变量，列出包括婚姻状况、性别、与时装购买量的多维交叉列表（表10-10）。

表10-9　"婚姻状况"与"时装购买量"的双变量交叉列表

时装购买量 ＼ 婚姻状况	已婚	未婚
多	31%	52%
少	69%	48%
列总计	100%	100%
个案数量	350	300

表10-10　按"婚姻状况"与"性别"分类的"时装购买量"的三维列联表

	男性		女性	
	已婚	未婚	已婚	未婚
时装购买量多	35%	40%	25%	60%
时装购买量少	65%	60%	75%	40%
列总计	100%	100%	100%	100%
个案数量	200	120	150	180

从表10-10中可以看出，在引入"性别"变量后，"婚姻状况"与"时装购买量"之间的关系变得更加具体清晰了，即在"男性"中，"未婚"者"时装购买量"多的比例比"已婚"者高，但是关系较弱；但在"女性"中，"未婚"者"时装购买量"多的比例则高出"已婚"者很多，相关关系显著。

（二）在原来两个变量具有相关关系的情况下引入第三个变量，多维交叉列表证明原来的两个变量没有相关关系

例如，在表10-7关于某品牌产品"知悉程度"和"购买量"之间的关系中，可以得出"知悉程度"与"购买量"之间是显著相关的结论。但是，我们并不确定这种关系是否可靠。所以，引入第三个变量，如性别、收入水平、职业等，建立三维列联表，这里引入"收入水平"变量并建立三维列联表（表10-11）。

表10-11　按"收入水平"和"知悉程度"分类的"购买量"三维列联表

	收入水平高		收入水平低	
	知悉程度高	知悉程度低	知悉程度高	知悉程度低
购买量少	36.7%	36.7%	30.0%	30.0%
购买量多	63.3%	63.3%	70.0%	70.0%
列总计	100%	100%	100%	100%
个案数量	150	150	300	100

结果发现，不论收入水平高还是低，对"熟悉"和"不熟悉"该品牌产品的消费者来说，其购买量"多"或"少"的比例都是相同的。也就是说，当对高收入群体和低收入群体分别进行研究时，"知悉程度"和"购买量"之间的联系就消失了。这说明最初从二维列联表中观察到的这两个变量之间的相关是一种假相关，真正的相关关系可能存在于"收入水平"和"购买量"之间。

（三）在原来两个变量没有相关关系的情况下引入第三个变量，多维交叉列表揭示出原来两个变量之间被隐含的某种相关关系

例如，在一项旅游市场潜力调查中，"年龄"与"出国游愿望"两个变量的交叉列表，两个变量之间没有相关关系。

我们如何证明上述两个变量之间是否真的没有任何关系呢？为避免判断错误，分析中引入第三个变量进行多维列表分析。例如，这里可以引入"居住地"作为第三个变量，建立三维列联表。结果发现，在对"乡村"和"城市"两个群体分别进行研究时，"年龄"和"出国游愿望"两个变量之间实际存在着重要相关的关系。这样，在双变量交叉列表分析中两个变量之间被隐含的关系，通过引入"居住地"变量被揭示出来了。

本章小结

在问卷数据进行统计分析之前，对问卷数据要经过问卷审核、整理、编码、录入等制作步骤。第一步是检查问卷是否合格并对问卷进行必要的编辑；然后按设定的规则对数据进行编码和录入；最后对录入数据进行必要的清理和转换，以便数据的使用和结果的解释。

问卷审核是检查问卷填写的完整性和质量，如果发现不正确的答案，通常可以给出一个估计值、设为缺失值、放弃整个问卷，必要时可以将问卷退回重新调查。编码是根据问卷中所含信息及设定好的规则将每一个变量取值或符号的过程。而在录入方式的选择上有多种形式，常用 SPSS 软件进行转换和分析。

对问卷的统计分析基础是对问卷的描述性分析，本章在进行数据的前期准备工作之后，对问卷数据进一步分析了描述单变量数值特征的三大指标。这些指标的基础建立在频数分布分析之上，第一步是对数据中的每个变量进行频数分布分析，接下来用与频数分布有关的集中趋势指标（算数平均数、调和平均数、几何平均数、众数、中位数），离散程度指标（极差、平均差、方差与标准差、变异系数）和分布形状指标（偏度和峰度）加以概括分析。

交叉分析是用来描述两个或两个以上变量的联合分布的统计表，常用于描述一个变量和另一个变量的关系。本章介绍了在市场调查分析中最常用的双变量交叉分析，并利用 SPSS 软件如何进行实际操作和应用。

本章习题

一、思考题

1. 问卷的审核通常涉及哪些内容？

2. 问卷的整理有哪些具体方法？

3. 事前编码与事后编码有什么不同？

4. 问卷编码的基本原则有哪些？

5. 常用的数据录入方式有哪些？

6. 常用的集中程度指标和离散程度指标有哪些？

7. 考察变量分布的形状有何实际意义？

8. 请举例说明交叉列表分析在营销研究中的用途和局限。

二、练习题

1. 调研公司进行对某服装品牌的购买顾客年龄的抽样调查，数据如下，试对这些数据进行描述统计分析。（单位：周岁）

19　15　29　25　24　23　21　38　22　18　30　20　19

19　16　23　27　22　34　24　41　20　31　17　23

（1）编制频数分布表并绘制直方图。

（2）计算众数、中位数、平均数。

（3）计算标准差及标准差系数。

（4）计算峰度和偏度。

（5）对年龄的分布特征进行综合分析。

2. 某 MP4 播放器生产商，对公司每一个销售区域中的 100 个零售店进行调查。一位分析人员注意到，东南部地区的平均售价为 1320（平均数），标准差为 240 元。然而。中西部地区的平均价格为 1360，标准差为 120 元，这些统计量告诉我们关于这两个销售区域的哪些情况？

3. 甲、乙两个企业生产三种产品的单位成本和总成本资料如下：

产品名称	单位成本（元）	总成本（元）	
		甲企业	乙企业
A	15	2100	3255
B	20	3000	1500
C	30	1500	1500

要求：比较两个企业的总平均成本哪个高，并分析原因。

4. 某地区抽取 120 家纺织品企业，按照利润额进行分组，结果如下：

按利润额分组（万元）	企业个数（个）
200～300	19
300～400	30
400～500	42
500～600	18
600 以上	11
合 计	120

要求：（1）计算 120 家企业利润额的平均数和标准差。

（2）计算分布偏态系数与峰态系数。

第十一章

纺织品服装市场调研数据的
统计推断分析

引　言

　　纺织品服装市场的调研数据在经过简单的描述性分析后，往往还会使用抽样推断的方法对总体进行估计和假设检验。假设检验是根据样本数据，即统计量的取值，来检验事先对总体数量特征所作的假设是否可信的统计分析方法。假设检验和参数估计是统计推断的两个组成部分，它们都是利用样本对总体进行某种推断，但推断的角度不同。参数估计讨论的是用样本统计量估计总体参数的办法，总体参数 θ 在估计前是未知的。而在假设检验中，则先对参数 θ 的值提出一个假设，然后利用样本信息去检验这个假设是否成立。

　　因此也可以说，本章讨论的内容是如何利用样本信息，对假设成立与否作出判断的一套程序。本章主要介绍假设检验的基本原理和一些常见的假设检验。包括单个总体参数（总体均值、总体成数以及总体方差）的检验；两个总体参数的假设检验（两个总体均值之差、两个总体成数之差以及两个总体方差比的检验）；方差分析（多个总体平均值是否相等）。

学习目标

　　正确理解假设检验的含义与形式，熟知如何建立原假设和备择假设以及两者的意义；掌握假设检验的判断规则和基本步骤，不同参数检验选取的统计量如何计算；掌握一些常见的假设检验（单个参数、两个总体参数以及多个总体参数的假设检验的步骤）；会利用 P 值检验对总体参数进行假设检验。

第一节　假设检验概述

一、假设问题的提出

（一）假设的含义

统计学上的假设是针对总体某特征值作出的决策判断，如 $\bar{X} = 200$，$\sigma \geq 15$ 等，其中 $\bar{X}$，σ 分别表示总体的平均值和标准差。下面通过例题来阐述假设的问题：

例 11.1　由统计资料得知，2015 年某地纺织品企业平均日纺纱量为 500 吨，现从 2016 年的纺织品企业中随机抽取 50 个，测得其每日平均纺纱量为 510 吨，问 2016 年的平均日纺纱量与 2015 年相比，有无显著差异？

从调查结果看，2016 年的平均日纺纱量为 510 吨，比 2015 年的平均日纺纱量 500 吨增加了 10 吨，但这 10 吨的差异可能源于不同的情况。一种情况是，2016 年和 2015 年的平均纺纱量相比实际上没什么差异，10 吨的差异是由于抽样的随机性造成的；另一种情况是，抽样的随机性不可能造成 10 吨这样大的差异，2016 年的纺纱量与 2015 年相比，确实有所增加。

上述问题的关键点是，10 吨的差异说明了什么？这个差异能不能用抽样的随机性来解释？为了回答这个问题，我们可以采取假设的方法。假设 2016 年和 2015 年的平均日纺纱量没有显著差异，如果用 $\bar{X}_0$ 表示 2015 年的平均日纺纱量，$\bar{X}$ 表示 2016 年的平均日纺纱量，我们的假设可以表示为 $\bar{X} = \bar{X}_0$，现在利用 2016 年纺织品企业的样本信息检验上述假设是否成立。如果成立，说明这两年的纺纱量没有显著差异；如不成立，说明 2016 年的纺纱量有了明显增加。在这里，问题是以假设的形式提出的，问题的解决方案是检验提出的假设是否成立，所以假设检验的实质是检验总体的参数问题。

（二）假设的内容

统计学上的假设包括原假设（又叫零假设，记为 H_0）和备择假设（又叫对立假设，记为 H_1）。原假设指的是总体没有发生显著性变化，总体参数还是原来的数值；对立假设指的是原假设不成立时，就选择该假设；也就是说，总体发生了显著性变化，总体参数已不是原来的数值。

也就是说，原假设是研究者想收集证据予以推翻的假设；备择假设是研究者想收集证据予以支持的假设。两种假设在内容上是相互对立的。假设检验就是依据样本数据在原假设和备择假设中作出抉择的过程。一般而言，我们都是假定原假设中关于总体特征值的表述是正确的，实际上是想通过样本数据推翻原假设，以便用掌握的充分证据支持和接受备择假设，所以我们才将此过程形象地描述为"概率反证法"。

（三）假设检验的基本原理

统计中的假设检验与生活中的假设检验在思想上是完全一致的，就是通过已有的数据资料对某件事情作出决策判断。从原理上说，进行假设检验的方法十分简单，对统计调查中出现的差异进行定量分析，以确定其性质。但抽样结果是偶然性起作用，还是系统误差造成的，需要给出一个量的界限。

要给出量的界限，就需要用到概率论的知识，这里使用的是概率论中的一个基本原理：小概率事件在一次实验中基本上不会发生。具体来说，有某假设 H_0 需要检验，先假设 H_0 是正确的，在此假设下，某事件 A 出现的概率很小，进行了一次实验，如果 A 出现了，就使人不得不怀疑以小概率事情 A 为前提的原假设 H_0 的正确性；反之，如果小概率事件 A 不出现，则实验结果与假设相符，没有理由拒绝 H_0——概率反证法。

概率反证法的逻辑是：假设原假设成立，如果小概率事件发生一次实验中居然发生，我们就以很大的把握否定原假设。在假设检验中，小概率 α 为显著性水平，α 的选取要根据实际情况而定。

作出判断所依据的逻辑如下：如果原假设是对的，那么衡量差异大小的某个统计量落入某个区域是个小概率事件，如果该统计量的实测值落入该区域，也就是说，原假设成立下的小概率事件发生，就认为原假设不可信而否定它，否则就不能否定原假设。不否定原假设并不是肯定原假设一定对，而是说差异还不够显著，还没有达到否定原假设的程度。

二、假设检验的一般形式

无论是单参数检验还是双参数的假设检验，根据研究问题的性质不同，以及统计量与总体参数的显著性差异的方向不同，对统计量检验方法的设计有双侧检验和单侧检验两种类型。当研究的问题要检验样本统计量与总体参数有没有显著差异，而不是问差异的方向是正差或负差时，应该采用双侧检验。当研究的问题不仅仅要检验样本统计量（样本平均数、样本成数、样本方差）和总体参数之间没有显著差异，而是要追究是否发生预先指定方向的差异时，应该采用单侧检验。根据所关心的差异是正或负，单侧检验又分为左单侧检验和右单侧检验。

（一）单参数检验的一般形式

在单参数检验中，原假设和备择假设的一般形式如下：

H_0：$\overline{X} = \overline{X}_0$ 或 $\sigma^2 = \sigma_0^2$，H_1：$\overline{X} \neq \overline{X}_0$ 或 $\sigma^2 \neq \sigma_0^2$

即总体数值特征等于（不等于）假设值（双侧检验）

H_0：$\overline{X} \geqslant \overline{X}_0$ 或 $\sigma^2 \geqslant \sigma_0^2$，$H_1$：$\overline{X} < \overline{X}_0$ 或 $\sigma^2 < \sigma_0^2$

即总体数值特征大于等于（小于）假设值（左单侧检验）

H_0：$\overline{X} \leqslant \overline{X}_0$ 或 $\sigma^2 \leqslant \sigma_0^2$，$H_1$：$\overline{X} > \overline{X}_0$ 或 $\sigma^2 > \sigma_0^2$

即总体数值特征小于等于（大于）假设值（右单侧检验）

假设中，等式的左边一般为总体参数（均值 $\overline{X}$，成数 P 或总体方差 σ^2）等，等式右边的假设值是一个已知的特定的值，是由具体需要检验的问题所决定的。原假设和备择假设为对立假设，一般把含有等号的不等式均放在原假设上。在备择假设中出现的假设值与原假设中的假设值必须一致，第一种形式用于双边检验，后两种形式用于单边检验（左侧检验和右侧检验）。

（二）双参数检验的一般形式

在双参数检验中，原假设和备择假设的一般形式如下：

$H_0: \overline{X}_1 = \overline{X}_2$ 或 $\sigma_1^2 = \sigma_2^2$，$H_1: \overline{X}_1 \neq \overline{X}_2$ 或 $\sigma_1^2 \neq \sigma_2^2$

即总体 1 特征值等于（不等于）总体 2 相应的特征值

$H_0: \overline{X}_1 \geqslant \overline{X}_2$ 或 $\sigma_1^2 \geqslant \sigma_2^2$，$H_1: \overline{X}_1 < \overline{X}_2$ 或 $\sigma_1^2 < \sigma_2^2$

即总体 1 特征值大于等于（小于）总体 2 相应的特征值

$H_0: \overline{X}_1 \leqslant \overline{X}_2$ 或 $\sigma_1^2 \leqslant \sigma_2^2$，$H_1: \overline{X}_1 > \overline{X}_2$ 或 $\sigma_1^2 > \sigma_2^2$

即总体 1 特征值小于等于（大于）总体 2 相应的特征值

假设中，等式左边一般为总体 1 的均值或总体的方差，等式右边一般为总体 2 的均值与方差。与单参数检验类似，第一种形式用于双边检验，后两种形式用于单边检验。

由于原假设和备择假设是相互独立、互不相容的两个假设，从而对于原假设和备择假设的选择是需要特别注意的问题。因此，在具体应用时，应注意以下几个问题：

（1）在进行假设检验时，备择假设的设定要依据研究的具体内容和方向而定，一般而言，将想要认可或接受的假设作为备择假设，将想要否定的假设作为原假设。其实，这也是应用上的一个技巧。

（2）这里假设检验只能够在样本提供的理由充分时拒绝原假设，接受备择假设。原假设未被拒绝时，不表示我们接受原假设，只能说明还未找到充分的理由去拒绝原假设。

（3）假设检验的目的主要是收集数据或证据来拒绝原假设，在叙述时，通常将原假设放在前面，备择假设放在后面。

三、假设检验中的两类错误

对于原假设提出的命题，我们需要作出判断，这种判断可以用"原假设正确"或"原假设错误"来表述。当然，这是依据样本提供的信息进行判断的，也就是由部分来推断总体。因而判断有可能正确，也有可能不正确，也就是说，我们面临着犯错误的可能。

一般来说，决策结果有以下四种情形：

所犯的错误有两种类型，第一类错误是原假设 H_0 为真却被我们拒绝了，犯这种错误的概率用 α 表示，所以也称为 α 错误或弃真错误。弃真错误的概率为 α，表示总体为真时拒绝原假设的概率为 α，α 是个较小的数，称为显著性概率；第二类错误是原假设为伪我们却没有拒绝，犯这种错误的概率用 β 表示，所以也称 β 错误或取伪错误。在前面的例子中，α 错误和 β 错误可以解释为：

α 错误：原假设 $H_0: \overline{X} = 500$（吨）是正确的，但我们作出了错误的判断，认为 $H_0: \overline{X} \neq 500$（吨），即在假设检验中拒绝了本来是正确的原假设，这时犯了弃真错误。

β 错误：原假设 $H_0: \overline{X} = 500$（吨）是错误的，但我们却认为原假设 $H_0: \overline{X} = 500$（吨）是成立的，即在假设检验中没有拒绝本来是错误的原假设，这时犯了取伪错误。

由此看出，当原假设 H_0 为真，我们却将其拒绝，犯这种错误的概率用 α 表示，那么，当 H_0 为真，我们没有拒绝 H_0，则表明作出了正确的决策，其概率自然为 $1 - \alpha$；当原假设 H_0 为伪，我们却没有拒绝 H_0，犯这种错误的概率用 β 表示，那么，当 H_0 为伪，我们拒绝

H_0，这也是正确的决策，其概率为 $1-\beta$，正确决策和犯错误的概率见表 11-1。

表 11-1　假设检验中各种可能结果的概率

H_0	接受原假设H_0	拒绝原假设H_0
原假设真实	$1-\alpha$（正确决策）	α（弃真错误）
原假设不真实	β（取伪错误）	$1-\beta$（正确决策）

犯第一类错误的概率和犯第二类错误的概率是密切相关的。当样本容量 n 固定时，犯两类错误的概率是此消彼长、相互制约的，即当我们减少第一类错误发生的概率时，就会增加第二类错误发生的概率，反之亦然。如果减小 α 错误，就会增大犯 β 错误的机会；若减小 β 错误，就会增大犯 α 错误的机会。这就像在区间估计中，你要想增大估计的可靠性，就会使区间变宽而降低精度；你要想提高精度，就要求估计区间变得很窄，而这样，估计的可靠性就会大打折扣。

唯一能保证两类错误都不发生的方法就是对整个总体进行调查从而作出决定。然而在大部分情况下，当我们只能利用样本信息进行抉择时，无法保证两类错误都不发生，为了同时减小 α 和 β，只有增大样本容量。但样本量不可能没有限制，通过增加样本量来达到减小犯错误的概率往往是不现实的，此种做法将大大增加决策成本，否则就会使抽样调查失去意义。因此，在假设检验中，就有一个对两类错误控制的问题。一般来说，哪一类错误所带来的后果越严重，危害越大，在假设检验中就应当把哪一类错误作为首要的控制目标，在假设检验时，人们一般将犯第一类错误的概率作为首选的控制目标，因此 α 通常是一个比较小的值，通常取 10%、5% 和 1%。

四、显著性水平与临界值的确定

（一）显著性水平

在假设检验中，我们对控制犯第一类错误的概率 α 称为显著性水平，即弃真错误的概率值。α 的选取要依据实际情况而定，一般可取 0.01，0.05 或 0.1。为了平衡犯第一类错误和第二类错误可能导致的后果，一般常见的 α 取值为 0.05。若犯第二类错误的后果比较严重，α 的取值可能会更高。由上可知，在进行假设检验时，要先评估两类错误可能产生的后果，再设定一个合适的显著性水平。

值得注意的是，这里的"显著性"指的是"非偶然性"概念，如果样本提供的数据拒绝原假设，则表明检验的结果是显著的；如不能拒绝原假设，则表明检验的结果是不显著的。由于显著性水平为犯第一类错误的概率最大允许值，因此在进行假设检验时，对显著性水平的设定事先都有一定的要求。因此，显著性水平 α 的限定，也就划分了总体参数的拒绝域和接受域，从而确定其临界值。

（二）临界值的确定

根据小概率事件的原理，对于给定的显著性水平，我们就可以构造出一个小概率事件和由相应的临界值围成的区域，即拒绝域，这个小概率事件发生的概率为 α。当检验统计量落入拒绝域时，表明一个概率很小的事件发生了，这时我们就有理由怀疑原假设的正确性，从而拒绝原假设。

从拒绝域本身的构造我们即可看出，拒绝域的大小与给定的显著性水平有一定的关系，实际上给定了显著性水平，也就给定了拒绝域的边界值或临界值。

1. 双侧检验下临界值的确定

以 Z 统计量的拒绝域的构造为例，在总体方差已知时对总体均值进行双边检验，我们可以构造出 Z 统计量，根据拒绝域的构造原理，它有两个拒绝域，两个临界值，每个拒绝域的面积为 $\alpha/2$，如果原假设的命题为 $\bar{X} = \bar{X}_0$ 的形式，则属于双侧检验。拒绝域的概率，我们可以得到：

$$P\left\{ |Z| = \frac{|\bar{x} - \bar{X}|}{\frac{\sigma}{n}} > Z_{\frac{\alpha}{2}},\ H_0\ 为真时 \right\} = \partial$$

则拒绝域为：$W = (-\infty,\ -Z_{\alpha/2}) \cup (Z_{\alpha/2},\ +\infty)$，接受域为：$\bar{W} = (-Z_{\alpha/2},\ Z_{\alpha/2})$

由图 11 – 1 可以更清楚地看到在正态分布图中拒绝域与接受域的范围和关系。图中所示曲线为标准正态曲线，阴影区域表示的是拒绝域，其余部分表示的是接受域。同时，由于双侧检验不问差距的正负，因此给定的显著性水平 α 按照正态分布对称性的原理平均分配到左右两侧，拒绝域的概率每侧为 $\alpha/2$，相应得到下界值为 $-Z_{\alpha/2}$，上临界值为 $Z_{\alpha/2}$，通过标准正态分布表，在置信度为 $F(Z) = 1 - \alpha$ 时，对应的两个临界值点。通常我们可将检验统计量的观察值与拒绝域的临界值相比较，当观察值落入拒绝域区域时，我们便有充分的理由拒绝原假设。

2. 单侧检验下临界值的确定

当研究的问题是总体参数（例如总体平均值）是否低于预先假设时，应采用左单侧检验若研究的问题是总体参数是否超过预先的假设时，如检验纺织品服装企业残次品数量是否超标等，应采用右单侧检验。图 11 – 2 和图11 – 3 还给出了对正态总体进行左侧检验和右侧检验时的拒绝域与接受域。根据人们的关注点不同，单侧检验中可以有不同的方向。

一种情况是我们所考察的数据越大越好，如纺织品机器设备的使用寿命。原假设超过假

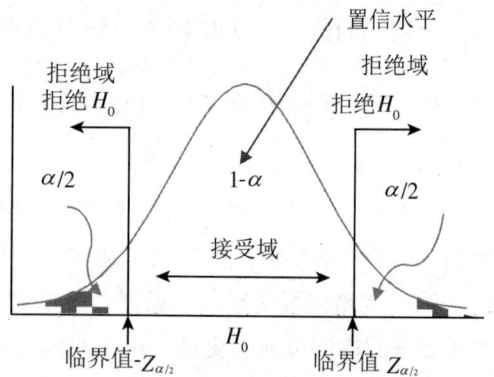

图 11 – 1　正态分布检验的显著性水平
（双侧检验的拒绝域与临界值）

设值，备择假设小于假设值。在决定检验显著性水平 α 以及相应的临界值时，确定是左单侧检验，则有左侧临界值 $-Z_\alpha$（图 11 – 2）。

另一种情况是我们所考察的数值越小越好，如纺织品机器设备的故障率、废品率、生产成本等。原假设未超过假设值，备择假设大于假设值。在决定检验显著性水平 α 以及相应的临界值时，确定是右单侧检验，则有右侧临界值 Z_α（图 11 – 3）。

由于这时临界值拒绝域是单侧要求，考虑到标准正态分布概率表是双侧的，如果单侧

的概率要求为 α，查表时应注意，在另一侧也要有对应的概率 α，中间为查表对应的置信度 $F（Z）=1-2\alpha$，这样查表求得的临界值 Z_α 或 $-Z_\alpha$ 才是正确的。

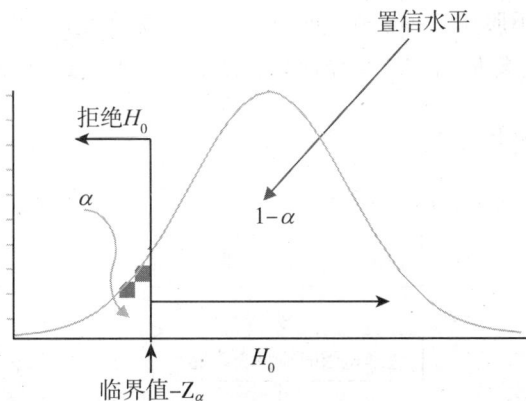

图 11－2　正态分布检验的显著性水平（左单侧检验的拒绝域与临界值）

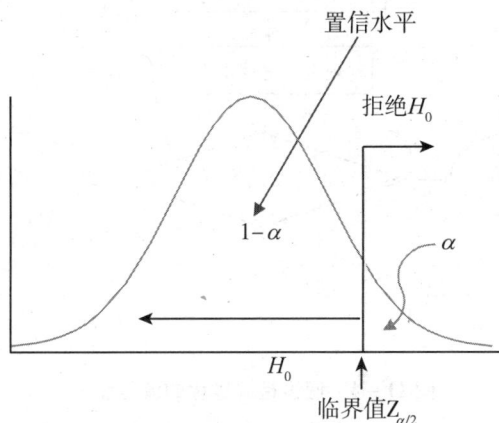

图 11－3　正态分布检验的显著性水平（右单侧检验的拒绝域与临界值）

五、检验统计量的构建

在用样本数据对总体进行推断时，并不是直接利用样本数据对假设进行分析判断，而是通过构造一个与总体参数相关的适用于检验原假设 H_0 的统计量进行判断，此统计量被称为检验统计量。

检验统计量是根据样本观测值计算的用于决策是否拒绝原假设的某个统计量，其意义是衡量样本特征值与检验总体特征值差异的大小程度，它是定量分析的基础，考察的是当原假设为真时该样本特征值服从的分布，主要运用抽样分布中关于正态分布总体样本均值和样本方差分布的有关知识等。常见的检验统计量有 Z 统计量、t 统计量、χ^2 统计量、F 统计量，不同的假设检验问题，选择不同的统计量，Z 统计量、t 统计量、χ^2 统计量主要用于单参数假设检验的问题，如单个总体均值和成数的检验；F 统计量主要用于双参数假设检验的问题，如两个总体方差比的检验。具体的检验统计量的使用在本章第二节介绍。

在针对具体问题构造检验统计量时要注意两点：

（1）检验统计量中不能包含未知的参数，在给定样本数据下，检验统计量一定能够算出具体的数值。

（2）检验统计量必须服从某种已知的分布，只有其分布是已知的，我们才能在给定显著性水平下，通过计算临界值与统计量作比较，从而作出接受还是拒绝原假设的判断。

六、假设检验的流程

假设检验的一般步骤如图11-4所示。

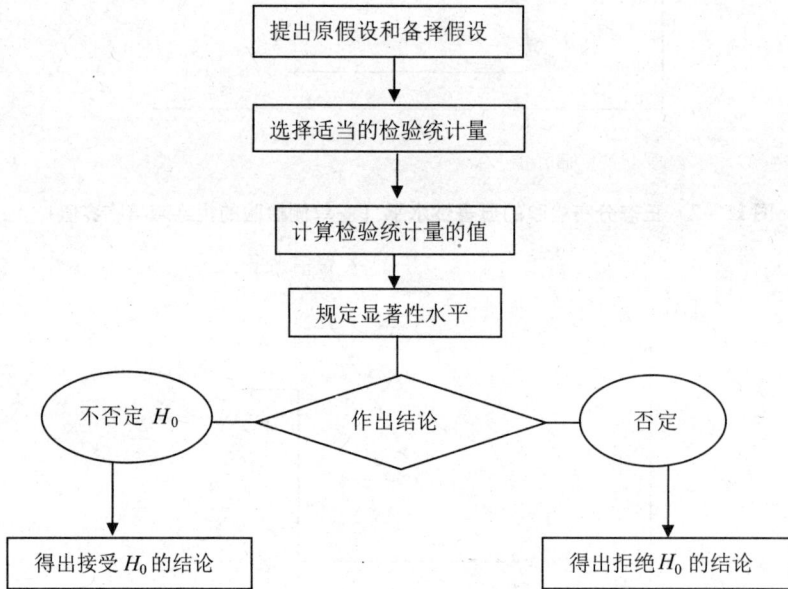

图11-4　假设检验过程的流程图

（一）建立假设

根据题意，提出原假设 H_0 和备择假设 H_1。例如，某品牌服装企业认为其服装购买者的平均年龄为35岁，为了检验其假设，在抽样调查时随机抽取400名顾客进行调查。则原假设和备择假设表示如下：

原假设 H_0：购买者平均年龄 $\overline{X} = 35$ 岁

备择假设 H_1：购买者平均年龄 $\overline{X} \neq 35$ 岁

需要注意的是假设检验的问题是单侧检测还是双侧检验，上述例子中显然是双侧检验，没有涉及差异的方向问题。对于任何一个假设检验的问题，所有可能都包括在这两个假设的范围内。接下来就需要用可靠的证据来确定哪一种假设更有可能是真实的。

（二）构造检验统计量，并计算其取值

样本来自总体，它反映了总体的分布规律，含有关于总体参数的信息，但直接用样本指标检验统计假设是困难的，必须借助于样本选择合适的检验统计量。所谓统计量，它是样本的函数，并且依赖于样本而不包含任何未知参数。一个样本，根据不同的需要可构造出不同的统计量。用于假设检验问题的统计量，称为检验统计量。例如，用样本平均数对总体平均数进行假设检验时，根据中心极限定理或正态分布再生定理，样本平均数服从正态分布，通过对样本平均数进行标准化并构造出 Z 统计量。

（三）显著性水平的确定，确定临界值（划分接受域和拒绝域）

当我们试图对原假设是否为真作判断时有可能会犯错误，这就是要冒风险。为了控制这一风险，首先需要用一个概率去表示这一风险，这个概率便是事件"为真但被拒绝"的概率，这个概率就是需要确定的显著性水平 α。由于样本的随机性，要完全避免不犯"弃真错误"是不可能的，因此，只能把这个事件发生的概率控制在一个很小的范围内。依据统计量的概率分布和显著性水平，划分出接受域和拒绝域，确定检验统计量的临界值。

（四）作出统计判断

根据显著性水平 α 和检验统计量的分布，可以找出接受域和拒绝域的临界点值，用计算出的检验统计量的值与临界值作比较，作出接受原假设还是拒绝原假设的统计决策。

七、P 值检验

前面进行检验的程序是根据检验统计量落入的区域作出的是否拒绝原假设的决策，在假设的等式和显著性水平 α 确定以后，拒绝去的位置也就相应确定了，其好处是进行决策的界限清晰，但缺陷是进行决策面临的风险是笼统的。这时就可以借助 P 值检验来实现。

P 值检验是国际上流行的检验方式。原理是通过计算 P 值，再将它与显著性水平 α 作比较，决定拒绝还是接受原假设。所谓 P 值，则是构造出的检验统计量落在拒绝域内的概率值，就是拒绝原假设所需的最低显著性水平，每一个检验统计量都会对应一个 P 值。P 值是用来测量样本观测数据与原假设中假定 α 值的偏离程度。P 值越小，说明实际观测到的数据与之间不一致的程度就越大，检验的结果也就越显著。

P 值判断的原则是：若 P 值 $<\alpha$ 值，则我们有充分的理由拒绝原假设；若 P 值 $>\alpha$ 值，则我们不能拒绝原假设。P 值检验无须针对不同的显著性水平，先查分布表确定临界值，然后才能进行检验判断，P 值检验可直接把计算机计算出来的 P 值与显著性水平进行比较，立刻作出统计决策。如 Z 检验统计量服从正态分布，可利用标准正态分布表计算 P 值。先看总体的均值检验的 P 值计算公式，以 Z_0 表示由样本平均值构造的检验统计量，则 P 值的计算方法见表 11 – 2。

表 11 – 2　总体平均数的 P 值检验法分类

假设类型		P 值	查表
双侧检验	$H_0: \overline{X} = \overline{X}_0$, $H_1: \overline{X} \neq \overline{X}_0$	$2P\,(Z > \lvert Z_0 \rvert)$	$1 - F\,(Z_0)$
左单侧检验	$H_0: \overline{X} \geq \overline{X}_0$, $H_1: \overline{X} < \overline{X}_0$	$P\,(Z < -Z_0)$	$\dfrac{1}{2}[\,1 - F\,(Z_0)\,]$
右单侧检验	$H_0: \overline{X} \leq \overline{X}_0$, $H_1: \overline{X} > \overline{X}_0$	$P\,(Z > Z_0)$	

总体成数检验的 P 值计算公式，与上述三种形式完全相同，只需要将总体换成总体成数即可。如果统计量服从其他分布（t 分布、χ^2 分布、F 分布），则在计算 P 值查相应的分布即可。常用的统计软件如 Excel、SPSS 等的分析结果中均会给出检验统计量对应的 P 值，因此在实际应用中我们常用 P 值作为判断的准则。

第二节 单个总体参数的检验

在第一节我们对假设检验的相关概念及假设检验的四个步骤作了详细介绍，从本节开始将逐步展开应用，并在应用的过程中进一步理解与掌握假设检验作为推断统计分析的重要内容。对于单个总体参数检验的对象而言，其目标任务是推断总体参数大小或范围是否可靠，涉及的总体参数主要包括总体均值 $\overline{X}$、总体成数 P、总体方差 σ^2。由于检验的参数不同，所构建的统计量也有所不同。

一、检验统计量的确定

根据假设检验的不同内容和进行假设检验的不同条件，需要采用不同的检验统计量，在一个总体参数的检验中，用到的检验统计量主要有三个：Z 检验统计量、t 检验统计量、χ^2 检验统计量。Z 统计量和 t 统计量常常用于总体均值和总体成数的检验，χ^2 统计量则用于总体方差的检验。选什么统计量进行检验需要考虑一些因素，这些因素主要有样本容量 n 的大小，总体的标准差是否已知以及总体是否服从正态分布等。

在假设检验中，由于样本量和样本资料的限制，而使样本统计量有不同的概率分布，并据此形成 Z 检验和 t 检验、χ^2 检验三种方法。

（一）Z 检验

Z 检验又称正态分布检验。我们知道，从正态总体中随机抽取容量为 n 的样本，不论 n 的大小，样本平均数 $\overline{x}$ 都服从正态分布 $N(\overline{X}, \sigma_{\overline{x}})$，而统计量 $Z = \dfrac{\overline{x} - \overline{X}}{\sigma(X)/\sqrt{n}}$ 服从标准正态分布 $N(0, 1)$。

从非正态总体中抽取容量为 n 的样本，当容量 n 很大时，样本平均数 $\overline{x}$ 也趋于正态分布 $N(\overline{X}, \sigma_{\overline{x}})$，而统计量 $Z = \dfrac{\overline{x} - \overline{X}}{\sigma(X)/\sqrt{n}}$ 趋于标准正态分布。这里抽样平均误差（样本平均数的标准差）$\sigma_{\overline{x}}$ 中，总体标准差 $\sigma(X)$ 是已知的，因而样本 $\sigma_{\overline{x}}$ 也是确定的。

但常常是总体的标准差 $\sigma(X)$ 是未知的，必须用样本标准差 $s(x)$ 来代替总体标准差 $\sigma(X)$。这时，样本统计量不再服从正态分布，而是服从 t 分布，应该采用 t 统计量检验。数学上已证明，当样本量足够大（$n>30$）时，统计量 t 的分布趋于正态分布。因此，在大样本的情况下，我们可以利用正态分布来进行统计推断，包括总体参数的估计和检验。这就是迄今为止我们都用正态分布的统计量 Z 作区间估计和统计检验的原因。

在总体平均数和成数的 Z 检验中，给定显著性水平，并按标准正态分布 $N(0, 1)$ 确定相应的临界值，然后根据实际调查的样本信息计算统计量 Z，并将实际计算的 Z 值和临界值进行对比，再对是接受原假设或拒绝作出决策，检验步骤如前文所述。

（二）t 检验

t 检验又称 t 分布检验。在统计假设检验中，当总体的标准差 σ 未知，而需要用样本标准差 $S(x)$ 来代替时，则统计量 $\bar{x}$ 不再服从标准正态分布，而服从另一种概率分布，称为 t 分布。t 分布是假定样本取自正态总体并且样本平均数 $\bar{x}$ 和抽样平均误差 $\sigma_{\bar{x}}$ 相互独立的一种分布。t 分布类似于标准正态分布，其期望值为 0，即 $E(t)=0$，并以它为中心形成钟形的两边对称分布。标准正态分布的方差 $\sigma^2=1$，而 t 分布的方差 $\sigma^2(t)$ 则受自由度 $v(n-1)$ 这个参数的影响。当自由度很小（即小样本）时，$\sigma^2(t)$ 大于 1；当自由度在 30 以上时，t 分布和标准正态分布极为相似，以 $S(x)$ 估计 $\sigma(X)$ 的误差可以忽略不计；但当自由度很小时，t 分布的 $S(x)$ 变异就很明显，因此 t 分布和标准正态分布就有显著的差别。图 11-5 是自由度为 3 时的 t 分布和标准正态分布的比较。

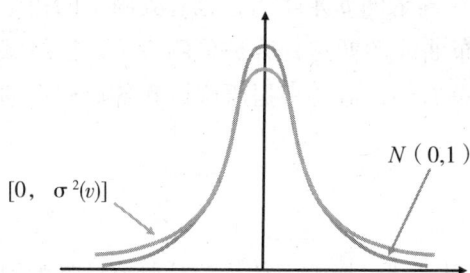

图 11-5　Z 分布与 t 分布的比较

t 分布也是左右对称的，但 t 分布的顶部比标准正态分布低，而两端又比较高些。对这个现象的直观解释是，t 分布依赖于两个随机变量 x 和 $\sigma_{\bar{X}}$，在小样本中，x 的极值和 S（或 $\sigma_{\bar{x}}$）的极值很可能会成对出现，所以统计量 t 势必比 Z 分散些。但是当自由度 V 增大时，t 的变异性减小；当自由度无限增大时，则 t 分布的方差趋于 1，t 分布与 Z 分布便重叠在一起。由此可见，t 分布受自由度 $v(n-1)$ 大小的影响。在假设检验中，我们常用的显著性水平 α 只有 0.01、0.05、0.10 几种，则可以选用 t 分布中的部分概率，编制一张综合性的 t 分布表，供统计假设检验时使用。

在 t 分布检验中，我们用 $t_\alpha(v)$ 表示自由度为 v，而显著水平为 α 的临界值，由于 t 分布表 t 值的 α 是双侧分配的，因此在双侧检验中，各边包含着 $\alpha/2$ 的概率面积，上临界值为 $t_{\alpha/2}(v)$，而下临界值为 $-t_{\alpha/2}(v)$。例如，给定显著性水平 $\alpha=5\%$，则分配两侧的概率面积各为 2.5%，假定自由度 $v=10$，查 t 分布表中当自由度为 10 而 $\alpha=0.05$ 时，t 临界值为 2.228，即上临界值 $t_{0.025}(10)=2.228$，下临界值 $-t_{0.025}(10)=-2.228$。在单侧检验中，如果给定单侧显著水平 α，则应查找 t 分布表的概率为 2α（即各边概率面积为 α）对应的临界值，并确定相应的右临界值 t_α，或左临界值 $-t_\alpha$。例如，要求自由度为 15，单侧的显著性水平 $\alpha=0.05$ 时，应该查找 t 分布表的 $2\alpha=0.1$（即每边概率面积为 0.05）相应的右临界值 $t_{0.05}(15)=1.753$，或左临界值 $-t_{0.05}(15)=-1.753$。

（三）χ^2 检验

χ^2 检验也称为卡方检验，建立在卡方分布的基础上，是用途非常广的一种假设检验方法，它在分类资料统计推断中得以应用，在假设检验时，常用于单个总体方差的检验。

设有随机变量 $X_1, X_2, \cdots, X_n$ 相互独立，且 Xi 服从标准正态分布 $N(0,1)$，则它们的平方和 $\sum_{i=1}^{n}(X_i^2)$ 服从自由度为 n 的 χ^2 分布。χ^2 检验就是统计样本的实际观测值与理论推断值之间的偏离程度，实际观测值与理论推断值之间的偏离程度就决定卡方值的大小，卡方值越大,越不符合;卡方值越小,偏差越小,越趋于符合,若两个值完全相等时,卡方值就为0,表明理论值完全符合。

对一个方差为 σ^2 的正态总体反复抽样,计算每一个样本方差 s^2,由于 $s^2 = \dfrac{\sum (x_i - \bar{x})^2}{n-1}$,故

$$\sum (x_i - \bar{x})^2 = (n-1)s^2$$

可以证明,$\sum (x_i - \bar{x})^2$ 除以总体方差 σ^2 将服从 χ^2 分布,即

$$\chi^2 = \frac{(n-1)s^2}{\sigma_0^2} \sim \chi^2(n-1)$$

假设检验中,χ^2 与 Z 统计量、t 统计量一样,在确定的 a 水平下,也有其固定的拒绝域。若进行双侧检验,拒绝域分布在 χ^2 统计量分布曲线的两边;若是单侧检验,拒绝域分布在 χ^2 统计量分布曲线的一边,具体在左侧还是右侧,需要根据原假设和备择假设的情况而定。

二、单个总体均值的检验

根据抽样分布理论,单个总体均值检验包括多种形式,影响总体均值检验统计量的因素,主要有样本容量和总体的标准差,下面这两个角度对总体均值检验统计量的选取进行实例介绍。

在抽取样本容量较大时 ($n > 30$),无论总体是否服从正态分布,只要总体方差(未知时由样本方差代替),总体平均数存在,样本平均数就近似地服从正态分布,从而经过对样本平均数的标准化使其服从标准正态分布,构建 Z 检验统计量。

在抽取样本容量较小时 ($n < 30$),若总体服从正态分布,总体标准差已知,根据正态分布再生定理,样本平均数服从正态分布,从而经过对样本平均数的标准化使其服从标准正态分布,构建 Z 检验统计量;但是,若总体服从正态分布,且总体方差未知时,用样本标准差代替,样本平均数服从 t 分布,并构建 t 统计量进行检验。

总体均值检验统计量的确定标准见表 11-3。

表 11-3　总体平均数的统计量选取分类表

	样本容量 n			
	大样本		小样本	
	方差已知	方差未知	方差已知	方差未知
正态总体	$\dfrac{\bar{x} - \bar{X}}{\sigma(X)/\sqrt{n}} \sim N(0,1)$	$\dfrac{\bar{x} - \bar{X}}{S(x)/\sqrt{n}} \sim N(0,1)$	$\dfrac{\bar{x} - \bar{X}}{\sigma(X)/\sqrt{n}} \sim N(0,1)$	$\dfrac{\bar{x} - \bar{X}}{S(x)/\sqrt{n}} \sim t(n-1)$
非正态总体	$\dfrac{\bar{x} - \bar{X}}{\sigma(X)/\sqrt{n}} \sim N(0,1)$	$\dfrac{\bar{x} - \bar{X}}{S(x)/\sqrt{n}} \sim N(0,1)$	—	—

（一）大样本下总体均值的检验

1. 总体方差已知

例 11.2　某市场调研公司正接受对某市居民区的三口之家每月为儿童花费在服装的支出的研究。历史数据表明居民每月平均花费在儿童服装的支出不少于 400 元。调研公司决定随机抽取 100 户三口之家组成样本，样本调查得到的平均值为 380 元，标准差为 100元。试问调查结果是否能达到历史水平（$\alpha = 0.05$）。

解法一：第一步：确定原假设与备择假设。

在这个例题中，关心的问题是某市三口之家的平均消费是否达到历史水平 400 元，于是可以看出，这是一个左单侧检验问题，可以假设：

$H_0: \bar{X} \geqslant 400$

$H_1: \bar{X} < 400$

第二步：构造检验统计量，并计算其取值。

根据中心极限定理（大样本且方差已知），本题中样本平均数近似服从正态分布，对样本平均数进行标准化并计算取值：

$$Z = \frac{\bar{x} - \bar{X}}{\sigma (X) / \sqrt{n}} = \frac{380 - 400}{\frac{100}{\sqrt{100}}} = -2$$

第三步：确定显著性水平，确定拒绝域。

显著性水平取 $\alpha = 0.05$，左单侧检验，拒绝域在左侧，

$F (Z_\alpha) = 1 - 2\alpha$，查标准正态分布表得临界值：

$Z_\alpha = 1.64$，拒绝域为 $(-\infty, -1.64)$。

第四步：统计量与临界值进行比较作出判断如图 11-6 所示：由于 $|Z| > |Z_\alpha|$，检验统计量取值 Z 落入拒绝域 $2 \in (-\infty, -1.64)$。拒绝原假设，接受备择假设，可以认为该市三口之家儿童服装的平均每月花费不足 400 元。

解法二：也可以使用 P 值检验，计算步骤与前者相似，不同点在于第二步构造统计量并计算之后，直接计算 P 值和显著性水平作比较，从而得出结论单侧检验计算 P 值：

$$P (Z < -2) = \frac{1}{2} [1 - F (2)] = \frac{1}{2} (1 - 0.9545) = 0.02275$$

用 P 值直接与显著性水平 α 作比较，由于 $P (0.02275) < \alpha (0.05)$，故拒绝原假设，接受备择假设，与上述方法结果一致。

解法三：用 Excel 中的统计函数功能计算 P 值的操作步骤。

第一步：进入 Excel 表格界面，选择【插入】下拉菜单。

第二步：选择【函数】。

第三步：在函数分类中选"统计"，然后在函数名的菜单中选择字符"NORMSDIST"，点击【确定】。

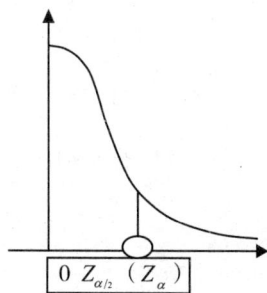

图 11-6　临界值与统计量

第四步：输入构造统计量 Z 的绝对值（本例为 2），得到的函数值为 0.9772，这意味着在标准正态分布条件下，Z 值 2 的左边

的面积为 0.9772，由于本例题是单侧检验，故最后的 P 值为：
$$P = 1 - 0.97725 = 0.02275$$

P 值小于显著性水平（$\alpha = 0.05$），所以拒绝原假设，得到与前面相同的结论。

当然，使用工具的方法多种多样，例如，可以利用 Excel 计算出临界值，最后和构造的统计量作比较，最后得出结论。

2. 总体方差未知

当总体的方差或标准差未知时，可用样本的方差或标准差进行相应的代替，但是检验统计量不服从标准正态分布，事实上这时的检验统计量为 t 统计量，但是在大样本场合下（样本容量 n 大于 30 时），t 统计量和 Z 统计量近似，通常用 Z 检验代替 t 检验。

例 11.3 某机器零件加工厂加工一种纺织品机器零件，根据经验知道，该厂加工零件的椭圆度近似服从正态分布，其总体均值为 0.081 毫米，今另换一种新机床进行加工，取 200 个零件进行检验，得到椭圆度均值为 0.076 毫米，样本标准差为 0.025 毫米，问新机床加工零件的椭圆度与以往有无明显差异（$\alpha = 0.05$）。

解法一：第一步：确定原假设与备择假设。

在这个例题中，关心的问题是新老机床加工零件椭圆度的均值是否有差异，于是可以看出，这是一个双侧检验问题，可以假设：
$$H_0: \overline{X} = 0.081, \quad H_1: \overline{X} \neq 0.081$$

第二步：构造检验统计量，并计算其取值。

本题中总体方差未知，用样本标准差代替，服从 t 分布，但由于大样本的情况下，t 分布和 Z 分布非常接近，所以样本平均数近似服从正态分布，对样本平均数进行标准化并计算取值：
$$Z = \frac{\overline{x} - \overline{X}}{S(x)/\sqrt{n}} = \frac{0.076 - 0.081}{\frac{0.025}{\sqrt{200}}} = -2.83$$

第三步：确定显著性水平，确定拒绝域。

显著性水平取 $\alpha = 0.05$，双侧检验，拒绝域在两侧，$F\left(Z\frac{\alpha}{2}\right) = 1 - \alpha$，查标准正态分布表得临界值：$Z\frac{\partial}{2} = \pm 1.96$，拒绝域为（$-\infty$，$-1.96$）和（$1.96$，$+\infty$）。

第四步：统计量与临界值进行比较作出判断。

由于 $|Z| > \left|Z\frac{\partial}{2}\right|$，统计量取值 Z 落入左侧拒绝域 $-2.83 \in$（$-\infty$，-1.96）。所以拒绝原假设，接受备择假设，可以认为新老机床加工零件椭圆度的均值有显著差别。

解法二：用 Excel 中的统计函数功能计算 P 值的操作步骤。

第一步：进入 Excel 表格界面，选择【插入】下拉菜单。

第二步：选择【函数】。

第三步：在函数分类中选"统计"，然后在函数名的菜单中选择字符"NORMSDIST"，点击【确定】。

第四步：输入构造统计量 Z 的绝对值（本例为 2.83），得到的函数值为 0.997672537，这意味着在标准正态分布条件下，Z 值 2.83 左边的面积为 0.997672537，由于本例题是双侧检验，故最后的 P 值为：

$$P = 2 \times (1 - 0.997672537) = 0.004655$$

P 值远小于显著性水平（$\alpha = 0.05$），所以拒绝原假设，得到与前面相同的结论。

（二）小样本下总体均值的检验

对于正态总体，当方差已知时，无论样本大小都可采用 Z 检验法进行检验，所以检验步骤和方法与上述例题解法一样。这里直接介绍，正态总体下，方差未知，需要用样本方差代替，且又是小样本的情况（$n < 30$），需要采用 t 检验法进行检验。

例 11.4　一项调查指出多数上班族每天有 2 小时在工作时间游手好闲。某服装品牌的经营者为了了解该企业设计部的员工每天浪费在上网和闲聊上的时间是否低于 2 小时，随机抽取了 10 名员工进行调查，结果如下（单位：分钟）：

109　112　116　130　110　132　112　114　106　127

问在显著性水平为 0.05 下，是否可以认为该企业设计部的员工平均每天浪费的时间少于 2 小时？

解　计算样本平均每天浪费的时间，由题意可知，$n = 10$。

$$\bar{x} = \frac{\sum_{i=1}^{10} x_i}{n} = 116.80, s = \sqrt{\frac{\sum_{i=1}^{10} (x_i - \bar{x})^2}{n - 1}} = 9.45$$

第一步：确定原假设与备择假设。

在这个例题中，关心的问题是该企业员工平均每天浪费的时间是否小于 2 小时，于是可以看出，这是一个左单侧检验问题，可以假设：

$H_0: \bar{X} \geq 120$

$H_1: \bar{X} < 120$

第二步：构造检验统计量，并计算其取值。

题中样本平均数服从 t 分布，构建 t 统计量，对样本平均数进行标准化并计算取值：

$$t = \frac{\bar{x} - \bar{X}}{s(x) / \sqrt{n}} = \frac{116.80 - 120}{\frac{9.45}{\sqrt{10}}} = -1.07$$

第三步：确定显著性水平，确定拒绝域。

分布显著性水平取 $\alpha = 0.05$，左单侧检验，拒绝域在左侧，t 分布对应的临界值 $t_\alpha (n - 1) = t_{0.05} (9) = 1.83$，拒绝域为（$-\infty$，$-1.83$）。

第四步：统计量与临界值进行比较作出判断。

检验统计量取值 $t = -1.07 > -t_\alpha (n - 1) = -t_{0.05} (9) = -1.83$，由于 $|t| < |t_\alpha|$，t 未落入拒绝域 $-1.07 \notin (-\infty, -1.83)$。因此不能拒绝原假设，即样本提供的数据不能证明该企业员工平均每天浪费的时间小于 2 小时。

其他情况的计算可以参见总体平均数假设检验汇总表（表 11-4）。

表 11-4　总体平均数假设检验汇总表

假设	双侧检验	左侧检验	右侧检验
假设形式	$H_0: \overline{X}=\overline{X_0}$, $H_1: \overline{X}\neq\overline{X_0}$	$H_0: \overline{X}\geqslant\overline{X_0}$, $H_1: \overline{X}<\overline{X_0}$	$H_0: \overline{X}\leqslant\overline{X_0}$, $H_1: \overline{X}>\overline{X_0}$
统计量	$z=\dfrac{\bar{x}-\overline{X}}{\sigma(X)/\sqrt{n}}$ σ 已知 $t=\dfrac{\bar{x}-\overline{X}}{S(x)/\sqrt{n}}$ σ 未知，用 s 代替		
拒绝域	$\|Z\|>Z_{\frac{\alpha}{2}}$ $\|t\|>t_{\frac{\alpha}{2}}(n-1)$	$Z<-Z_\alpha$ $t<-t_\alpha(n-1)$	$Z>Z_\alpha$ $t>t_\alpha(n-1)$
P 值决策	P 值小于 α 则拒绝原假设；P 值大于 α 则接受原假设		

三、一个总体成数的检验

总体成数是指总体中具有某种相同特征个体所占的比重，这些特征可以是数值型（如产值、人口数量、土地面积等），也可以是品质型（如性别、地区、季节、商品等级等）。总体成数一般用大写字母 P 表示，通常又是未知的，比如产品总体合格率。但我们可以事先假定其为某个数值，以 P_0 表示，该产品实际合格率 P 是否大于、小于或等于该假定值 P_0，可用随机抽取的样本合格率进行检验，用小写字母 p 表示样本成数。

成数是一个特殊的平均数，总体成数的检验与前面关于总体平均数检验的本质是一样的，由抽样分布理论可知，样本成数服从 0-1 分布或二项式分布，对于大样本而言，样本成数近似服从正态分布，总体成数假设检验就是通过建立标准正态分布的统计量进行检验。

$$Z=\frac{p-P}{\sqrt{\dfrac{P(1-P)}{n}}}\sim N(0,1)$$

其中，小写字母 p 为样本成数，n 为样本容量，大写字母 P 为总体成数。

例 11.5　某纺织品服装企业声明有 70% 以上的消费者对产品质量满意。如果随机调查 600 名消费者，表示对该企业产品满意的有 425 人。试在显著性水平 α=0.05 的水平下，检验调查结果是否支持企业的自我声明。

解　已知：$n=600$，$n_1=425$，$\alpha=0.05$，$p=\dfrac{425}{600}\approx70.83\%$

第一步：确定原假设与备择假设

$H_0: P\leqslant70\%$，$H_1: P>70\%$

第二步：构造检验统计量，并计算其取值

$$Z=\frac{p-P}{\sqrt{\dfrac{P(1-P)}{n}}}=\frac{0.7083-0.70}{\sqrt{\dfrac{0.70(1-0.70)}{600}}}=0.44$$

第三步：确定显著性水平，确定拒绝域

由于 $\alpha=0.05$，单侧检验情况下，$F(Z_{\alpha})=1-2\times0.05=90\%$，查标准正态分布表得临界值：$Z_{\alpha}=1.645$，拒绝域在右边为（1.645，$+\infty$）。

第四步：统计量与临界值进行比较，作出判断

检验统计量取值 $0.44\notin$（1.645，$+\infty$）落入接受域，接受原假设，不能支持该企业的声明，即没有充分的理由说明有 70% 以上的消费者对其服装质量满意。

解法二：前两步同上，检验统计量 $Z=0.44$

第三步：由单侧检验下，计算 P 值

$$P(Z>0.44)=\frac{1}{2}\left[1-F(0.44)\right]=0.3298$$

第四步：判断

$P=32.98\%>5\%=\alpha$，因此接受原假设，不能支持原假设的声明。

同样地，当构建检验统计量时，总体 P 往往未知，要用替代值，一是用历史资料代替；二是用试验性调查中方差最大值代替；对成数，用 $\sigma^2=0.25$ 代替。当用样本方差代替总体方差时，统计量不再是 Z 统计量，而是 t 统计量，要用 t 检验来进行假设检验。由于大样本下，t 分布与 Z 分布非常近似，所以，依然用 Z 检验，这里不再举例，可以参考总体成数假设检验汇总表（表 11-5）。

表 11-5　总体成数假设检验汇总表

假设	双侧检验	左侧检验	右侧检验
假设形式	$H_0: P=P_0$, $H_1: P\neq P_0$	$H_0: P\geqslant P_0$, $H_1: P<P_0$	$H_0: P\leqslant P_0$, $H_1: P>P_0$
统计量	$z=\dfrac{p-P}{\sqrt{\dfrac{P(1-P)}{n}}}$		
拒绝域	$\lvert Z\rvert>Z_{\frac{\alpha}{2}}$ $\lvert t\rvert>t_{\frac{\alpha}{2}}(n-1)$	$Z<-Z_{\alpha}$ $t<-t_{\alpha}(n-1)$	$Z>Z_{\alpha}$ $t>t_{\alpha}(n-1)$
P 值决策	P 值小于 α 则拒绝原假设；P 值大于 α 则接受原假设		

四、一个总体方差的检验

我们知道总体均值反映的是随机变量分布的集中程度或水平，而方差（标准差）则是反映该随机变量偏离总体均值的离散程度或水平。方差越大，表示该随机变量波动程度越大。在假设检验中，有时不仅需要检验正态总体的均值，成数，而且需要检验正态总体的方差。例如，在服装产品质量检验中，质量标准是通过不同类型的指标反映的，有些属于均值类型，如尺寸、规格等；有些属于比例类型，如产品合格率、废品率；有些属于方差类型，如尺寸的方差等。在这里，方差反映着产品的稳定性，方差从另一个方面说明研究现象的状况。

对方差进行检验的程序，与总体均值、成数检验是一样的，它们之间的主要区别是所

使用的检验统计量不同。方差检验所使用的是 χ^2 统计量（图 11 - 7）。对一个方差为 σ^2 的正态总体进行重复抽样，而且方差检验无论样本容量多大，都要求总体服从正态分布。

检验统计量为：$\chi^2 = \dfrac{(n-1) S^2}{\sigma_0{}^2} \sim \chi^2 (n-1)$

其中，n 为样本容量，S^2 为样本方差，$\sigma_0{}^2$ 为假定的总体方差。

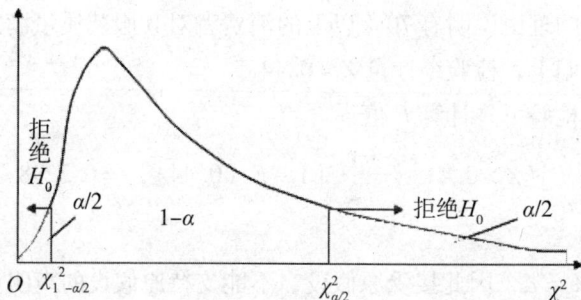

图 11 - 7 χ^2 分布检验的显著性水平、双边检验的拒绝域和临界值

例 11.6 某服装生产企业的工人工作效率 X（件/小时）服从正态分布 N（576，σ^2），某日随机抽查了 10 名员工进行工作效率检查，测得结果如下：

$$578 \quad 572 \quad 570 \quad 568 \quad 572 \quad 570 \quad 572 \quad 596 \quad 584 \quad 570$$

根据该实验数据，在显著性水平 $a = 0.05$ 下，是否可以认为该日工人的工作效率的标准差为 8（件/小时）。

解法一：由题意可知：

$$n = 10, \bar{x} = \frac{\sum x}{n} = 575.20, S^2 = \frac{\sum_{i=1}^{10} (x_i - \bar{x})^2}{n} = 75.73$$

第一步：根据题意提出原假设和备择假设：

H_0：$\sigma^2 = 8^2$，

H_1：$\sigma^2 \neq 8^2$

第二步：构造检验统计量，并计算其取值

$$\chi^2 = \frac{(n-1) S^2}{\sigma_0^2} = \frac{9 \times 75.73}{64} = 10.65$$

第三步：确定显著性水平，确定拒绝域

根据显著性水平 $\alpha = 0.05$，自由度为（$10 - 1$）$= 9$，双侧检验情况下，该情形下 χ^2 的临界值为：

$\chi^2_{0.05/2} (n-1) = \chi^2_{0.025} (9) = 19.023$，$\chi^2_{1-0.05/2} (n-1) = \chi^2_{0.975} (9) = 2.7$

第四步：统计量与临界值进行比较作出判断

由于 $\chi^2_{0.975} (9) = 2.7 < \chi^2 = 10.65 < \chi^2_{0.025} (9) = 19.023$，如图 11 - 8 所示，因此不能拒绝原假设，即依据给定的样本，在显著性水平 $a = 0.05$ 下，可以认为该日参加工作的员工工作效率的标准差为 8 件/小时。

解法二：用 Excel 中的统计函数功能计算操作步骤

第一步：在 Excel 中单击函数"f_x"命令，得到选择函数的对话框（图 11-9）；

第二步：选择"统计"函数下的"CHIINV"，确定后得到数据输入对话框；

第三步：在数据对话框中输入设定数据，即可获得 χ^2 分布所对应显著水平的临界值。

第四步：比较计算出来的检验统计量

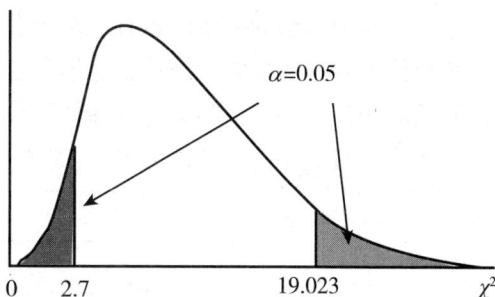

图 11-8　例 11.5 的拒绝域、接受域和临界值

值与给定显著水平下抽样分布的临界值大小，对原假设或备择假设作出选择。由于 $\chi^2_{0.975}$（9）=2.7<χ^2=10.65<$\chi^2_{0.025}$（9）=19.023，从而接受原假设。

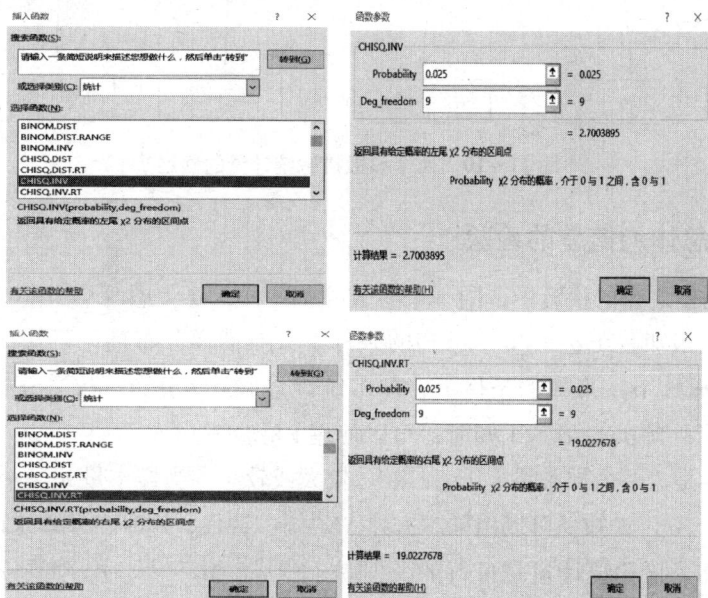

图 11-9　Excel 计算临界值过程

第三节　两个总体参数的检验

前面的章节对单参数的假设检验，也就是总体主要参数进行了假设检验。但是，在许多情况下，仅仅依靠对总体一个参数的把握远远不够，人们需要比较两个总体的参数，看它们是否有显著区别。在本节中，我们将对两个总体的均值、成数、方差是否相同的假设检验进行讨论，在此过程中，检验步骤和单参数检验基本相同，需要注意的是不同条件下对同一问题的回答及检验统计量的构建是完全不同的。

两个总体参数检验的主要内容有：两个总体均值之差的检验，两个总体比例之差的检验，两个总体方差比的检验。与一个总体参数的检验讨论的问题类似，两个总体参数的检验也涉及检验统计量的选择问题。选择什么检验统计量取决于被检验参数的抽样分布，而抽样分布与样本量大小，与总体方差 σ^2 是否已知都有关系（图 11 - 10）。

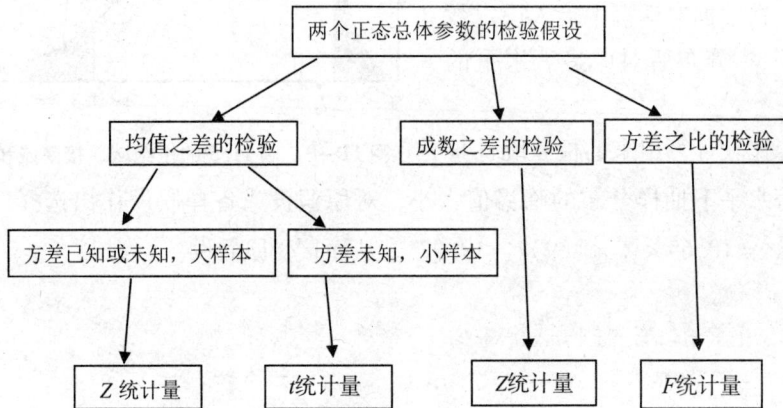

图 11 - 10　两个参数检验统计量的确定

一、两个总体均值差的检验

两个总体均值之差的检验中，同一个参数检验一样，要考虑两个因素：一是总体方差 σ_1^2，σ_2^2 已知或未知。在 σ_1^2，σ_2^2 已知的条件下，有抽样分布理论可知，样本统计量服从 Z 分布；而 σ_1^2，σ_2^2 未知的条件下，样本统计量服从 t 分布。故当 σ_1^2，σ_2^2 已知时，可以使用 Z 检验；当 σ_1^2，σ_2^2 未知时，可以使用 t 检验。

第二个因素是，两个样本量 n（n_1，n^2）较大或较小。当样本量 n_1，n^2 都较大时，如果总体方差 σ_1^2，σ_2^2 未知，可以用样本方差 S_1^2，S_2^2 替代，这时，样本统计量近似服从 Z 分布，采用 Z 作为检验统计量是可行的。但是，当 n_1，n_2 不大时，如果 σ_1^2，σ_2^2 未知，就应该采用 t 作为检验统计量。

（一）总体方差 σ_1^2，σ_2^2 已知或未知，且 n 较大

当两个总体均服从正态分布或虽然两个总体的分布形式未知，但抽自两个总体的样本容量均较大，且两个总体方差 σ_1^2，σ_2^2 已知时，可以证明，由两个独立样本算出 $\overline{x_1} - \overline{x_2}$ 的抽样分布服从正态分布，标准差为：

$$\sigma_{\overline{x_1} - \overline{x_2}} = \sqrt{\frac{\sigma_1^2}{n_1} + \frac{\sigma_2^2}{n_2}}$$

此时，正态分布标准化后，作为检验统计量 Z 的计算公式为

$$z = \frac{(\overline{x_1} - \overline{x_2}) - (\overline{X_1} - \overline{X_2})}{\sqrt{\frac{\sigma_1^2}{n_1} + \frac{\sigma_2^2}{n_2}}}$$

其中，大写字母 $\overline{X_1}$，$\overline{X_2}$ 分别为总体 1 和总体 2 的平均值。

两个总体方差未知，样本量 n_1，n^2 都较大时，可以用样本方差 S_1^2，S_2^2 替代，这时，

样本统计量服从 t 分布，且近似服从 Z 分布，通常采用 Z 作为检验统计量进行计算。检验统计量的计算公式为：

$$z = \frac{(\bar{x}_1 - \bar{x}_2) - (\bar{X}_1 - \bar{X}_2)}{\sqrt{\frac{S_1^2}{n_1} + \frac{S_2^2}{n_2}}}$$

例 11.7　假设纺织厂 A 生产的棉线的使用寿命 $X_1 \sim N(\bar{X}_1, 95^2)$，B 厂生产的棉线的使用寿命 $X_2 \sim N(\bar{X}_2, 120^2)$。现在从两厂产品中各抽取 100 只和 75 只，测得样本的平均使用寿命分别为 1180 小时和 1220 小时，问在显著性水平为 0.05 时，这两厂生产的棉线的平均使用寿命有无显著差异？

解：由题可知，总体标准差 $\sigma_1 = 95$，$\sigma_2 = 120$，$n_1 = 100$，$n_2 = 75$，样本均值 $\bar{x}_1 = 1180$ 小时，$\bar{x}_2 = 1220$ 小时，$\alpha = 0.05$。

第一步：确定原假设与备择假设

在这个例题中，关心的问题是 A、B 两厂产品使用寿命是否有显著差异，于是可以看出，这是一个双侧检验问题，可以假设：

H_0：$\bar{X}_1 - \bar{X}_2 = 0$

H_1：$\bar{X}_1 - \bar{X}_2 \neq 0$

第二步：构造检验统计量，并计算其取值

本题中两个正态总体方差已知，所以样本平均数差值服从正态分布，对样本平均数进行标准化并计算取值：

$$z = \frac{(\bar{x}_1 - \bar{x}_2) - (\bar{X}_1 - \bar{X}_2)}{\sqrt{\frac{S_1^2}{n_1} + \frac{S_2^2}{n_2}}} = \frac{1180 - 1220}{\sqrt{\frac{95^2}{n_1} + \frac{120^2}{n_2}}} = -2.38$$

第三步：确定显著性水平，确定拒绝域

显著性水平取 $\alpha = 0.05$，双侧检验，拒绝域在两侧，$F(Z_{\frac{\alpha}{2}}) = 1 - \alpha$，查标准正态分布表得临界值：$Z_{\frac{\alpha}{2}} = \pm 1.96$，拒绝域为 $(-\infty, -1.96)$ 和 $(1.96, +\infty)$。

第四步：统计量与临界值进行比较，作出判断。

由于 $|Z| > |Z_{\frac{\alpha}{2}}|$，统计量取值 Z 落入左侧拒绝域 $-2.83 \in (-\infty, -1.96)$。所以拒绝原假设，接受备择假设，可以认为 A、B 两厂产品使用寿命没有显著差异。

同样也可以借助软件工具 Excel、SPSS 进行假设检验，方法与前面例题类似，主要是在选用统计量有所不同。

（二）总体方差 σ_1^2，σ_2^2 未知，且 n_1，n^2 较小

在 σ_1^2，σ_2^2 未知且 n 都较小的情况下，进行两个总体均值之差的检验需要使用 t 检验统计量，这里又有两种情况：

1. 两个总体方差未知，但 $\sigma_1^2 = \sigma_2^2$

两个总体方差相等的成立，往往是从已有大量的经验中得到的，或者事先进行了关于两个方差相等的检验，并得到肯定的结论。这时，$\sigma_{\bar{x}_1 - \bar{x}_2}$ 的估计值为：

$$\hat{\sigma}_{\overline{x_1} - \overline{x_2}} = s_p \sqrt{\frac{1}{n_1} + \frac{1}{n_2}}$$

式中，$S_p^2 = \dfrac{(n_1 - 1)\ S_1^2 + (n_2 - 1)\ S_2^2}{n_1 + n_2 - 2}$

于是，检验统计量 t 的计算公式为：

$$t = \frac{(\overline{x_1} - \overline{x_2}) - (\overline{X_1} - \overline{X_2})}{S_p \sqrt{\dfrac{1}{n_1} + \dfrac{1}{n_2}}}$$

t 分布的自由度为 $n_1 + n_2 - 2$。

例 11.8 某服装制造企业为提高职工生产的熟练程度对部分职工进行了 3 个月的培训。为了解效果如何，特从经过培训和未经过培训的职工中随机抽取了 10 名员工（假定这两组员工在培训前个体差异很小或完全没有），记录月产量，获得有关数据（表 11-6）。又假定这两组职工的实际产量均近似服从正态分布，问在显著性水平为 0.05 时，培训对职工产量提高有无显著性影响？

表 11-6 某服装企业部分职工月产量对比表

序号	1	2	3	4	5	6	7	8	9	10
经过培训	2000	2120	1980	2200	2100	1900	2030	2100	2000	2160
未经培训	1803	1980	2005	1900	2000	2200	1600	2000	1901	2001

解：由题可知：$n_1 = 10$，$n_2 = 10$，$\alpha = 0.05$，经计算可知：

$S_1 = 92.19$，$S_2 = 156.99$，$\overline{\chi_1} = 1180$ 小时，$\overline{\chi_2} = 1220$ 小时。

第一步：确定原假设与备择假设

H_0：$\overline{X_1} - \overline{X_2} \leq 0$，

H_1：$\overline{X_1} - \overline{X_2} > 0$。

第二步：构造检验统计量，并计算其取值

本题中两个总体服从整体分布，方差未知但相等，且为小样本，因此构建 t 统计量进行检验并计算取值：

将样本数据计算的总体合并方差为：

$$S_p^2 = \frac{(n_1 - 1)\ S_1^2 + (n_2 - 1)\ S_2^2}{n_1 + n_2 - 2} = \frac{9 \times 92.19^2 + 9 \times 156.99^2}{18} = 16573.11$$

$$t = \frac{(\overline{x_1} - \overline{x_2}) - (\overline{X_1} - \overline{X_2})}{S_p \sqrt{\dfrac{1}{n_1} + \dfrac{1}{n_2}}} = \frac{2059 - 1939}{\sqrt{16573.11 \times \dfrac{2}{10}}} = 2.08$$

第三步：确定显著性水平，确定拒绝域

分布显著性水平取 $\alpha = 0.05$，右单侧检验，拒绝域在右侧，t 分布对应的临界值 $t_\alpha (n_1 + n_2 - 2) = t_{0.05} (18) = 1.73$。

第四步：统计量与临界值进行比较，作出判断

检验统计量取值 $t = 2.08 > t_\alpha$ $(n_1 + n_2 - 2)$ $= -t_{0.05}$ （18） $= 1.73$，由于 $|t| > |t_\alpha|$，落入拒绝域。因此拒绝原假设，认为经过培训的职工其生产效率有了显著提高。

2. 两个总体方差未知，且 $\sigma_1^2 \neq \sigma_2^2$

当总体方差未知时，自然是用样本方差 S_1^2，S_2^2 分别替代总体方差 σ_1^2，σ_2^2，这时，$\sigma_{\overline{x_1} - \overline{x_2}}$ 的估计值为：

$$\sigma_{\overline{x_1} - \overline{x_2}} = \sqrt{\frac{S_1^2}{n_1} + \frac{S_2^2}{n_2}}$$

但此时的抽样分布以不服从自由度为 $n_1 + n_2 - 2$ 的 t 分布，而是近似服从自由度为 f 的 t 分布，f 的计算公式为：

$$f = \frac{\left(\dfrac{S_1^2}{n_1} + \dfrac{S_2^2}{n_2}\right)^2}{\dfrac{\left(\dfrac{S_1^2}{n_1}\right)^2}{n_1 - 1} + \dfrac{\left(\dfrac{S_2^2}{n_2}\right)^2}{n_2 - 1}}$$

这时，检验统计量 t 的计算公式为：

$$t = \frac{(\overline{x_1} - \overline{x_2}) - (\overline{X_1} - \overline{X_2})}{\sqrt{\dfrac{S_1^2}{n_1} + \dfrac{S_2^2}{n_2}}}$$

二、两个总体成数之差的检验

两个总体成数之差检验中，一般采用 z 统计量，其理由与前一节一个正态总体成数的检验中采用 Z 统计量的理由是相同的。两个总体服从二项分布，这两个总体中具有某种特征单位数的比例分别为 P_1，P_2，但往往总体 P_1，P_2 是未知的，可以用样本成数 p_1，p_2 代替。有两种情况：

（一）检验两个总体成数是否相等

该假设的表达式为：

双侧检验：$H_0 : P_1 - P_2 = 0$，$H_1 : P_1 - P_2 \neq 0$

左侧检验：$H_0 : P_1 - P_2 \geq 0$，$H_1 : P_1 - P_2 < 0$

右侧检验：$H_0 : P_1 - P_2 \leq 0$，$H_1 : P_1 - P_2 > 0$

在原假设成立的条件下，两个总体的合并方差为 $P(1-P)$，其中 P 是将两个样本合并后得到的比例估计量：

$$p = \frac{n_1 p_1 + n_2 p_2}{n_1 + n_2}$$

于是，在大样本条件下，两个总体成数之差的检验统计量为：

$$z = \frac{(p_1 - p_2) - (P_1 - P_2)}{\sqrt{p(1-p)\left(\dfrac{1}{n_1} + \dfrac{1}{n_2}\right)}}$$

例 11.9　某服装厂准备为中老年人设计一系列礼服，为了了解中年人和老年人对这一设计的喜好程度，分别调查了 200 名中年人和 220 名老年人。其中有 176 名中年人和 187 名老年人表示对这系列服饰感兴趣，表示有购买欲望。试问，能否认为在 0.05 的显著性水平下，中年人和老年人对该系列服饰的喜好程度是一致的。

解：根据题意可知，本题属于两个总体比例之差检验的问题。关心的是中年人群体和老年人群体的喜好程度是否一致或一样，因此属于双侧检验的问题。

$n_1 = 200$，$n_2 = 220$，样本比例 $p_1 = 88\%$，$p_2 = 85\%$，$\alpha = 0.05$

第一步：根据题意提出原假设和备择假设

H_0：$P_1 - P_2 = 0$，H_1：$P_1 - P_2 \neq 0$

第二步：构造检验统计量，并计算其取值

两个样本合并后得到的成数估计量：

$$p = \frac{n_1 p_1 + n_2 p_2}{n_1 + n_2} = \frac{200 \times 88\% + 220 \times 85\%}{200 + 220} = 0.8643$$

构造的统计量为

$$z = \frac{(p_1 - p_2) - (P_1 - P_2)}{\sqrt{p(1-p)\left(\frac{1}{n_1} + \frac{1}{n_2}\right)}} = \frac{0.88 - 0.85}{\sqrt{0.8643 \times (1 - 0.8643) \times \left(\frac{1}{200} + \frac{1}{220}\right)}} = 0.89$$

第三步：确定显著性水平，确定拒绝域

根据显著性水平取 $\alpha = 0.05$，双侧检验，拒绝域在两侧，$F(Z_{\frac{\alpha}{2}}) = 1 - \alpha$，查标准正态分布表得临界值：$Z_{\frac{\alpha}{2}} = \pm 1.96$，拒绝域为 $(-\infty, -1.96)$ 和 $(1.96, +\infty)$。

第四步：统计量与临界值进行比较，作出判断

由于 $|Z| > |Z_{\frac{\alpha}{2}}|$，统计量取值 Z 落入左侧拒绝域 $0.89 \in (-1.96, 1.96)$。落入接受域，所以接受原假设，可以认为中年人和老年人对礼服设计的喜好是一致的。

（二）检验两个总体成数之差不为零的假设

该假设的表达式为：

双侧检验：H_0：$P_1 - P_2 = d_0$，H_1：$P_1 - P_2 \neq d_0$

左侧检验：H_0：$P_1 - P_2 \geq d_0$，H_1：$P_1 - P_2 < d_0$

右侧检验：H_0：$P_1 - P_2 \leq d_0$，H_1：$P_1 - P_2 > d_0$

这种情况下，两个样本成数之差 $p_1 - p_2$ 近似服从以总体成数之差 $P_1 - P_2$ 为数学期望的正态分布，因而可以选择 Z 作为检验统计量：

$$z = \frac{(p_1 - p_2) - (P_1 - P_2)}{\sqrt{\frac{p_1(1-p_1)}{n_1} + \frac{p_2(1-p_2)}{n_2}}} = \frac{(p_1 - p_2) - d_0}{\sqrt{\frac{p_1(1-p_1)}{n_1} + \frac{p_2(1-p_2)}{n_2}}}$$

例 11.10 有一项研究报告说大学生购买服装的偏好不同，女生购买的比例至少超过男生 10 个百分点，即 $P_1 - P_2 \geq 10\%$（P_1 为女生比例，P_2 为男生比例）。现对 150 个女生和 150 个男生进行实际调查，其中喜欢自己购买衣服的女生有 68 人，男生有 54 人。调查结果是否支持研究报告的结论（$\alpha = 0.05$）？

解：根据题意可知，本题左单侧检验的问题

$n_1 = n_2 = 150$，样本比例 $p_1 = 45\%$，$p_2 = 36\%$，$d_0 = 10\%$，$\alpha = 0.05$

第一步：根据题意提出原假设和备择假设

H_0：$P_1 - P_2 \geqslant 10\%$，H_1：$P_1 - P_2 < 10\%$

第二步：构造检验统计量，并计算其取值

构造的统计量为：

$$z = \frac{(p_1 - p_2) - d_0}{\sqrt{\dfrac{p_1(1-p_1)}{n_1} + \dfrac{p_2(1-p_2)}{n_2}}} = \frac{(0.45 - 0.36) - 0.1}{\sqrt{\dfrac{0.45(1-0.45)}{150} + \dfrac{0.36(1-0.36)}{150}}} = -0.177$$

第三步：确定显著性水平，确定拒绝域

根据显著性水平取 $\alpha = 0.05$，单侧检验，拒绝域在两侧，$F(Z_\alpha) = 1 - 2\alpha$，查标准正态分布表得临界值：$Z_\alpha = 1.645$。

第四步：统计量与临界值进行比较，作出判断

由于 $|Z| < |Z_\alpha|$，统计量取值 Z 落入接受域，$-0.177 \in (-1.645, 1.645)$。落入接受域，所以接受原假设，调查结果支持研究报告的结论。

三、两个总体方差比的检验

如果要检验两个总体方差是否相等，可以通过两个总体方差之比是否等于 1 来进行。前面讨论两个总体均值之差的检验时，假定总体方差相等或不相等。事实上，在进行两个总体均值之差的检验之前，可以先进性两个总体方差是否相等的检验，两个总体方差比的检验中，正如本章之前讨论过的，此时样本统计量服从 F 分布，需要进行 F 检验。

比较两个未知的总体方差 σ_1^2，σ_2^2，我们用两个样本方差 s_1^2，s_2^2 的比进行判断，如果 s_1^2 / s_2^2 接近 1，说明两个总体方差 σ_1^2，σ_2^2 很接近，如果比值远离 1，说明总体方差之间有较大差异。当两个容量为 n_1，n_2 的样本分别独立地取自于两个正态总体时，则服从第 1 自由度为 $n_1 - 1$ 和第 2 自由度为 $n_2 - 1$ 的 F 分布，构建的统计量为：

$$F = \frac{s_1^2 / n_1}{s_2^2 / n_2} \sim F(n_1 - 1, n_2 - 1)$$

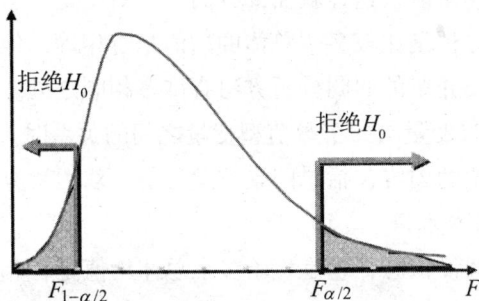

图 11-11　方差比 F 检验示意图

例 11.11　利用例 11.8，题中已知两个总体之前的差异性完全相同（$\sigma_1^2 = \sigma_2^2$），现在反过来进行检验，两个总体方差之间是否相等？

解：由题可知：$n_1 = 10$，$n_2 = 10$，$\alpha = 0.05$，经计算可知：

$s_1 = 92.19$，$s_2 = 156.99$，$\bar{\chi}_1 = 1180$ 小时，$\bar{\chi}_2 = 1220$ 小时，

第一步：根据题意提出原假设和备择假设

$$H_0 : \frac{\sigma_1^2}{\sigma_2^2} = 1，\quad H_1 : \frac{\sigma_1^2}{\sigma_2^2} \neq 1$$

第二步：统建检验统计量并计算

$$F = \frac{s_1^2/n_1}{s_2^2/n_2} = \frac{\dfrac{92.19^2}{10}}{\dfrac{156.99^2}{10}} = 0.345$$

第三步：确定显著性水平和临界值

当显著性水平为 0.05 时，F 分布的左临界值 $F_{0.975}$（9，9）$= 0.25$，右临界值 $F_{0.025}$（9，9）$= 4.03$。

第四步：判断

$F_{0.975}$（9，9）$= 0.25 < F = 0.345 < F_{0.025}$（9，9）$= 4.03$，检验统计量的值没有落入拒绝域，因而不拒绝原假设，也就是说，在 0.05 的显著性水平下，可以认为这两组员工的差异性非常小或完全没有。

第四节　方差分析

一、方差分析的一般问题

方差分析是在 20 世纪 20 年代发展起来的一种统计方法，它是由英国统计学家费希尔在进行试验设计时为了解释试验数据而首先引入的。在实际工作中，通常我们关心的变量或者指标受到许多因素的影响，这样就需要找出哪些对变量或者指标有显著影响的因素。

从形式上看，方差分析是比较多个总体的均值是否相等，但本质上它所研究的是变量之间的关系，这与后面要介绍的回归分析方法有许多相同之处，但又有本质区别。在研究一个（或多个）分类型自变量与一个数值型变量之间的关系时，方差分析就是其中的主要方法之一。本章将要介绍的内容包括单因素方差分析、双因素方差分析的基本知识。

（一）方差分析的基本术语

方差分析也是一种假设检验，它是检验多个总体均值是否相等的统计方法，称为方差分析。

方差分析通过检验总体均值是否相等，来判断分类型自变量对数值因变量是否有显著影响。在前面的假设检验中，我们学习了两个总体均值之差的检验方法，但如果需要检验多个总体均值是否相等时，之前的方法就显得捉襟见肘了。比如，在 0.05 的置信水平下

要检验 3 个总体的均值，若采用假设检验的方法，就不得不进行 3 次不同的检验，但随着检验次数的增加，置信水平反而降到了 $0.95^3 = 0.857$，显然在检查完成时犯第一类错误的概率大于 0.05。利用方差分析，我们可以很好地解决这一问题。

为了进一步理解方差分析及相关术语，下面通过一个例子来说明。

例 11.12　某著名服装公司要分析一种新产品是否受到普遍欢迎，市场部在北京、上海、广州三地针对目标人群进行了抽样调查，假设满分为 100 分，消费者的评分如表 11 – 7 所示。请问，市场部经理该如何根据表中的数据来推断三地目标人群对该产品的看法是否相同？

表 11 – 7　某著名服装公司三个地区下的消费者评分表

样本号	北京	上海	广州
1	66	87	79
2	74	59	65
3	75	69	70
4	79	70	60
5	84	78	49
6	56	88	45
7	55	80	51
8	68	72	68
9	74	84	59
10	88	77	49

本例中，要考核各地目标人群对该产品的看法是否相同，实际是要判断"地点"对"消费者评分"是否有显著影响，作出这种判断的依据归根结底是要知道三地目标人群对产品评分的均值是否相等。如果他们的均值相等，就意味着"地点"对"消费者评分"没有影响，也就是三个目标人群对于该产品的看法没有显著差别；反之则有显著差别。

进行方差分析所要研究的对象称为观测变量，影响观测变量变化的客观或人为条件称为因素。这些条件通常是可控制的条件，将因素所处的不同状态或不同取值称为水平或处理。每个因素水平下得到的样本数据称为观测值。

本例中，"地点"是需要检验的对象，叫作"因素"；北京、上海、广州分别是"地名"这一因素所处的不同状态，称为"水平"或"处理"；在每个分厂得到的样本数据（考核分数）称为观测值。在这一试验中，只有一个因素在变动，则称为单因素试验，处理单因素试验的统计推断方法叫单因素方差分析；如果多于一个因素在改变，则称为多因素试验，处理多于一个因素试验的统计推断方法叫多因素方差分析。

（二）方差分析的基本思想和原理

方差分析是通过对数据误差来源的分析判断不同总体的均值是否相等，进而分析自变量对因变量是否有显著影响。因此在方差分析中，需要考察数据误差的来源。下面结合上述表格中的数据说明数据之间的误差来源及其分解过程。

首先，应注意到在同一个地区（同一个总体）中，样本的各观测值是不同的。例如，在北京地区的满意度调查数据是不同的。由于目标人群中的消费者是随机抽取的，因此他们之间的差异可以看成是随机因素的影响造成的，或者说是由抽样的随机性所造成的随机误差。这种来自水平内部的数据误差也称为组内误差。

另外，不同地区（不同总体）之间的观测值也是不同的，来自不同水平之间的数据误差称为组间误差。造成这种差异的主要原因有两个，一是由抽样本身形成的随机误差；二是由于地区本身的系统性因素造成的系统误差。因此，组间误差是随机误差和系统误差的总和。

显然，组内误差只包含随机误差，而组间误差既包含随机误差又包含系统误差。如果不同地区对该服装品牌满意程度没有影响，那么组间误差中也只包含随机误差而没有系统误差，组间误差和组内误差经过平均后的数值应该很接近；反之，如果不同地区对满意程度有影响，这时组间误差平均后的数值就会大于组内误差平均值。因此，判断地区是否对满意度有显著影响这个问题，实际上就是检验满意度的差异主要是由什么原因造成的，如果这种差异主要是系统误差，我们就可以认为地区对满意度有显著影响。在方差分析的基本假设前提下，这个问题实际就是检验这三个地区的平均满意程度是否相等的问题。

在方差分析中，数据的误差是用离差平方和来表示的。为了构建检验统计量，需要计算三个误差平方和，将总离差平方和（SST）分解为组间平方和（SSA）与组内平方和（SSE）。

（三）方差分析中的基本假定

应用方差分析对资料进行统计推断之前应注意其使用条件，包括：

（1）正态性。也就是说，对于因素的每一个水平，其观测值是来自正态分布总体的简单随机样本。例如，农作物品种的问题中，每个品种的产量必须服从正态分布。偏态分布资料不适用方差分析，对偏态分布的资料应考虑用对数变换、平方根变换、倒数变换、平方根反正弦变换等变量变换方法变为正态或接近正态后再进行方差分析。

（2）方差齐性。也就是说，各组的观测数据是从具有相同方差的正态总体中抽取的，如果组间方差不齐则不适用方差分析。

（3）观察值是独立的。

在满足上述假定的条件下，要分析因素对观测变量是否有影响，实际就是检验各因素的各个水平的均值是否相等。

二、单因素方差分析

在方差分析中，如果仅仅考虑一个因素的影响，这时的方差分析称为单因素方差分析；若同时考虑多个影响因素，这时的方差分析称为多因素方差分析。特别地，如果同时考虑两个因素的影响，则称之为双因素方差分析。由于两个以上的多因素方差分析较为复杂，其处理的思想和方法与双因素方差分析类似，所以，本节仅介绍单因素和双因素的方差分析。

下面先来介绍第一种情况，单因素方差分析只检验一个变量的影响。

（一）提出假设

在方差分析中，原假设所描述的是在按照自变量的取值分成的类中，因变量的均值相等。因此，检验因素的 k 个水平（总体）的均值是否相等，需要提出如下形式的假设：

H_0：$\overline{X}_1 = \overline{X}_2 = \cdots \overline{X}_i \cdots = \overline{X}_k$　自变量对因变量没有显著影响

H_1：$\overline{X}_i$（$i=1$，2，$\cdots$，k）不全相等　自变量对因变量有显著影响

其中，$\overline{X}_i$ 为第 i 个总体的均值

如果拒绝原假设，则意味着自变量对因变量有显著影响，也就是自变量与因变量之间有显著关系，反之，没有证据表明自变量与因变量之间没有显著关系。

（二）构建检验统计量

为了构建检验统计量，在方差分析中，需要计算三个误差平方和，它们是总离差平方和（SST）、组间平方和（SSA）与组内平方和（SSE）。

1. 总离差平方和（SST）

它是全部观测值 X_{ij} 与总平均值 $\overline{X}$ 的离差平方和，反映了全部观测值的离散状况，其计算公式为：

$$SST = \sum_{i=1}^{k} \sum_{j=1}^{n_i} (X_{ij} - \overline{X})^2$$

2. 组间平方和（SSA）

也称为水平项离差平方和，它是各组平均值 $\overline{X}_i$（$i=1$，2，$\cdots$，k）与总平均值 $\overline{X}$ 的误差平方和，反映各总体的样本均值之间的差异程度，所以为组间离差平方和。其计算公式为：

$$SSA = \sum_{i=1}^{k} \sum_{j=1}^{n_i} (X_i - \overline{X})^2 = \sum_{i=1}^{k} n_i (X_i - \overline{X})^2$$

3. 组内平方和（SSE）

它是每个水平或组的个样本数据与七组平均值误差的平方和，反映了每个样本各个观测值的离散情况，因此，也称为残差平方和或误差项平方和。该平方和实际反映的是堆积误差的大小，其计算公式为：

$$SSE = \sum_{i=1}^{k} \sum_{j=1}^{n_i} (X_{ij} - \overline{X}_i)^2$$

上述三个离差平方和之间的关系为：

$$\sum_{i=1}^{k} \sum_{j=1}^{n_i} (X_{ij} - \overline{X})^2 = \sum_{i=1}^{k} n_i (X_i - \overline{X})^2 + \sum_{i=1}^{k} \sum_{j=1}^{n_i} (X_{ij} - \overline{X}_i)^2$$

即　　　　　　　　　　　　　SST = SSA + SSE

从上述三个离差平方和可以看出，SSA 是对随机误差和系统误差的大小的度量，它反映了因素（自变量）对观测变量（因变量）大小的影响；SSE 是对随机误差大小的度量，它反映了除因素对观测变量的影响之外的其他因素对观测变量的总影响；SST 是对全部数据总误差程度的度量，它反映了主因素和随机因素的共同影响。

4. 检验统计量的确定

我们知道，各个误差平方和的大小与观测值的多少有关，为了消除观测值多少对误差

平方和大小的影响，需要将其平均，也就是用各自平方和除以它们所对应的自由度，这一方法称为均方。它们三个平方和所对应的自由度分别为：

SST 的自由度为 $n-1$，其中 n 为全部观测值的个数。

SSA 的自由度为 $k-1$，其中 k 为因素水平（总体）的个数。

SSE 的自由度为 $n-k$。

由于要比较的是组间均方和组内均方之间的差异，所以通常只计算 SSA 和 SSE 的均方。SSA 的均方也称为组间均方，记为 MSA，其计算公式为：

$$MSA = \frac{\text{组间平方和}}{\text{自由度}} = \frac{SSA}{k-1}$$

SSE 的均方也称为组内均方，记为 MSE，其计算公式为：

$$MSE = \frac{\text{组内平方和}}{\text{自由度}} = \frac{SSE}{n-k}$$

将上述 MSA 和 MSE 进行对比，即得到所需要的检验统计量 F。当原假设为真时，二者的比值服从分子自由度为 $k-1$、分母自由度为 $n-k$ 的 F 分布，即

$$F = \frac{MSA}{MSE} \sim F(k-1, n-k)$$

（三）确定显著性水平

根据给定的显著性水平 α，在 F 分布表中查找与分子自由度 $df_1 = k-1$、分母自由度 $df_2 = n-k$ 相应的临界值 $F_\alpha(k-1, n-k)$。

（四）统计决策

计算出检验统计量后，将统计量的值 F 与给定的显著性水平下的临界值进行比较，从而作出对原假设的决策（表 11-8）。

表 11-8 检验决策标准及其意义

比较	决策	意义
$F > F_\alpha(k-1, n-k)$	拒绝 H_0	可以认为 $\overline{X}_i$ 之间的差异是显著的；存在某因素对观测值的影响是显著的
$F < F_\alpha(k-1, n-k)$	不能拒绝 H_0	不能认为 $\overline{X}_i$ 之间的差异是显著的；可以认为所检验的因素对观测值没有显著影响

需要注意的是，拒绝 H_0 并不意味着因素对观测值肯定就有影响，只是在样本数据的范围内，所提供的证据表明它们之间的关系显著，因而拒绝原假设。

例 11.13 某服装公司拟通过市场调研检验不同年龄的消费者对该公司生产的 T 牌休闲服购买量有无显著性差异，以决定是否细分市场。该公司选择了一组调查对象，将调查对象按年龄因素分为老（A_1）、中（A_2）、青（A_3）三个水平。随机调查了该公司下辖的五个专卖店在某一时间内不同年龄消费者的购买情况，获得资料如表 11-9 所示。

问不同年龄组对 T 牌休闲服的购买量有无显著性差异？是否应细分市场？

表 11 – 9 某时期内 T 牌休闲服在不同年龄组的购买数据

组数 \ 各专卖店购买量	1	2	3	4	5	合计	各水平下的样本均值
老（A_1）	215	198	210	187	200	1010	$\overline{x_1} = 202$
中（A_2）	237	205	215	191	207	1055	$\overline{x_2} = 211$
青（A_3）	246	230	223	208	213	1120	$\overline{x_3} = 224$
总样品均值	$\overline{x} = 212.33$						

由于该题只涉及一个变量——年龄，所以我们可以采取单因素方差分析进行检验。

第一步：提出原假设与备择假设

H_0：$\overline{X}_1 = \overline{X}_2 = \cdots \overline{X}_i \cdots = \overline{X}_k$ 不同年龄组对 T 牌休闲服的购买量无显著性影响；

H_1：$\overline{X}_i$（$i = 1,2,\cdots,k$）不全相等 不同年龄组对 T 牌休闲服的购买量有显著性影响。

第二步：构造检验统计量，编制方差分析表（表 11 – 10）

1. 计算各专卖店销售量总离差平方和（SST）

各专卖店销售量之间的离差，即组内离差平方和（SSE）；各专卖店对不同年龄组的销售量之间的离差，即组间离差平方和（SSA）。

$\overline{x}$ 为总体样本均值，$\overline{x}_i = \dfrac{1}{5}(215 + 198 + 210 + 187 + 200) = 202$

同理可得 $\overline{x}_2 = 211$，$\overline{x}_3 = 224$

则 $\overline{x} = \dfrac{1}{3}(202 + 211 + 224) = 212.33$

因此

$$\mathrm{SSA} = n\sum_{i=1}^{K}(\overline{x_i} - \overline{x})^2 = 5\left[(202 - 212.33)^2 + (211 - 212.33)^2 + (224 - 212.33)^2\right] = 1223.33$$

$$\mathrm{SSE} = \sum_{i=1}^{K}\sum_{j=1}^{n}(x_{ij} - \overline{x_i})^2 = (215 - 202)^2 + (198 - 202)^2 + \cdots + (213 - 224)^2 = 2520$$

$$\mathrm{SST} = \sum_{i=1}^{m}\sum_{j=1}^{n}(x_{ij} - \overline{x})^2 = \mathrm{SSA} + \mathrm{SSE} = 3743.33$$

2. 选择检验统计量 F

$$F = \frac{\mathrm{MSA}}{\mathrm{MSE}} \sim F(k-1, n-k)$$

这里，$[k-1, n-k]$ 为自由度，$k = 3$，$n = 15$，所以

$$F = \frac{1223.33/2}{2520/12} \approx 2.91$$

表 11 – 10　T 牌休闲服在不同年龄购买量方差分析表

方差来源	平方和	自由度	均方	F 值
年龄	SSA = 1223.33	3 – 1 = 2	611.665	
误差	SSE = 2520	15 – 3 = 12	210	611.665/210 = 2.91
总和	SST = 3743.33	15 – 1 = 14	—	

第三步：根据显著性水平求出临界值

选定显著水平 $\alpha = 0.05$，查 F 分布表得：

$$F_a [k-1, n-k] = F_{0.05}(2, 12) = 3.89$$

若选定显著水平 $\alpha = 0.10$，则得

$$F_a [k-1, n-k] = F_{0.10}(2, 12) = 2.81$$

第四步：比较作出统计决策

由表可知，$F_{0.05}(2, 12) > F > F_{0.10}(2, 12)$，所以显著水平 $\alpha = 0.10$ 下，拒绝 H_0；而在显著水平 $\alpha = 0.05$ 下，接受 H_0。这说明不同年龄组对 T 牌休闲服的购买量有一定的影响，但显著性不强，因此对于厂家而言，如果单从年龄因素考虑的话，没有必要细分市场。

三、双因素方差分析

前面介绍的单因素方差分析只考查了一个变量的影响，但在许多实际问题中，往往不能只考查单一因素各种水平下的影响，而必须同时考查几种因素的影响作用。比如，前面我们已经验证了年龄因素对 T 牌休闲服的购买量存在一定的影响（不显著）。事实上，除年龄这个因素外，其他因素如消费者收入水平、消费者偏好、交通便利情况等也会对销售量产生影响，甚至是显著性影响。假如人们再将这 15 家专卖店按交通便利情况分成 5 组，每组 3 家进行考查，则除年龄因素外，交通便利情况也构成了影响销售量的一大因素，必须考查用双因素方差分析进行检验。

下面不考虑两个因素间的交互作用，或者说假定无交互作用，通常只需要对两个因素各种水平进行一次独立试验。

双因素方差分析方法与单因素方差分析方法虽然存在本质区别，但其基本思想和基本方法大致相同。这里我们把年龄因素设为 A 因素，交通便利情况设为 B 因素，则有关计算如下：

（一）建立假设

为了检验两个因素的影响，需要对两个因素分别提出假设，这里分别列出了两个因素下的原假设。

H_{01}：年龄因素（A 因素）对 T 牌休闲服的购买量有显著性影响；

H_{02}：年龄因素（B 因素）对 T 牌休闲服的购买量有显著性影响。

（二）计算 $\bar{x_i}$、$\bar{x_j}$、$\bar{x}$，（有关计算结果见表 11 – 11）

表 11 – 11　双因素各种水平下的样本均值

A 因素 ＼ B 因素	B_1	B_2	B_3	B_4	B_5	$\overline{x_i}$
A_1	215	198	210	187	200	$\overline{x_i} = 200$
A_2	237	205	215	191	207	$\overline{x_i} = 211$
A_3	246	230	223	208	213	$\overline{x_i} = 224$
$\overline{x_j}$	$\overline{x_1} = 232.67$	$\overline{x_2} = 211$	$\overline{x_3} = 216$	$\overline{x_4} = 195.33$	$\overline{x_5} = 206.67$	$\overline{x} = 212.33$

注：$\overline{x_i}$ 为 A 因素各水平下的样本均值；$\overline{x_j}$ 为 B 因素各水平下的样本均值；$\overline{x}$ 为总的样本均值。

（三）计算各个离差平方和（SSA、SSB、SSE、SST）

同样地，将总离差 SST 进行分解。

总平方和是全部样本观察值 X_{ij}（$i = 1, 2, \cdots, k$；$j = 1, 2, \cdots, r$）与总的样本平均值 $\overline{\overline{X}}$ 的误差平方和，即

$$\text{SST} = \sum_{i=1}^{k} \sum_{j=1}^{r} (X_{ij} - \overline{\overline{X}})^2$$
$$= \sum_{i=1}^{k} \sum_{j=1}^{r} (\overline{X}_{i.} - \overline{\overline{X}})^2 + \sum_{i=1}^{k} \sum_{j=1}^{r} (\overline{X}_{.j} - \overline{\overline{X}})^2 + \sum_{i=1}^{k} \sum_{j=1}^{r} (X_{ij} - \overline{X}_{i.} - \overline{X}_{.j} + \overline{\overline{X}})^2$$

其中，分解后的等式右边的第一项，第二项分别为行因素和列因素所产生的误差平方和，记为 SSA、SSB。第三项是除两个因素以外的剩余因素影响产生的离差平方和，称为随机误差项平方和，记为 SSE。

上述各平方和的关系为：

$$\text{SST} = \text{SSA} + \text{SSB} + \text{SSE}$$

（四）构建检验统计量

统计量的构建方法与单因素方差分析一致，在上述误差平方的基础上计算均方，也就是将各个平方和除以相应的自由度，这里直接给出行因素、列因素及随机误差项的均方，分别用 MSA、MSB、MSE 表示，即

$$\text{MSA} = \frac{\text{SSA}}{k-1} \quad (\text{自由度为 } k-1)$$

$$\text{MSB} = \frac{\text{SSB}}{r-1} \quad (\text{自由度为 } r-1)$$

$$\text{MSE} = \frac{\text{SSE}}{(k-1)(r-1)} \quad [\text{自由度为 } (k-1)(r-1)]$$

为检验行因素（A 因素）对因变量的影响是否显著，采用下面的统计量：

$$F_A = \frac{\text{MSA}}{\text{MSE}} \sim F[k-1, (k-1)(r-1)]$$

为检验行因素（B 因素）对因变量的影响是否显著，采用下面的统计量：

$$F_B = \frac{\text{MSB}}{\text{MSE}} \sim F[r-1, (k-1)(r-1)]$$

利用表 11 – 10 中的数据，带入公式，得到如下分析结果（表 11 – 12）。

表 11 – 12 对年龄及交通便利情况两变量的双因素方差分析结果

方差来源	离差平方和	自由度 df	F 值	显著性水平	临界值
因素 A (年龄组之间)	SSA = 1223.33	$k-1=2$	$F_A = 18.12$	$\alpha = 0.001$	
				$\alpha = 0.005$	
因素 B (不同交通情况之间)	SSB = 2249.97	$r-1=4$	$F_B = 33.33$	$\alpha = 0.001$	
				$\alpha = 0.005$	
误差 SSE	SSE = 270.03	$(k-1)(r-1)=8$	—	—	—
总离差	SST = 3743.33	$kr-1=14$	—	—	—

（五）依据统计结果作出决策

从表 11 – 11 可知，在显著性水平 $\alpha = 0.005$ 下，$F_A > F_{0.005}$（2，8）、$F_B > F_{0.005}$（4，8）；而在显著性水平 $\alpha = 0.001$ 下，$F_A < F_{0.005}$（2，8）、$F_B > F_{0.005}$（4，8），这说明年龄因素对于 T 牌休闲服的影响不是非常显著，而交通是否便利这一因素对专卖店销售量的影响则非常显著。因此，对厂家而言，没有必要按年龄因素细分市场，而应该在专卖店的选择问题上要慎重。

本章小结

假设检验，也叫显著性检验，就是事先对总体参数或总体分布形态做出一个规定或假设，然后利用样本提供的信息，以一定的概率来检验假设是否成立（或是否合理），或者说判断总体的真实情况是否与原假设存在显著的系统性差异。

根据假设检验的目的不同，假设检验可以分为双侧检验和单侧检验两大类。双侧检验是指同时注意总体参数估计值与其假设值相比的偏高或偏低的检验（或同时注意某一总体的参数估计值与另一总体的参数估计值相比的偏高或偏低倾向的检验），检验目的只是判断总体参数值是否与某一假设有显著差异而不管这种差异是正差异或负差异。单侧检验是指只注意总体参数估计值比假设值偏高或偏低倾向的检验（或只注意某一总体的参数估计值与另一总体的参数估计值相比偏高或偏低倾向的检验），它是单方向的，检验目的是判断总体参数数值是否大于或小于某一假设值。单侧检验又分为左单侧检验和右单侧检验。

要进行假设检验，必须设立原假设和备择假设。原假设和备择假设是互相排斥的，两者中有且只有一个正确。通常，总希望原假设能被推翻而备择假设能被接受，但倘若没有足够充分的依据证明原假设是错误的，就不能轻易推翻原假设。

进行假设检验，概率论中关于小概率事件在一次试验中是不可能事件的原则，是其所要遵循的原则。所谓小概率，也称为显著性水平，用 α 表示，通常取 0.01、0.05、0.1，显著性水平 α 越大，样本统计量和总体参数假设值之间的差异成为显著性差异的可能性越大，反之，则越小。

接受或拒绝原假设，最终要以显著性水平为依据确定评判的规则。评判规则有两种：临界值规则（构造统计量与临界值作比较）和 P 值规则。这两种方法是等价的。常见的假设检验有：关于总体均值（或总体成数、总体方差等）等于（或大于、小于）某一数值，两个总体均值之差（或总体成数差、总体方差比）的检验。

　　方差分析也是一种假设检验，它是检验多个总体均值是否相等的统计方法，称为方差分析。在实际工作中，通常我们关心的变量或者指标受到许多因素的影响，这样就需要找出哪些对变量或者指标有显著影响的因素。从形式上看，方差分析是比较多个总体的均值是否相等，但本质上它所研究的是变量之间的关系，在研究一个（或多个）分类型自变量与一个数值型变量之间的关系时，方差分析就是其中的主要方法之一。方差分析通过检验总体均值是否相等来判断分类型自变量对数值因变量是否有显著影响。本章主要介绍了单因素方差分析、双因素方差分析的基本知识。

本章习题

一、思考题

1. 在假设检验的过程中，建立原假设和备择假设通常有哪几种表现形式？

2. 请说明第一类错误和第二类错误的区别与联系。

3. 显著性水平的选取是不是随意的？在市场分析中，显著性水平的选取范围一般为多大？

4. 双边检验、左侧检验与右侧检验的拒绝域是如何确定的？

5. 对于小样本数据的均值假设检验，应该采用哪个统计量进行检验？

6. 对于两个总体变量的假设检，通常有哪些形式？

7. 什么是方差分析？方差分析的目的是什么？

8. 简述方差分析的基本思想。

9. 总离差平方和、组间平方和与组内平方和所代表的的意义是什么？它们的关系是什么？

10. 解释假设检验中的 P 值。

二、练习题

1. 根据历史资料，某纺织企业使用的生产设备按规定无故障时间为 10000 小时。厂家采取改进措施后，现在从新设备中随机抽取 100 台，测得平均的无故障时间为 10150 小时，标准差为 500 小时，在显著性水平 0.01 下，判断该批设备的无故障时间是否有显著提高。

2. 某服装企业设计部门的平均日工资为 100 元，若从这一部门随机抽取 16 人，发现他们的平均日工资为 98 元，标准差为 5 元。假定该公司的日工资近似地服从正态分布。按 0.05 的显著性水平能否认为这一服装设计部门支付的工资偏低？

3. 某服装企业规定对有瑕疵的服装一律定为次品，需返回厂商，并要求将次品率控制在 10%，今从生产的产品中随机抽取 100 件进行检验，测得其中 9 件有瑕疵。在显著性水平 0.05 之下，检验该公司服装制造设备性能是否良好？

4. 某市全部职工中，平常订阅某种时尚杂志的占 40%。最近从订阅率来看似乎出现减少的迹象。随机抽取 200 户职工家庭进行调查，有 76 户家庭订阅该杂志，在显著性水平为 0.05 下，检验该杂志的订阅率是否有显著降低。

5. 随机抽取 9 个单位，测得结果分别为：

$$85 \quad 59 \quad 66 \quad 81 \quad 35 \quad 57 \quad 55 \quad 63 \quad 66$$

以 $a = 0.05$ 的显著性水平对下属假设进行检验：H_0：$\sigma^2 \leqslant 100$，H_1：$\sigma^2 > 100$。

6. A、B 两个纺织厂生产同样的材料。已知其抗压强度服从正态分布，且 A、B 两厂标准差分别为 63，57。从 A 厂生产的材料中随机抽取 81 个样品，测得平均值为 1070 kg/cm^2；从 B 厂生产的材料中随机抽取 64 个样品，测得平均值为 1020 kg/cm^2。根据以上调查资料，能否认为 A、B 两厂生产的材料平均抗压强度相同（$a = 0.05$）？

7. 有人说在服装设计中，男生的创新设计优于女生的设计成果。先从纺织服装学院随机抽取了 25 名男生和 16 名女生，对他们进行了同样题目的测试。测试结果表明，男生的平均成绩为 82 分，方差为 56 分，女生的平均成绩为 78 分，方差为 49 分。假设显著性水平为 0.02，从上述数据中能到什么结论？

第十二章

纺织品服装市场定性预测法

引　言

　　定性预测方法在社会经济生活中有广泛的应用，特别是在预测对象的影响因素难以分清主次，或其主要因素难以用数学表达式表达时，预测者可以凭借自己的业务知识、经验和综合分析的能力，运用已掌握的历史资料和直观材料，对事物发展的趋势、方向和重大转折点做出估计与推测。例如，根据 2016 年市场的现状，预测者结合自己的知识、经验和能力，对 2017 年纺织服装市场趋势做出预测。根据"中家纺"网站发布的资料，据 2016—2021 年中国纺织服装行业市场需求与投资咨询报告显示，纺织服装业是我国的传统轻工产业，分为纺织业和服装业。纺织业是指把纤维原料最终加工成衣物等纺织成品的生产部门的总称；而服装业是指把纺织成品加工成衣物的生产部门的总和，从上下游的关系来看，纺织行业是服装制造业的上游行业。纺织服装行业在 2016 年绝对收益率 -8.69%，与 A 股整体基本一致，其中纺织制造版块绝对收益率 -6.89%，好于服装零售版块的 -9.94%。"中家纺"2017 年预测，自 2015 年汇改以来，人民币贬值逾 11%，贬值有望增加出口收入、增强出口商品竞争力，利好出口占比高的制造型企业。受供求关系递转，国储棉抛储低于预期影响，2016 年国内棉价大幅上涨。随着抛储推进，国储棉对市场的影响将变小，而棉花市场需求在中长期保持稳定，供给方面种植面积及产量趋势性萎缩，中长期棉价有望稳步增长，利好传统纺织龙头企业。在消费升级方面，第一，二胎政策完全放开将推动新生儿数量大幅增长，行业有望持续景气；第二，国内奢侈品消费完成周期性调整，轻奢最先受益；第三，个性化需求助推设计师品牌发展，而共创平台为设计师和消费者解决营销、交易等痛点，市场空间巨大；第四，海外品牌拓展中国市场为电商代运营行业提供了广阔发展空间；第五，高速成长的跨境进口电商，税改新政有望重塑行业竞争格局。

学习目标

　　通过本章的学习，了解定性预测法的概念，掌握定性预测的各种基本方法，并且能够在实际工作生活中加以熟练运用，能够有效地解决实际问题。

第一节　定性预测概述

纺织服装市场定性预测法是指在纺织品服装市场预测中，凭借人们在市场活动实践中获得的经验、知识和综合分析能力，通过对有关纺织服装市场资料的分析推断，对未来纺织服装市场的发展趋势作出判断的方法。定性预测方法是一种依靠人的主观判断预测未来的方法。这种方法不可能提供有关事件的确切的定量的概念，而只能定性地估计某一事件的发展趋势、优劣程度和发生的概率。

预测是否准确完全取决于预测者的知识和经验。进行定性预测时，虽然为了汇总个人意见和综合的说明问题，也需将定性的资料进行量化，但并不改变这种方法的性质。定性预测一般用于对缺乏历史统计资料的事件进行预测。它的优点是简便易行，不需要多少费用，花费时间也较短。但由于这种方法主要依靠预测者的直观判断力，所以其预测欠精确。

在经济活动过程中，有很多情况缺乏历史资料或准确的数据，或者是无法用定量指标来表示预测目标的时候常使用定性预测法。例如，在一定时期对某种纺织品服装市场形势发展变化的估计、纺织企业战略规划及企业经营环境等问题的判断，常常采用定性预测法。

定性预测方法的主要用途是在定量分析之前首先进行定性分析，明确发展趋势，为定量分析做准备工作；在缺乏定量预测的数据时，直接进行预测；与定量分析方法结合使用，以提高预测的可靠程度；对定量预测的结果进行评价。为了提高定性预测的准确程度，应注意以下几个问题：①应加强经济调查研究，努力掌握影响经济发展的有利条件、不利因素和各种活的情况，从而使对经济发展前景的分析判断更加接近实际。②进行经济调查研究，搜集资料时，应该数据和情况并重，使定性分析数量化。也就是通过质的分析进行量的估计，进行有数据有情况的分析判断，提高定性预测的说服力。③应将定性预测和定量预测相结合，提高经济预测质量。在经济预测过程中，应先进行定性分析，为经济预测开路；然后进行定量预测，使经济预测具体化；最后再进行定性分析，对经济预测进行调整定案。

第二节　综合意见法

所谓综合意见法，就是综合经营管理人员判断意见的预测方法。经营管理人员处于生产经营的第一线，比较熟悉市场需求的情况及其动向，他们的判断，比较能反映市场需求的客观实际，因而是企业短期、近期预测的常用方法。

一、企业经理（厂长）判断预测法

企业经理（厂长）判断预测法，一般是由专门负责市场营销的经理或厂长召集计划、销售、生产、财务等各方面的负责人和有关业务人员开会研究讲座。而各部门的负责人和有关业务人员根据已掌握的资料数据，对市场的现状和发展前景，充分地发表意见。然后，由参加会议的经理和副经理，综合大家的意见，发表各自的预测方案。

这种预测方法的优点在于能够调动经理（厂长）和业务管理人员开展市场预测的积极性，发挥集体智慧；再加上他们处于生产与经营管理第一线，领导与管理企业的产、供、销活动，熟悉市场商情的动向，他们的判断接近市场商品供需发展变化实际，使预测结果比较准确可靠；预测不需要经过复杂计算，不需要花多少费用，比较迅速和经济；如果市场商情发生剧烈变化，可以及时对预测结果进行调整。但缺点是对市场商情的变化了解得不够深入具体，主要靠经验判断，受主观因素影响大，只能做出粗略的数量估计。

该方法的预测过程：

（1）为使预测准确，综合地反映问题，要进行如下三方面的工作：①进行定性分析。包括：研究企业历史销售情况，目前市场状态；研究同行业生产厂商情况；研究流动资金来源和利用情况；研究改善经营管理的措施及可能达到的效果；研究劳动组织、业务人员和销售水平情况。②在定性分析基础上，确定三个定量数据：自然状态、销售估计值、概率。③计算每个人的预测方案期望值，并以期望值为基础确定综合预测值。

（2）确定企业的综合预测值。

（3）确定企业的最后预测方案。

例 12.1　福源纺织企业的三位厂长，他们根据个人的能力和经验，经过综合大家的意见，分析判断分别提出如表 12 - 1 的数据：

表 12 - 1　三个厂长提出的预测数据表

厂长	销路好		销路中等		销路差		期望值
	销售估计值	概率	销售估计值	概率	销售估计值	概率	
甲	140	0.2	100	0.7	40	0.1	102
乙	120	0.1	98	0.7	50	0.2	90.6
丙	130	0.1	95	0.8	30	0.1	92

解：表 12 - 1 中的每个厂长的个人方案，一般运用加权平均法，综合成厂长的统一方案。其权数应根据各位厂长在企业的地位、作用和权威而定。假定厂长甲是主管市场营销业务的，其预测方案应有较大权威性，所以给予较大的权数为 1.5，而厂长乙、丙的预测方案可给予较小的权数为 1，则厂长方面的统一方案为：

$$(102 \times 1.5 + 90.6 \times 1 + 92 \times 1) / (1.5 + 1 + 1) = 95.89$$

二、销售人员意见综合预测法

该方法是向销售人员进行调查，征询他们对产销情况、市场动态以及他们对自己负责的销售区、商店、柜台未来销售量或销售额的估计，加以汇总整理，对市场销售前景作出综合判断。这种预测除由公司、企业管理部门提供必要的调查统计资料和经济信息外，主要依靠销售人员掌握的情况、经验、水平和分析判断能力，还要经过从基层到企业管理部门逐级审核、汇总和经理厂长批准才能定案。这里所指的销售人员除了直接从事销售的人员还包括管理部门的工作人员和销售主管等人员。销售人员意见综合预测法在实施过程中要求每一位预测者给出各自的销售额的"最高""最可能""最低"预测值，并且就预测的"最高""最可能""最低"出现的概率达成共识。

该方法的优点是销售人员在市场前哨，最接近顾客，熟悉市场情况，商业部门业务人员熟悉市场情况，因此综合他们的信息、意见，所作的预测有较大的现实性。其缺点是销售人员为了超额完成销售计划，获得奖金，估计易偏于保守；由于工作岗位所限，对经济发展和市场变化全局了解不够，所判断预测的结果有一定局限性。

该方法的具体做法是：假设第 i 个预测者（$i = 1, 2, 3, 4, 5, \cdots, n$）给出的预测值 F_{ij}，其中 $j = 1$ 表示预测最高值，$j = 2$ 表示预测最可能值，$j = 3$ 表示预测最低值。最高预测只给出的概率是 P_1，最可能值给出的概率是 P_2，最低值给出的概率是 P_3。

若第 i 个预测者的预测值为：

$$F_i = \sum_{i}^{n} P_i F_{ij}$$

若第 i 个预测者的意见权重为 W_i（$i = 1, 2, \cdots, n$），则最终预测结果为：

$$F = \sum_{i=1}^{n} W_i F_i \Big/ \sum_{i=1}^{n} W_i$$

例 12.2 福源服装公司销售经理和两位副经理对本地区本公司的产品的销售量进行预测，得到表 12-2 数据，试求预测值。

表 12-2 预测数据表

单位：万元

	最高销量	最可能销量	最低销量	权重
经理	2720	2510	2350	0.6
副经理甲	900	800	700	0.2
副经理乙	2510	2490	2380	0.2
概率	0.3	0.4	0.3	

解：

经理的预测值为：

$$F_1 = 0.3 \times 2720 + 0.4 \times 2510 + 0.3 \times 2350 = 2525 \text{（万元）}$$

副经理甲的预测值：

$$F_2 = 0.3 \times 1900 + 0.4 \times 1800 + 0.3 \times 1700 = 1800 \text{（万元）}$$

副经理乙的预测值：

$$F_3 = 0.3 \times 2510 + 0.4 \times 2490 + 0.3 \times 2380 = 2463 \text{（万元）}$$

最终预测值：

$$F = 0.6 \times 2525 + 0.2 \times 1800 + 0.2 \times 2463 = 2367.6 \text{（万元）}$$

三、消费者购买意向调查预测法

这种方法是采用随机或典型调查方式，从调查对象中抽选一定数目的消费者，通过发表、访问进行调查，将消费者的购买意向加以汇总分析，推断商品未来需要量的方法。购买意向预测法是一种在市场研究中最常用的市场需求预测方法。这种方法与问卷形式征询潜在的购买者未来的购买量，由此预测出市场未来的需求。由于市场需求是由未来的购买者实现的，因此，如果在征询中潜在的购买者如实反映购买意向的话，那么据此做出的市场需求预测将是相当有价值的。在应用这一方法时，对生产资料和耐用消费品的预测较非耐用品精确，这是因为对非耐用消费品的购买意向容易受到多种因素的影响而发生变化。

例 12.3　在某地区进行织布机需求的市场调查中，访问 500 个样本，被访者表明购买意向如下：

一定会买	150 人	占 30%
可能会买	75 人	占 15%
不能决定是否购买	125 人	占 25%
可能不会买	100 人	占 20%
肯定不会买	50 人	占 10%
总计	500 人	占 100%

解：

对于上述的调查答案还必须进行某种加权处理才能得出符合实际情况的结论。如回答一定会购买或可能购买可能包含夸大购买倾向的成分。被访者之所以具有这种夸大购买倾向，一方面原因是为了给访问者一种满足，另一方面是因为回答时往往没有慎重考虑，仅仅是脱口而出而已。类似地，即使是回答可能不会买或肯定不会买的被访者也有成为最终购买者的可能。根据这种分析，在实际处理时，可对每一种选择赋予适当的购买权重。如对一定会购买赋予权数 0.90，可能会购买赋予权数 0.20，肯定不会购买赋予权数 0.02 等（表 12 – 3）。

表 12 – 3　购买可能性表

选择答案	回答百分比	指定权数	加权百分比
一定会买	30%	0.90	27%
可能会买	15%	0.20	3%
不能肯定是否购买	25%	0.10	2.5%
可能不会买	20%	0.03	0.6%
肯定不会买	10%	0.02	0.2%

平均购买可能性 = 27% + 3% + 2.5% + 0.6% + 0.2% = 33.3%

未来市场需求量 = 家庭总户数 × 平均购买可能性

假设这一地区共有家庭总数 200 万个，则该地区织布机的未来可能购买量为：2000000 × 33.3% = 666000（台）。

第三节　专家调查法——德尔菲法

一、专家评估法的概念和特点

专家评估法，是向一组专家征询意见，将专家们对过去历史资料的解释和对未来的分析判断汇总整理，尽可能取得统一意见，对经济现象发展变化前景进行预测的方法。简言之，专家调查法是经济预测组织者通过向专家作调查，收集专家对预测意见的方法。这种方法也被称为德尔菲法（Delphi 法）。德尔菲（Delphi）是阿波罗神殿所在地的希腊古城之名。传说阿波罗是太阳神和预言神，众神每年到德尔菲集会以预言未来。因此，专家评估法也称为德尔菲法。德尔菲法，是 20 世纪 40 年代末期由美国兰德公司研究员赫尔默和达尔奇设计的。1905 年就已开始使用。早期主要应用于科学技术预测方面，从 20 世纪 60 年代中期以来，逐渐被广泛应用于预测商业和整个国民经济的发展方面。特别是在缺乏详细的充分的统计资料，无法采用其他更精确的预测方法时，这种方法具有独特优势。一般常用它和其他方法相互配合进行长期预测。

德尔菲法是由预测机构或人员采用通信的方式和各个专家单独联系，征询对预测问题的答案，并把各专家的答案进行汇总整理，再反馈给专家征询意见。如此反复多次，最后由预测组织者综合专家意见，作出预测结论。其特点如下：①匿名性。预测单位的负责人，一般采用通信方式，背靠背地分头向专家征询意见。参加预测的专家互不见面，不通声气，姓名保密，只同预测单位负责人保持联系。采取这种背靠背的匿名方式，比召开专家会议面对面的讨论好，使专家打消思想顾虑，能够独立思考判断，既依靠了专家，又克服了专家会议的缺点。②反馈性。向一组专家轮番分头征询意见。每次征询都要把预测单位的要求和专家匿名的各种意见反馈给各位专家。既使专家们了解各种不同意见及其理由，又使各位专家能在掌握全局情况的基础上，开拓思路，提出独立的创新见解。③集中性。专家意见经过多次征询反馈后，意见渐趋一致，用统计的方法加以集中整理，可以得出定量化的预测结果。

二、德尔菲法程序

（一）设置项目评估、预测组织小组

小组的主要任务是：拟订项目评估、预测主题，编制以通信方式咨询专家的评估、预测问题表，选择专家，依据专家几个轮回完成的咨询表，对专家提出的意见及结果进行一系列的整理统计分析等工作。

（二）成立专家小组

挑选专家是德尔菲法预测成败的一个重要问题。一般认为要从与研究主题相关的各个分支学科中选择有一定经验的、对研究感兴趣的专家。专家成员选择不当，一方面会增加评价中的偏倚；另一方面又会导致轮回之间应答率的下降。而要检验未应答者与应答者之间是否有差异，则常常难以做到。

德尔菲法专家选择的基本原则是必须突出广泛性、代表性和权威性，兼顾相关专业领域和地域分布。所谓专家，应当是在自己所擅长的领域很少犯错误的专门人才，应当拥有一定的信息储备量，如一般方法学和基础、理论规律性与基本趋势的知识、参考资料量、专业领域及其相近领域的交叉学科知识、以往评估的经验、对该部分其他评估专家不同观点的独立见解等。评估专家的选择，取决于具体课题的目的与任务，宜从本部门内外，甚至从国内外同时挑选。从外部选择专家比较困难，首先要搜集本部门职工较熟悉的专家名单，再从有关期刊和出版物中物色一批知名专家，然后发给这两部分专家以某种形式的调查表，并了解该专家能否自始至终参加评估，同时要求他们再推荐 1~2 名有关专家。评估小组从推荐名单中选择一批有 2 人以上同时推荐的专家。在选择专家的过程中，不仅要注意选择有一定名望的本学科专家，还需要选择有关的边缘学科，选择承担各种技术领导职务的专家固然重要，但应考虑他们是否有足够的时间填写调查表。

专家人数的确定要根据研究的主题和课题要求达到的精确性而定。人数太少，限制学科代表性，人数太多，难于组织与进行结果处理。文献建议的专家数量不尽相同。对于预测而言，预测精度与参加人数呈函数关系，但当参加人数接近 15 人时，进一步增加专家人数对预测精度影响不大。目前较为一致的看法是以 15~50 人为宜，但考虑有些专家可能中途退出，因此应适当多预选一些专家。

（三）制定调查表

调查表是把调查项目有次序排列的一种表格形式。调查项目是要求专家回答的各种问题。调查项目要紧紧围绕预测的题目，应该少而精，涵义要具体明确，使回答人都能正确理解。同时可编制填表说明，并提供背景材料。

调查表的格式：①预测某事件实现的时间。表中罗列各个事件的实现时间及其实现的不同的概率（例如，10%，15%，90%）。专家只须根据自己的判断，分别填上不同的实现时间。②预测事件的相对结构比重。表中应罗列预测事件的结构成分及其可能的结构比率数。专家只须对应打"√"。③选择性预测。表中应罗列预测事件的各种可能选择的方案或意见，专家只须对应打"√"。④排序性预测。这是对一系列事件希望做出优先排序的预测，表中应罗列这一系列事件，专家只须分别填写其序号。

（四）进行逐轮征询

第一轮：制定与分发第一轮咨询材料，并首先需得到专家的同意。第一轮问卷包括专家信、背景资料、问卷和专家自我评价表。在专家信中向专家简要介绍本次研究的目的和任务，以及专家的回答在评估中的作用，同时对德尔菲法的概念和基本原理进行充分的说明。第一轮问卷应包括定性问题，以便专家能自由地表达他们的观点。第一轮问卷回收后，由评估小组对专家填写后寄回的问卷进行汇总、整理和分析。结果应包括最大值、最小值、中位数、四分位数和四分位数间距。

第二轮：将第一轮问卷的统计总结附在第二轮问卷上寄给第一轮征询的专家组，各个专家自己第一轮回答的问卷也复印附上作为参考，同时将有关概念（中位数、四分位数间距）向专家作一说明，并征询每一个专家组成员在看完小组的平均结果之后是否希望改变自己的预测。假如专家的预测值在四分位数间距之外，而专家又不改变自己原来的预测，要请他给出理由。回收第二轮问卷并整理结果。包括新的预测结果及部分专家不同意第一轮问卷结果的意见。

第三轮：将第二轮各位专家回答问卷的结果与意见进行整理，将结果综合进入第三轮问卷，分发第三轮问卷。第三轮问卷与第二轮相似，主要的不同之处是加上了部分专家不同意预测结果的意见。第三轮问卷结果出来以后，要决定是否需要做第四轮问卷调查以获得进一步一致的预测。若经过三轮调查后，绝大多数预测已经在中位数附近，则无须再做下一轮调查；若预测的离差程度很大，则有必要做第四轮甚至第五轮问卷调查，以获得较一致的预测。最后一轮预测后综合出来的结果应包括中位数、四分位数、四分位数间距，还需要确定有哪些问题一致性不好。

这种反复征询意见的轮数，在我国一般是三轮到四轮，外国一般用四轮至五轮。每一轮都把上轮的回答用统计方法进行综合整理。计算出所有回答的平均数和离差，在下一轮中告诉各个专家。平均数一般用中位数，离差一般用全距或四分位数间距。例如，调查问题是：对某种织布染色新技术大约多少年可能出现？选择 11 个专家调查，回答是：10、11、12、14、14、15、18、19、10、22、23。则中位数为 15（年），全距为 23 − 10 = 13（年）。上四分位数的位置为 $\frac{11+1}{4}=3$，数值为 12；下四分位数的位置为 $\frac{3\times(11+1)}{4}=9$，数值为 20。四分位数间距为 20 − 12 = 8（年）。经过每次反馈后，每个参加预测的专家都可以修改自己原来的推测，也可坚持他原来的推测。

上、下四分位数的简单算法为，设 $x_1 \leqslant x_2 \leqslant x_3 \cdots \leqslant x_n$ 为依据情况排列的几个专家的预测值，则上、下四分位数的项数（位置）公式分别为：

上四分位数的项数 $= \dfrac{N+1}{4}$

下四分位数的项数 $= \dfrac{3(N+1)}{4}$

三、德尔菲法研究结果的统计分析

对德尔菲法研究的结果，应用常规的统计方法分析。首先对专家的性别、年龄、职务或职称、从事专业的年限等个人特征进行描述性分析，以了解专家的基本情况，便于说明参加该项目评估、预测专家的水平与结果的可信与可靠程度的联系。主要应用的统计指标有：百分数、算术均数、中位数、四分位数间距、标准差、变异系数、协调系数、各种统计表、统计图等。具体来讲，主要包括四方面内容：

（一）专家的积极系数

专家的积极系数，即调查表的回收率和每个问题的应答率，说明专家对该研究项目的关注、了解程度。

（二）专家意见的集中程度

专家对各指标相对重要性的意见集中程度，一般以指标重要程度的算术均数、中位数和满分频率表示。计算指标如下：

$$S_j = \frac{1}{s_j} \sum_{i=1}^{s} S_{ij}$$

式中，S_j 为 j 指标的算术平均值；s_j 为参加 j 指标评价的专家数；S_{ij} 为 i 专家对 j 指标的评价值。

满分频率为 $G_j = \frac{s_j'}{s_j}$，其中：G_j 为 j 指标的满分频率；s_j' 为给满分评价的专家数。

（三）专家意见的协调程度

专家意见的协调程度说明的是参与研究的专家对每项指标的评价是否存在较大分歧，可通过计算各预测评价问题的四分位数间距范围、四分位数间距、标准差、变异系数（CV）（V_j 越小，专家的协调程度越高，一般认为变异系数大于 0.25，则认为该指标的专家协调程度不够）和协调系数（协调系数反映专家彼此之间对每项指标给出的评价意见是否存在较大分歧，并可了解专家们对全部指标的协调程度。W 在 $0 \sim 1$ 之间，W 越大，意味着专家协调程度越高）来反映。

$$V_j = \frac{\delta_j}{S_j}$$

式中，S_j 为 j 指标的算术平均值；δ_j 为 j 指标的标准差；V_j 为 j 指标的变异系数。

$$W = \frac{12}{m^2(n^3 - n) - m \sum_{i=1}^{m} T_i} \sum_{j=1}^{n} d_j^2$$

式中，n——指标数；

　　　m——专家数；

　　　T_i——修正系数；

　　　d_j——j 指标等级和与全部指标等级和的算术平均值之差。

（四）专家的权威程度

专家的权威程度用专家权威系数（CR）来表示，专家权威系数一般由两个因素决定，一个是专家对问题作出判断的依据，用 CA 表示；另一个是专家对指标的熟悉程度系数，用 CS 表示。权威程度 =（判断系数 + 熟悉程度）/2，即 $CR =（CA + CS）/2$。专家的权威程度以自我评价为主。专家的权威程度与预测精度呈一定的函数关系，一般来说，预测精度随着专家权威程度的提高而提高。

熟悉程度分为很熟悉、熟悉、较熟悉、一般、较不熟悉、很不熟悉，分别赋予 0.9、0.7、0.5、0.3、0.1、0。评价依据包括四个维度：理论分析、实践经验、同行的了解、直觉，每个维度又根据对专家判断影响程度的大小分为大、中、小三个层次，分别赋值为：理论分析（0.3，0.2，0.1），实践经验（0.5，0.4，0.3），同行了解（0.1，0.1，0.1），直觉（0.1，0.1，0.1）。一般认为，专家权威系数≥0.70 为可接受值。

例 12.4 福源纺织机械公司设计了一种新式机床。这种机床，本公司可以自行产销，也可以卖专利。如自行产销，需增加一些设备，这样需固定成本 3 万元；为了扩大销路，加强广告宣传，这样又需广告费 1 万元；原材料、加工费等每件机床需可变成本 5 元，准备将销售价格定为 8 元。根据以往经验，可以断定：在此价格和广告措施下，销售量将为 1 万 ~ 7 万件。如卖专利，可得到 7 万元的收入。为了作出自行产销还是卖专利的决策，需要预测该机床的销售量。采用德尔菲法，具体做法是：

（1）选择本厂技术人员、管理人员、推销人员、社会上知名专家共 12 人。

（2）准备资料：该种机床样品，拟售价格；产品说明书；国内、国外机床发展情况，特别是类似机床的情况；过去本公司生产的机床销售情况。调查内容：把销售量分为三个档次，3 万件以下，3 万 ~ 5 万件，5 万件以上。要求填写销售量在各个档次的可能性（所填写的 3 个数字之和必须等于 1）。

（3）把调查表和参考资料发给各专家，征求意见，填后交回，反复征询 4 次，意见基本统一，最后一次调查情况如表 12 - 4 所示。

表 12 - 4 新式机床销售量最后一次调查统计表

专家		销售量在各档次内的可行性		
代号	权重	3 万件以下	3 万 ~ 5 万件	5 万件以上
1	1	0.2	0.5	0.3
2	1	0.1	0.3	0.6
3	2	0	0.7	0.3
4	2	0.3	0.4	0.3
5	3	0.1	0.6	0.3
6	3	0.2	0.6	0.2
7	2	0.3	0.5	0.2
8	1	0	0.6	0.4
9	2	0.1	0.7	0.2
10	3	0.1	0.6	0.3
11	2	0.1	0.7	0.2
12	1	0.2	0.5	0.3
		0.1435	0.5783	0.2783

解：

根据各位专家对本专业的熟悉程度及权威性大小，分别指定权重表如表 12 - 4 的第二列，然后分别计算三个档次的各专家估计的可能性的加权平均，得：0.1435，0.5783，0.2782，把这三个平均值分别作为真实销售量落在三个档次内的可能性。三个档次的销售量分别取 2 万件、4 万件和 6 万件作为代表，计算平均销售量：

$$2 \times 0.1435 + 4 \times 0.5783 + 6 \times 0.2783 = 4.27 （万件）$$

这样，如本公司自行产销这种机床，平均可获利：

$$(8 - 5) \times 4.27 - (3 + 1) = 8.8 > 7 （万元）$$

故应自行产销。

例 12.5 若服装缝纫机 2000 年普及率为 30%，设家庭普及率达到 90% 时为饱和水平。有 15 名专家对该市缝纫机达到饱和的时间进行预测，第四轮专家预测意见顺序如图 12.1 中 A 与 B 两列所示。

解：

使用 Excel 函数：MEDIAN 和 QUARTILE。

格式：中位数：MEDIAN（参数 1，参数 2，…，参数 30）；四分位：QUARTILE（数组，分位点）。注意：参数表的每一个参数可为专家给出的预测值或所在的单元格，可以同时处理 30 组数，结果值是这些数的中位数。数组是数值数组或数值所在单元格范围，而分点位可以为 0（得到最小值），1（计算上四分位数），2（得到中位数），3（计算下四分位数）和 4（得到最大值）。

按照图 12 - 1 所示将数据输入 Excel 中，注意在 D 列所录入的是公式，而公式的录入是按下等号按钮，将函数输入即可。最后可得到如图 12 - 2 所示的结果。

	A	B	C	D
1	专家	预测年份		分位数
2	1	2005	最小值	=QUARTILE（B2:B16，0）
3	2	2005		
4	3	2006		
5	4	2006	中位数	=MEDIAN（B2:B16）
6	5	2008		
7	6	2009		
8	7	2009	上四分位数	=QUARTILE（B2:B16，1）
9	8	2010		
10	9	2010		
11	10	2010	下四分位数	=QUARTILE（B2:B16，3）
12	11	2011		
13	12	2011		
14	13	2011	最大值	=QUARTILE（B2:B16，4）
15	14	2012		
16	15	2013	平均离散程度	=（D11–D8）/2

图 12 - 1　第四轮专家预测意见顺序图

	A	B	C	D
1	专家	预测年份	分位数	
2	1	2005	最小值	2015
3	2	2005		
4	3	2006		
5	4	2006	中位数	2010
6	5	2008		
7	6	2009		
8	7	2009	上四分位数	2007
9	8	2010		
10	9	2010		
11	10	2010	下四分位数	2011
12	11	2011		
13	12	2011		
14	13	2011	最大值	2013
15	14	2012		
16	15	2013	平均离散程度	2

图 12 – 2　计算结果图

需要说明的是，在进行数据录入时不必事先排序，系统会自动处理，得出所要结果。

从图 12 – 2 中可以看出，中位数预测值为 2010 年，它代表了专家预测意见的典型水平，上四分位数预测值为 2007 年；下四分位数预测值为 2011 年，四分位差为 4 年，平均离散程度为 2 年。

✐ 本章小结

定性预测方法是一种依靠人的主观判断预测未来的方法。这种方法不可能提供有关事件的确切的定量的概念，而只能定性地估计某一事件的发展趋势、优劣程度和发生的概率。

预测是否准确完全取决于预测者的知识和经验。进行定性预测时，虽然为了汇总个人意见和综合的说明问题，也需将定性的资料进行量化，但并不改变这种方法的性质。定性预测一般用于对缺乏历史统计资料的事件进行预测。

定性预测方法的主要用途是在定量分析之前首先进行定性分析，明确发展趋势，为定量分析做准备工作；在缺乏定量预测的数据时，直接进行预测；与定量分析方法结合使用，以提高预测的可靠程度；对定量预测的结果进行评价。

一般来说，定性预测法主要包括：调查预测法。一般需组织有专业特长、有实践经验的人员，根据预测目标，制定调查表或调查提纲，选定调查对象，深入实际，调查了解。然后把收集到的信息加强综合整理，分析研究或经简单推算给出预测结果。综合意见法，就是综合经营管理人员判断意见的预测方法。经营管理人员处于生产经营的第一线，比较熟悉市场需求的情况及其动向，他们的判断，比较能反映市场需求的客观实际，因而是企业短期、近期预测的常用方法。专家判断预测法，也称专家意见法，就是向专家征求意见，并把专家意见集中起来，做出预测。

![灯泡图标] **本章习题**

一、思考题

1. 定型预测有什么特点？它和定量预测有什么区别和联系？

2. 专家意见集合法的预测效果的好坏在很大程度上取决于专家选择的适当与否，简述专家选择应该注意的要点。

3. 应用德尔菲法进行预测分为几个阶段？

二、练习题

1. 某纺织设备公司研制出一种新产品，现在市场上还没有相似产品出现，因此没有历史数据可以获得。但公司需要对可能的销售量做出预测，以决定产量。于是该公司成立专家小组，并聘请业务经理、市场专家和销售人员等 8 位专家，预测全年可能的销售量。8 位专家通过对新产品的特点、用途进行了介绍，以及人们的消费能力和消费倾向作了深入调查，提出了个人判断，经过三次反馈得到结果如表 12 - 5 所示，求解综合预测值。

表 12 - 5　专家预测表

单位：千件

专家编号	第一次判断			第二次判断			第三次判断		
	最低销售量	最可能销售量	最高销售量	最低销售量	最可能销售量	最高销售量	最低销售量	最可能销售量	最高销售量
1	500	750	900	600	750	900	550	750	900
2	200	450	600	300	500	650	400	500	650
3	400	600	800	500	700	800	500	700	800
4	750	900	1500	600	750	1500	500	600	1250
5	100	200	350	220	400	500	300	500	600
6	300	500	750	300	500	750	300	600	750
7	250	300	400	250	400	500	400	500	600
8	260	300	500	350	400	600	370	410	610
平均数	345	500	725	390	550	775	415	570	770

2. 某时装公司设计了一种新式女时装，聘请了三位经验丰富的时装销售人员来参加试销和时装表演活动，预测结果如下：甲：最高销售量是 80 万件，概率 0.3；最可能销售量是 70 万件，概率 0.5；最高销售量是 60 万件，概率 0.2；乙：最高销售量是 75 万件，概率 0.2；最可能销售量是 64 万件，概率 0.6；最高销售量是 55 万件，概率 0.2；丙：最

高销售量是 85 万件，概率 0.1；最可能销售量是 70 万件，概率 0.7；最高销售量是 60 万件，概率 0.2。

试运用销售人员预测法预测销量。

纺织品服装市场时间序列预测法

纺织服装产业是我国重要的传统和支柱产业。从 2015 有关数据可以看出，服装行业经过几年的调整，从大规模扩张、同质化、大规模关店、库存门等波段的调整，之前呈现颓势的运动服饰、休闲服饰已经有企业保持增长势头或恢复增长态势。在 2015 年的前 11 个月，零售增幅与去年同期相比增长 10.6%。值得注意的是，"双 11"成交的商品主要是服装类的商品。从品类来看，女装在 2015 年第三季度服装行业占比最高，当之无愧地成为淘宝购物平台的第一大类目。平台中男装规模约为女装的三分之一，内衣家居服品类规模约为男装的三分之一。但对于纺织服装领域，由于近年来制造业成本上升、人民币汇率升值等因素，出口额持续下降。由于纺织品和服装在一定的时间序列下，其生产或销售会受到很多因素的影响，生产或销售量会受到波动。如果想正确预测其发展前景，或寻求长期趋势或剥离季节成分，都离不开本章的学习。

本章学习的重点是掌握纺织品服装市场时间序列预测的方法。纺织品服装市场时间序列预测法包括：移动平均法、指数平滑法和趋势曲线预测法，并掌握它们在纺织品服装市场的实际运用。

第一节　纺织品服装市场时间序列预测法概述

一、时间序列的含义

时间序列就是指将市场现象或影响市场各种因素的某种统计指标数值，按照时间先后顺序排列起来的数列，以分析数值或数据在时间轴上的变化规律。时间序列中各指标数值在市场预测时被称为实际观察值。例如，服装销售量按季度或月度排列起来的数列等都是时间序列。时间序列一般用 x_1，x_2，…或 y_1，y_2，…表示。

（一）纺织品服装市场时间序列的种类

（1）按时间序列排列指标的时间周期不同

时间序列可分为年时间序列、季度时间序列、月时间序列等。

（2）时间序列按其所排列的市场现象指标种类不同

时间序列可分为绝对数时间序列、相对数时间序列、平均数时间序列等。绝对数时间序列是基本序列，可分为时期序列和时点序列两种。时期序列是指由反映某种社会经济现象在一段时期内发展过程的总量指标所构成的序列，如每个年度的服装销售量。时点序列是指由反映某种社会经济现象在一定时点上的发展状况的指标所构成的序列，如每个年末的纺织品销售总数。

（二）纺织品服装市场时间序列的因素分析

在时间序列中，每个时期数值的大小，都受许多不同因素的影响。例如，某品牌服装销售量受居民的购买力、商品的价格、质量的好坏、顾客的爱好、季节的变化等因素的影响。要想把各种因素加以细分，测定其作用的大小，那是很困难的。因此，时间序列分析通常对各种可能产生影响的因素按性质不同分为四大类：长期趋势、季节变动、循环变动和不规则变动。

（1）长期趋势 T。长期趋势是一种对事物的发展普遍和长期起作用的基本因素。受长期趋势因素的影响，事物表现出在一段相当长的时期内沿着某一方向的持续发展变化。如图 13 - 1 所示：

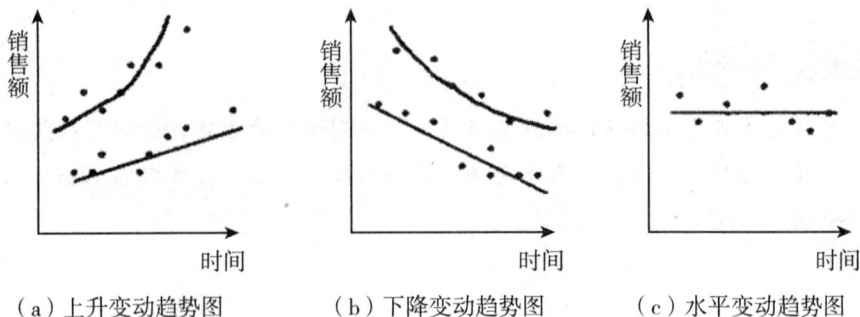

（a）上升变动趋势图　　　（b）下降变动趋势图　　　（c）水平变动趋势图

图 13 - 1　长期趋势示意图

（2）季节变动 S，指数据在一定时期（通常是一年）具有周期性的、重复性的波动。例如，棉作物的生长受季节影响，从而导致棉产品加工工业的季节变动，这是自然方面的季节变动。也有人为的季节变动，如春节、中秋节等节日期间，某些食品的需求量剧增，这就是人为季节变动的表现。如图 13 - 2 所示。

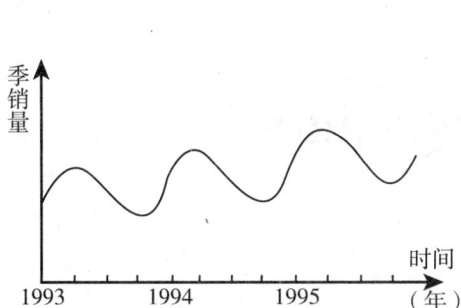

图 13 - 2　季节变动

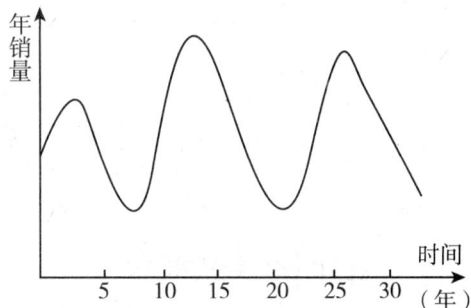

图 13 - 3　季节变动

（3）循环变动 C。循环变动是以数年为周期的周期变动。它与长期趋势不同，不是朝单一方向持续发展，而是涨落相间的波浪式起伏变动。与季节变动也不同，它的波动时间较长，变动周期长短不一，短则在一年以上，长则数年、数十年，上次出现以后，下次何时出现，难以预料。如图 13 - 3 所示。

（4）不规则变动因子 I。不规则变动是一种偶然性、随机性、突发性因素。受这种因素影响，现象呈现时大时小、时起时伏、方向不定、难以把握的变动。这种变动不同于前三种变动，它完全无规律可循，无法控制和消除，如战争、自然灾害等。

以上四种形式的变化是数据时间序列变动的一般形式，在进行数据预测时，一般要先将原时间序列的四种变动分解出来，趋势变动可用回归模型进行定量预测，通过预测模型得到的预测值时间序列只有趋势变动，而季节波动、循环波动、不规则波动则是通过计算季节系数、循环波动系数及不规则波动系数，对趋势预测值进行修正还原，成为包含四种变化的预测值，这一值与实际值比较，其总方差或均方差的大小可反映预测值的准确程度。

二、时间序列的组合形式

应用时间序列分析数据的变化规律进行预测时，有以下两种基本的模型：

（一）加法模型

加法模型是将时间序列的观测值分解为：趋势值、季节变动、循环波动、不规则波动四个项目，四个项目之和就等于观测值。用公式表示为：

$$Y = T + S + C + I$$

显然，这一模型假定四个波动项目是独立的，且具有与观察值相同的量纲。

（二）乘法模型

乘法模型是将时间序列的观测值分解为：趋势值、季节变动、循环波动、不规则波动四个项目，四个项目之积就等于观测值。用公式表示为：

$$Y = T \cdot S \cdot C \cdot I$$

在这一模型中，假定四个波动项目是独立的，趋势值 T 与观察值具有相同的量纲，其余三个项目则是从观察值中分离出来的百分比系数，其中 S 称为季节系数或指数，C 称为循环波动系数，I 称为不规则变动系数。

第二节　朴素统计平均数

一、统计平均数的概念

统计平均数是在同质总体内，运用一定的方法将总体各单位在某一标志下的数量差异抽象化，以反映总体在一定时间、地点和条件下所达到的一般水平的统计综合指标，也称统计均值。例如，对某单位职工的某月工资额进行平均，得到职工的月平均工资。这种指标通过平均将总体各单位数量标志表现的差异抽象化，用一个数值说明总体的一般水平。

对于大多数统计总体来说，其总体单位的数值分布是以平均数为中心的，靠近平均数的标志值出现的次数较多，远离平均数的标志值出现的次数较少。因此，平均数是反映统计总体各单位标志值集中趋势的统计特征数。

平均指标按计算和确定的方法不同，分为算术平均数、调和平均数、几何平均数、众数和中位数。前三种平均指标是根据总体各单位的标志值计算的，称为数值平均数。众数和中位数是根据标志值在分配数列中位置确定的，称为位置平均数。本章重点介绍一下算术平均数、调和平均数和几何平均数，其他可以参看统计学相关教材。

二、算术平均数

算术平均数是一种应用最为广泛的平均数。算术平均数就是对总体各单位的某一数量标志进行的平均，即总体各单位某一标志值的算术和除以总体单位数，即：算术平均数 = 标志总量/总体总量。

（一）简单算术平均数

在掌握了没有分组的总体各单位的标志值或已经有了标志总量和总体总量的资料就可以采用这种方法计算。计算公式如下：

$$\overline{X} = \frac{X_1 + X_2 + \cdots + X_n}{n} = \frac{\sum X}{n}$$

式中，$\overline{X}$ 代表算术平均数，X 为各单位的标志值，n 为总体单位数，$\sum$ 为总和符号。

例13.1　某服装销售公司的 9 名职员的月薪分别是 1500 元、1200 元、1100 元、1100 元、1000 元、900 元、850 元、800 元、750 元，则这 9 名职员的平均月薪为：

$$\overline{X} = \frac{\sum x}{n} = \frac{1500 + 1200 + 1100 + 1100 + 1000 + 900 + 850 + 750 + 600}{9} = 1000（元）$$

（二）加权算术平均数

如果平均数的大小既受其变量值本身大小的影响，又受其次数的影响就要采用加权算术平均数的方法计算其平均数了。加权算术平均数是将变量数列中各个组的标志值与其出现的次数相乘求出各组标志总量，然后加总得到总体的标志总量，再除以各组单位数之和的总体单位数计算而得。计算公式为：

$$\overline{X} = \frac{X_1 f_1 + X_2 f_2 + \cdots + X_n f_n}{f_1 + f_2 + \cdots + f_n} = \frac{\sum Xf}{\sum f}$$

在影响平均数的两个因素中，起决定作用的是变量值本身的水平，也就是 X 的大小。而在其变量值变动的区间内为什么平均数会是某一个数值，而不是另一个数值，则是次数影响的结果。在一般情况下（也就是次数分布接近正态分布的情况下），加权算术平均数会靠近出现次数最多的那个变量值。因此，次数对平均数的大小的作用并不是可有可无，而是起着一种权衡轻重的作用。因此，把次数又叫权数，把每个变量值乘以权数的过程叫加权过程，所得结果就是标志总量。

例 13.2　某班组有 35 名工人生产皮棉加湿部件，其日产量资料如表 13 - 1 所示。

表 13 - 1　人数和产量

日产量（件）X	人数（人）f	总产量（件）Xf
15	2	30
16	8	128
17	13	221
18	9	162
19	3	57
合计	35	598

根据资料计算该班组的日产量为：

$$\text{平均日产量} = \frac{\text{总产量}}{\text{总人数}} = \frac{\sum Xf}{\sum f} = \frac{598}{35} = 17.09 \text{（件）}$$

（三）调和平均数的计算

调和平均数是总体各单位标志值倒数的算术平均数的倒数，也称倒数平均数。调和平均数分为简单调和平均数和加权调和平均数。

简单调和平均法是先计算总体单位标志值倒数的简单算术平均数，然后求其倒数。

$$H = \frac{n}{\dfrac{1}{x_1} + \dfrac{1}{x_2} + \cdots + \dfrac{1}{x_n}} = \frac{n}{\sum \dfrac{1}{x}}$$

H：表示调和平均数

加权调和平均法是先计算总体单位标志值倒数的加权算术平均数，然后求其倒数。

$$H = \frac{m_1 + m_2 + \cdots + m_n}{\dfrac{m_1}{x_1} + \dfrac{m_2}{x_2} + \cdots + \dfrac{m_n}{x_n}} = \frac{\sum m}{\sum \dfrac{m}{x}}$$

例 13.3 福源企业分别在本月的上、中、下旬购进棉花三批，每批价格及采购金额资料如表 13 – 2 所示，试计算三批材料的平均进价。

表 13 – 2 价格、购进额和购进量

批 次	单位价格（元）X	采购金额（元）m	采购量（千克）$\dfrac{m}{X}$
第一批	20	3600	180
第二批	22	6600	300
第三批	25	5000	200
合 计	—	15200	680

由表中数据可得：

$$平均购进价格 = \frac{采购总金额}{采购总重量}$$

$$= \frac{3600 + 6600 + 5000}{\dfrac{3600}{20} + \dfrac{6600}{22} + \dfrac{5000}{25}}$$

$$= \frac{15200}{680} = 22.35 \ （元）$$

（四）几何平均数

算术平均数和调和平均数都适合这样的场合：总体等于部分之和。但社会经济现象是复杂多样的，有些现象的总体不是等于各部分的和，而是等于部分的积。对这样的总体求平均数就要用别的方法，这种方法就是几何平均法。

几何平均数是 n 个比率乘积的 n 次方根。社会经济统计中，几何平均法适用于计算平均比率和平均速度。几何平均数也分简单几何平均数和加权几何平均数两种。简单几何平均数的计算公式为：

$$G = \sqrt[n]{x_1 \cdot x_2 \cdots x_n}$$

式中，G 为几何平均数；x 为变量值；n 为变量值个数。

加权几何平均数的计算公式为

$$G = \sqrt[f_1 + f_2 + \cdots + f_n]{x_1^{f_1} \cdot x_2^{f_2} \cdots x_n^{f_n}}$$

式中，X 为各组变量值；f 为各组变量值的次数。

例 13.4 福源制造企业有四个车间，实行流水作业，2017 年第一季度各车间的产品合格率如表 13 – 3 所示，求各车间产品的平均合格率。

表 13 – 3　面纱加工车间产品合格率

车间	产品合格率（%）X
毛坯	95
粗加工	92
精加工	90
组装	85
合计	—

由于后一车间的产品合格率是在前一车间产品全部合格的基础上计算的，企业产品的总合格率并不等于各车间产品合格率的总和，而是等于各车间产品合格率的连乘积。因此，全厂的平均产品合格率不能用算术平均数或调和平均数计算，而必须采用几何平均数计算，计算如下：

$$G = \sqrt[4]{95\% \times 92\% \times 90\% \times 85\%} = 90.43\%$$

第三节　简单移动平均法

所谓的移动平均法是根据时间序列资料、逐项推移，依次计算包含一定项数的序时平均数，以反映长期趋势的方法。当时间序列的数值由于受周期变动和不规则变动的影响，起伏较大，不易显示出发展趋势时，可用移动平均法，消除这些因素的影响，分析、预测序列的长期趋势。

移动平均法有简单移动平均法、趋势移动平均法等，本书主要介绍简单移动平均预测方法和趋势移动平均预测方法。

一、简单移动平均预测法的基本公式

简单移动平均就是从时间序列的第一项数值开始，按一定的项数求序时平均数，然后逐项移动，求出移动平均数列且移动平均数列构成一个新的时间序列。这个序列把原来数列的不规则变动进行了修匀，使趋势变得更平滑、更明显。

设 N 个预测对象观察值，其时间序列 $t+1$ 期一次移动平均法预测值为 $\hat{x}_{t+1}$，它是含 t 期的跨越期 N 的移动算术平均数 M_t，即：

$$\hat{x}_{t+1} = M_t^{(1)} = \frac{1}{N}\ (x_t + x_{t-1} + \cdots x_{t-N+1}) \qquad (13-1)$$

式中，$\hat{x}_{t+1}$ 为 $t+1$ 期的预测值；$M_t^{(1)}$ 为 t 期一次移动平均值。

由式（13 – 1）可知：

$$\hat{x}_t = \frac{1}{N}(x_{t-1} + x_{t-2} + \cdots x_{t-N})$$

故由式（13-1）也可推导出：

$$\hat{x}_{t+1} = \frac{1}{N}(x_t + x_{t-1} + \cdots x_{t-N+1} + x_{t-N} - x_{t-N})$$

$$= \hat{x}_t + \frac{1}{N}(x_t - x_{t-N}) = M_{t-1}^{(1)} + \frac{1}{N}(x_t - x_{t-N}) \tag{13-2}$$

当 N 较大时，可以采用式（13-2）简化计算。

由于移动平均可以平滑数据，清除周期变动和不规则变动的影响，使长期趋势显示出来，因而可以用于预测。

预测公式如下，即以第 t 期移动平均数作为第 $t+1$ 期的预测值。

$$\hat{x}_{t+1} = M_t^{(1)} \tag{13-3}$$

二、应用举例

例13.5 某服装商场 1~6 月销售额如表 13-4 所示，预测 7 月销售额（万元）。N 取 5。

表13-4 服装商场 1~6 月销售额

月份	1	2	3	4	5	6
销售额	58	49	54	52	58	55

解：根据预测公式：

$$\hat{x}_7 = M_6^{(1)} = \frac{x_6 + x_5 + x_4 + x_3 + x_2}{5} = (58 + 49 + 54 + 52 + 58 + 55)/5 = 53.6（万元）$$

例13.6 郑州市福源公司毛衫 2016 年 1~12 月的销售量如表 13-4 所示。试用简单移动平均法，预测下年 1 月的销售量。

解：分别取 $N=3$ 和 $N=5$，按预测公式：

$$\hat{x}_{t+1} = (x_t + x_{t-1} + x_{t-2})/3$$

$$\hat{x}_{t+1} = (x_t + x_{t-1} + x_{t-2} + x_{t-3} + x_{t-4})/5$$

计算 3 个月和 5 个月移动平均预测值。其结果列于表 13-5 中。

表13-5 毛衫销售量移动平均预测值 单位：件

月份 t	实际销售量 x	3 个月移动平均预测值	5 个月移动平均预测值
1	423		
2	358		
3	434		

月份 t	实际销售量 x	3 个月移动平均预测值	5 个月移动平均预测值
4	445	405	
5	527	412	
6	429	469	437
7	426	467	439
8	502	461	452
9	480	452	466
10	384	469	473
11	427	456	444
12	446	430	444
		419	452

当然，也可以把上述计算结果画在坐标图上，得出如图 13 - 4 所示：

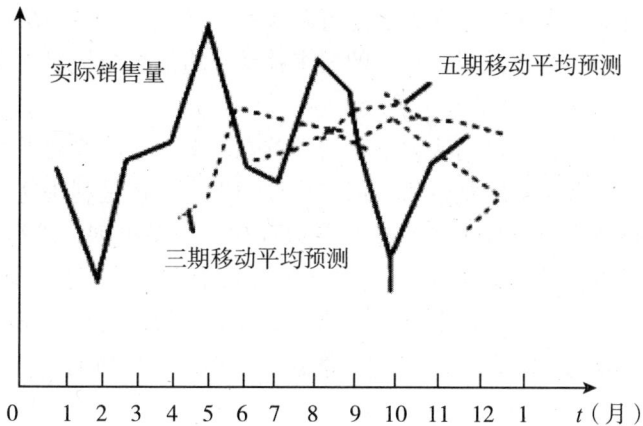

图 13 - 4 3 期、5 期预测图

由图 13 - 4 可以看出，实际销售量的随机波动较大，经过移动平均法计算后，随机波动显著减小，即消除了随机干扰，而且求取平均值所用的月数越多，即 n 越大，修匀的程度越大，因此，波动也越小。但是，在这种情况下，对实际销售量真实的变化趋势反应也越迟钝。反之，如果 N 取得越小，对销售量真实变化趋势反应越灵敏，但修匀性越差，容易把随机干扰作为趋势反映出来。因此，N 的选择甚为重要，N 应取多大，应该根据具体情况作出抉择。当 N 等于周期变动的周期时，则可消除周期变动的影响。在实用上，一个有效的方法是取几个 N 值进行试算，比较它们的预测误差，从中选择最优的。预测误差可以通过均方误差 MSE 来度量。公式为：

$$\text{MSE} = \frac{1}{K - N} \sum_{t=N+1}^{K} (x_t - \hat{x}_t)^2 \tag{13 - 4}$$

式中，K 为时间序列的项数。

如在本例中，要确定毛衫销售量预测，究竟应取 N = 3 合适，还是 N = 5 合适。可通过计算这两个预测公式的均方误差 MSE，选取使 MSE 较小的那个 N。

当 $n = 3$ 时：

$$MSE = \frac{1}{9} \sum_{i=4}^{12} (x_i - \hat{x}_i)^2 = \frac{28893}{9} = 3210.33$$

当 $N = 5$ 时：

$$MSE = \frac{1}{7} \sum_{i=6}^{12} (x_i - \hat{x}_i)^2 = \frac{11143}{7} = 1591.86$$

计算结果表明：$N = 5$ 时，MSE 较小，故选取 $N = 5$。预测下年 1 月的毛衫销售量为 452 件。

第四节　二次移动平均法

一、二次移动平均法概念

二次移动平均法是对一组时间序列先后进行两次移动平均。即在一次移动平均值的基础上，再进行第二次移动平均，并根据最后的两个移动平均值的结果建立预测模型，求得预测值。

二次移动平均法与一次移动平均法关系密切。首先，由于一次移动平均法存在滞后偏差，使移动平均值总是滞后于实际观察值，而二次移动平均法正是利用这一滞后偏差，把一次、二次移动平均值置于跨越期末水平上，并以此建立数学模型，求得预测值，所以，它适用时间序列数据呈线性变化的预测。其次，二次移动平均法不是一种独立的预测方法，它必须在一次移动平均值的基础上再进行第二次移动平均，而且它还必须与一次移动平均值（最后一项的一次移动平均值）一起方能建立模型、进行预测。

二、适用性

前面介绍的简单移动平均法，在时间序列没有明显的趋势变动时，能够准确地反映实际情况。但当时间序列出现直线增加或减少变动趋势时，用简单移动平均法来预测就会出现滞后偏差。因此，需要进行修正，修正的方法是作二次移动平均，利用移动平均滞后偏差的规律来建立直线趋势的预测模型。所以，它适用于时间序列呈线性趋势的预测。

三、二次移动平均法预测模型的构造

二次移动平均法的预测模型为：

$$\hat{x}_{t+1} = a_t + b_t T \tag{13-5}$$

其中，t 为当前时期数；T 为由 t 至预测期的时期数；$\hat{x}_{t+1}$ 为第 $t + T$ 期预测值；a_t 为截距，b_t 为斜率。a_t，b_t 又称平滑系数。其中：

$$a_t = 2M_t^{(1)} - M_t^{(2)}$$
$$b_t = \frac{2}{N-1} \left[M_t^{(1)} - M_t^{(2)} \right] \tag{13-6}$$

$M_t^{(1)}$，$M_t^{(2)}$ 分别为一次和二次移动平均数。其中：一次移动平均数为：

$$M_t^{(1)} = \frac{x_t + x_{t-1} + \cdots x_{t-N+1}}{N}$$

在一次移动平均的基础上再进行一次移动平均就是二次移动平均，其计算公式为：

$$M_t^{(2)} = \frac{M_t^{(1)} + M_{t-1}^{(1)} + \cdots + M_{t-n+1}^{(1)}}{N}$$

四、应用举例

例 13.7　已知福源公司皮衣产品销售量如表 13-6 所示：

表 13-6　皮衣销量

单位：件

2008	2009	2010	2011	2012	2013	2014	2015	2016	2017
750	835	916	996	1079	1158	1240	1330	1417	1509

解 1：

（1）计算：$M_t^{(1)}$，$M_t^{(2)}$，$N = 3$。

（2）计算：

$$a_t = 2M_t^{(1)} - M_t^{(2)}$$

$$b_t = \frac{2}{N-1}\left[M_t^{(1)} - M_t^{(2)}\right]$$

具体结果如表 13-7 所示：

表 13-7　二次移动计算结果

t	年份	实际值	$M_t^{(1)}$	$M_t^{(2)}$	a_t	b_t	$T = 1$
1	2008	750					
2	2009	835					
3	2010	916	834				
4	2011	996	916				
5	2012	1079	997	915	1078	81	
6	2013	1158	1078	997	1159	81	1159
7	2014	1240	1159	1078	1240	81	1240
8	2015	1330	1243	1160	1326	83	1321
9	2016	1417	1329	1244	1414	85	1409
10	2017	1509	1419	1330	1508	89	1499
11	2018						1597

（3）预测。

根据公式（13-5），得：

$$\hat{x}_{2018} = a_{2017} + b_{2017} \times 1 = 1597$$

解 2：运用 SPSS 求解。

移动平均法实际上是在分析数据库中按照移动计算规则，建立一个新的时间序列，该功能在 SPSS 的 Transform 中的子菜单 Create Time Series 的计算移动平均值功能 Prior Moving average 中实现。

首先，打开 SPSS 数据库皮衣产量 . SAV，按照年进行排序。

点击 "Transform → Create Time Series → Prior Moving average"，选择需要计算移动平均值的变量 "x"、生成新变量的名称 "m1"、移动期 Span：3。如图 13 - 5 所示。

重复上一步骤，选择需要计算移动平均值的变量 "m1"、生成新变量的名称 "m2"、移动期 Span：3。

注意：SPSS 默认的是移动预测值，和数据移动值正好错一行。在进行二次移动之前，还需要对原始数据进行按年或月进行排序，然后选择个案，选择时间范围。

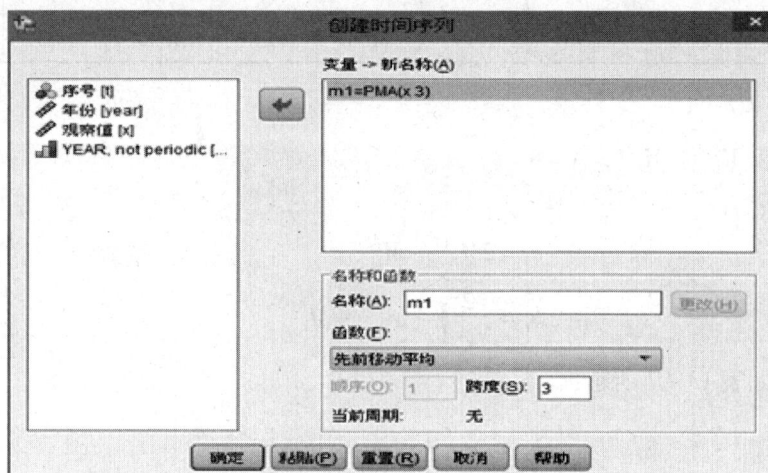

图 13 - 5　创建移动平均值

最终结果如图 13 - 6 所示。

t	year	x	YEAR_	DATE_	m1	m2
1	2008	750	2008	2008	.	.
2	2009	835	2009	2009	.	.
3	2010	916	2010	2010	.	.
4	2011	996	2011	2011	834	.
5	2012	1079	2012	2012	916	.
6	2013	1158	2013	2013	997	.
7	2014	1240	2014	2014	1078	915
8	2015	1330	2015	2015	1159	997
9	2016	1417	2016	2016	1243	1078
10	2017	1509	2017	2017	1329	1160
11	2018	.	2018	2018	1419	1244

图 13 - 6　移动预测值图

例 13.8　某省 1985—2005 年的棉花采摘总量如表 13 – 8 所示，试预测 2006 年和 2007 年的棉花采摘总量。

解：根据 1985—2005 年的时间序列数据进行绘图，得出棉花采摘总量基本呈直线上升趋势，可用二次移动平均法来预测。

表 13 – 8　某省棉花采摘总量及一、二次移动平均值计算表

单位：万吨

年份	t	棉花 X_t	一次移动平均 $M_t^{(1)}$，$N=6$	二次移动平均 $M_t^{(2)}$，$N=6$
1985	1	676		
1986	2	825		
1987	3	774		
1988	4	716		
1989	5	940		
1990	6	1159		
1991	7	1384		
1992	8	1524		
1993	9	1668		
1994	10	1688		
1995	11	1958		
1996	12	2031		
1997	13	2234		
1998	14	2566		
1999	15	2820	2216.2	
2000	16	3006	2435.8	
2001	17	3093	2625.0	
2002	18	3277	2832.7	
2003	19	3514	3046.0	
2004	20	3770	3246.7	2733.6
2005	21	4107	3461.2	2941.2

计算：

$$M_{21}^{(1)} = \frac{4107 + 3770 + 3514 + 3277 + 3093 + 3006}{6}$$
$$= 3461.2$$
$$M_{21}^{(2)} = \frac{3461.2 + 3246.7 + 3046.0 + 2832.7 + 2625.0 + 2435.8}{6}$$
$$= 2941.2$$

得：

$$a_{21} = 2 M_{21}^{(1)} - M_{21}^{(2)} = 2 \times 3461.2 - 2941.2 = 3981.2$$

$$b_{21} = \frac{2}{6-1}\left[M_{21}^{(1)} - M_{21}^{(2)} \right] = \frac{2}{5} \times (3461.2 - 2941.2) = 208$$

于是，得 $t = 21$ 时直线趋势预测模型为：

$$\hat{x}_{21+t} = 3981.2 + 208T$$

预测 2006 年和 2007 年的棉花采摘总量：

$$\hat{x}_{2006} = \hat{x}_{22} = \hat{x}_{21+1} = 3981.2 + 208 = 4189.2$$

$$\hat{x}_{2007} = \hat{x}_{23} = \hat{x}_{21+2} = 3981.2 + 208 \times 2 = 4397.2$$

第五节　一次指数平滑法

平滑预测法是指借助平滑技术消除时间序列中高低突变数值，得出一个趋势数列，据此对未来发展趋势的可能水平做出估计的一种预测技术。它可在一定程度上消除不规则变动因素带来误差的影响，对实际观察值进行某种修匀处理，可提高数据对长期趋势描述的可靠性。常采用的平滑法是指数平滑预测法。

指数平滑法，又称为指数移动平滑法，是指取预测对象全部历史数据的加权平均值作为预测值的一种预测方法。加权平均是指对近期历史数据给予较大权数，对远期历史数据给予较小权数，权数由近及远按指数规律渐减。指数平滑法适用于预测呈长期趋势变动和季节变动的事物。它可分为一次指数平滑法和多次指数平滑法。本节仅介绍一次指数平滑法和二次指数平滑法。

一、预测模型

一次指数平滑法是以最后一次指数平滑值为基础，确定市场预测值的一种特殊的加权平均法。假设，x_0，x_1，x_2，$\cdots$，x_n 为时间序列观察期数据，其中，x_0 为初始数据，x_1，x_2，$\cdots$，x_n 为实际观察值；当观察期的时间 $t = 1$，2，$\cdots$，n 时，则 $s_1^{(1)}$，$s_2^{(1)}$，$\cdots$，$s_n^{(1)}$ 为时间 t 观察值的一次指数平滑值；α 为时间序列的平滑指数，且 $0 \leqslant \alpha \leqslant 1$。那么时间序列观察值的一次指数平滑公式为：

$$s_t^{(1)} = \alpha x_t + (1-\alpha) s_{t-1}^{(1)} \tag{13-7}$$

式中，$s_t^{(1)}$ 为一次指数平滑值；α 为加权系数，且 $0 < \alpha < 1$。

即本期一次指数平滑值等于本期实际值 x_t 的 α 倍加上上期一次指数平滑值 $s_{t-1}^{(1)}$ 的（$1-\alpha$）倍。

对上式的进一步改写，可得一次指数平滑的递推公式：

$$s_t^{(1)} = \alpha x_t + (1-\alpha) s_{t-1}^{(1)}$$

$$s_{t-1}^{(1)} = \alpha x_{t-1} + (1-\alpha) s_{t-2}^{(1)}$$

$$\cdots\cdots$$

$$s_1^{(1)} = \alpha x_1 + (1-\alpha) s_0^{(1)}$$

由上式知，当 $t=1$ 时，$s_2^{(1)} = s_1^{(1)} + \alpha [x_1 - s_1^{(1)}]$，而 $s_1 = \alpha x_0 + (1-\alpha) s_0$，但在实际预测时，$s_0$ 是不存在的，也无法求得，所以，指数平滑法的初始值，不能由基本公式得出，只能用其他方法求出。确定 s_0 的方法在本章后面还有阐述。

以这种平滑值进行预测，就是一次指数平滑法。它的预测模型为：

$$\hat{x}_{t+1} = s_t^{(1)} \qquad\qquad (13-8)$$

即：$\hat{x}_{t+1} = \alpha x_t + (1-\alpha) \hat{x}_t$

二、一次指数平滑法的特点

对式（13.7）展开，有：

$$s_t^{(1)} = \alpha x_t + (1-\alpha) s_{t-1}^{(1)}$$

$$s_{t-1}^{(1)} = \alpha x_{t-1} + (1-\alpha) s_{t-2}^{(1)}$$

$$\cdots\cdots$$

$$s_1^{(1)} = \alpha x_1 + (1-\alpha) s_0^{(1)}$$

则有：

$$\hat{x}_{t+1} = \alpha x_t + (1-\alpha) s_{t-1}^{(1)}$$

$$= \alpha x_t + (1-\alpha) [\alpha x_{t-1} + (1-\alpha) s_{t-2}^{(1)}]$$

$$= \alpha x_t + \alpha (1-\alpha) x_{t-1} + (1-\alpha)^2 [\alpha x_{t-2} + (1-\alpha) s_{t-3}^{(1)}]$$

$$= \alpha x_t + \alpha (1-\alpha) x_{t-1} + \alpha (1-\alpha)^2 x_{t-2} + \cdots$$

$$+ \alpha (1-\alpha)^{t-1} x_{t-(t-1)} + (1-\alpha)^t s_0^{(1)}$$

$\because (1-\alpha) < 1$，当 $t \to \infty$ 时，$(1-\alpha)^t \to 0$，则有：

$$s_t^{(1)} = \alpha x_t + \alpha (1-\alpha) x_{t-1} + \alpha (1-\alpha)^2 x_{t-2} + \cdots + \alpha (1-\alpha)^{t-1} x_1$$

可见，一次指数平滑法具有以下特点：

（1）调整预测值的能力。

在一次指数平滑法的模型 $s_t^{(1)} = s_{t-1}^{(1)} + \alpha [x_t - s_{t-1}^{(1)}]$ 中，调整项是 $\alpha (x_t - s_t)$，其中 $x_t - s_t$ 是 t 期的预测误差，当 $x_t > s_t$ 时，$x_t - s_t > 0$，也就是说，t 期的预测值太小，因此，在预测 $t+1$ 期时应对 s_t 作一定的调整，把大于零的 $\alpha (x_t - s_t)$ 加到 s_t 上去，作为 $t+1$ 期的预测值 s_{t+1}；反之，当 $x_t - s_t$ 时，$x_t - s_t < 0$，说明 t 期的预测值太大，因为 $\alpha (x_t - s_t) < 0$，把它同 t 期的预测值相加作为 $t+1$ 期的预测值 s_{t+1}，则 $s_{t+1} < s_t$，从而减少 $t+1$ 期的误差。可见，一次指数平滑法具有根据 t 期的误差，调整 $t+1$ 期预测值的能力；而且，在给定的 α 下，预测误差越大，对预测值调整的幅度也越大，反之，则越小，从而使预测误差控制

在一定的范围内。

（2）各权数之和为1，即 $\sum w_i = 1$。

$$\sum w_i = \alpha + \alpha(1-\alpha) + \alpha(1-\alpha)^2 + \cdots + \alpha(1-\alpha)^{t-1}$$

$$= \alpha[1 + (1-\alpha) + (1-\alpha)^2 + \cdots + (1-\alpha)^{t-1}]$$

$$= \alpha\left[\frac{1-(1-\alpha)^t}{1-(1-\alpha)}\right] = 1 - (1-\alpha)^t$$

$\because 0 \leqslant \alpha \leqslant 1, t \to \infty, \lim[1-(1-\alpha)^t] = 1$

由此可见，$s_t^{(2)}$ 实际上是 x_t，x_{t-1}，$\cdots$，x_{t-j}，$\cdots$ 的加权平均。加权系数分别为 α，$\alpha(1-\alpha)$，$\alpha(1-\alpha)^2$，$\cdots$。是按几何级数衰减，越近的数据，权数越大，越远的数据，权数越小，且权数之和 $\alpha \sum(1-\alpha)^j = 1$，由于加权系数符合指数规律，又具有平滑数据的功能，故称为指数平滑。

（3）指数平滑法的修匀效果。

与移动平均法一样，指数平滑法对时间序列数据也具有修匀作用。所不同的是：移动平均法的修匀效果取决于跨越期 n 的大小，n 大则修匀效果明显；反之，n 小则修匀效果就差些。而指数平滑法的修匀效果则取决于平滑指数 α 的大小，α 越小，则修匀效果越明显；反之，α 越大，则修匀程度就越差。因此，可将指数平滑法看作一种滤波器。通过调整阈值 α 的大小，将原时间序列数据按时间顺序输入此滤波器，则此滤波器的输出即为原时间序列数据的指数平滑值。阈值 α 调得越小，则滤波能力越强，修匀效果越好，反之亦然。

三、加权系数的选择

在指数平滑法中，加权系数的选择是很重要的。由式（13-8）可以看出，α 的大小规定了在新预测值中新数据和原预测值所占的比重。α 值越大，新数据所占的比重就越大，原预测值所占比重就越小，反之亦然。若把式（13-8）改写为：$\hat{s}_{t+1} = \hat{x}_t + \alpha(x_t - \hat{x}_t)$，则从上式可看出，新预测值是根据预测误差对原预测值进行修正而得到的。α 的大小则体现了修正的幅度，α 值越大，修正幅度越大；α 值越小，修正幅度也越小。因此，α 值既代表预测模型对时间序列数据变化的反应速度，同时又决定预测模型修匀误差的能力。

若选取 $\alpha = 0$，则 $\hat{x}_{t+1} = \hat{x}_t$，即下期预测值就等于本期预测值，在预测过程中不考虑任何新信息；若选取 $\alpha = 1$，则 $\hat{x}_{t+1} = x_t$，即下期 x 预测值就等于本期观察值，完全不相信过去的信息。这两种极端情况很难做出正确的预测。因此，α 值应根据时间序列的具体性质在 $0 \sim 1$ 之间进行选择。具体如何选择一般可遵循下列原则：

（1）如果时间序列波动不大，比较平稳，则 α 应取小一点，如（0.1~0.3）。以减少修正幅度，使预测模型能包含较长时间序列的信息。

（2）如果时间序列具有迅速且明显的变动倾向，则 α 应取大一点，如（0.6~0.8）。

使预测模型灵敏度高些，以便迅速跟上数据的变化。

在实用上，类似移动平均法，多取几个 α 值进行试算，看哪个预测误差小，就采用哪个。

四、初始值的确定

用一次指数平滑法进行预测，除了选择合适的 α 外，还要确定初始值 $s_0^{(1)}$，初始值是由预测者估计或指定的。当时间序列的数据较多，比如在 20 个以上时，初始值对以后的预测值影响很小，可选用第一期数据为初始值。如果时间序列的数据较少，在 20 个以下时，初始值对以后的预测值影响很大，这时，就必须认真研究如何正确确定初始值。一般以最初几期的实际值的平均值作为初始值。

五、应用举例

例 13.9　2006～2017 年福源牌服装销售额如表 13－9 所示。试预测 2018 年该品牌服装销售额。

解 1：采用指数平滑法，并分别取 $\alpha = 0.2$，0.5 和 $\alpha = 0.8$ 进行计算。取初始值 $s_0^{(1)} = (x_1 + x_2)/2 = 51$，即 $\hat{x}_1 = s_0^{(1)} = 51$。按预测模型，$\hat{x}_{t+1} = \alpha x_t + (1-\alpha)\hat{x}_t$，进行预测。

表 13－9　福源牌服装销售额及指数平滑预测值计算表

单位：万元

年份	t	销售额	$\alpha = 0.2$ 的预测值	$\alpha = 0.5$ 的预测值	$\alpha = 0.8$ 的预测值
2006	1	50	51	51	51
2007	2	52	50.8	50.5	50.2
2008	3	47	51.04	51.25	51.64
2009	4	51	50.23	49.13	47.93
2010	5	49	50.38	50.07	50.39
2011	6	48	50.1	49.54	49.28
2012	7	51	49.68	48.77	48.26
2013	8	40	49.94	49.89	50.45
2014	9	48	47.95	44.95	42.09
2015	10	52	47.96	46.48	46.82
2016	11	51	48.77	49.24	50.96
2017	12	59	49.22	50.12	50.99

根据公式 $\hat{x}_{t+1} = \alpha x_t + (1-\alpha)\hat{x}_t$ 计算各期预测值，列于表 13－8 中。

从表 13－9 中可以看出，$\alpha = 0.2$，0.5，0.8 时，预测值是很不相同的。究竟 α 取何值为好，可通过计算它们的均方误差 MSE，选取使 MSE 较小的那个 α 值。

当 $\alpha = 0.2$ 时，

$$\text{MSE} = \frac{1}{12} \sum_{i=1}^{12} (x_i - \hat{x}_i)^2 = \frac{243.14}{12} = 20.26$$

当 $\alpha = 0.5$ 时，

$$\text{MSE} = \frac{1}{12} \sum_{i=1}^{12} (x_i - \hat{x}_i)^2 = \frac{252.82}{12} = 21.07$$

当 $\alpha = 0.8$ 时，

$$\text{MSE} = \frac{1}{12} \sum_{i=1}^{12} (x_i - \hat{x}_i)^2 = \frac{281.4}{12} = 23.45$$

计算结果表明：$\alpha = 0.2$ 时 MSE 较小，故选取 $\alpha = 0.2$，预测 2018 年该品牌服装销售额为：

$$0.2 \times 59 + 0.8 \times 49.22 = 51.176（万元）$$

解2：SPSS 求解。

（1）首先对观察值进行附加时间因素。选择数据，定义数据，如图 13-7 所示。

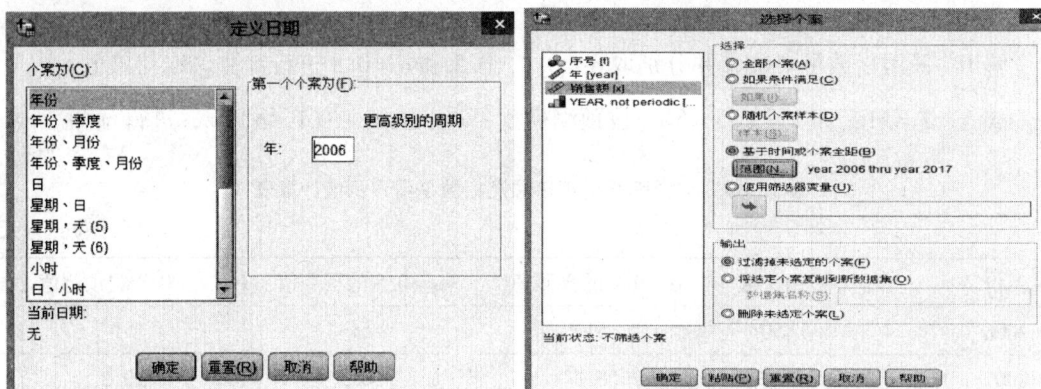

图 13-7 时间序列定义图

（2）选择 Statistics→Time series→Exponential Smoothing→选择销售额为变量→Models 选 Simple。注意，SPSS16 及后续高级版本将一些功能淘汰了，不能设置 α 值了。

（3）允许结果。如图 13-8 所示。

		预测
模型		2018
销售额 - 模型 - 1	预测	50.85
	UCL	61.09
	LCL	40.60

图 13-8 预测结果图

即预测值为 50.85 万元，预测区间 [40.60，61.09]。

例 13.10 已知福源商店丝巾销售额如表 13-9 所示，试用一次指数平滑法预测 1992 年的销售额。已知：$\alpha_1 = 0.2$，$\alpha_2 = 0.5$，$\alpha_3 = 0.8$，$s_0^{(1)} = x_1 = 400$。

解：（1）确定初始值。$s_0^{(1)} = x_1 = 400$

（2）选择平滑指数：

$$\alpha_1 = 0.2, \quad \alpha_2 = 0.5, \quad \alpha_3 = 0.8$$

（3）计算一次指数平滑值：

表 13-10 丝巾销售额　　　　　　　　　　　　　　单位：万元

年份	销售额	一次指数平滑值			误差		
		$\alpha = 0.2$	$\alpha = 0.5$	$\alpha = 0.8$	$\alpha = 0.2$	$\alpha = 0.5$	$\alpha = 0.8$
1982	400	400	400	400	0	0	0
1983	450	410	425	440	40	25	10
1984	503	428.6	464	490.4	74.4	39	12.6
1985	551	453.1	507.5	538.9	97.9	43.5	12.1
1986	602	482.9	554.8	589.4	119.1	47.2	12.6
1987	657	517.7	605.9	643.5	139.3	51.1	13.5
1988	709	556	657.4	695.9	153	51.6	13.1
1989	758	596.4	707.7	745.6	161.6	50.3	12.4
1990	809	638.9	758.4	796.3	170.1	50.6	12.7
1991	862	683.5	810.2	848.9	178.5	51.8	13.1

当 $\alpha = 0.2$ 时，

$$s_1^{(1)} = 0.2 \times 450 + 0.8 \times 400 = 410$$

$$s_2^{(1)} = 0.2 \times 503 + 0.8 \times 410 = 428.6$$

$$\cdots\cdots$$

$$s_9^{(1)} = 0.2 \times 862 + 0.8 \times 638.9 = 683.5$$

当 $\alpha = 0.5$ 时，

$$s_1^{(1)} = 0.5 \times 450 + 0.5 \times 400 = 425$$

$$s_2^{(1)} = 0.2 \times 503 + 0.8 \times 425 = 440.6$$

$$\cdots\cdots$$

$$s_9^{(1)} = 0.2 \times 862 + 0.8 \times 758.4 = 779.12$$

当 $\alpha = 0.8$ 时，

$$s_1^{(1)} = 0.8 \times 450 + 0.2 \times 400 = 440$$

$$s_2^{(1)} = 0.8 \times 503 + 0.2 \times 410 = 484.4$$

$$\cdots\cdots$$

$$s_9^{(1)} = 0.8 \times 862 + 0.2 \times 796.3 = 848.9$$

把上述值填写在表 13-10 中。

（4）确定预测值：

当 $\alpha = 0.2$ 时，$\hat{x}_{1992} = 683.5$

当 $\alpha = 0.5$ 时，$\hat{x}_{1992} = 779.12$

当 $\alpha = 0.8$ 时，$\hat{x}_{1992} = 848.9$

第六节　二次指数平滑法

当时间序列没有明显的趋势变动时，使用第 t 周期一次指数平滑法就能直接预测第 t + 1 期之值。但当时间序列的变动出现直线趋势时，用一次指数平滑法来预测仍存在着明显的滞后偏差。因此，也需要进行修正。修正的方法也是在一次指数平滑的基础上再作二次指数平滑，利用滞后偏差的规律找出曲线的发展方向和发展趋势，然后建立直线趋势预测模型。故称为二次指数平滑法。

一、二次指数平滑预测法预测模型

设一次指数平滑为 $S_t^{(1)}$，则二次指数平滑 $S_t^{(2)}$ 的计算公式：

$$S_t^{(2)} = \alpha S_t^{(1)} + (1 - \alpha) S_{t-1}^{(2)} \tag{13-9}$$

若时间序列 x_1，$x_1 \cdots x_t \cdots$ 从某时期开始具有直线趋势，且认为未来时期亦按此直线趋势变化，则与趋势移动平均类似，可用如下的直线趋势模型来预测：

$\hat{x}_{t+T} = a_t + b_t T$，$T = 1$，2，$\cdots$ 式中 t 为当前时期数；T 为由当前时期数 t 到预测期的时期数；$\hat{x}_{t+T}$ 为第 $t + T$ 期的预测值；a_t 为截距，b_t 为斜率，其计算公式为：

$$a_t = 2S_t^{(1)} - S_t^{(2)}$$

$$b_t = \frac{\alpha}{1 - \alpha} [S_t^{(1)} - S_t^{(2)}] \tag{13-10}$$

二、二次指数平滑预测法应用举例

例 13.11　已知福源公司产品皮衣服饰销售量如表 13 – 11 所示。预测 2018 年销售量。

表 13 – 11　福源公司产品皮衣服饰销售量　　　　　　　　　单位：万元

2008	2009	2010	2011	2012	2013	2014	2015	2016	2017
750	835	916	996	1079	1158	1240	1330	1417	1509

解：

（1）$s_0^{(1)} = s_0^{(2)} = x_1 = 750$，$\alpha = 0.8$

（2）计算 $s_t^{(1)}$，$s_t^{(2)}$，并填入计算表 13 – 12。

计算公式为：$s_t^{(1)} = \alpha x_t + (1 - \alpha) s_{t-1}^{(1)}$，$s_t^{(2)} = \alpha s_t^{(1)} + (1 - \alpha) s_{t-1}^{(2)}$，例如，计算 2008

年时，$t=1$ 时：

$$s_1^{(1)} = 0.8x_1 + 0.2s_0^{(1)} = 0.8 \times 750 + 0.2 \times 750 = 750$$

$$s_1^{(2)} = 0.8s_1^{(1)} + 0.2s_0^{(2)} = 0.8 \times 750 + 0.2 \times 750 = 750$$

其他做类似求解。

表 13 – 12　计算结果

t	年份	实际值	$S_t^{(1)}$	$S_t^{(2)}$	a_t	b_t	$T=1$ 时
0			750	750	·		
1	2008	750	750	750	750	0	
2	2009	835	818	804.4	831.6	54.4	
3	2010	916	896.4	878	914.6	73.6	868
4	2011	996	976.1	956.5	995.7	78.4	988.4
5	2012	1079	1058.4	1038	1078.8	81.6	1074
6	2013	1158	1138.1	1118.1	1158.1	80	1160.4
7	2014	1240	1219.6	1199.3	1239.9	81.2	1238.1
8	2015	1330	1307.9	1286.2	1329.6	86.8	1321.1
9	2016	1417	1395.2	1373.4	1417	87.2	1416.4
10	2017	1509	1486.2	1463.6	1508.8	90.4	1506.2
11	2018						1599.2

（3）计算平滑系数 a_t 和 b_t。

$$a_t = 2s_t^{(1)} - s_t^{(2)}$$

$$b_t = \frac{\alpha}{1-\alpha}\left[s_t^{(1)} - s_t^{(2)}\right] = \frac{0.8}{1-0.8}\left[s_t^{(1)} - s_t^{(2)}\right] = 4\left[s_t^{(1)} - s_t^{(2)}\right]$$

$$a_2 = 2 \times 818 - 804.4 = 831.6$$

$$b_2 = 4 \times (818 - 804.4) = 54.4$$

以此类推，$a_{10} = 1508.8$，$b_{10} = 90.4$

（4）建立预测模型，并预测。

$$\hat{x}_{2018} = a_{2017} + b_{2017}T\ (T=1) = 1508.8 + 90.4 = 1599.2$$

例 13.12　某地区纱线产量各期资料如表 13 – 13 所示，预测 22 期和 23 期发电量度数。

表 13 – 13　某地区纱线产量各期数据表

1	2	3	4	5	6	7	8	9	10	11
676	825	774	716	940	1159	1384	1524	1668	1688	1958
12	13	14	15	16	17	18	19	20	21	
2031	2234	2566	2820	3006	3093	3277	3514	3770	4107	

解：

（1）表 13 - 13 中：令 $S_0^{(1)} = S_0^{(2)} = 676$，$\alpha = 0.3$，得 $S_{21}^{(1)} = 3523.1$，

$S_{21}^{(2)} = 3032.60.3$。

（2）根据递推公式 $\hat{x}_{t+1} = \alpha x_t + (1 - \alpha) \hat{x}_t$ 和 $S_t^{(2)} = \alpha S_t^{(1)} + (1 - \alpha) S_{t-1}^{(2)}$，计算一次和二次指数平滑值，如表 13 - 14 所示。

表 13 - 14 　某地区纱线产量一次、二次指数平滑计算表 　　　　单位：万吨

t	y_t	$S_t^{(1)}$	$S_t^{(2)}$	x_{t+1}
1	676	676	676	
2	825	720.7	689.4	676
⋮	⋮	⋮	⋮	⋮
⋮	⋮	⋮	⋮	⋮
15	2820	2305.4	1897	2603.4
16	3006	2515.6	2082.6	2888.8
17	3093	2688.8	2264.5	3134.2
18	3277	2865.3	2244.7	3294.9
19	3514	3059.9	2629.3	3466.2
20	3770	3272.9	2822.4	3675
21	4107	3523.1	3032.6	3916.5

（3）计算 a_t 和 b_t。

$S_{21}^{(1)} = 3523.1$，$S_{21}^{(2)} = 3032.6$

$a_{21} = 2S_{21}^{(1)} - S_{21}^{(2)} = 2 \times 3523.1 + 3032.6 = 4013.6$

$b_{21} = \dfrac{\alpha}{1 - \alpha} \left[S_{21}^{(1)} - S_{21}^{(2)} \right] = \dfrac{0.3}{1 - 0.3} \times (3523.1 - 3032.6) = 210.21$

（4）进行预测。

$\hat{x}_{21+T} = 4013.6 + 210.21T$，得：

$\hat{x}_{22} = \hat{x}_{21+1} = 4013.6 + 210.21 \times 1 = 4223.81$ （万吨）

$\hat{x}_{23} = \hat{x}_{21+2} = 4013.6 + 210.21 \times 2 = 4434.02$ （万吨）

✎ 本章小结

时间序列预测法，是指将过去的历史资料及数据，按时间顺序加以排列构成一个数字系列，根据其动向预测未来趋势。这种方法的根据是过去的统计数字之间存在着一定的关系，这种关系，利用统计方法可以揭示出来，而且过去的状况对未来的销售趋势有决定性影响。因此，可以用这种方法预测未来的趋势，它又称为外推法或历史延伸法。它受四种因素影响：① 长期趋势变动。它是时间序列变量在较长的持续时间内的某种发展总动向；② 季节变动。它是由于季节更换的固定规律作用而发生的周期性变动。季节变动的周期

比较稳定，通常为一年；③周期波动，又称循环变动，是指时间序列在为期较长的时间内（一年以上至数年），呈现出涨落起伏；④不规则变动，又称随机变动，是指偶发事件导致时间序列出现数值忽高忽低、时升时降的无规则可循的变动。

移动平均预测法是指观察期内的数据由远而近按一定跨越期进行平均，取其平均值；然后，随着观察期的推移，根据一定跨越期的观察期数据也相应向前移动，每向前移动一步，去掉最早期的一个数据，增添原来观察之后期的一个新数据，并依次求得移动平均值；最后将接近预测期的最后一个移动平均值作为确定预测值的依据。移动的项数越多，对原数列波动的曲线修匀得越光滑，也就越能显示出现象的长期发展趋势。移动平均法也可以对短期不规则变动修匀。在某种现象的发展变化中，当要突出现象的长期发展趋势时，可以把短期变动看成受偶然因素影响的结果，通过简单算术平均将其修匀。实际应用中，移动平均法主要用来有效地消除不规则变动和季节变动对原数列的影响。

指数平滑法是对不同时期的观察值用递减加权的方法修匀时间数列的波动，从而对现象的发展趋势进行预测的方法。指数平滑法是对移动平均法的改进。指数平滑法对每期的资料分别给予大小不同的权数，越是近期资料给的权数越大，越是远期资料给的权数越小。指数平滑法计算简单，实用。它分为一次指数平滑法和二次指数平滑法等。一次指数平滑法容易造成预测值偏小，且仅适用于分析呈水平状态波动且无明显性趋势变动的现象。二次指数平滑是对一次指数平滑的再平滑，它适用于直线性趋势的时间数列。

本章习题

一、思考题

1. 一次指数平滑法与一次移动平滑法相比，其优点是什么？

2. 移动平均法的缺点是什么？

3. 指数平滑法的系数如何选择？

二、练习题

1. 已知某品牌服装前3个季度销售量，预测第10、11月份销售（$N=3$）。

表 13-15　服装季度销售量表

销售月份	月平均销售	销售月份	月平均销售
1月	1532	6月	1840
2月	1645	7月	1880
3月	1770	8月	1830
4月	1790	9月	1921
5月	1551		

2. 1981~2000年我国棉花单位面积产量数据（单位：千克/公顷）如表13-16所示：

表 13 – 16 棉花产量表

年份	单位面积产量	年份	单位面积产量
1981	1451	1991	1215
1982	1372	1992	1281
1983	1168	1993	1309
1984	1232	1994	1296
1985	1245	1995	1416
1986	1200	1996	1367
1987	1260	1997	1479
1988	1020	1998	1272
1989	1095	1999	1469
1990	1260	2000	1519

（1）绘制时间序列图描述其形态。

（2）用 5 期移动平均法预测 2001 年的单位面积产量。

（3）采用指数平滑法，分别用平滑系数 0.3 和 0.5 预测 2001 年的单位面积产量，分析预测误差，说明用哪一个平滑系数预测更合适。

3. 某纺织厂 1990~2004 年的利润资料如表 13 – 17 所示：

表 13 – 17 利润表　　　　　　　　　　　　单位：万元

年 份	利 润	年 份	利 润	年 份	利 润
1990	54	1995	152	2000	187
1991	47	1996	142	2001	213
1992	54	1997	175	2002	256
1993	103	1998	182	2003	273
1994	170	1999	159	2004	292

（1）试用移动平均法对该时间序列进行修匀，以反映利润的长期趋势（注：分别作三项和四项移动平均）。

（2）利用指数平滑法（平滑系数取 0.3）求各年利润的预测值。

第十四章

纺织品服装市场季节变动预测法

在市场经济活动中，由于受自然条件、生产条件和消费习俗的影响，许多商品的供应、需求以及与之相联系的价格，往往随着季节的转换而呈现同期性变动。例如，毛纺织行业具有一定的季节性特征，产品需求量会随着季节的更替有所变化，对于毛纺织产品的需求春夏属于淡季，秋冬则是消费者购买的旺季。又如，2016 年 1～3 月，内棉价格持续下行，内棉价格在 4 月初下降到近期最低点后开始反弹，截止到 6 月 21 日，内棉价格为 12698 元/吨，相较于最低的价格上涨了 8.7 个百分点。也就是说，2016 年第一季度内棉价格下滑，第二季度开始上升，具有明显的季节性。再如，具体企业如美邦和森马服饰库存在 2013 下半年出现一个小高峰后呈下降趋势，在历经波动后均出现不同程度的回升态势，森马服饰的库存在 2015 年第三季度出现高峰，美邦服饰的库存高峰则出现在 2015 年年底。这说明，休闲服装存在不同的季节变动现象。研究过去的季节变动，对于决定当前经营管理活动，特别是组织商业活动，避免由于季节变动引起的不良影响和预测未来，制订计划，具有重要的意义。

通过本章的学习，理解季节变动的类型，知道季节指数和季节变差的区别，掌握平均数趋势整理法和趋势比率法等较为复杂的预测法。

第一节 纺织品服装市场季节变动预测法概述

一、季节变动预测法概念

季节变动预测法又称季节周期法、季节指数法、季节变动趋势预测法，季节变动预测法是对包含季节波动的时间序列进行预测的方法。就是采用一定的分析方法、测定出市场某些现象季节变动的规律性，并以此为依据预测市场现象未来的一种时间序列分析预测法。

季节变动是指价格由于自然条件、生产条件和生活习惯等因素的影响，随着季节的转变而呈现的周期性变动。这种周期通常为 1 年。季节变动的特点是有规律性的，每年重复出现，其表现为逐年同月（或季）有相同的变化方向和大致相同的变化幅度。在市场分析预测中，常用的反映市场季节变动的指标有两个：一个是季节指数，另一个是季节变差。前者反映各种季（如商品的供应量、需求量和价格等变化）影响的相对程度，它在相乘型季节变动分析预测模型中使用；后者反映各种季节变动因素对市场现象变化影响的绝对程度，它在相加型季节变动分析预测模型中使用。

运用市场季节变动分析预测法，要求掌握所研究市场现象三年或三年以上的分月或分季时序资料，且序列中必须包含有明显的季节变动。测定时间序列中是否含有季节变动的方法主要是根据序列的月度或季度数据，绘出历史曲线图或者计算序列的自相关系数。市场季节变动分析预测的方法很多，本章主要介绍平均季节变动法、平均数趋势整理法和趋势比率法等。

二、预测步骤

第一步：确定在不考虑季节变化因素影响下的年度预测值，也称水平/趋势预测值。

第二步：利用按季（月）度的各年历史值（3 年以上）计算各季度的季节指标（季节指数、季节变差、季节比重）。

第三步：运用步骤二中得到的季节指标和步骤一中得到的年度预测值，从而估算预测期各季（月）度的预测值。

第二节 简单平均季节变动法

平均季节变动法就是根据给定的市场现象月度（或季度）时序资料，直接利用简单算术平均法，测定出各月或季的季节变动指标并据此分析预测的方法。这是市场季节变动分析预测法中最简单的方法。按照测定的季节变动指标不同，它又分为平均季节指数法和平均季节变差法两种。

一、季节指数的测算方法

（一）求解季节指数

某季度季节指数（％）＝ $\dfrac{历年同季季度平均值}{整个时期季度平均值} \times 100\%$ 。

例 14.1　郑州某服装公司历年毛裤按季销售资料如表 14 - 1 所示。

表 14 - 1　毛裤按季销售资料表

年份	第一季度	第二季度	第三季度	第四季度
2011	2150	1440	1485	1768
2012	2192	1500	1510	1795
2013	2089	1495	1504	1765
2014	2230	1530	1525	1810
2015	2285	1510	1579	1796

解：

第一步，计算历年相同月（季）的简单算术平均数。

例如，2011～2015 五年第一季同季平均值为：（2150 + 2192 + 2089 + 2230 + 2285）/5 = 2189.2。以此类推。

第二步，计算历年所有月季的总平均数。即：34958/20 = 1747.9。

第三步，用各月（季）的平均数除以总的月（季）平均数，即为各月（季）的季节指数，如：

第一季度季节指数 = 2189.2/1747.9 × 100% = 125.2%，其他类似。如图 14 - 1 所示。

	A	B	C	D	E	F	G
	年份	第一季度	第二季度	第三季度	第四季度	年季度平均值	全年值
2	2011	2150	1440	1485	1768		
3	2012	2192	1500	1510	1795		
4	2013	2089	1495	1504	1765		
5	2014	2230	1530	1525	1810		
6	2015	2285	1510	1579	1796		
7	合计	10946	7475	7603	8934	34958	
8	同季平均值	2189.2	1495	1520.6	1786.8	1747.9	
9	季节指数	125.2%	85.5%	87.0%	102.2%	400%	

图 14 - 1　季节指数计算表

（二）预测

（1）已知年度预测值，估计各季度预测值。则：

$$季度预测值 = （年度预测值/4）×该季季节指数$$

接例题 14.1，则有：2015 年度值 = 2285 + 1510 + 1579 + 1796 = 7170。

2016 年度：

$$第一季度预测值 = （7170/4）×125.2\% = 2244.21；$$

$$第二季度预测值 = （7170/4）×85.5\% = 1532.59，其他季节类推计算。$$

（2）已知某季度的实际值，估计其他各季预测值。则：

$$季度预测值 = （已知某季度实际值/已知某季度的季节指数）×该季季节指数$$

例如，已知 2016 年度第一季度毛裤销量 36000 条，则有：

第二季度预测值 = （36000/125.2%）×85.5% = 24584.66，其他类似计算。

二、季节变差预测法

平均季节变差法就是通过计算历年相同月（季）的平均数与所有月（季）平均数的离差，并对历年相同月（季）的离差进行平均，得到现在各月（季）的季节变差，并以此为基础进行分析测的方法。

（一）季节变差指标的测定方法。则：

$$某季季节变差 = 历年同季的季节平均值 - 全部时期季度平均值$$

例 14.2 求表 14-1 中的季节变差值。

解：

第一季度季节变差 = 2189.2 - 1747.9 = 441.3

第二季度季节变差 = 1495.0 - 1747.9 = -252.9，其他类推，如图 14-2 所示。

	A	B	C	D	E	F	G
1	年份	第一季度	第二季度	第三季度	第四季度	年季度平均	全年值
2	2011	2150	1440	1485	1768		
3	2012	2192	1500	1510	1795		
4	2013	2089	1495	1504	1765		
5	2014	2230	1530	1525	1810		
6	2015	2285	1510	1579	1796		7170
7	合计	10946	7475	7603	8934	34958	
8	同季平均值	2189.2	1495	1520.6	1786.8	1747.9	
9	季节指数	125.2%	85.5%	87.0%	102.2%	400%	
10	季节变差	441.3	-252.9	-227.3	38.9		

图 14-2 季节变差计算结果

（二）预测

（1）已知年度预测值，估计各季度预测值。则：

$$某季节预测值 = 年度预测值/4 + 该季的季节变差$$

接例题 14.1，则有：2015 年度值 = 2285 + 1510 + 1579 + 1796 = 7170。

2016 年度：

第一季度预测值 = （7170/4）＋441.3＝2233.8；

第二季度预测值 = （7170/4）＋（－252.9）＝1539.6，其他季节类推计算。

（2）已知某季节的实际值，估计其他各季度预测值。则：

某季度预测值＝已知季度的实际值－已知季度的季节变差＋该季的季节变差

例如：已知2016年度第一季度毛裤销量36000条，则有：

第二季度的预测值＝36000－441.3＋（－252.9）＝35305.8

第三季度的预测值＝36000－441.3＋（－227.3）＝35331.4

第四季节的预测值＝36000－441.3＋38.9＝35597.6

全年的预测值＝（36000－441.3）×4＝142234.8

第三节　平均数趋势整理法

一、平均数趋势整理法的基本步骤

平均数趋势整理法是先对历史资料各年同月或同季的数据求平均数，然后再利用所求出的平均数，消除其中的趋势成分，求出季节指数，最后建立趋势季节模型进行预测的方法。

设有一时间序列 Y_1，$Y_2 \cdots Y_t$，T 为序列长度，这一序列是由 N 年（$N \geqslant 3$ 且为奇数）的统计数据构成的，它受直线趋势、季节变动和随机变动的影响。若一年季节周期的分段为 k，则 $N \times k = T$。现以月为单位，则 $k = 12$，$T = 12N$。运用平均数趋势整理法来预测，其预测步骤如下：

（1）求各年同月的平均数。以 r_i 表示各年第 i 月的同月平均数，则

$$r_1 = \frac{1}{N}（y_1 + y_{13} + \cdots + y_{12N-11}）$$

$$r_2 = \frac{1}{N}（y_2 + y_{14} + \cdots + y_{12N-10}）$$

$$\cdots\cdots$$

$$r_{12} = \frac{1}{N}（y_{12} + y_{24} + \cdots + y_{12N}）$$

（2）求各年的月平均数。以 $\bar{y}_{(t)}$ 表示第 t 年的月平均数，则：

$$\bar{y}_{(1)} = \frac{1}{12}（y_1 + y_2 + \cdots + y_{12}）$$

$$\bar{y}_{(2)} = \frac{1}{12}（y_{13} + y_{14} + \cdots + y_{24}）$$

$$\cdots\cdots$$

$$\bar{y}_{(N)} = \frac{1}{12}（y_{12n-11} + y_{12n-10} + \cdots + y_{12N}）$$

（3）建立趋势预测模型，求趋势值。

根据年的月平均数，建立年趋势直线模型：

$$\hat{T}_t = a + bt \quad (t\text{ 以年为单位})$$

用最小平方法估计参数 a，b，并取序列 $\bar{y}(t)$ 的中点年为时间原点。再把此模型转变为月趋势直线模型 $\hat{T}_t = a_0 + b_0 t$（t 以月为单位）。式中，$a_0 = a + b/24$，$b_0 = b/12$，分别为新原点（7月）的月趋势值和每月增量，利用此月趋势直线模型求原点年各月份的趋势值，可得 $\hat{T}_1$，$\hat{T}_2 \cdots \hat{T}_{12}$。

（4）求季节指数。

先计算同月平均数与原点年该月的趋势值的比值 f_i，再消除随机干扰，经修正后可得季节指数 F_i：

$$f_i = \frac{r_i}{\hat{T}_i}, \quad i = 1, 2, \cdots, 12$$

$$F_i = \theta \times f_i, \quad \theta \text{ 为修正系数}$$

（5）求预测值。

首先，用月趋势直线模型求未来月份的趋势值：$\hat{T}_t = a_0 + b_0 t$。

其次，利用趋势季节模型求其预测值：$\hat{y}_t = (a_0 + b_0 t) F_i$。

二、应用举例

例 14.3 已知郑州市 2014～2016 年福源牌服装销售量如表 14-2 所示，试用平均数趋势整理法预测 2017 年 1～3 月该商品销售量。

表 14-2 福源牌服装销售量 单位：万件

月份 \ 年度	1	2	3	4	5	6	7	8	9	10	11	12	合计	月平均
①2014	5	3	12	9	13	20	37	44	26	14	5	1	189	15.75
②2015	3	13	18	19	31	34	60	62	56	24	8	2	330	27.50
③2016	9	15	31	37	42	51	90	98	80	40	11	4	508	42.33
④合计	17	31	61	65	86	105	187	204	162	78	24	7	1027	85.58
⑤同月平均	5.67	10.33	20.33	21.67	28.67	35.00	62.33	68.00	54.00	26.00	8.00	2.33	342.33	28.53
⑥各月趋势值	22.43	23.54	24.65	25.76	26.86	27.97	29.08	30.19	31.30	32.41	33.51	34.62		28.53
⑦比值 f_i（%）	25.28	43.88	82.47	84.12	106.74	125.09	214.34	225.24	112.52	80.22	23.87	6.73		1190.5
⑧季节指数 F_i（%）	25.48	44.23	83.13	84.79	107.59	126.09	216.05	227.04	173.90	70.86	24.06	6.78		1200

解：

（1）求各年同月平均数。

将历年同月数值加总，填入第④行。然后，求同月平均数，如：$r_1 = \dfrac{5+3+9}{3} = 5.67$ 等。填入第⑤行，由于是三年平均，这月平均数列代表中间一年，即 2015 年各月数值。

（2）求各年的月平均销售量。

把每年 12 个月数字加总，除以 12，求每年的月平均数，填入下表最后一列。如 2014
年的月平均销售量为：189/12 = 15.75。

（3）建立趋势预测模型求趋势值。

根据各年的月平均数，用最小二乘法建立趋势直线模型：

表 14-3 服装趋势直线模型计算表

年份	年次 t	销售量 y	ty	t^2
2014	-1	15.75	-15.75	1
2015	0	27.5	0	0
2016	1	42.33	42.33	1
合计	0	85.58	26.58	2

资料共三年，以 2015 年为原点，$t = 0$，$\sum t = 0$，$\sum y_t = 85.58$，$\sum ty_t = 26.58$，$\sum t^2 = 2$，$n = 3$。

将上述各数值代入公式，求参数 a 和 b：

$$a = \frac{\sum y_t}{N} = \frac{85.58}{3} = 28.53$$

$$b = \frac{\sum ty_t}{\sum t^2} = \frac{26.58}{2} = 13.29$$

于是，得年趋势直线模型

$$T_t = 28.53 + 13.29t \quad t \text{ 以年为单位}$$

再计算原点年（2015 年）各月的趋势值。

$$每月的增量 b_0 = \frac{b}{12} = \frac{13.29}{12} = 1.108$$

$$半月的增量 \frac{b_0}{2} = \frac{1.108}{2} = 0.554$$

由以上模型可知，当 $t = 0$ 时，$\hat{T}_t = 28.53$ 代表原点年中点（即 6 月下半月至 7 月上半月）的趋势值。如求该年 6 月的趋势值，应在 28.53 中减去半个月的增量。即 6 月的趋势值 = 28.53 - 0.554 = 27.98。同理，7 月趋势值应在 28.53 中加上半个月的增量。即 7 月的趋势值 = 28.53 + 0.554 = 29.08。

为了便于计算可将原点改为 7 月，即在 29.08 元上逐月递增，每月增（或减）1.108。这样，由月趋势直线模型：$\hat{T}_t = 29.08 + 1.108t$ t 以月为单位。可得各月份趋势值如：

5 月趋势值 = 29.08 - 1.108 × 2 = 26.86

8 月趋势值 = 29.08 + 1.108 = 30.19

它们的数值填入表 14-2 的第⑥行中。

（4）计算季节指数。

$$f_i = \frac{r_i}{\hat{T}_i}, \ i = 1, \ 2, \ \cdots, \ 12$$

计算消除了趋势变动影响的同月平均数与趋势的比值：

$$月比值 f_1 = \frac{5.67}{22.43} = 25.28\%$$

$$月比值 f_2 = \frac{10.33}{23.54} = 43.88\%$$

其他类似，将结果填入表 14.2 的第⑦行中。

本来，12 个月季节指数的平均数应为 100%，12 个月所有季节指数之和应为 1200%，但是，第⑦行的合计数却为 1190.5%。这样，就需对它们进行修正。为此，先求修正系数 θ。

$$\theta = \frac{1200}{1190.5} = 1.008$$

用此系数分别乘表 14－2 中第⑦行的各数，结果填入表中第⑦行，即为季节指数 F_i（$i = 1, \ 2, \ \cdots 12$）如：

一月季度指数 $F_1 = 25.28\% \times 1.008 = 25.48\%$

二月季度指数 $F_{l2} = 43.88\% \times 1.008 = 44.23\%$

（5）求预测值。

预测模型为：

$$\hat{y}_t = (29.08 + 1.108t) \times F_i$$

为了计算方便，分两步施行。

①求 2017 年前三个月的趋势值

2017 年 1 月趋势值 = 29.08 + 1.108 × 18 = 49.02；

2017 年 2 月趋势值 = 29.08 + 1.108 × 19 = 50.13；

2017 年 3 月趋势值 = 29.08 + 1.108 × 20 = 51.24。

②求 2017 年前三个月的预测值

预测值 = 趋势值 × 季节指数

2017 年 1 月预测值 = 47.40 × 25.48% = 12.1（万件）

2017 年 2 月预测值 = 48.42 × 44.23% = 21.4（万件）

2017 年 3 月预测值 = 49.44 × 83.13% = 41.0（万件）

其余各月类推。

此法只适用于趋势稳定增长的情况。当某年趋势突然增高时，将对同月平均数产生较明显的影响，从而使季节指数偏高。如遇到趋势变动大的情况，为了消除变动的影响，进行预测时，可以采用趋势比率法。

第四节　趋势比率法

一、趋势比率法的预测步骤

趋势比率法，是根据历史上各期的实际值，首先建立趋势预测模型，求得历史上各期的趋势值，然后以实际值除以趋势值，进行同月（季）平均，计算季节指数，最后用季节指数和趋势值的结合来求解预测值的方法。其预测步骤如下：

（1）建立趋势预测模型求历史上各期的趋势值。

（2）求解趋势值季节比率，它是各实际值与相应时期趋势值的比值。

（3）求季节指数，即把同期趋势季节比率平均。

（4）建立趋势季节模型进行预测。

二、应用举例

例 14.4　已知某无纺布 4 年来各季商品销售情况为：15，19，7，10；16，20，8，11；16，22，9，12；19，25，15，180（单位：万件）。试预测下年度各季的销售量。

解：

（1）建立趋势预测模型。

根据表 14 - 4 中各年的实际销售量用最小二乘法求参数 a、b，建立线性趋势预测模型。

表 14 - 4　线性趋势模型计算表　（单位：万件）

季度	一	二	三	四	一	二	三	四	一	二	三	四	一	二	三	四	合计	平均
季顺序 t	1	2	3	4	5	6	7	8	9	10	11	12	13	14	15	16	136	8.5
销售量 y	15	19	7	10	16	20	8	11	16	22	9	12	19	25	15	18	242	15.125
t^2	1	4	9	16	25	36	49	64	81	100	121	144	169	196	225	256	1496	
t_y	15	38	21	40	80	120	56	88	144	220	99	144	247	350	225	288	2175	

代入　$a = \hat{y} - bl$

$$b = \frac{n \sum ty - \sum t \sum y}{n \sum t^2 - \left(\sum t^2 \right)} \quad 其中 \; l = \frac{1}{n} \sum t \quad \hat{y} = \frac{1}{n} \sum y$$

得

$$b = \frac{16 \times 2175 - 136 \times 242}{16 \times 1496 - 136^2} = 0.3471$$

$$a = 15.125 - 0.3471 \times 8.5 = 12.175$$

故有 $\hat{T}_2 = 12.175 + 0.3471t$。

（2）计算历史各期的趋势值。

$\hat{T}_1 = 12.175 + 0.3417 \times 1 = 12.52$

$\hat{T}_2 = 12.175 + 0.3417 \times 2 = 12.86$，等等

计算结果填入表 14.4 第④列中。

（3）求解趋势季节比率。

根据公式：

$$\overline{f_i} = \frac{y_5}{T_t}$$

如：

$$\overline{f_1} = \frac{15}{12.52} = 119.81\%$$

$$\overline{f_2} = \frac{19}{12.87} = 147.63\%$$

将计算结果填入表 14-5 第⑤列中。

表 14-5　趋势季节比率计算表

年、季	季顺序 t	实际销售量 Y_t	直线趋势值	趋势季节比率 f_i（%）
2013 1	1	15	12.52	119.81
2	2	19	12.87	147.63
3	3	7	13.22	52.95
4	4	10	13.56	73.75
2014 1	5	16	13.91	115.03
2	6	20	14.26	140.25
3	7	8	14.60	54.79
4	8	11	14.95	73.58
2015 1	9	16	15.30	104.58
2	10	22	15.65	140.58
3	11	9	15.99	56.29
4	12	12	16.34	73.44
2016 1	13	19	16.69	113.84
2	14	25	17.03	146.80
3	15	15	17.38	86.31
4	16	18	17.73	101.52

（4）计算季节指数。

把表 14-5 第⑤列各比率填入表 14-6 的前 4 行中，然后计算同期趋势季比率的平均值。修正后得季节指数填入下一行中。

表 14 - 6　季节指数表

年度	第一季度（%）	第二季度（%）	第三季度（%）	第四季度（%）	合计（%）
2013	119.81	147.63	52.95	73.75	394.14
①2014	115.03	140.25	54.79	73.58	383.65
2015	104.58	140.58	56.29	73.44	374.89
2016	113.84	146.8	86.31	101.52	448.47
②合计	453.26	575.26	250.34	322.29	1601.15
③同季平均	113.32	143.82	62.59	80.57	400.3
④季节指数	113.24	143.71	62.54	80.51	400

表 14 - 5 第③行的合计本应 400%，但合计数为 400.3%，故要进行修正：

$$\theta = \frac{400}{400.3} = 0.99925$$

以 0.99925 乘上第③行各数，可得第④行的季节指数 F_i（$i = 1, 2, 3, 4$），如：

$$F_1 = 113.32\% \times 0.99925 = 113.24\%$$
$$F_2 = 143.82\% \times 0.99925 = 143.71\%$$。

（5）进行预测。

预测模型为：

$$\hat{y}_t = \hat{T}_t F_i = (12.175 + 0.3471t) F, \quad i = 1, 2, 3, 4$$

为了计算方便，下面分两步进行。

①计算趋势值。

由 $\hat{T}_t = 12.175 + 0.3471t$，计算如表 14 - 7 所示：

表 14 - 7　2017 年各季趋势值计算表

2017 年	第一季度	第二季度	第三季度	第四季度
季顺序	17	18	19	20
长期趋势值	18.08	18.42	18.77	19.12

当 $t = 17$，则有第一季度的趋势值：$\hat{T}_{17} = 12.175 + 0.3471 \times 17 = 18.08$，等等。

②计算预测值。

$$预测值 = 趋势值 \times 季节指数$$

2017 年第一季度预测值 = $18.08 \times 113.24\% = 20.47$（万件）

2017 年第二季度预测值 = $18.42 \times 143.71\% = 26.47$（万件）

2017 年第三季度预测值 = $18.77 \times 62.54\% = 11.74$（万件）

2017 年第四季度预测值 $= 19.12 \times 80.51\% = 15.39$ （万件）

此法先消除趋势变动后计算季节指数，适用于直线趋势和曲线趋势。但此法对季节变动以外的周期变动难以消除，对于有其他周期变动的时间序列，为了消除周期变动影响计算季节指数，可以采用环比法。

第五节 环比法

一、环比法的预测步骤

环比法，是指根据历年各月或各季的历史资料，逐期计算环比，加以平均，求出季节指数进行预测的方法。其预测步骤为：

（1）求各期的环比。

将各期的实际值除以前期的实际值环比。即：

$$\eta_t = \frac{y_t}{y_{i-1}}$$

注意，第一期的环比不能计算。

（2）求各年相同的平均环比（N 是参加平均的周期数）

$$\overline{\eta_i} = \frac{\sum \eta_t}{N}$$

（3）求连锁系数 c_i。首先，任选一期（如选第一季度）为基准期，其连锁系数为 1。然后，按公式：

$$C_i = C_{i-1} \overline{y_t}$$

再求其他各期（季）的连锁系数。

（4）根据趋势变动修正连锁系数。

如果数据没有趋势变动，那么，所选的基准期的连锁系数应为 1。若求出的基准期（第一季度）的连锁系数 C_1 不为 1，则表示存在趋势变动的影响，应加以修正。修正系数为：

$$\theta = \frac{C_1 - 1}{N}$$

设每期（季）连锁系数受到的影响为 θ，若 $N = 4$，以季为单位，$N = 12$，以月为单位。假定趋势是直线型，则各期（季）所受的影响是累加的。各期（季）扣除 θ 后的修正系数 C'_i 应为：

第一季度 $C'_i = 1$

第二季度 $C'_2 = C_2 - \theta$

第三季度 $C'_3 = C_3 - 2\theta$

第四季度 $C'_4 = C_4 - 3\theta$

（5）求季节指数。

将各期（季）的修正连锁系数，除以修正连锁系数的平均数，计算季节指数 F_i，即

$$F' = \frac{C'_i}{\overline{C'}}, \quad \overline{C'} = \frac{\sum_{i=1}^{N} C'}{N}$$

（6）配合趋势直线模型计算趋势值，结合季节指数进行预测。预测模型为：

$$\hat{y_t} = (a + bt) F_i i (= 1, 2, 3, 4)$$

二、应用举例

例 14.5 福源百货公司服装各季销售量如表 14 – 8 所示。

表 14 – 8 服装销售各季数据

年份 \ 季度	1	2	3	4	合计	平均
2013	400	900	500	800	2600	650
2014	500	1000	700	1100	3300	825
2015	600	900	700	1300	3500	875
2016	800	1200	900	1400	4300	1075

试用环比法预测 2017 年各季度的需求量。

解：

（1）求各期的环比，分别填入表 14 – 9 中第②行相应位置上。如：

$$\eta_2 = \frac{900}{400} = 2.25$$

$$\eta_3 = \frac{500}{900} = 0.56$$

（2）求 $\overline{\eta_t}$。

第一季度 $\overline{\eta_1} = (0.63 + 0.55 + 0.62) / 3 = 0.6$

第二季度 $\overline{\eta_2} = (2.25 + 2 + 1.5 + 1.5) / 4 = 1.18$

第三季度 $\overline{\eta_3} = (0.56 + 0.7 + 0.78 + 0.75) / 3 = 0.93$

第四季度 $\overline{\eta_4} = (1.6 + 1.57 + 1.86 + 1.56) / 4 = 1.65$

计算结果填入表 14.8 的第③行中。

（3）求连锁系数。

设第一季度 $C_1 = 1$，则：

$C_2 = 1 \times 1.81 = 1.81$

$C_3 = 1.81 \times 0.7 = 1.267$

$C_4 = 1.267 \times 1.65 = 2.09$

$C_1 = 2.9 \times 0.6 = 1.74$

（4）修正连锁系数。

①求 θ。

$$\theta = \frac{1.254 - 1}{4} = -0.0635$$

②求 C'_i（$i = 1, 2, 3, 4$）。

表 14-9　连锁系数计算表

名称　　　　季度　　年度	I	n	III	IV
① 销量值 2013	400	900	500	800
2014	500	1 000	700	1 100
2015	600	900	700	1 300
2016	800	1 200	900	1 400
② 环比 η_t 2013		2.25	0.56	1.60
2014	0.63	2.00	0.70	1.57
2015	0.55	1.50	0.78	1.86
2016	0.62	1.50	0.75	1.56
③平均的环比 η_t	0.6	1.81	0.70	1.65
④连锁系数 c_i	1 (1.254)	1.81	1.267	2.09
⑤修正连锁系数 c_i'	1.000	1.747	1.140	1.900
⑥季节指数 F_i	0.691	1.207	0.788	1.313

$C'_1 = 1$

$C'_2 = C_2 - \theta = 1.81 - 0.0635 = 1.747$

$C'_3 = C_3 - 2\theta = 1.267 - 2 \times 0.0635 = 1.140$

$C'_4 = C_4 - 3\theta = 2.09 - 3 \times 0.0635 = 1.900$

③求 $\overline{C'}$。

$$\overline{C'} = \frac{\sum_{i=1}^{N} C'_i}{N} = \frac{(1 + 1.747 + 1.140 + 1.900)}{4} = 1.447$$

（5）求季节指数。

由公式，$F = \dfrac{C'_i}{\overline{C'}}$，得：

$$F_1 = \frac{1}{1.447} = 0.691$$

$$F_2 = \frac{1.747}{1.447} = 1.207$$

$$F_3 = \frac{1.140}{1.447} = 0.788$$

$$F_4 = \frac{1.900}{1.447} = 1.313$$

以上计算结果分别填入表 14 – 9 中相应的位置。

（6）配合趋势直线模型计算趋势值，结合季节指数进行预测。

①趋势直线模型的建立及趋势值的计算。

由于各年总的销售量和季平均销售量，均有逐年增长向上发展的直线趋势。因而，可以用最小平方法配合直线模型，预测各年平均趋势值。

直线模型为：$\hat{y}_t = a + bt$。

式中，$\hat{y}_t$ 代表预测趋势值；a 和 b 是待定参数，t 代表年次。

由于年数为偶数，以四年的中点为原点，以半年为单位，故 $t = -3, -1, 1, 3$，$\sum t = 0$。

表 14 – 10 最小平方法直线趋势计算表

年份	年次（t） 季平均销售量	ty	t^2	
2013	– 3	650	– 1950	9
2014	– 1	825	– 825	1
2015	1	875	875	1
2016	3	1075	3225	9
合计	0	3425	1325	20

$$a = \frac{\sum y}{n} = \frac{3425}{4} = 856.25 \quad b = \frac{\sum ty}{\sum t^2} = \frac{1325}{20} = 66.25$$

$$\hat{T}_i = 856.25 + 66.25t$$

预测 2017 年各季平均趋势值为：$\hat{T}_5 = 856.25 + 66.25 \times 5 = 1187.5$。

②预测 2017 年各季预测值。

预测值 = 趋势值 × 季节指数：

2017 年第 1 季的预测值 = 1187.5 × 0.691 = 820.56

2017 年第 2 季的预测值 = 1187.5 × 1.207 = 1433.31

2017 年第 3 季的预测值 = 1187.5 × 0.788 = 935.75

2017 年第 4 季的预测值 = 1187.5 × 1.313 = 1559.19

第六节 季节分解

一、时间序列中的数据四种波动形式的分解

时间序列数据的波动一般存在以下四种基本形式：趋势变化、季节波动、循环波动、

不规则波动。一般情况下，没有经过整理的数据，长期趋势并不能很好地表达出来，这是因为原始数据图中包括了季节波动、循环波动、不规则波动的信息。为了从原始数据中获得各种单独的波动规律，就必须将销售数据中的季节波动、循环波动、不规则波动分解出来。

各种影响因素的分解基本思想如下：

（1）应用平均法可以消除不规则变动 I，如果平均法应用的数据周期与季度波动的周期相同，则平均法同时可消除季节性波动 S，消除了季节性波动与不规则波动的移动平均值只包含趋势变动 T 与循环波动 C 两种波动，即 $MA = T \times C$。

（2）根据乘法模型，$Y = T \times S \times C \times I$，由原时间序列 Y 和移动平均值时间序列 $T \times C$ 可推算出另一个时间序列：$S \times I = Y/T \times C$，该序列包含了季节波动系数和不规则波动系数。

（3）如果再对 $S \times I$ 时间序列按照季度进行简单平均，就能滤掉 $S \times I$ 中的不规则变动，从而得到季节系数 S。

（4）由季节系数 S 可推算出不含季节波动的时间序列 $T \times C \times I = Y/S$，这一个不含季节波动的时间序列可以用来构造定量的回归分析预测模型。

（5）根据构造的定量预测模型，可以计算各个观察期的预测值 Y^*，该预测值只是一个趋势值 T，不包含季节性、循环性、不规则性的波动影响，即 $Y^* = T$。

（6）由 $Y = T \times S \times C \times I$，可推算出另一个时间序列 $C \times I = Y/Y^* \times S$。如果再对 $C \times I$ 时间序列进行移动平均，就能滤掉 $C \times I$ 中的不规则变动，从而得到循环波动系数 C。

二、季节分解的思想

季节分解的思想是：假定时间序列的变化中，包括线性趋势、季节变化、循环波动、不规则波动四种形式，选用移动平均的思想消除变化或波动，并采用加法模型或乘法模型将这些变化分解出来，生成只含趋势变化的时间序列、季节调整系数，然后用线性回归模型对只含趋势变化的时间序列进行趋势预测，利用调整系数将预测值调整为含季节变化、循环波动、不规则波动等变化的预测值。

三、季节分解过程

以月为例，季节分解过程如下：

（1）计算 12 个周期的中心移动平均数，第一个移动平均数对应放在第 7 个观察值位置，以后类推，生成新的时间序列前后各少 6 个数据。这个序列消除了原时间序列 $Y_t = T \times S \times C \times I$ 中的季节波动和不规则波动，即 $MA_{12} = T \times C$。

（2）计算实际值与 12 个月的移动平均数的比值，即 $Yt/MA_{12} = S \times I =$ 季节波动与不规则波动系数。

（3）计算季节波动与不规则波动系数各月平均值，消除了该系数中的不规则变量，得到各个月的季节指数，将各个月的季节指数按月份对应，回填到预测表中。

（4）建立线性回归预测模型，计算预测值，该值只包含趋势变动。

（5）用各月的季节指数对预测值进行修正。

四、季节分解的 SPSS 实现过程

例 14.6 已知福源公司福源牌服装销售数据如表 14 - 11 所示。

表 14 - 11　福源牌服装销售数据表　　　　　　　　　　　　单位：万件

t	第一季度	第二季度	第三季度	第四季度
1984	318	380	358	423
1985	379	394	412	439
1986	413	458	492	493
1987	461	468	529	575
1988	441	548	561	620

解：

（1）SPSS 时间序列成分分解的实现。

第一步：将数据输入 SPSS 的表格。

第二步：定义时间。通过 DATA 的菜单，选择 Define Dates 定义时间变量，如图 14 - 3 所示。选中后得如下的对话框，如图 14 - 4 所示，选择时间序列的频率，如年度数据、季度数据和月度数据等。

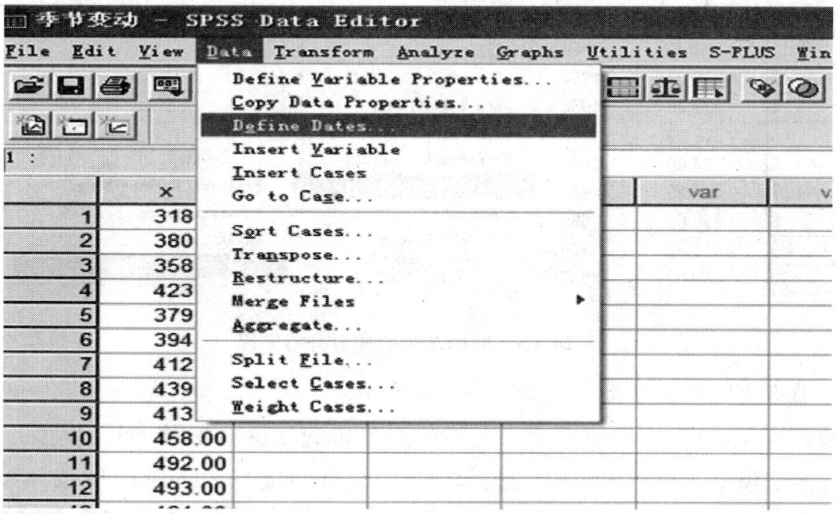

图 14 - 3　定义时间

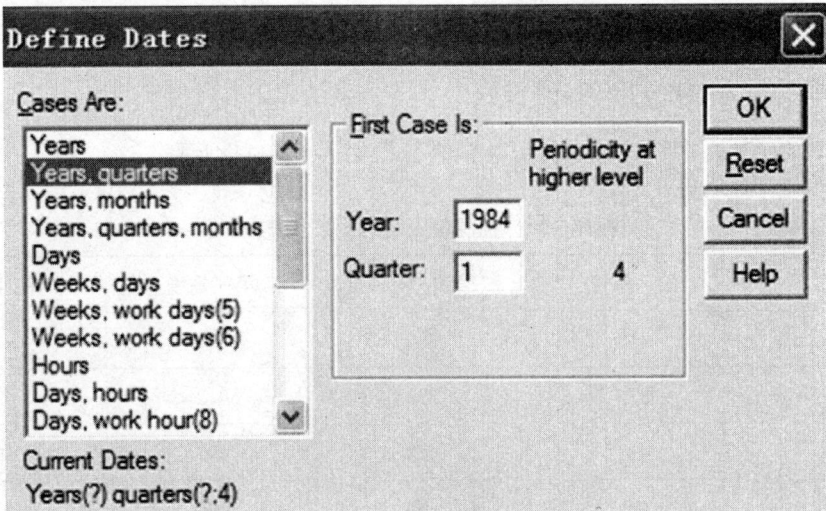

图 14 - 4　具体时间定义

第三步：进行时间序列的成分分解。通过 Analyze（分析）的菜单，选择 Time - Series（时间序列），再在 Time - Series 的菜单选择 Seasonal Decomposition（季节分解）。如图 14 - 5 所示。

图 14 - 5　时间序列的成分分解选择

选中后有如下的对话框出现，如图 14 - 6 所示。

第四步：在 Variable（s）（变量）处选择要分析的变量。在 Model（模型）选择 Multiplicative（乘法模型）或 Additive（加法模型）。在 Moving Average Weight 选择 All points equal（等权移动平均）和 Endpoints Weighted by 0.5（端点为 0.5 为权数的移动平均）。在 Display case wise listing 处选中，要求列出中间计算结构。完成后，数据文件增加了一些附加变量，如图 14 - 7 所示。

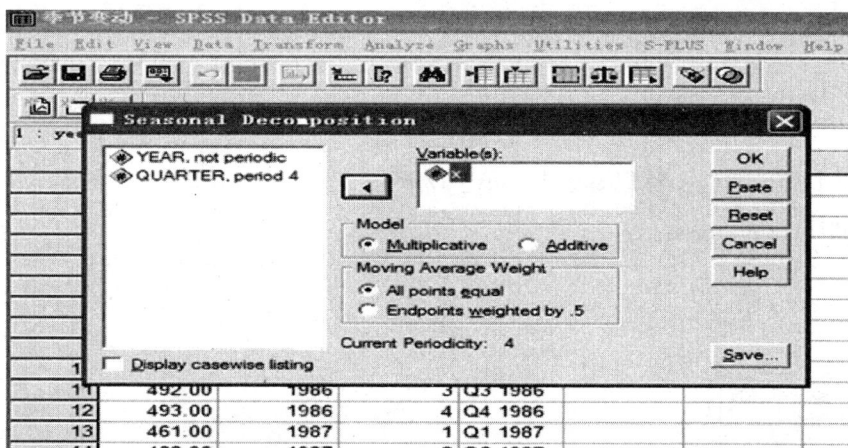

图 14-6 成分分解示意图

1 : err_1 0.950140164775553

	x	err_1	sas_1	saf_1	stc_1
1	318.00	.95014	336.44173	.94519	354.09695
2	380.00	1.07824	387.14358	.98155	359.04997
3	358.00	.94425	353.56460	1.01254	374.44139
4	423.00	1.02721	398.78525	1.06072	388.22155
5	379.00	1.01264	400.97930	.94519	395.97579
6	394.00	.99450	401.40677	.98155	403.62496
7	412.00	.99265	406.89557	1.01254	409.90770
8	439.00	.98091	413.86933	1.06072	421.92421
9	413.00	.99192	436.95106	.94519	440.51240
10	458.00	1.01826	466.60990	.98155	458.24312
11	492.00	1.03014	485.90442	1.01254	471.68611
12	493.00	.97619	464.77809	1.06072	476.11337
13	461.00	1.00802	487.73472	.94519	483.85628
14	468.00	.96266	476.79789	.98155	495.29080
15	529.00	1.03128	522.44601	1.01254	506.60126
16	575.00	1.05159	542.08397	1.06072	515.48815
17	441.00	.89784	466.57486	.94519	519.66574
18	548.00	1.03758	558.30180	.98155	538.08290
19	561.00	.97954	554.04955	1.01254	565.61976
20	620.00	1.00251	584.50794	1.06072	583.04718

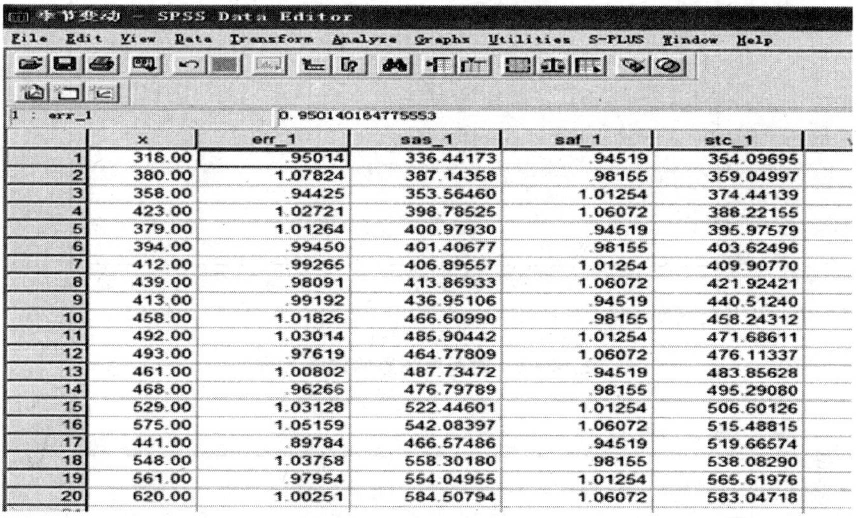

图 14-7 新增加的变量

（2）输出结果的解释。

4 个新的附加变量序列分别是不规则成分 $err-1$、季节调整后的序列 $sas-1$、季节因子 $saf-1$ 和去掉季节和不规则变动的趋势循环成分 $stc-1$。

①$saf-1$ 是用 12×2（或如果是季度资料，则 4×2）的移动平均方法求出长期趋势的估计，然后用长期趋势去除 x，得到的季节因子；

②$sas-1$ 等于 x 除以 $saf-1$（$x/saf-1$）；

③$stc-1$ 是 $sas-1$ 的 3×3 的移动平均，由如下的公式给出：

$$(stc)_t=\frac{1}{9}\left[(sas)_{t-2}+2(sas)_{t-1}+3(sas)_t+2(sas)_{t+1}+(sas)_{t+2}\right],\ t=3,4,\cdots,n-2$$

$$(stc)_2=\frac{1}{3}\left[(sas)_1+(sas)_2+(sas)_3\right]$$

$$(stc)_{n-1}=\frac{1}{3}\left[(sas)_{n-2}+(sas)_{n-1}+(sas)_n\right]$$

$$(stc)_1 = (stc)_2 + \frac{1}{2}\left[(stc)_2 - (stc)_3\right]$$

$$(stc)_n = (stc)_{n-1} + \frac{1}{2}\left[(stc)_{n-1} - (stc)_{n-2}\right]$$

④err_1 等于 sas_1 除以 stc_1 (sas_1/stc_1)。

⑤时间序列分解作图。

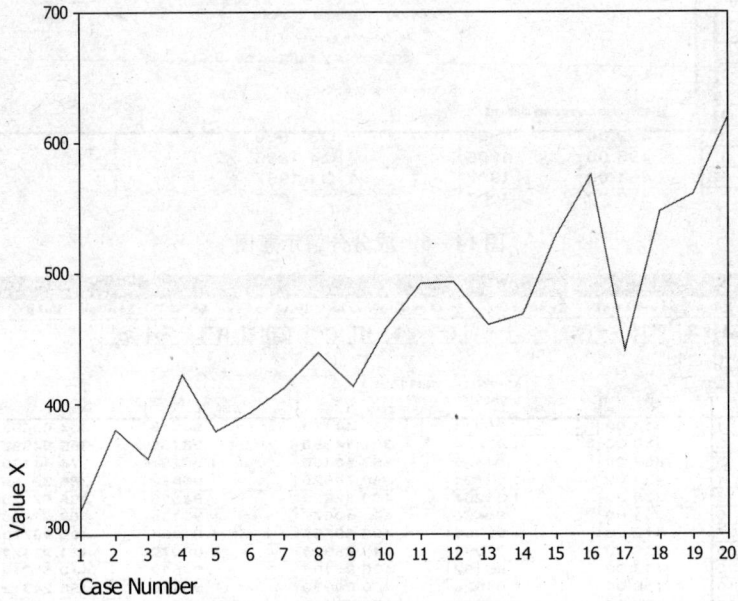

图 14-8　时间序列原始数据 X 图

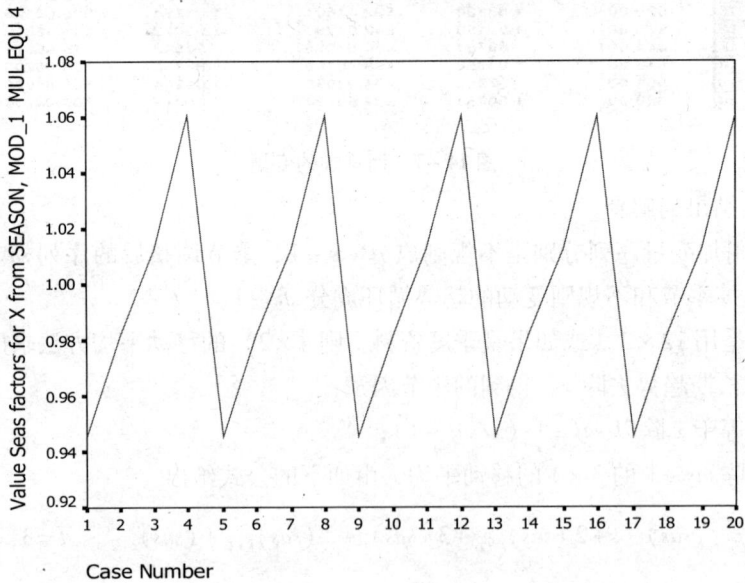

图 14-9　季节因子 SAF 图

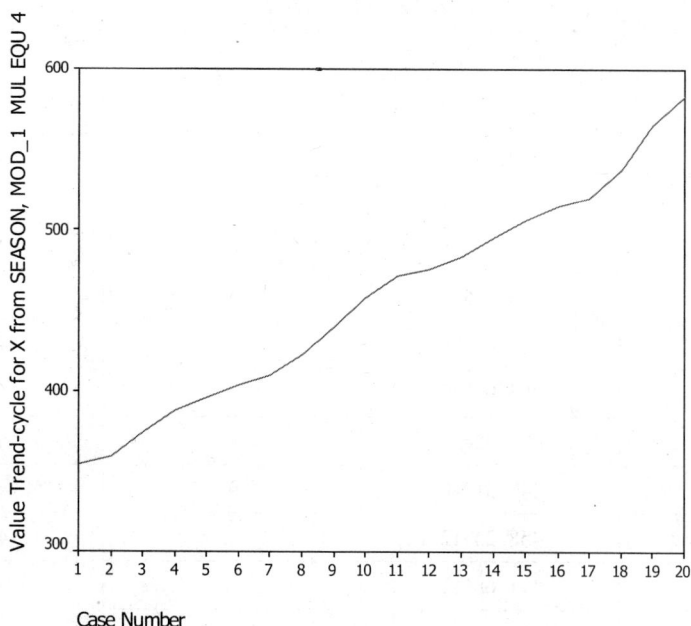

图 14 – 10　趋势循环 STC 成分图

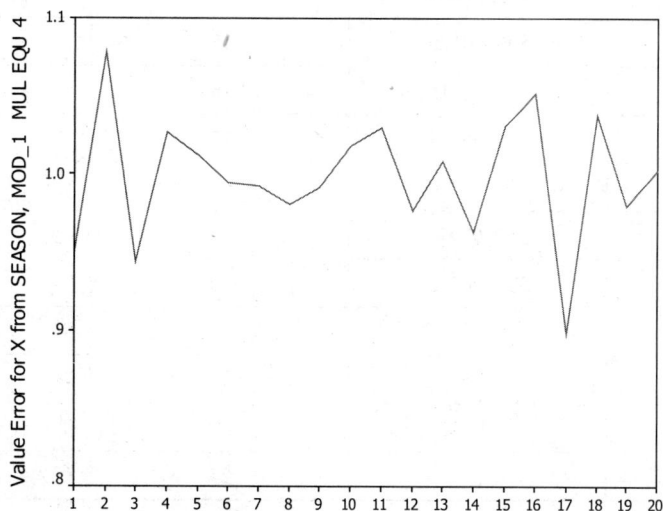

图 14 – 11　不规则因子 ERR 图

（3）预测。

从趋势数据 $stc-1$ 的图形可以看出，随着时间的变化，呈现出直线的趋势，可以利用趋势数据 $stc-1$ 和 t，建立线性回归模型：

$$stc = 337.329 + 11.499t$$

预测各期趋势的预测值。如表 14 – 12 所示：

表 14 - 12　预测结果

时间	stc_ 1	t	趋势的预测值
1984. 1	354. 09695	1	348. 82856
1984. 2	359. 04997	2	360. 32792
1984. 3	374. 44139	3	371. 82728
1984. 4	388. 22155	4	383. 32664
1985. 1	395. 97579	5	394. 82600
1985. 2	403. 62496	6	406. 32536
1985. 3	409. 90770	7	417. 82472
1985. 4	421. 92421	8	429. 32408
1986. 1	440. 51240	9	440. 82344
1986. 2	458. 24312	10	452. 32280
1986. 3	471. 68611	11	463. 82216
1986. 4	476. 11337	12	475. 32152
1987. 1	483. 85628	13	486. 82088
1984. 2	495. 29080	14	498. 32024
1987. 3	506. 60126	15	509. 81960
1987. 4	515. 48815	16	521. 31896
1988. 1	519. 66574	17	532. 81832
1988. 2	538. 08290	18	544. 31768
1988. 3	565. 61976	19	555. 81704
1988. 4	583. 04718	20	567. 31640
1989. 1	.	21	578. 81576
1989. 2	.	22	590. 31512
1989. 3	.	23	601. 81448
1989. 4	.	24	613. 31384

578. 81576，590. 31512，601. 81448 和 613. 31384 分别是 1989 年第一季度到第四季度的趋势预测值，再根据季节因子第一季度到第四季度的季节因子分别为 0. 94519，0. 98155，1. 01254 和 1. 06072，便可以估计出 1989 年第一季度到第四季度的服装购买人数。

1989 年第一季度的预测值 = 578. 81576 × 0. 94519 = 547. 0909。

1989 年第二季度的预测值 = 590. 31512 × 0. 98155 = 579. 4238。

1989 年第三季度的预测值 = 601. 81448 × 1. 01254 = 609. 3612。

1989 年第四季度的预测值 = 613. 31384 × 1. 06072 = 650. 5543。

本章小结

　　季节变动是指价格由于自然条件、生产条件和生活习惯等因素的影响，随着季节的转变而呈现的周期性变动。这种通常为 1 年。季节变动的特点是有规律性的，每年重复出现，其表现为逐年同月（或季）有相同的变化方向和大致相同的变化幅度。季节变动预测法是对包含季节波动的时间序列进行预测的方法。季节变动的衡量指标主要有：反映季节变动规律的季节变动衡量指标有季节指数、季节比重和季节变差等。推算季节性指数可采用不同的方法，常用的方法有季（月）别平均法和移动平均法两种：季（月）别平均法，就是把各年度的数值分季（或月）加以平均，除以各年季（或月）的总平均数，得出各季（月）指数；移动平均法，即应用移动平均数计算比例求季节指数。

　　运用市场季节变动分析预测法，要求掌握所研究市场现象三年或三年以上的分月或分季时序资料，且序列中必须包含明显的季节变动。对于同时含有季节因素、趋势因素和不规则因素的时间数列，目前常用的季节预测法主要有两种：移动平均趋势剔除法和最小平方趋势剔除法。移动平均趋势剔除法虽然原理简单，可以消除季节因素和不规则因素影响，显示现象总体的线性变动趋势，但该方法求得的移动平均值能否真正反映各期趋势水平则令人怀疑，并且如果样本数据多，时间数列长，则计算机械烦琐。同时此法还存在仅适用近期预测，对短中期预测具有显著不适应性等问题。最小平方趋势剔除法是一种较为科学的季节预测方法，它是依据最小平方原理通过配合适宜的趋势模型求出数列各期发展水平的趋势值，然后从原数列中予以剔除，进而测定出季节指数或季节变差，并在此基础上进行预测。

本章习题

一、思考题

1. 季节分解的基本思想是什么？
2. 简单季节预测法的具体步骤是什么？
3. 最小平方趋势剔除法步骤是什么？

二、练习题

1. 某公司从 2006 年到 2011 年，每一年各季度的纺织品销售量见下表。运用简单季节预测法预测 2012 年各季度纺织品的销售量。

年度	年度销售量	第一季度	第二季度	第三季度	第四季度
2006	600	180	150	120	150
2007	660	210	160	130	160
2008	700	230	170	130	170
2009	750	250	180	140	180

年度	年度销售量	第一季度	第二季度	第三季度	第四季度
2010	850	300	200	150	200
2011	1000	400	220	160	220
合计	4560	1570	1080	830	1080
季节指数	1.38	0.95	0.73	0.95	

2. 某商店 2015～2017 年某服装各季度的销售量数据如下表所示，试预测其 2018 年各季度的销售量。

年份	第一季度	第二季度	第三季度	第四季度
2015	435	2217	3756	394
2016	488	2687	4396	406
2017	667	3076	4988	490

第十五章

纺织品服装市场马尔可夫预测法

引 言

目前，纺织品服装市场竞争激烈，面对日趋激烈的市场竞争，谁能及时准确地掌握未来的市场趋势，谁就能掌握市场的主动权。市场竞争强弱的一个重要体现就是产品的市场占有率。产品的市场占有率的高低直接关系着企业本身的命运。每个企业无不通过各种渠道手段来提高自己产品在市场中的占有率，如广告宣传、降低成本等。马尔可夫预测法为各企业经营者提供了一种预测市场状况的有效方式，为制定企业的经营战略提供了直接依据。简单地说，马尔可夫预测法是应用概率论中的马尔可夫链的理论和方法来研究随机事件的变化并借此分析预测未来变化趋势的一种方法。马尔可夫预测法也在纺织服装市场得到很广泛的应用，例如，在纺织服装市场，色彩被认为是流行的风向标，把握住色彩，就等于把握住了流行的命脉，而流行色被看作是提升产品市场竞争力的重要媒介。但如何正确确定色彩的发展趋势，则需要掌握一定的科学预测方法，应用马尔可夫预测方法的状态转移概率矩阵的估算模型，就可以计算色彩的预测结果，为流行色的预测提供参考。

学习目标

本章主要理解马尔可夫预测法的基本原理，掌握马尔可夫预测法的实际运用。通过学习，能运用马尔可夫预测法进行市场销售预测、市场占有率预测等，并在纺织服装行业展开相关的问题解决及决策等。

第一节 状态转移概率与状态转移概率矩阵

一、马尔可夫基本概念

马尔可夫是俄国著名的数学家。马尔可夫预测法是以马尔可夫的名字命名的一种特殊的市场预测方法。马尔可夫预测法是应用概率论中马尔可夫链（Markov chain）的理论和方法来研究分析时间序列的变化规律，并由此预测其未来变化趋势的一种预测技术。马尔可夫预测法主要用于市场占有率的预测和销售期望利润的预测。

（一）状态

所谓状态，就是指某一事件在某个时刻（或时期）出现的某种结果。一般而言，随着所研究的事件及其预测的目标不同，状态可以有不同的划分方式。例如，在商品销售预测中，有"畅销""一般""滞销"等状态；在农业收成预测中，有"丰收""平收""欠收"等状态；在人口构成预测中，有"婴儿""儿童""少年""青年""中年""老年"等状态；等等。

（二）状态转移过程

在事件的发展过程中，从一种状态转变为另一种状态，就称为状态转移。事件的发展，随着时间的变化而变化所作的状态转移，或者说状态转移与时间的关系，就称为状态转移过程，简称过程。

（三）马尔可夫过程

若每次状态的转移都只与前一时刻的状态有关、而与过去的状态无关，或者说状态转移过程是无后效性的，则这样的状态转移过程就称为马尔可夫过程。一般情况下，人们要了解事物未来的发展状态，不但要看到事物现在的状态，还要看到事物过去的状态。马尔可夫认为，还存在另一种情况，人们要了解事物未来的发展状态，只须知道事物现在的状态，而与事物以前的状态毫无关系。例如，A产品明年是畅销还是滞销，只与今年的销售情况有关，而与往年的销售情况没有直接的关系。后者的这种情况就称为马尔可夫过程，前者的情况就属于非马尔可夫过程。

马尔可夫过程的重要特征是无后效性。所谓"无后效性"，是指过去对未来无后效，而不是指现在对未来无后效。例如，池塘里有三片荷叶和一只青蛙，假设青蛙只在荷叶上跳来跳去。若现在青蛙在荷叶A上，下一时刻青蛙要么在原荷叶A上跳动，要么跳到荷叶B上，或荷叶C上。青蛙究竟处在何种状态，只与当前状态有关，而与以前位于哪一片荷叶上并无关系。这种性质，就是无后效性。

二、状态转移概率

运用马尔可夫预测法，离不开转移概率和转移概率的矩阵。事物状态的转变也就是事物状态的转移。事物状态的转移是随机的。例如，本月份企业产品是畅销的，下个月产品是继续畅销，或是滞销，是企业无法确定的，是随机的。由于事物状态转移是随机的，因此，必须用概率来描述事物状态转移的可能性大小。这就是转移概率。

在事件的发展变化过程中，从某一种状态出发，下一时刻转移到其他状态的可能性，称为状态转移概率。根据条件概率的定义，由状态 E_i 转为状态 E_j 的状态转移概率 $P(E_i \rightarrow E_j)$ 就是条件概率 $P(E_j/E_i)$，即：

$$P(E_i \rightarrow E_j) = P(E_j/E_i) = P_{ij}P(X_{n+1}=j \mid X_n=i) = p_{ij}(n) \quad i,j=1,2,\cdots,N$$

$$(15-1)$$

例 15.1 假定威尼斯水城小区有 1000 户居民，每户居民每月用一袋无纺布，并且只购买 A 牌、B 牌、C 牌三种无纺布中的一种。6 月使用 A 牌无纺布居民有 500 户，使用 B 牌无纺布有 200 户，使用 C 牌无纺布有 300 户。据调查，在 7 月中，使用 A 牌无纺布的 500 户居民中，有 360 户仍购买 A 牌无纺布，50 户表示要改买 B 牌无纺布，90 户表示要改买 C 牌无纺布。在使用 B 牌无纺布居民中，有 120 户仍购买 B 牌，有 40 户表示要改买 A 牌，40 户表示要改买 C 牌无纺布。在使用 C 牌无纺布中，有 230 户仍继续使用 C 牌无纺布，有 30 户表示改买 A 牌无纺布，有 40 户表示改买 B 牌无纺布。试计算状态转移概率。

解：

（1）根据题意，可得出 7 月居民购买无纺布转移表，如表 15-1 所示。

表 15-1　居民购买无纺布转移表

从＼转移到	A 牌	B 牌	C 牌	合计
A 牌	360	50	90	500
B 牌	40	120	40	200
C 牌	30	40	230	300
D 牌	430	210	360	1000

从表 15-1 中，可以清楚看到，6 月居民购买 A 牌、B 牌、C 牌无纺布的状态分别为 500 户、200 户、300 户。7 月发生了转移，购买 A 牌、B 牌、C 牌无纺布的状态分别为 430 户、210 户、360 户。由此可见，7 月居民的购买状态只与 6 月购买状态有关，而与 5 月前的购买状态毫无关系。这就是典型的马尔可夫过程。

（2）计算状态的转移概率。

$$P_{11} = \frac{360}{500} = 0.72, \quad P_{12} = \frac{50}{500} = 0.10, \quad P_{13} = \frac{90}{500} = 0.18,$$

$$P_{21} = \frac{40}{200} = 0.20, \quad P_{22} = \frac{120}{200} = 0.60, \quad P_{23} = \frac{40}{200} = 0.20,$$

$$P_{31} = \frac{30}{300} = 0.10, \quad P_{32} = \frac{40}{300} = 0.13, \quad P_{33} = \frac{230}{300} = 0.77$$

三、状态转移概率矩阵

假定某一种被预测的事件有 E_1，E_2，$\cdots$，E_n，共 n 个可能的状态。记 P_{ij} 为从状态 E_i 转为状态 E_j 的状态转移概率，作矩阵

$$P = \begin{bmatrix} P_{11} & P_{12} & \cdots & P_{1n} \\ P_{21} & P_{22} & \cdots & P_{2n} \\ \vdots & \vdots & \vdots & \vdots \\ P_{n1} & P_{n2} & \cdots & p_{nn} \end{bmatrix} \tag{15-2}$$

则称 P 为状态转移概率矩阵。

如果被预测的某一事件目前处于状态 E_i，那么在下一个时刻，它可能由状态 E_i 转向 E_1，E_2，$\cdots E_i \cdots E_n$ 中的任一个状态。所以 P_{ij} 满足条件：

$$\begin{cases} 0 \leqslant P_{ij} \leqslant 1 & (i,j = 1,2,\cdots,n) \\ \sum_{j=1}^{n} P_{ij} = 1 & (i = 1,2,\cdots,n) \end{cases}$$

如果我们考虑状态多次转移的情况，则有过程在 n 时刻处于状态 i，$n+k$ 时刻转移到状态 j 的 k 步转移概率：

$$P\ (X_{n+k} = j \mid X_n = i)\ = p_{ij}^{(k)}\ (n) \qquad i,\ j = 1,\ 2,\ \cdots,\ N \tag{15-3}$$

记：

$$P^{(k)} = \begin{pmatrix} p_{11}^{(k)} & p_{12}^{(k)} & \cdots & p_{1N}^{(k)} \\ p_{21}^{(k)} & p_{22}^{(k)} & \cdots & p_{2N}^{(k)} \\ \cdots & \cdots & \cdots & \cdots \\ p_{N1}^{(k)} & p_{N2}^{(k)} & \cdots & p_{NN}^{(k)} \end{pmatrix} \tag{15-4}$$

称为 k 步转移概率矩阵. 其中 $p_{ij}^{(k)}$ 具有性质：

$$p_{ij}^{(k)} \geqslant 0, \quad i,j = 1,2,\cdots,N; \sum_{j=1}^{N} p_{ij}^{(k)} = 1, \quad i = 1,2,\cdots,N。$$

例 15.2 设某服装产品销售情况分为"畅销"和"滞销"两种，以"1"代表"畅销"，"2"代表"滞销"。以 X_n 表示第 n 个季度的销售状态，则 X_n 可以取值 1 或 2。若未来的服装产品销售状态，只与现在的市场状态有关，而与以前的市场状态无关，则服装产品的市场状态 $\{X_n, n \geqslant 1\}$ 就构成一个马氏链。设：

$$p_{11} = 0.5,\ p_{12} = 0.5,\ p_{21} = 0.6,\ p_{22} = 0.4$$

求服装产品的销售状态 $\{X_n\}$ 的二步转移矩阵 $P^{(2)}$。

解：

由题知，其一步转移矩阵为：

$$P = \begin{pmatrix} 0.5 & 0.5 \\ 0.6 & 0.4 \end{pmatrix}$$

若本季度服装产品的销售处于畅销（即处于状态"1"），那么，经过两个季度以后，

就经历了两次转移，可能转移到状态"2"，也可能保持状态"1"，这种转移的可能性的大小就是二步转移概率。

$p_{11}^{(2)}$ 表示服装产品的销售由畅销经两次转移后仍然是畅销的概率，由概率计算的全概率公式，得：

$$p_{11}^{(2)} = P\ (X_3 = 1 \mid X_1 = 1)$$
$$= P\ (X_2 = 1 \mid X_1 = 1)\ P\ (X_3 = 1 \mid X_2 = 1)\ + P\ (X_2 = 2 \mid X_1 = 1)\ P\ (X_3 = 1 \mid X_2 = 2)$$
$$= p_{11}p_{11} + p_{12}p_{21}$$
$$= 0.5 \times 0.5 + 0.5 \times 0.6 = 0.55$$

同样可算得由畅销经两次转移到滞销的概率

$$p_{12}^{(2)} = p_{11}p_{12} + p_{12}p_{22}$$
$$= 0.5 \times 0.5 + 0.5 \times 0.4 = 0.45$$

由滞销经两次转移到畅销和滞销的概率分别为

$$p_{21}^{(2)} = p_{21}p_{11} + p_{22}p_{21} = 0.6 \times 0.5 + 0.4 \times 0.6 = 0.54$$
$$p_{22}^{(2)} = p_{21}p_{12} + p_{22}p_{22} = 0.6 \times 0.5 + 0.4 \times 0.4 = 0.46$$

所以二步转移矩阵为

$$P^{(2)} = \begin{pmatrix} 0.55 & 0.45 \\ 0.54 & 0.46 \end{pmatrix}$$

由上述的计算过程可知：

$$P^{(2)} = \begin{pmatrix} p_{11}^{(2)} & p_{12}^{(2)} \\ p_{21}^{(2)} & p_{22}^{(2)} \end{pmatrix} = \begin{pmatrix} p_{11}p_{11} + p_{12}p_{21} & p_{11}p_{12} + p_{12}p_{22} \\ p_{21}p_{11} + p_{22}p_{21} & p_{21}p_{12} + p_{22}p_{22} \end{pmatrix}$$

$$= \begin{pmatrix} p_{11} & p_{12} \\ p_{21} & p_{22} \end{pmatrix} \begin{pmatrix} p_{11} & p_{12} \\ p_{21} & p_{22} \end{pmatrix} = P^2$$

一般地，若 P 为一步转移矩阵，则 k 步转移矩阵：

$$P^{(k)} = \begin{pmatrix} p_{11}^{(k)} & p_{12}^{(k)} & \cdots & p_{1N}^{(k)} \\ p_{21}^{(k)} & p_{22}^{(k)} & \cdots & p_{2N}^{(k)} \\ \cdots & \cdots & \cdots & \cdots \\ p_{N1}^{(k)} & p_{N2}^{(k)} & \cdots & p_{NN}^{(k)} \end{pmatrix} = P^k \qquad (15-5)$$

第二节　市场占有率预测

在市场经济的条件下，各企业都十分注意扩大自己的市场占有率。因此，预测企业产品的市场占有率，就成为企业十分关心的问题。利用马尔可夫预测法，可以进行市场占有率的预测。

例15.3 胡氏公司销售甲、乙、丙三种品牌染料。5 月的市场占有率各为 0.3、0.45、0.25。据抽样调查 6 月消费者消费意向有所变化，如表 15 - 2 所示。请用马尔可夫预测法预测：①6 月甲、乙、丙牌染料市场占有率各是多少？若预计 6 月该市染料总需求量为1200 吨，甲、乙、丙牌染料各销售多少？②若上述条件不变，预测 7 月染料的市场占有率。

表 15 - 2　消费者购买染料转移表

本月消费品牌＼下月消费品牌	甲	乙	丙
甲	0.5	0.25	0.25
乙	0.4	0.3	0.3
丙	0.15	0.35	0.5

解：

由表 15 - 2 可知消费者在不同品牌之间流动产生的状态转移概率矩阵如下：

$$B = \begin{bmatrix} 0.5 & 0.25 & 0.25 \\ 0.4 & 0.3 & 0.3 \\ 0.15 & 0.35 & 0.5 \end{bmatrix}$$

（1）计算 6 月甲、乙、丙三种染料市场占有率预测值。

首先，要建立新转移概率矩阵：

5 月染料市场占有率矩阵：$A = [0.3 \quad 0.45 \quad 0.25]$

于是，新转移概率矩阵为：

$$AB = [0.3 \quad 0.45 \quad 0.25]\begin{bmatrix} 0.5 & 0.25 & 0.25 \\ 0.4 & 0.3 & 0.3 \\ 0.15 & 0.35 & 0.5 \end{bmatrix}$$

6 月各品牌市场占有率为：

甲品牌染料占有率是：$0.3 \times 0.5 + 0.45 \times 0.4 + 0.25 \times 0.15 = 0.3675$。

乙品牌染料市场占有率是：$0.3 \times 0.25 + 0.45 \times 0.3 + 0.25 \times 0.35 = 0.2975$。

丙品牌染料市场占有率是：$0.3 \times 0.25 + 0.45 \times 0.3 + 0.25 \times 0.5 = 0.335$。

计算 6 月甲、乙、丙品牌销售量预测值为：

甲品牌销售量：$1200 \times 0.3675 = 441$（吨）。

乙品牌销售量：$1200 \times 0.2975 = 357$（吨）。

丙品牌销售量：$1200 \times 0.335 = 402$（吨）。

（2）计算 7 月甲、乙、丙品牌染料市场占有率预测值。

由上计算，可知 6 月市场占有率矩阵为：

$$AB = [0.3675 \quad 0.2975 \quad 0.335]$$

7 月市场占有率矩阵应为：

$$\boldsymbol{AB} \cdot \boldsymbol{B} = \begin{bmatrix} 0.3675 & 0.2975 & 0.335 \end{bmatrix} \begin{bmatrix} 0.5 & 0.25 & 0.25 \\ 0.4 & 0.3 & 0.3 \\ 0.15 & 0.35 & 0.5 \end{bmatrix}$$

7 月甲品牌染料市场占有率为：

$$0.3675 \times 0.5 + 0.2975 \times 0.4 + 0.335 \times 0.15 = 0.353$$

7 月乙品牌染料市场占有率为：

$$0.3675 \times 0.25 + 0.2975 \times 0.3 + 0.335 \times 0.35 = 0.298$$

7 月丙品牌染料市场占有率为：

$$0.3675 \times 0.25 + 0.2975 \times 0.3 + 0.335 \times 0.5 = 0.349$$

根据该题的基本解题步骤，可知一般情况下，本期市场占有率仅取决于上期市场占有率和转移概率。因此，要预测 K 月后的市场占有率，其矩阵为 $\boldsymbol{AB}^k$。

例 15.4　某个公司拟对 e、f、g 三个厂家生产的某种羽绒制品在未来的市场占有情况进行预测，求三个厂家市场占有率。

解：

（1）进行市场调查，收集相关市场占有率资料。

①目前的市场占有情况。经调查，总共 1 000 家购买该产品，其中购买 e、f、g 三产品厂的各有 400 家、300 家、300 家，那么 e、f、g 三产品厂目前的市场占有份额分别为：40%、30%、30%，（0.4，0.3，0.3）为目前市场的占有率分布。

②购买对象的转移情况。转移情况的调查可通过发放信息调查表来了解顾客以往的资料或将来的购买意向，也可从下一时期的订货单得出。顾客订货单情况如表 15 - 3 所示。

表 15 - 3　顾客订货情况表

		下季度订货情况			合计
		e	f	g	
来自	e	160	120	120	400
	f	180	90	30	300
	g	180	30	90	300
合计		520	240	240	1 000

（2）建立数学模型。

假定在未来的时期内，顾客相同间隔时间的转移情况不因时期的不同而发生变化，以 1、2、3 分别表示顾客买 e、f、g 三厂家的产品这三个状态，以季度为模型的步长（即转移一步所需的时间），那么根据表 15 - 3，可以得模型的转移概率矩阵：

$$\boldsymbol{P} = \begin{pmatrix} p_{11} & p_{12} & p_{13} \\ p_{21} & p_{22} & p_{23} \\ p_{31} & p_{32} & p_{33} \end{pmatrix} = \begin{pmatrix} \frac{160}{400} & \frac{120}{400} & \frac{120}{400} \\ \frac{180}{300} & \frac{90}{300} & \frac{30}{300} \\ \frac{180}{300} & \frac{30}{300} & \frac{90}{300} \end{pmatrix} = \begin{pmatrix} 0.4 & 0.3 & 0.3 \\ 0.6 & 0.3 & 0.1 \\ 0.6 & 0.1 & 0.3 \end{pmatrix}$$

矩阵中的第一行（0.4，0.3，0.3）表示目前是 e 厂的顾客下季度有 40% 仍买 e 厂的产品，转为买 f 厂和 g 厂的各有 30%。同样，第二行、第三行分别表示目前是 f 厂和 g 厂的顾客下季度的转向。

由 P 可以计算任意的 k 步转移矩阵，如三步转移矩阵：

$$P^{(3)} = P^3 = \begin{pmatrix} 0.4 & 0.3 & 0.3 \\ 0.6 & 0.3 & 0.1 \\ 0.6 & 0.1 & 0.3 \end{pmatrix}^3 = \begin{pmatrix} 0.496 & 0.252 & 0.252 \\ 0.504 & 0.252 & 0.244 \\ 0.504 & 0.244 & 0.252 \end{pmatrix}$$

从这个矩阵的各行可知三个季度以后各厂家顾客的转移情况。如从第二行（0.504，0.252，0.244）知，f 厂的顾客三个季度后有 50.4% 转向买 e 厂的产品，25.2% 仍买 f 厂的产品，24.4% 转向买 g 厂的产品。

（3）进行预测。

设 $S^{(k)} = \left[p_1^{(k)}, p_2^{(k)}, p_3^{(k)} \right]$ 表示预测对象 k 季度以后的市场占有率，最初分布为 $S^{(0)} = \left[p_1^{(0)}, p_2^{(0)}, p_3^{(0)} \right]$，市场占有率的预测模型为：

$$S^{(k)} = S^{(0)} \cdot P^k = S^{(k-1)} \cdot P$$

由题知：$S^{(0)} = (0.4, 0.3, 0.3)$，由此，可预测任意时期 e、f、g 三厂家的市场占有率。例如，三个季度以后的预测值为：

$$S^{(3)} = \left[p_1^{(3)}, p_2^{(3)}, p_3^{(3)} \right] = S^{(0)} \cdot P^3 = (0.4 \quad 0.3 \quad 0.3) \begin{pmatrix} 0.496 & 0.252 & 0.252 \\ 0.504 & 0.252 & 0.244 \\ 0.504 & 0.244 & 0.252 \end{pmatrix}$$

$$= (0.5008 \quad 0.2496 \quad 0.2496)$$

大致上，e 厂占有一半的市场，f 厂、g 厂各占四分之一。

这一状况也可以推广到 N 个状态的情形：

$$S^{(k)} = S^{(k-1)} P = S^{(0)} P^k = \left[p_1^{(0)}, p_2^{(0)}, \cdots p_N^{(0)} \right] \begin{pmatrix} p_{11} & p_{12} & \cdots & p_{1N} \\ p_{21} & p_{22} & \cdots & p_{2N} \\ \vdots & \vdots & \cdots & \vdots \\ p_{N1} & p_{N2} & \cdots & p_{NN} \end{pmatrix}^k$$

如果按公式（15.5）继续逐步求 e、f、g 三厂家的市场占有率，你会发现，当 k 大到一定的程度，$S^{(k)}$ 将不会有多大改变，即有稳定的市场占有率，设其稳定值 $S = (p_1, p_2, p_3)$，满足 $p_1 + p_2 + p_3 = 1$。

事实上，如果市场的顾客转移趋向长期稳定下去，则经过一段时期以后的市场占有率将会出现稳定的平衡状态，即顾客的转移，不会影响市场的占有率，而且这种占有率与最初分布无关。如何求出这种稳定的市场占有率呢？

以 e、f、g 三厂家的情况为例，当市场出现平衡状态时，从公式（15.5）可得方程 $S = SP$，即：

$$(p_1, p_2, p_3) = (p_1, p_2, p_3) \begin{pmatrix} 0.4 & 0.3 & 0.3 \\ 0.6 & 0.3 & 0.1 \\ 0.6 & 0.1 & 0.3 \end{pmatrix}$$

由此得：

$$\begin{cases} p_1 = 0.4p_1 + 0.6p_2 + 0.6p_3 \\ p_2 = 0.3p_1 + 0.3p_2 + 0.1p_3 \\ p_3 = 0.3p_1 + 0.1p_2 + 0.3p_3 \end{cases}$$

经整理，并加上条件 $p_1 + p_2 + p_3 = 1$，得：

$$\begin{cases} -0.6p_1 + 0.6p_2 + 0.6p_3 = 0 \\ 0.3p_1 - 0.7p_2 + 0.1p_3 = 0 \\ 0.3p_1 + 0.1p_2 - 0.7p_3 = 0 \\ p_1 + p_2 + p_3 = 1 \end{cases}$$

上面的方程组是三个变量四个方程的方程组，在前三个方程中只有两个是独立的，任意删去一个，从剩下的三个方程中，可求出唯一解：

$$p_1 = 0.5,\ p_2 = 0.25,\ p_3 = 0.25$$

这就是 e、f、g 三厂家的最终市场占有率。

一般 N 个状态的稳定市场占有率（稳态概率）$S = (p_1, p_2, \cdots p_N)$ 可通过解方程组

$$\begin{cases} (p_1, p_2, \cdots p_N) = (p_1, p_2, \cdots p_N) \begin{pmatrix} p_{11} & p_{12} & \cdots & p_{1N} \\ p_{21} & p_{22} & \cdots & p_{2N} \\ \vdots & \vdots & \cdots & \vdots \\ p_{N1} & p_{N2} & \cdots & p_{NN} \end{pmatrix} \\ \displaystyle\sum_{k=1}^{N} p_k = 1 \end{cases} \quad (15-6)$$

求得，而（15-6）的前 N 个方程中只有 $N-1$ 个是独立的，可任意删去一个。

第三节　期望利润预测

一、带利润的马氏链

在马尔可夫预测法中，随着时间的推移，系统的状态可能发生转移，这种转移常常会引起某种经济指标，如利润等的变化。如服装的销售状态有畅销和滞销两种，在时间变化过程中，有时呈连续畅销或连续滞销，有时由畅销转为滞销或由滞销转为畅销，每次转移不是盈利就是亏本。假定连续畅销时盈利 r_{11} 元，连续滞销时亏本 r_{22} 元，由畅销转为滞销盈利 r_{12} 元，由滞销转为畅销盈利 r_{21} 元，这种随着系统的状态转移，赋予一定利润的马氏链，称为有利润的马氏链。对于一般的具有转移矩阵：

$$P = \begin{pmatrix} p_{11} & p_{12} & \cdots & p_{1N} \\ p_{21} & p_{22} & \cdots & p_{2N} \\ \cdots & \cdots & \cdots & \cdots \\ p_{N1} & p_{N2} & \cdots & p_{NN} \end{pmatrix}$$

当系统由 i 转移到 j 时，赋予利润 r_{ij}（i，$j=1$，2，$\cdots$，N），则称

$$R = \begin{pmatrix} r_{11} & r_{12} & \cdots & r_{1N} \\ r_{21} & r_{22} & \cdots & r_{2N} \\ \cdots & \cdots & \cdots & \cdots \\ r_{N1} & r_{N2} & \cdots & r_{NN} \end{pmatrix} \tag{15-7}$$

为系统的利润矩阵，$r_{ij}>0$ 称为盈利，$r_{ij}<0$ 称为亏本，$r_{ij}=0$ 称为不亏不盈。

随着时间的变化，系统的状态不断地转移，从而可得到一系列利润，由于状态的转移是随机的，因而一系列的利润是随机变量，其概率关系由马氏链的转移概率决定。例如，服装的销售状态的转移矩阵，得到一步利润随机变量 $x_1^{(1)}$、$x_2^{(1)}$ 的概率分布分别为：

$x_1^{(1)}$	r_{11}	r_{12}
概率	p_{11}	p_{12}

$x_2^{(1)}$	r_{21}	r_{22}
概率	p_{21}	p_{22}

其中 $p_{11}+p_{12}=1$，$p_{21}+p_{22}=1$。

如果服装处于畅销阶段，即销售状态为 $i=1$，若经过 n 个季度以后，期望获得的利润是多少？怎样才能获知这一结果呢？

首先，定义 $v_i^{(n)}$ 为服装现在处于 i（$i=1$，2），经过 n 步转移之后的总期望利润，则一步转移的期望利润为：

$$v_i^{(1)} = E(x_i^{(1)}) = r_{i1}p_{i1} + r_{i2}p_{i2} = \sum_{j=1}^{2} r_{ij}p_{ij}$$

其中 $E[x_i^{(1)}]$ 是随机变量 $x_i^{(1)}$ 的数学期望。

二步转移的期望利润为：

$$v_i^{(2)} = E(x_i^{(2)}) = [r_{i1}+v_1^{(1)}]p_{i1} + [r_{i2}+v_2^{(1)}]p_{i2} = \sum_{j=1}^{2}[r_{ij}+v_j^{(1)}]p_{ij}$$

其中随机变量 $x_i^{(2)}$（称为二步利润随机变量）的分布为：

$$P[x_i^{(2)} = r_{ij}+v_j^{(1)}] = p_{ij}, \quad j=1，2$$

例如：

$$P = \begin{pmatrix} 0.5 & 0.5 \\ 0.4 & 0.6 \end{pmatrix}, \quad R = \begin{pmatrix} 9 & 3 \\ 3 & -7 \end{pmatrix}$$

则服装销售的一步利润随机变量：

$x_1^{(1)}$	9	3
概率	0.5	0.5

$x_2^{(1)}$	3	-7
概 率	0.4	0.6

服装畅销和滞销时的一步转移的期望利润分别为：

$$v_1^{(1)} = E\left(x_1^{(1)}\right) = r_{11}p_{11} + r_{12}p_{12} = 9 \times 0.5 + 3 \times 0.5 = 6$$
$$v_2^{(1)} = E\left(x_2^{(1)}\right) = r_{21}p_{21} + r_{22}p_{22} = 3 \times 0.4 - 7 \times 0.6 = -3$$

二步利润随机变量为：

$x_1^{(2)}$	$9+6$	$3-3$
概率	0.5	0.5

$x_2^{(2)}$	$3+6$	$-7-3$
概率	0.4	0.6

服装畅销和滞销时的二步转移的期望利润分别为：

$$v_1^{(2)} = E\left[x_1^{(2)}\right] = \left[r_{11}+v_1^{(1)}\right]p_{11} + \left[r_{12}+v_2^{(1)}\right]p_{12}$$
$$= (9+6)\times0.5 + (3-3)\times0.5 = 7.5$$
$$v_2^{(2)} = E\left[x_2^{(2)}\right] = \left[r_{21}+v_1^{(1)}\right]p_{21} + \left[r_{22}+v_2^{(1)}\right]p_{22}$$
$$= (3+6)\times0.4 + (-7-3)\times0.6 = -2.4$$

一般地定义 k 步转移利润随机变量 $x_i^{(k)}$ （$i=1,2,\cdots N$）的分布为：

$$P\left[x_i^{(k)} = r_{ij}+v_j^{(k-1)}\right] = p_{ij} \quad j=1,2,\cdots N$$

则系统处于状态 i 经过 k 步转移后所得的期望利润 $v_i^{(k)}$ 的递推计算式为：

$$v_i^{(k)} = E\left[x_i^{(k)}\right] = \sum_{j=1}^{N}\left[r_{ij}+v_j^{(k-1)}\right]p_{ij} = \sum_{j=1}^{N}r_{ij}p_{ij} + \sum_{j=1}^{N}v_j^{(k-1)}p_{ij} = v_i^{(1)} + \sum_{j=1}^{N}v_j^{(k-1)}p_{ij}$$

$$(15-8)$$

当 $k=1$ 时，规定边界条件 $v_i^{(0)}=0$。

称一步转移的期望利润为即时的期望利润，并记：$v_i^{(1)} = q_i$，　$i=1,2,\cdots N$。

二、期望利润预测

企业追逐市场占有率的真正目的是使利润增加，因此，竞争各方无论是为了夺回市场份额，还是为了保住或提高市场份额，在制定对策时都必须对期望利润进行预测。

进行期望利润预测主要分三步：第一步，进行市场统计调查，调查销况的变化情况，即查清由畅销到滞销或由滞销到畅销，连续畅销或连续滞销的可能性是多大；第二步，统计出由于销况的变化，获得的利润和亏损的情况；第三步，建立数学模型，列出预测公式进行预测。

例 15.5　假设我们通过市场调查，得到如下的销况转移表 15-4 和利润变化表 15-5。

表 15-4　销况转移表

状态 i ＼可能性 状态 f		畅销 1	滞销 2
1	畅销	0.5	0.5
2	滞销	0.4	0.6

表 15 – 5　利润变化表　　　　　　　　　　　　　单位：万元

状态 i ＼ 可能性 ＼ 状态 f		畅销 1	滞销 2
1	畅销	9	3
2	滞销	3	−7

销况转移表说明连续畅销的可能性为 50%，由畅销转入滞销的可能性也是 50%，由滞销到畅销为 40%，连续滞销的可能性为 60%。利润表说明的是连续畅销获利 900 万元，由畅销到滞销或由滞销到畅销均获利 300 万元，连续滞销则亏损 700 万元，从而得到销售状态的转移矩阵 P 和利润矩阵 R 分别为：

$$P = \begin{pmatrix} p_{11} & p_{12} \\ p_{21} & p_{22} \end{pmatrix} = \begin{pmatrix} 0.5 & 0.5 \\ 0.4 & 0.6 \end{pmatrix}$$

$$R = \begin{pmatrix} r_{11} & r_{12} \\ r_{21} & r_{22} \end{pmatrix} = \begin{pmatrix} 9 & 3 \\ 3 & -7 \end{pmatrix}$$

P 和 R 便构成一个有利润的马氏链，由上面所述的基本原理及公式（15 – 7）得出下面的预测公式：

即时期利润：

$$q_i = v_i^{(1)} = \sum_{j=1}^{2} r_{ij} p_{ij} \quad i = 1, 2$$

k 步以后的期望利润：

$$v_i^{(k)} = \sum_{j=1}^{2} r_{ij} p_{ij} + \sum_{j=1}^{2} v_j^{(k-1)} p_{ij} = q_i + \sum_{j=1}^{2} v_j^{(k-1)} p_{ij} \quad i = 1, 2$$

将调查数据代入上公式则可预测各时期的期望利润值。如：

$$q_1 = 9 \times 0.5 + 3 \times 0.5 = 6$$

$$q_2 = 3 \times 0.4 - 7 \times 0.6 = -3$$

由此可知，当本季度处于畅销时，在下一季度可以期望获得利润 600 万元；当本季度处于滞销时，下一季度将期望亏损 300 万元。

同样算得：$v_1^{(2)} = 7.5$，$v_2^{(2)} = -2.4$，$v_1^{(3)} = 8.55$，$v_2^{(3)} = -1.44$

由此可预测本季度处于畅销时，两个季度后可期望获利 750 万元，三个季度后可期望获利 855 万元；当本季度处于滞销时，两个季度后将亏损 240 万元，三个季度后将亏损 144 万元。

第四节　马尔可夫预测法的统计实现

由于 SPSS 统计软件没有此项功能，所以 SPSS 统计软件无法实现马尔可夫预测，很多教科书上没有相关的参照，零星地见于 Matlab 或 R 语言求解，但此二者对计算机编程要求较高，一般难于掌握。基于此，本书采用常见的 Excel 进行求解，以例题的形式进行说明。

例 15.6　郑州某纺织机械厂在郑州有甲、乙、丙三个纺织设备制造分厂。2016 年，对 2000 名客户进行了调查，每个厂家的购买人数分别为：320、240、240，360、180、60，360、60、180。试对三个厂家 2017 年 1 ~ 7 月的市场占有率进行预测。

解：

（1）计算一步转移概率矩阵。

计算甲、乙、丙三个厂的购买人数，然后每一个数据除以它们的和，得到转移概率矩阵 p。例如，320/800 = 0.4，240/800 = 0.3，240/800 = 0.3，其他类似。如图 15 - 1 所示。

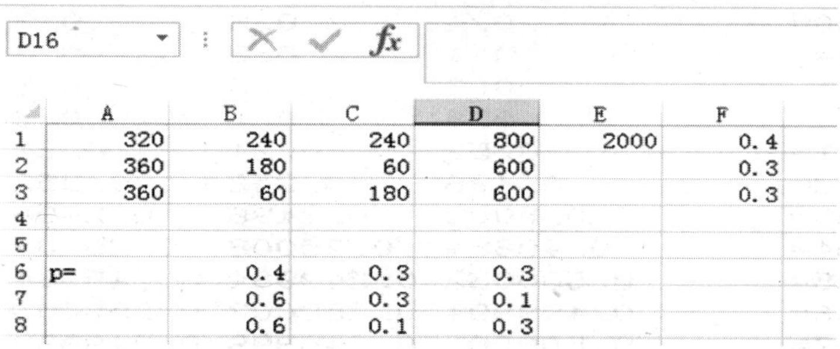

	A	B	C	D	E	F
1	320	240	240	800	2000	0.4
2	360	180	60	600		0.3
3	360	60	180	600		0.3
4						
5						
6	p=	0.4	0.3	0.3		
7		0.6	0.3	0.1		
8		0.6	0.1	0.3		

图 15 - 1　转移概率矩阵 *p*

（2）计算 2016 年各厂市场占有率。

甲：800/2000 = 0.4，600/2000 = 0.3，600/2000 = 0.3。

（3）预测 2017 年 1 月市场占有率。

首先，新建表格，用鼠标选中 B5：D5，然后点击主菜单中的“公式”，下拉菜单中选择“插入函数”，选择 MMULT 函数，如图 15 - 2 所示，并输入 B1：D1，B2：D4。

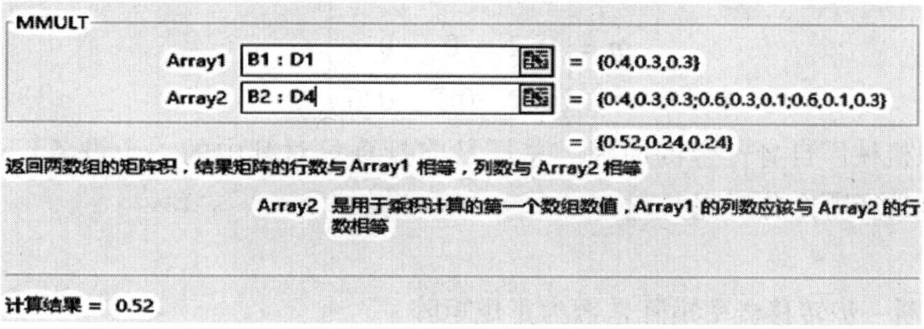

图 15 - 2　市场占有率求解

按 F2 使表格处于编辑状态，然后同时按键盘上的 Ctrl、Alt 及 Enter，输出单元格区域为 B5：D5。得三个厂家的 1 月市场占有率为 0.52，0.24，0.24。如图 15－3 所示。

B5　{=MMULT(B1:D1,B2:D4+D16)}

	A	B	C	D	E	F
1	p0=	0.4	0.3	0.3		
2	p=	0.4	0.3	0.3		
3		0.6	0.3	0.1		
4		0.6	0.1	0.3		
5	p1=	0.52	0.24	0.24		

图 15－3　三个厂家的 1 月市场占有率

（4）以此类推，可以得到 2～7 月市场占有率结果，如图 15－4 所示。

按照步骤（3），把图 15.2 中 Array1 改为 B5：D5，Array2 为 B2：D4，存储输出单元格区域为 B5：D6，得到 2 月市场占有率结果。其他月份类似求得。

G13

	A	B	C	D
1	p0=	0.4	0.3	0.3
2	p=	0.4	0.3	0.3
3		0.6	0.3	0.1
4		0.6	0.1	0.3
5	p1=	0.52	0.24	0.24
6	P2=	0.496	0.252	0.252
7	p3=	0.5008	0.2496	0.2496
8	p4=	0.49984	0.25008	0.25008
9	p5=	0.500032	0.249984	0.249984
10	p6=	0.499994	0.250003	0.250003
11	p7=	0.500001	0.249999	0.249999

图 15－4　1～7 月市场占有率预测

（5）结论：甲厂的市场占有率随时间的推移逐渐稳定在 50% 左右，而厂家乙、丙的市场占有率都逐渐稳定在 25% 左右。

例 15.7　郑州某纺织机械厂在郑州有甲、乙、丙三个纺织设备制造分厂。2016 年，客户在三个厂之间的转移概率为：

$$\boldsymbol{p}=\begin{pmatrix}0.8 & 0.2 & 0\\ 0.2 & 0 & 0.8\\ 0.2 & 0.2 & 0.6\end{pmatrix}$$

由于纺织机械厂自身资金的原因，总厂目前打算只对其中的一个设备厂进行扩大规模。总厂应该选择哪个分厂呢？

解：

（1）：判断一步转移概率矩阵是否为正规矩阵。

选择存储单元，在矩阵 Array1 和 Array2 填入 B1：D3，按 F2，然后同时按三键 Ctrl、

Shift、Enter。如图 15－5 和图 15－6 所示。

由于一步转移概率矩阵平方之后的矩阵 **p**1 的所有元素都大于 0，所以 **p** 是正规矩阵。因此存在唯一的概率向量。

（2）甲、乙、丙三个设备厂的客户比例计算。

首先求一步转移概率矩阵的转置，用鼠标选中矩阵，点右键"复制"，选择区域 B7：D9，点鼠标右键，选中"选择性粘贴"，选中"转置"，点确定，便得到转置矩阵 **P**2，将矩阵 **p**2 最后一行去掉，添加向量（1，1，1）。如图 15－7 所示。

计算除最后元素外，主对角线所有元素与 1 之差，算后结果如图 15－8 所示：

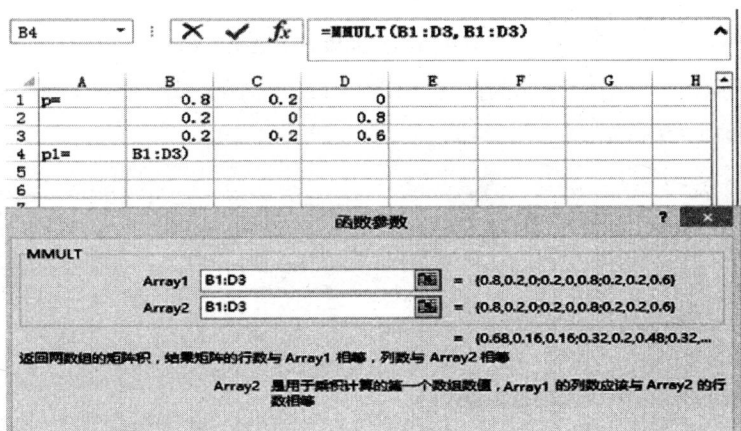

图 15－5　一步转移概率矩阵平方矩阵过程

	A	B	C	D
	p=	0.8	0.2	0
		0.2	0	0.8
		0.2	0.2	0.6
	p1=	0.68	0.16	0.16
		0.32	0.2	0.48
		0.32	0.16	0.52

图 15－6　一步转移概率矩阵平方之后矩阵

	A	B	C	D		A	B	C	D
	p=	0.8	0.2	0	p=	0.8	0.2	0
		0.2	0	0.8		0.2	0	0.8
		0.2	0.2	0.6		0.2	0.2	0.6
	p1=	0.68	0.16	0.16	p1=	0.68	0.16	0.16
		0.32	0.2	0.48		0.32	0.2	0.48
		0.32	0.16	0.52		0.32	0.16	0.52
		0.8	0.2	0.2		0.8	0.2	0.2
	P2	0.2	0	0.2	P2	0.2	0	0.2
		0	0.8	0.6		1	1	1

图 15－7　p 矩阵转置图

	A	B	C	D
p=		0.8	0.2	0
		0.2	0	0.8
		0.2	0.2	0.6
p1=		0.68	0.16	0.16
		0.32	0.2	0.48
		0.32	0.16	0.52
		-0.2	0.2	0.2
P2		0.2	-1	0.2
		1	1	1

图 15 – 8 "主对角线所有元素与 1 之差" 结果图

其次，求解逆矩阵。选中存储的区域 B10：D12。选择公式→插入函数→MINVERSE，求逆矩阵。如图 15 – 9 所示。

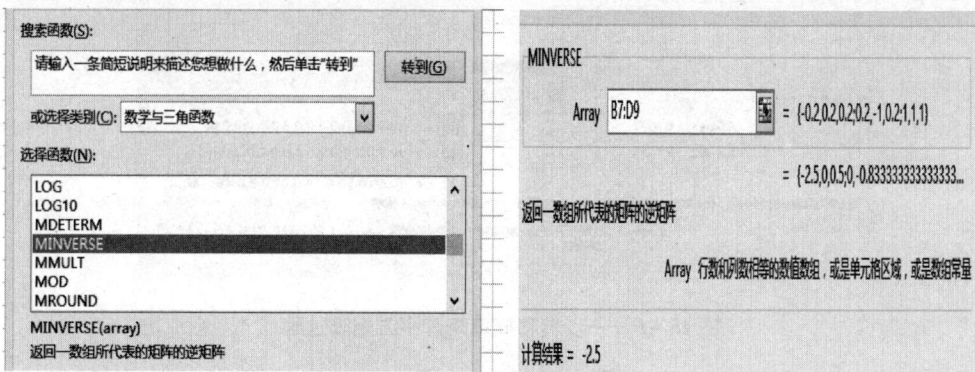

图 15 – 9 求解逆矩阵

Array 输入 B7：D9。按 F2 使表格处于编辑状态，然后同时按键盘上的 Ctrl、Alt 及 Enter，其结果如图 15 – 10 所示。

	A	B	C	D
1	p=	0.8	0.2	0
2		0.2	0	0.8
3		0.2	0.2	0.6
4	p1=	0.68	0.16	0.16
5		0.32	0.2	0.48
6		0.32	0.16	0.52
7		-0.2	0.2	0.2
8	P2	0.2	-1	0.2
9		1	1	1
10		-2.5	0	0.5
11		0	-0.83333	0.166667
12		2.5	0.833333	0.333333

图 15 – 10 逆矩阵结果

根据马尔可夫稳态模型，方程右侧为向量（0，0，1）的转置矩阵 v。

接着，$p3$ 与 v 的成绩，依然采用的是 MMULT 函数，选择存储单元 B16：B18，在矩阵 Array1 和 Array2 填入 B10：D12，B13：B15，按 F2，然后同时按三键 Ctrl、Shift、Enter。

（3）结论。马尔可夫稳态时三个厂家的客户比例在图 15.11 得到明显的结果，由此从长期来看，当客户在三个厂之间的转移达到均衡状态时，约 50% 的客户在甲厂购买设备，大约有 16.7% 的客户在乙厂购买设备，大约有 33.3% 的客户在丙厂购买设备。因此，从长远利益考虑应选甲厂进行规模扩张。

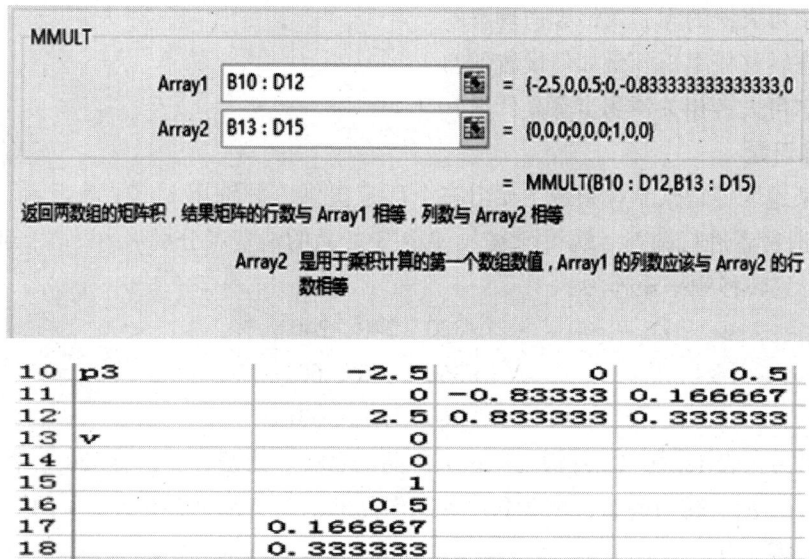

图 15－11 "三厂"客户比例结果

本章小结

马尔可夫预测法是以马尔可夫的名字命名的一种特殊的市场预测方法。马尔可夫预测法是应用概率论中马尔可夫链（Markov chain）的理论和方法来研究分析时间序列的变化规律，并由此预测其未来变化趋势的一种预测技术。马尔可夫预测方法的特点是：不需要大量的统计资料，只需有限的近期资料即可实现定量预测，而且马尔可夫预测方法适用于短期预测的基础上，只要状态转移矩阵滚动次数足够多，同时也适用于长期预测。但要求市场比较稳定并在一定时期内没有大的变动。

建立马尔可夫模型的基本步骤：（1）明确系统状态及系统状态当前的初始分布。（2）建立转移矩阵——马尔可夫转移矩阵，运用马尔可夫链进行预测的关键在于建立状态转移概率矩阵（指系统在时刻 t 所处状态，转变为时刻 $t1$ 时所处状态时与之相对应的一个条件概率）。因此，市场占有率的预测，其关键也就在于通过市场调查，确定预测期内用户购买产品转移的分布情况。（3）构造预测模型，进行计算分析。

马尔可夫预测法主要用于市场占有率的预测和销售期望利润的预测。例如，在激烈的竞争中，市场占有率随产品的质量、消费者的偏好以及企业的促销作用等因素而发生变化，企业在对产品种类与经营方向作出决策时，需要预测各种商品之间不断转移的市场占有率。市场商品供应的变化经常受到各种不确定因素的影响而带有随机性，企业要根据对市场占有率的预测结果采取各种措施争取顾客，如果这种随机性具有无后效性，则用马尔可夫分析法对其未来发展趋势进行市场分析，从而采取相应措施提高市场占有率。

💡 本章习题

一、思考题

1. 马尔可夫链的无后效性如何理解？

2. 状态转移概率矩阵是如何设置的？

3. 马尔可夫链相关预测步骤是什么？

二、练习题

1. 在某地区销售某品牌领带主要由三个厂家提供。分别用1，2，3表示。去年12月对2000名消费者进行调查。购买厂家1，2和3产品的消费者分别为800名，600名和600名。同时得到转移频率矩阵为：

$$N = \begin{pmatrix} 320 & 240 & 240 \\ 360 & 180 & 60 \\ 360 & 60 & 180 \end{pmatrix}$$

其中第一行表示，在12月购买厂家1产品的800名消费者中，有320名消费者继续购买厂家1的产品。转向购买厂家2和厂家3产品的消费者都是240人。N的第二行与第三行的含义同第一行。

（1）试对三个厂家1~7月的市场占有率进行预测。

（2）试求均衡状态时，各厂家的市场占有率。

2. 某纺织配件生产厂家出售的纺织配件有三年的保修期。假设保修期内一旦产品需要修理，修理后就能保证在保修期内不需再修理。对出售的产品分5种状态进行考察。状态 i 表示产品出售时间在第 i 年内（$i=1$，2，3），状态4表示保修期满，状态5表示产品需要修理。根据以往经验，一步转移概率矩阵为：

$$P = \begin{matrix} 1 \\ 2 \\ 3 \\ 4 \\ 5 \end{matrix} \begin{pmatrix} 0 & 0.95 & 0 & 0 & 0.05 \\ 0 & 0 & 0.9 & 0 & 0.1 \\ 0 & 0 & 0 & 0.8 & 0.2 \\ 0 & 0 & 0 & 1 & 0 \\ 0 & 0 & 0 & 0 & 1 \end{pmatrix}$$

假设最近三年已售出产品的情况为：出售时间在一年内的有30万个，满一年不到两年的有20万个，满两年不足三年的有10万个，用向量 $v =$（30，20，10）表示。试对已售出产品所需的保修费进行估计（假设平均每个纺织配件的修理费为20元）。

第十六章

纺织品服装市场回归分析预测法

引 言

回归分析预测法是处理变量之间相关关系的一种处理方法，即在分析市场现象自变量和因变量之间相关关系的基础上，建立变量之间的回归方程，并将回归方程作为预测模型，根据自变量在预测期的数量变化来预测因变量的变化，是一种具体的、行之有效的、实用价值很高的常用市场预测方法，常用于中短期预测。这种方法在纺织品服装市场上也得到了广泛应用，如原棉纱的回潮率与单纱强力存在一定关系，通过大量数据的回归分析，可以揭示二者之间的关系，从而达到通过控制回潮率提升单纱强力的作用，以此提高棉纱的质量。

学习目标

本章重点研究回归预测方法。通过学习本章，要做到：了解回归分析预测法概念，掌握回归模型，并运用回归模型解决纺织品服装市场中存在的回归问题。

第一节　回归分析预测法概述

一、相关分析和回归分析的概念

在自然界和社会现象中，任何现象都不是孤立的，而是普遍联系和相互制约的。现象间的普遍联系、相互制约往往表现为相互依存的关系，这种依存关系通常有两种类型，即函数关系和相关关系。

1. 函数关系

函数是指现象之间是一种严格的确定性的依存关系。表现为某一现象发生变化另一现象也随之发生变化，而且有确定的值与之相对应。这种关系可通过精确的数学表达式来反映，比如，圆面积同其半径的关系为 $s = \pi r^2$，自由落体落下的距离同时间的关系为 $h = \frac{1}{2} gt^2$，等等。

2. 相关关系

相关关系是指客观现象之间确实存在的，但数量上不是严格对应的依存关系。在这种关系中，对于某一现象的每一数值，可以有另一现象的若干数值与之相对应。例如，成本的高低与利润的多少有密切关系，但某一确定的成本与相对应的利润却是不确定的。这是因为影响利润的因素除了成本外，还有价格、供求平衡、消费嗜好等因素以及其他偶然因素的影响；又如，生育率与人均 GDP 的关系也属于典型的相关关系：人均 GDP 高的国家，生育率往往较低，但二者没有唯一确定的关系，这是因为除了经济因素外，生育水平还受教育水平、城市化水平以及不易测量的民族风俗、宗教和其他随机因素的共同影响。

函数关系与相关关系既有区别，又有联系。由于观察和实验中的误差，函数关系往往通过相关关系表现出来；而当对现象之间的内在联系和规律性了解得更加清楚的时候，相关关系又可能转化为函数关系。在社会经济领域，一般说来，函数关系反映了现象间关系的理想化状态，相关关系则反映了现象间关系的现实化状态，只有在大量观察时，在平均的意义上，它才能被描述。

3. 回归分析

"回归"一词是由英国生物学家高尔顿在研究人体身高的遗传问题时首先提出的。高尔顿在研究人类身高的遗传时发现，不管祖先的身高是高还是低，成年后代的身高总有向一般人口的平均身高回归的倾向。通俗地讲，就是高个子父母，其子女一般不像他们那样高，而矮个子父母，其子女一般也不像他们那样矮，因为子女的身高不仅受到父母的影响（尽管程度最强），还要受其上两代共四个双亲的影响（尽管程度相对弱一些），上三代共八个双亲的影响（尽管程度更加弱一些），如此等等，即子女的身高要受其 2^n（n 趋近无穷）个祖先的整体（即总体）影响，是遗传和变异的统一结果。不过，现代回归分析虽然沿用了"回归"一词，但内容已有很大变化，它是一种应用于许多领域的广泛的分析研究方法，在经济理论研究和实证研究中也发挥着重要的作用。

回归分析通过一个变量或一些变量的变化解释另一变量的变化。其主要内容和步骤是，首先根据理论和对问题的分析判断，将变量分为自变量和因变量；其次，设法找出合适的数学方程式（即回归模型）描述变量间的关系；由于涉及的变量具有不确定性，接着还要对回归模型进行统计检验；统计检验通过后，是利用回归模型，根据自变量去估计、预测因变量。

回归分析最基本的分类就是一元回归和多元回归，前者是指两个变量之间的回归分析，如收入与意愿支出之间的关系；后者则是指三个或三个以上变量之间的关系，如消费支出与收入及商品价格之间的关系等。

进一步，一元回归还可细分为线性回归和非线性回归两种，前者是指两个相关变量之间的关系可以通过数学中的线性组合来描述，后者则没有这种特征，即两个相关变量之间的关系不能通过数学中的线性组合来描述，而表现为某种曲线模型。

二、相关关系的种类

（一）按相关的因素多少可分为单相关和复相关

单相关（又称一元相关），是指两个变量之间的相关关系，即一个自变量与一个因变量之间的相关关系。复相关（又称多元相关），是指三个或三个以上变量之间的相关关系，即一个因变量与多个自变量之间的相关关系。例如，只研究消费支出与消费收入的相关关系，就是单相关，而研究亩产量对施肥量、浇水量的相关关系，就是复相关。

（二）按相关的表现形式可分为线性相关和非线性相关

线性相关（又称直线相关），如果自变量数值发生变动，因变量数值随之发生大致均等的变动，从平面图上观察其各点的分布近似地表现为一直线，这种相关关系称为直线相关（也叫线性相关）。非线性相关（又称曲线相关），如果自变量发生变动，因变量数值也随之发生变动，但这种变动不是沿着一个方向发生均等变动，从图形上看，其分布表现为各种不同的曲线形式，这种相关关系称为曲线相关。

（三）按相关的方向可把直线相关分为正相关和负相关

正相关是指当自变量 x 数值增加（或减少）时，因变量 y 的数值也将随之相应地增加（或减少），即因变量和自变量的变动方向是一致的，这种相关关系称为正相关。例如，商品销售量增加，销售额也增加；单位产品原材料消耗降低，单位成本也随之降低。负相关是指当自变量 x 的数值增加（或减少），因变量 y 的数值则随之减少（或增加），即自变量与因变量的变动方向是相反的，这种相关关系称为负相关。例如，劳动生产率提高，产品成本降低；商品价格降低，销售量增加等。

（四）按相关的程度可分为完全相关、不完全相关和不相关

完全相关是指两个变量之间，当自变量改变一定量时，因变量的改变量是一个确定的量，则这两个变量间的关系称为完全相关，此种关系实际上就是函数关系。不相关是指当变量之间没有任何关系，而是各自独立，互不影响，则称为不相关（零相关）。不完全相

关是指若变量之间的关系介于完全相关与不相关之间，则称为不完全相关。不完全相关是相关分析的主要对象。由于完全相关和不相关的数量关系是确定的或相互独立的，因此统计学中相关分析的主要研究对象是不完全相关。

各类相关关系的表现形态如图 16 – 1 所示：

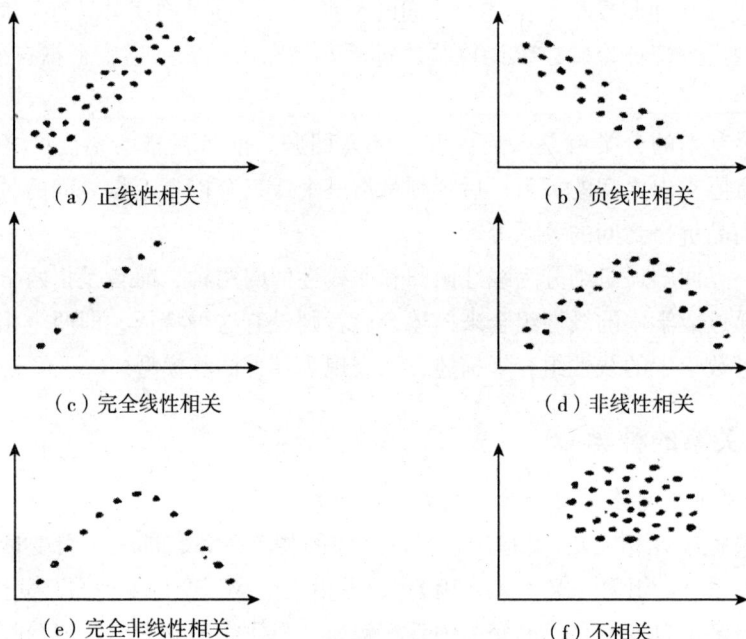

（a）正线性相关　　　　　　　　　　（b）负线性相关

（c）完全线性相关　　　　　　　　　　（d）非线性相关

（e）完全非线性相关　　　　　　　　　　（f）不相关

图 16 – 1　相关关系表现形态图

三、相关关系的测定

（一）相关表

相关表是一种统计表。它是直接根据现象之间的原始资料，将一变量的若干变量值按从小到大的顺序排列，并将另一变量的值与之对应排列形成的统计表。

例 16.1　某地区某服装企业近 8 年产品广告投入费和月平均销售额相关情况如表 16 – 1 所示。

表 16 – 1　广告投入费和服装月平均销售额相关表

年份	广告投入费（万元）x	服装月均销售额（万元）y
1997	1.2	620
1998	2	860
1999	3.1	800
2000	3.8	1100
2001	5	1 150
2002	6.1	1320
2003	7.2	1350
2004	8	1600

从表 16 - 1 可以看出，广告费与月平均销售额之间存在一定的正相关关系。

（二）相关图

相关图又称散点图，它是将相关表中的观测值在平面直角坐标系中用坐标点描绘出来，以表明相关点的分布状况。通过相关图，可以大致看出两个变量之间有无相关关系以及相关的形态、方向和密切程度。

例 16.2　以表 16 - 1 为例，用 Excel 绘制相关图如图 16 - 2 所示。

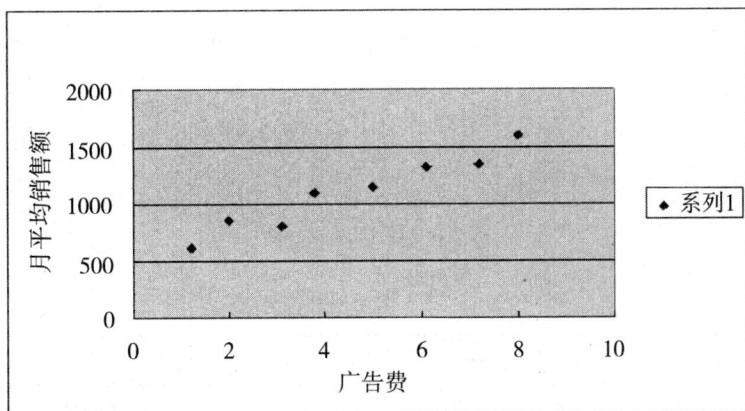

图 16 - 2　广告费和服装平均销售额相关图

（三）相关系数

相关图表只能粗略地反映变量间相关关系的方向、形式和密切程度，要确切地反映相关关系的密切程度，还需计算相关系数。

在各种相关中，单相关是基本的相关关系，它是复相关的基础。单相关有线性相关和非线性相关两种表现形式。测定线性相关系数的方法是最基本的相关分析，是测定其他相关系数方法的基础。我们着重研究线性的单相关系数即直线相关系数，简称相关系数。

1. 相关系数的计算

相关系数的测定方法有若干种，最简单的一种称为积差法，用积差法计算相关系数的公式为：

$$
\begin{aligned}
r &= \frac{\sigma_{xy}}{\sigma_x \sigma_y} \\
&= \frac{n \sum xy - \sum x \sum y}{\sqrt{n \sum x^2 - \left(\sum x\right)^2} \sqrt{n \sum y^2 - \left(\sum y\right)^2}} \\
&= \frac{\overline{xy} - \overline{x}\,\overline{y}}{\sigma_x \sigma_y}
\end{aligned}
\tag{16 - 1}
$$

其中，$\sigma_{xy} = \dfrac{1}{n} \sum (x - \overline{x})(y - \overline{y})$，称 xy 为协方差；

$\sigma_x = \sqrt{\dfrac{1}{n} \sum (x - \overline{x})^2}$，是变量 x 的标准差；

$\sigma_y = \sqrt{\dfrac{1}{n}\sum (y-\bar{y})^2}$ ，是变量 y 的标准差。

2. 相关系数的性质

相关系数的值介于 -1 与 1 之间，即 $-1 \leqslant r \leqslant 1$。其性质如下：

（1）当 $r > 0$ 时，表示两变量正相关；当 $r < 0$ 时，两变量为负相关。

（2）当 $|r| = 1$ 时，表示两变量为完全线性相关，即为函数关系。

（3）当 $r = 0$ 时，表示两变量间无线性相关关系。

（4）当 $0 < |r| < 1$ 时，表示两变量存在一定程度的线性相关。且 $|r|$ 越接近1，两变量间线性关系越密切；$|r|$ 越接近0，表示两变量的线性相关越弱。

（5）一般可按三级划分：$|r| < 0.4$ 为低度线性相关；$0.4 \leqslant |r| < 0.7$ 为显著性相关；$0.7 \leqslant |r| < 1$ 为高度线性相关。

例 16.3 以表 16-1 为例，计算相关系数见表 16-2。

表 16-2　相关系数计算表

年份	广告费（万元）x	月平均销额（万元）y	x^2	y^2	xy
1997	1.2	620	1.44	384400	744
1998	2	860	4	739600	1720
1999	3.1	800	9.61	640000	2480
2000	3.8	1100	14.44	1210000	4180
2001	5	1150	25	1322500	5750
2002	6.1	1320	37.21	1742400	8052
2003	7.2	1350	51.84	1822500	9720
2004	8	1600	64	2560 000	12800
合计	36.4	8800	207.54	10421400	45446

于是：$r = \dfrac{8 \times 45446 - 36.4 \times 8800}{\sqrt{8 \times 207.54 - 36.4^2} \cdot \sqrt{8 \times 10421400 - 8800^2}} = 0.9697$

相关系数为 0.9697，说明广告投入费与月平均销售额之间有高度的线性正相关关系。

四、回归分析与相关分析

回归分析与相关分析均为研究及测度两个或两个以上变量之间关系的方法。相关分析，是研究两个或两个以上随机变量之间相互依存关系的紧密程度。直线相关时用相关系数表示，曲线相关时用相关指数表示，多元相关时用复相关系数表示。回归分析，是研究某一随机变量（因变量）与其他一个或几个普通变量（自变量）之间的数量变动的关系。由回归分析求出的关系式，称为回归模型。

这两种分析的区别是，相关分析研究的都是随机变量，并且不分自变量与因变量；回归分析研究的变量要定出自变量与因变量，并且自变量是确定的普遍变量，因变量是随机变量。这两种分析的联系是，它们是研究现象之间相互依存关系的两个不可分割的方面。在实际工作中，一般先进行相关分析，由相关系数或相关指数的大小决定是否需要进行回归分析。而在相关分析的基础上必须拟合回归模型，以便进行推算、预测。

第二节　一元线性回归分析

一、一元线性回归模型

（一）一元线性回归模型的确定

设 X 为自变量，Y 为因变量，Y 与 X 之间存在某种线性关系，即一元线性回归模型为：$y = a + bx + \varepsilon u_i$。式中，$x$ 代表影响因素，我们往往认为它是可以控制或预先给定的，故称之为自变量；u_i 表示各种随机因素对 Y 的影响的总和，根据中心极限定理，可以认为它服从正态分布，即 $u_i \sim N(0, \sigma^2)$；因变量 Y，就是我们的预测目标，由于受各种随机因素的影响，它是一个以回归直线上的对应值为中心的正态随机变量，即：$Y \sim N(a + bx, \sigma^2)$。

对于 x 某一确定的值，其对应的 y 值虽有波动，但随机误差的期望值为零，即 $E(u_i) = 0$，因而从平均意义上说（记 $E(y)$ 为 y），总体线性回归方程为：

$$y = E(y) = a + bx$$

我们可通过样本观察值计算 a、b，用它对上式中的参数 α、β 作出估计，即求样本回归方程，用它对总体线性回归方程进行估计。样本回归直线方程又称一元线性回归方程，其表达形式为：

$$y_c = a + bx \quad 或 \quad \hat{y} = a + bx \qquad (16 - 2)$$

式中，y_c 或 $\hat{y}$ 表示因变量的估计值（回归理论值）；a，b 是待定参数，其中 a 是回归直线的起始值（截距），即 x 为 0 时 y_c 的值，从数学意义上理解，它表示在没有自变量 x 的影响时，其他各种因素对因变量 y 的平均影响；b 是回归系数（直线的斜率），表示自变量 x 每变动一个单位时，因变量 y 平均变动 b 个单位。

（二）一元线性回归模型中随机项的基本假定

在给定样本观测值（样本值）(x_i, y_i)，$i = 1, 2, 3, \cdots, n$ 后，为了估计式 16 - 2 的参数 a 和 b，必须对随机项 u_i 做出某些合理的假定。这些假定通常称为古典假设。

假设 1　$E(u_i) = 0$　即随机项 u_i 的数学期望（均值）为零。这就是说，对于 x 的每个观测值 u 可以取不同值，有的大于零，有的小于零，但对于 u 的所有可能取值，它们的平均数等于零。

假设 2　$Cov(u_i, u_j) = E\{[u_i - E(u_i)][u_j - E(u_j)]\} = 0$　$(i \neq j;\ i = 1, 2, \cdots,$

n；$j=1$，2，$\cdots$，n）

即在任意两次观测时，u_i，u_j 是相互独立的，不相关的，也就是无序列相关。

如果这个假设成立，参数的检验和利用模型进行预测将被简化。

假设 3　$Var\ (u_i)\ =E\{[u_i-E\ (u_i)]^2\}=E\ (u_i^2)\ =\sigma_u^2\quad(i=1$，$2$，$\cdots$，$n)$

即各次观测中 u 具有相同的方差，也就是说，各次观测所受的随机影响的程度相同。

对于不同的解释变量 x_i，如果随机项的方差不同，那么与其相对应的观察值 y_i 的可靠程度（与随机项的方差大小成反比）也不相同。对于不同的随机项 u_i 所对应的不同观测值 y_i 应分别赋予不同的权数，这样做会使参数的估计、检验和利用模型进行预测复杂化。如果满足同方差假设，将会使估计、检验和预测简化。

假设 2、3 称为高斯—马尔可夫假设。在此假设条件下，可以得到关于回归系数的最小二乘估计及随机项方差估计的一些重要性质。

假设 4　$Cov\ (u_i，x_i)\ =0$ 即解释变量 x_i 与误差项 u_i 同期独立无关。如果两者相关，就不可能把 x 对 y 的影响和 u 对 y 的影响区分开来。

在一般情况下，x_i 为非随机变量（在预测时它是确定性变量），而 u_i 为随机变量，这一假定很显然成立。

假定 5　$u_i \sim N\ (0，\sigma_u^2)$，即 u_i 为服从正态分布的随机变量。

对于大样本，由中心极限定理中的李雅普诺夫定理知，无论 u_i 中包含的每一种影响因素服从什么分布，u_i 都近似正态分布，即在大样本条件下这个假设成立。但对于小样本，这个假设不一定成立，如果这个假设不成立，就无法进行检验和预测。因为检验和预测，须知道总体 y 的分布情况。

在 u_i 为服从正态分布的假定下，随机变量 y_i 也服从正态分布

$$Y \sim N\ (a+bx，\sigma_u^2)$$

（三）参数 a、b 的最小二乘法估计（OLS 估计）

估计模型的回归系数有许多方法，其中使用最广泛的是最小平方法（Ordinary Least Square），下面我们采用最小平方法来估计模型的回归系数。

最小平方法的中心思想，是通过数学模型，配合一条较为理想的趋势线。这条趋势线必须满足下列两点要求：（1）原数列的观察值与模型的估计值的离差平方和为最小，即 $\sum (y-y_c)^2$ = 最小值；（2）原数列的观察值与模型的估计值的离差总和为零。

令 $Q(a,b) = \sum (y-y_c)^2 = \sum (y-a-bx)^2$

要使函数 Q（a，b）有极小值，则必须满足函数对参数 a、b 的一阶偏导数等于 0。

$$\begin{cases} \dfrac{\partial Q}{\partial a} = 0 \\ \dfrac{\partial Q}{\partial b} = 0 \end{cases} \quad 即，\begin{cases} \sum 2(y-a-bx)(-1) = 0 \\ \sum 2(y-a-bx)(-x) = 0 \end{cases}$$

整理得标准方程组：$\begin{cases} \sum y = na + b\sum x \\ \sum xy = a\sum x + b\sum x^2 \end{cases}$

解该方程组得：

$$\begin{cases} b = \dfrac{n\sum xy - \sum x \sum y}{n\sum x^2 - (\sum x)^2} = \dfrac{\overline{xy} - \overline{x} \cdot \overline{y}}{\sigma^2} \\ a = \dfrac{\sum y}{n} - b\dfrac{\sum x}{n} = \overline{y} - b\overline{x} \end{cases} \tag{16-3}$$

其中，$\overline{xy} = \dfrac{\sum xy}{n}$

例 16.4 仍以表 16-1 的资料，建立一元线性回归模型。

根据表 16-1 的计算数据代入参数 a、b 的最小二乘估计方程。

$$b = \frac{8 \times 45446 - 36.4 \times 8800}{8 \times 207.54 - 36.4^2} = 128.9599$$

$$a = \frac{8800}{8} - 128.9599 \times \frac{36.4}{8} = 513.2323$$

一元线性回归模型为：$y_c = 513.2323 + 128.9599x$。

以上模型表明：广告费每增加 1 万元，月销售额平均增加 128.9599 万元。

例 16.5 河南成衣有限公司 2016 年 1~10 月产量与制造费用资料如表 16-3 所示。

解：

分析制造费用对成衣产量之间的数量关系。设回归方程为 $y = a + bx$，x 为产量，y 为制造费用，计算如表 16-3 所示：

表 16-3 成衣成本回归分析计算表

月份	产量（件）x	制造费用（元）y	x^2（10^4）	y^2（10^4）	xy（10^4）
1	36000	52500	129600	275625	189000
2	40500	54300	164025	294849	219915
3	42700	56400	182329	318096	240828
4	45800	61500	209764	378225	281670
5	46000	58500	211600	342225	269100
6	48500	61300	235225	375769	297305
7	52300	63800	273529	407044	333674
8	54000	66000	291600	435600	356400
9	55800	67050	311364	449570	374139
10	59000	68900	348100	474721	406510
合计	480600	610250	2357136	3751724	2968541

利用表 16－3 中数据和公式（16.3），经过计算：$a = 24821.62$，$b = 0.753171$，故有制造费用对成衣产量的回归方程 $y_c = 24821.62 + 0.753171x$。

二、估计标准差

在建立了回归方程后，就可以利用回归方程进行预测。要进行预测，就需首先测定回归估计值的可靠性，计算估计标准差（s），即观察值与估计值之间的标准差。根据回归直线方程，当给定某一特定值（x），就可以推算出 y 的数值 $y_c = a + bx$，但是 y_c 的数值并不就是特定 x 值所对应的实际值 y，因为 x 与 y 并不存在函数关系，估计值 y_c 是实际值 y 之间的平均值，实际值 y 与 y_c 之间的上下波动。估计值与对应的观察值 y 之间的离差称为估计误差，这种误差的大小反映回归估计的准确程度，也就是说明回归直线方程代表性的大小，为了说明估计误差，需要从变差的分析开始。

（一）离差平方和的分解

在直线回归中，观察值 y 的取值大小是上下波动的，但这种波动总是围绕其均值而在一定范围内，统计上将 y 取值的这种波动现象称为变差。这种变差的产生是由两方面原因引起的：①受自变量变动的影响。②其他因素（随即因素）的影响。为了分析这两个方面的影响，需要对总的变差进行分解。对每一个观察值来说，变差的大小可以通过该观察值 y 与其算术平均数 $\bar{y}$ 的离差 $y - \bar{y}$ 来表示，而全部 n 次观察值的总变差可由这些离差的平方和来表示：

$$\sum (y - \bar{y})^2 = \sum (y - y_c)^2 + \sum (y_c - \bar{y})^2$$

总平方和（总变差）＝剩余平方和（剩余变差）＋回归平方和（回归变差）

剩余平方和又称残差平方和，它反映了自变量 x 对因变量 y 的线性影响之外的一切因素（包括 x 对 y 的非线性影响和测量误差等）对因变量 y 的作用。回归平方和表示在总离差平方和中，由于 x 与 y 的线性关系而引起因变量 y 变化的部分。

（二）估计标准差的计算

回归标准差是观察值 y 对估计值 y_c 的平均离差，就直线回归来说，这个离差值越小，则所有观察点越靠近回归直线，即关系越密切；而当离差的值越大，则所有观察点离回归直线越远，即越不密切。可见这个指标是从另一侧面反映关系的密切程度的。

剩余标准差是以回归直线为中心反映各观察值与估计值平均数之间离差程度的大小，从另一方面看，也就是反映估计值平均数 y_c 的代表性的可靠程度，通常剩余变差也称为估计标准误差。

估计标准误差的计算有两种方法：

$$S_y S_e = \sqrt{\frac{\sum (y - y_c)^2}{n - 2}}$$

公式中 s_y 代表估计标准误差，即 x 为自变量，y 为因变量时的估计标准误差。

此种方法在计算时运算量比较大的，也比较麻烦，需计算出所有的估计值。如果已经有了直线回归方程的参数值，可用下面方法计算。

$$S_y = \sqrt{\frac{\sum (y - y_c)^2}{n - 2}} = \sqrt{\frac{\sum y^2 - a\sum y - b\sum xy}{n - 2}}$$

例 16.6　用表 16-5 的资料说明估计平均误差的计算方法，可列出计算表 16-4：

表 16-4　估计平均误差计算表

月份	x	y	y_c	$y - y_c$	$(y - y_c)^2$
1	36000	52500	51941.76	558.24	311629.3
2	40500	54300	55331.03	-1031.03	1063023
3	42700	56400	56988.01	-588.05	345750.4
4	45800	61500	59322.83	2177.17	4740050
5	46000	58500	59473.47	-973.47	947641
6	48500	61300	61356.4	-56.40	3180.4
7	52300	63800	64218.44	-418.44	175094.9
8	54000	66000	65498.83	501.17	251167.9
9	55800	67050	66854.54	195.46	38204.37
10	59000	68900	69264.69	-364.69	132996.3

将计算表的有关资料代入公式得：

$$S_y = \sqrt{\frac{\sum (y - y_c)^2}{n - 2}} = \sqrt{\frac{8008738}{8}} = 1000.546$$

结果表明估计标准差是 1000.546 元。

三、回归方程的检验

回归方程的检验一般包括两个方面的内容：一是线性关系的检验；二是回归系数的检验。

1. 线性关系的检验

具体方法是将回归离差平方和（SSR）同剩余离差平方和（SSE）加以比较，应用 F 检验来分析二者之间的差别是否显著。检验的具体步骤如下：

第一步，提出假设。

$$H_0: b = 0, \quad H_1: b \neq 0$$

第二步，计算检验统计量 F。

$$F = \frac{SSR/1}{SSE/(n-2)} = \frac{\sum (y_c - \bar{y})/1}{\sum (y - y_c)/(n-2)}$$

可以证明，在原假设成立的情况下，F 统计量服从 F 分布，第一自由度为 1，第二自

由度为 $n-2$，即 $F \sim F(1, n-2)$。

第三步，确定显著性水平以及临界值 F。

确定显著性水平 α（通常 $\alpha = 0.05$）。

依据 α 和两个自由度 f_1、f_2 查 F 分布表可得相应的临界值 F_α。

第四步，作出判断。

如果 $F > F_\alpha$，拒绝原假设 H_0，表明回归效果显著；反之，则接受原假设，表明线性回归方程的回归效果不显著。

例16.7 以表16.1的资料为例，对其回归模型作 F 检验。F 检验计算表如表16 – 5 所示。

①提出假设。假设线性关系不显著。即

$$H_0: b = 0$$

②计算检验统计量 F。

$$F = \frac{\sum (y_c - \bar{y})/1}{\sum (y - y_c)/(n-2)} = \frac{697\ 157.09}{44242.653/6} = 94.54547$$

③确定显著性水平以及临界值 F。

设 $\alpha = 0.05$，$f_1 = 1$，$f_2 = n-2 = 6$，查 F 分布得临界值 $F_{0.05}(1, 6) = 5.99$

④作出判断。

由于 $F = 94.54547 > F_{0.05}(1, 6) = 5.99$，所以拒绝原假设 H_0，表明回归效果显著。

表16 – 5　一元线性回归模型 F 检验计算表

年份	x	y	y_c	$(y_c - \bar{y})^2$	$(y - y_c)^2$
1997	1.2	620	667.98418	186637.67	2302.4815
1998	2	860	771.1521	108140.94	7893.9493
1999	3.1	800	913.00799	34966.012	12770.806
2000	3.8	1100	1003.2799	9354.7739	9354.7739
2001	5	1150	1158.0318	3367.6898	64.509811
2002	6.1	1320	1299.8877	39955.089	404.50501
2003	7.2	1350	1441.7436	116788.67	8416.8845
2004	8	1600	1544.9115	197946.24	3034.7428
合计	36.4	8800	8799.9988	697157.09	44242.653

2. 回归系数的检验

回归系数的检验就是检验自变量对因变量的影响程度是否显著的问题。即总体回归系数 b 是否等于零。其检验步骤如下：

第一步，提出假设。假设样本是从一个没有线性关系的总体中选出，即

$$H_0: b = 0, \quad H_1: b \neq 0$$

第二步，计算检验的统计量 t 值。

$$t = b/S_b$$

其中：S_b 是回归系数 b 的标准差，S_y 是估计标准误差。计算公式如下：

$$S_y = \sqrt{\frac{\sum (y - y_c)^2}{n - 2}} = \sqrt{\frac{\sum y^2 - a \sum y - b \sum xy}{n - 2}}$$

$$S_b = \sqrt{\frac{S_y^2}{\sum (x - \bar{x})^2}}$$

第三步，确定显著性水平 α（通常 $\alpha = 0.05$），并根据自由度 $f = n - 2$ 查 t 分布表得相应的临界值 $t_{\alpha/2}$。

第四步，作出判断。若 $|t| > t_{\alpha/2}$，拒绝 H_0，回归系数 $b = 0$ 的可能性小于 5%，表明两个变量之间存在线性关系；反之，表明两个变量之间不存在线性关系。

例 16.8 以表 16-1 为例，对回归模型做回归系数检验。

①提出假设。

$$H_0: b = 0, \ H_1: b \neq 0$$

②计算检验的统计量 T 值。

$$S_y = \sqrt{\frac{\sum (y - y_c)^2}{n - 2}} = \sqrt{\frac{44242.653}{6}} = 85.87$$

$$S_b = \sqrt{\frac{S_y^2}{\sum (x - \bar{x})^2}} = \sqrt{\frac{85.87^2}{41.92}} = 13.26277$$

于是，$t = b/S_b = 128.9599/13.26277 = 9.72345$

③取显著性水平 $\alpha = 0.05$，并根据自由度 $f = n - 2 = 6$，查 t 分布表得相应的临界值 $t_{\alpha/2} = t_{0.025} = 2.4469$。

④由于 $t = 9.72345 > t_{\alpha/2} = t_{0.025} = 2.4469$，拒绝 H_0，表明样本回归系数是显著的，广告费与月销售额之间确实存在着线性关系，广告费是影响月销售额的显著因素。

四、回归预测

在对一元线性回归模型检验其显著性之后，就可以利用该模型进行预测。所谓预测，就是当自变量 x 取一个值 x_0 时，估计 y 的取值。一般有点预测和区间预测两种，而点预测的结果往往与实际结果有偏差，所以，我们通常用区间预测来估计因变量值的可能范围。

在小样本情况下（$n < 30$），通常用 t 分布进行预测。当给定置信水平 $1 - \alpha$ 时，y_0 值的预测区间为：

$$y_{c0} - t_{\alpha/2}(n-2)S_y \sqrt{1 + \frac{1}{n} + \frac{(x_0 - \bar{x})^2}{\sum (x - \bar{x})^2}} \leq y_0 \leq y_{c0} + t_{\alpha/2}(n-2)S_y \sqrt{1 + \frac{1}{n} + \frac{(x_0 - \bar{x})^2}{\sum (x - \bar{x})^2}}$$

在大样本情况下（n>30），则根据正态分布原理预测，当给定置信水平 $1-\alpha$ 时，y_0 值的预测区间为：

$$P\{y_{c0}-S_y \leq y_0 \leq y_{c0}+S_y\} = 68.27\%$$

$$P\{y_{c0}-2S_y \leq y_0 \leq y_{c0}+2S_y\} = 95.45\%$$

$$P\{y_{c0}-3S_y \leq y_0 \leq y_{c0}+3S_y\} = 99.73\%$$

例 16.9 以表 16-1 所建的回归方程为例，取 $x_0=10$ 万元时，试计算月平均销售额在 95% 的预测区间。

解：

根据前例计算结果知 $y_c = 513.2323 + 128.9599x$，经计算 $S_y = 85.87$，$t_{\alpha/2} = t_{0.025} = 2.4469$。

取 $x_0=10$ 万元时，根据回归方程得：

$$y_{c0} = 513.2323 + 128.9599 \times 10 = 1802.83 （万元）$$

于是，y_0 值的预测区间为：

$$1802.83 \pm 2.4469 \times 85.87 \sqrt{1 + \frac{1}{8} + \frac{29.7}{41.92}}$$

即，$1518.32 \leq y_0 \leq 2087.35$

以上预测区间说明，我们可以 95% 的概率保证，当广告费为 10 万元时，服装月平均销售额在 1518.32 到 2087.35 千元。

例 16.10 以上内容可以通过 SPSS 软件得以实现，具体路径为：分析—回归—线性。

（1）SPSS 处理结果。

表 16-6 相关系数

模型汇总[b]

模型	R	R 方	调整 R 方	标准估计的误差
1	0.970[a]	0.940	0.930	85.871

a：预测变量，（常量），广告费。

b：因变量，服装月平均销售额。

表 16-7 方差汇总表

Anova[a]

模型		平方和	df	均方	F	Sig.
1	回归	697157.347	1	697157.347	94.546	0.000[b]
	残差	44242.653	6	7373.775		
	总计	741400.000	7			

a：因变量，服装月平均销售额。

b：预测变量，（常量），广告费。

表 16 - 8　回归系数表

系数[a]

模型		非标准化系数		标准化系数	t	Sig.	B 的 95% 置信区间	
		B	标准误差	试用版			下限	上限
1	（常量）	513.232	67.552		7.598	0.000	347.938	678.527
	广告费	128.960	13.263	0.970	9.723	0.000	96.507	161.413

a：因变量，服装月平均销售额。

（2）结果说明。

①回归分析采用的是强制进入法，两个变量全部进入回归模型。

②判定系数为 0.970，说明广告费对服装销售额相关程度高。

③回归差平方和为 697157.347，占总变差的 93.28%，较好地解释了因变量的变化。

④PRE 代表点预测值，LMCI 和 UMCI 分别表示平均值的置信区间的下限和上限；LICI 和 UICI 分别表示个别值的预测区间下限和上限，具体如表 16 - 9 所示。

表 16 - 9　预测区间表

x	y	PRE_1	LMCI_1	UMCI_1	UCI_1	UICI_1
1.2	620	667.98426	536.31010	799.65841	420.01720	915.95131
2.0	860	771.15219	659.94499	882.35940	533.41995	1008.88444
3.1	800	913.00811	825.07051	1000.94571	685.23059	1140.78563
3.8	1100	1003.28006	925.10644	1081.45368	779.09109	1227.46902
5.0	1150	1158.03197	1082.32221	1233.74172	934.69020	1381.37373
6.1	1320	1299.88788	1210.17179	1389.60398	1071.41785	1528.35791
7.2	1350	1441.74380	1328.10094	1555.38666	1202.86249	1680.62510
8.0	1600	1544.91174	1410.54563	1679.27784	1295.50479	1794.31869
10.0		1802.83158	1610.99580	1994.66737	1518.31349	2087.34968

第三节　多元线性回归分析

一、多元线性回归模型

如果被解释变量（因变量）y 与 k 个解释变量（自变量）x_1，x_2，…，x_k 之间有线性相关关系，那么它们之间的多元线性总体回归模型可以表示为

$$y = \beta_0 + \beta_1 x_1 + \beta_2 x_2 + \cdots + \beta_k x_k + u \qquad (16 - 4)$$

其中，β_0，β_1，β_2，$\cdots$，β_k 是 $k+1$ 个未知参数，又称为回归系数；u 是随机误差项。

如果我们将 n 组实际观测数据（y_i，x_{i1}，x_{i2}，$\cdots$，x_{ik}）$i=1$，2，$\cdots$，n 代入式（$16-4$）中可得到下列形式

$$y_i = \beta_0 + \beta_1 x_{i1} + \beta_2 x_{i2} + \cdots + \beta_k x_{ik} + u_i$$

即

$$\begin{cases} y_1 = \beta_0 + \beta_1 x_{11} + \beta_2 x_{12} + \cdots + \beta_k x_{1k} + u_1 \\ y_2 = \beta_0 + \beta_1 x_{21} + \beta_2 x_{22} + \cdots + \beta_k x_{2k} + u_2 \\ \qquad\qquad \cdots\cdots \\ y_n = \beta_0 + \beta_1 x_{n1} + \beta_2 x_{n2} + \cdots + \beta_k x_{nk} + u_n \end{cases} \qquad (16-5)$$

写成矩阵形式为

$$\begin{bmatrix} y_1 \\ y_2 \\ \vdots \\ y_n \end{bmatrix} = \begin{bmatrix} 1 & x_{11} & x_{12} & \cdots & x_{1k} \\ 1 & x_{21} & x_{22} & \cdots & x_{2k} \\ \vdots & \vdots & \vdots & \cdots & \vdots \\ 1 & x_{n1} & x_{n2} & \cdots & x_{nk} \end{bmatrix} \begin{bmatrix} \beta_0 \\ \beta_1 \\ \vdots \\ \beta_k \end{bmatrix} + \begin{bmatrix} u_1 \\ u_2 \\ \vdots \\ u_n \end{bmatrix}$$

即
$$\boldsymbol{Y} = \boldsymbol{XB} + \boldsymbol{U} \qquad (16-6)$$

其中，$\boldsymbol{Y} = \begin{bmatrix} y_1 \\ y_2 \\ \vdots \\ y_n \end{bmatrix}$ $\boldsymbol{X} = \begin{bmatrix} 1 & x_{11} & x_{12} & \cdots & x_{1k} \\ 1 & x_{21} & x_{22} & \cdots & x_{2k} \\ \vdots & \vdots & \vdots & \cdots & \vdots \\ 1 & x_{n1} & x_{n2} & \cdots & x_{nk} \end{bmatrix}$ $\boldsymbol{B} = \begin{bmatrix} \beta_0 \\ \beta_1 \\ \vdots \\ \beta_k \end{bmatrix}$ $\boldsymbol{U} = \begin{bmatrix} u_1 \\ u_2 \\ \vdots \\ u_n \end{bmatrix}$

二、参数的 OLS 估计

多元线性回归方程的未知参数的估计与一元线性回归方程的参数估计原理一样，仍然可以采用普通最小平方法进行参数估计，使全部观测值 y_i 与回归值 $\hat{y}_i$ 的残差平方和最小。

为了估计参数 B，我们仍采用最小平方法，设观察值与模型估计值的残差为 e，则 $e = y - \hat{y}$，其中 $\hat{y} = XB$，使

$$Q = \sum_{i=1}^{n} e_i = \sum_{i=1}^{n} (y_i - \hat{y}_i)^2 = \sum_{i=1}^{n} (y_i - b_0 - b_1 x_{i1} - b_2 x_{i2} - \cdots - b_k x_{ik})^2 \text{达到最小。}$$

根据微分极值原理知，b_0，b_1，b_2，$\cdots$，b_k 应满足下列方程组：

$$\begin{cases} \dfrac{\partial Q}{\partial \beta_0} = -2 \sum_{i=1}^{n} (y_i - b_0 - b_1 x_{i1} - b_2 x_{i2} - \cdots - b_k x_{ik}) = 0 \\ \dfrac{\partial Q}{\partial \beta_1} = -2 \sum_{i=1}^{n} (y_i - b_0 - b_1 x_{i1} - b_2 x_{i2} - \cdots - b_k x_{ik}) x_{i1} = 0 \\ \qquad\qquad \cdots\cdots \\ \dfrac{\partial Q}{\partial \beta_k} = -2 \sum_{i=1}^{n} (y_i - b_0 - b_1 x_{i1} - b_2 x_{i2} - \cdots - b_k x_{ik}) x_{ik} = 0 \end{cases}$$

$$\begin{cases} \sum_{i=1}^{n} y_i = nb_0 + b_1 \sum_{i=1}^{n} x_{i1} + b_2 \sum_{i=1}^{n} x_{i2} + \cdots + b_k \sum_{i=1}^{n} x_{ik} \\ \\ \sum_{i=1}^{n} x_{i1} y_i = b_0 \sum_{i=1}^{n} x_{i1} + b_1 \sum_{i=1}^{n} x_{i1}^2 + b_2 \sum_{i=1}^{n} x_{i1} x_{i2} + \cdots + b_k \sum_{i=1}^{n} x_{i1} x_{ik} \\ \cdots\cdots \\ \sum_{i=1}^{n} x_{ik} y_i = b_0 \sum_{i=1}^{n} x_{ik} + b_1 \sum_{i=1}^{n} x_{i1} x_{ik} + b_2 \sum_{i=1}^{n} x_{i2} x_{ik} + \cdots + b_k \sum_{i=1}^{n} x_{ik}^2 \end{cases} \quad (16-7)$$

利用克莱姆法则可以解得参数 b_0，b_1，b_2，$\cdots$，b_k。

写成矩阵形式为

$$X^T Y = X^T X B \quad (16-8)$$

其中，$X^T Y = \begin{bmatrix} 1 & 1 & \cdots & 1 \\ x_{11} & x_{21} & \cdots & x_{n1} \\ \vdots & \vdots & \cdots & \vdots \\ x_{1k} & x_{2k} & \cdots & x_{nk} \end{bmatrix} \begin{bmatrix} y_1 \\ y_2 \\ \vdots \\ y_n \end{bmatrix} = \begin{bmatrix} \sum_{i=1}^{n} y_i \\ \sum_{i=1}^{n} x_{i1} y_i \\ \vdots \\ \sum_{i=1}^{n} x_{ik} y_i \end{bmatrix} \quad B = \begin{bmatrix} b_0 \\ b_1 \\ \vdots \\ b_k \end{bmatrix}$$

$$X^T X = \begin{bmatrix} 1 & 1 & \cdots & 1 \\ x_{11} & x_{21} & \cdots & x_{n1} \\ \vdots & \vdots & \cdots & \vdots \\ x_{1k} & x_{2k} & \cdots & x_{nk} \end{bmatrix} \begin{bmatrix} 1 & x_{11} & \cdots & x_{1k} \\ 1 & x_{21} & \cdots & x_{2k} \\ \vdots & \vdots & \cdots & \vdots \\ 1 & x_{n1} & \cdots & x_{nk} \end{bmatrix}$$

$$= \begin{bmatrix} n & \sum_{i=1}^{n} x_{i1} & \sum_{i=1}^{n} x_{i2} & \cdots & \sum_{i=1}^{n} x_{ik} \\ \\ \sum_{i=1}^{n} x_{i1} & \sum_{i=1}^{n} x_{i1}^2 & \sum_{i=1}^{n} x_{i1} x_{i2} & \cdots & \sum_{i=1}^{n} x_{i1} x_{ik} \\ \\ \vdots & \vdots & \vdots & \cdots & \vdots \\ \\ \sum_{i=1}^{n} x_{ik} & \sum_{i=1}^{n} x_{i1} x_{ik} & \sum_{i=1}^{n} x_{i1} x_{ik} & \cdots & \sum_{i=1}^{n} x_{ik}^2 \end{bmatrix}$$

由 (16-8) 式得：

$$\hat{B} = (X^T X)^{-1} X^T Y \quad (16-9)$$

我们称 (16-7) 式为参数 β_0，β_1，β_2，$\cdots$，β_k 的最小二乘估计量 (OLS)。

三、多元回归 SPSS 应用举例

例 16.10　某纺织企业 2005～2016 年的经济效益、科研人员、科研经费的统计数据如表 16-10 所示。该科研经费主要用于研究固色剂所导致的甲醛含量减少的技术，以提升服装面料的质量，从而提高企业经济效益。假定 2017 年该企业科研人员 61 名、科研经费 40 万元，试预测 2017 年该企业的经济效益。

表 16-10　纺织企业 2005～2016 年的经济效益、科研人员、科研经费的统计数据

年份	经济效益	科研人员	科研经费	年份	经济效益	科研人员	科研经费
2005	406	19	8.5	2011	632	38	13.7
2006	484	24	9.7	2012	685	47	14.4
2007	504	26	10.4	2013	750	49	16.2
2008	520	28	11.3	2014	794	50	18.5
2009	560	31	12.2	2015	866	51	20.3
2010	591	33	12.8	2016	989	53	25.0

（一）SPSS 处理路径：分析—回归—线性

以 INC 代表经济效益，PER 代表科研人数，RD 代表科研经费。采用逐步回归法，消除引起多重共线性的变量。如图 16-3 所示。

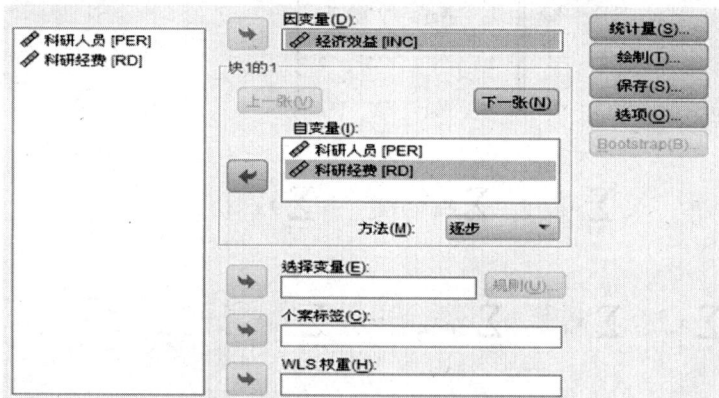

图 16-3　逐步回归法

在图 16-3 中点击选项，在弹出方框中选择使用 F 的概率，默认为显著性水平 0.05，剔除变量显著性水平 0.01。在保存项中选择点预测值及置信区间和预测区间，置信水平默认为 95%，如图 16-4 所示。

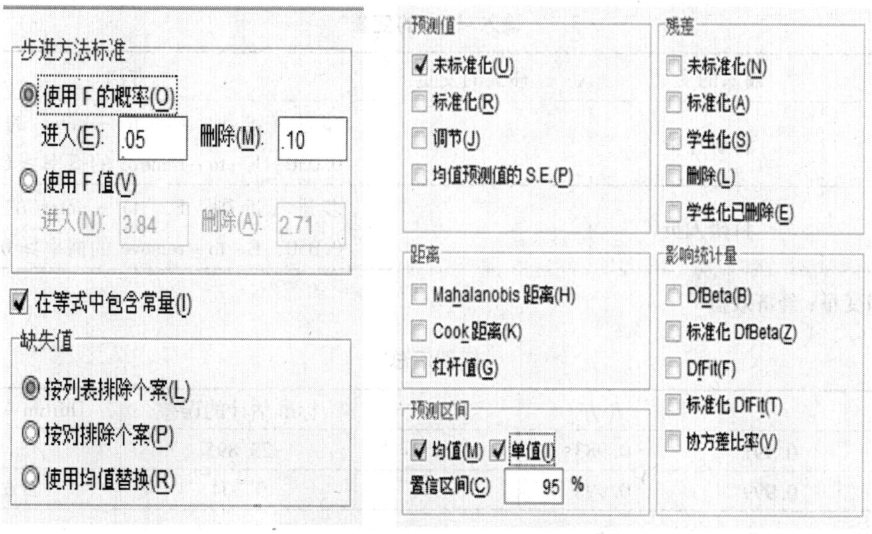

图16-4 预测区间设置

（二）SPSS数据处理结果

各种结果如图16-5所示。

INC	PER	RD	PRE_1	LMCI_1	UMCI_1	LICI_1	UICI_1
406	19	8.5	417.44368	405.77981	429.10755	393.38085	441.50652
484	24	9.7	469.57796	460.26915	478.88677	446.56431	492.59161
504	26	10.4	496.15634	487.61689	504.69578	473.44299	518.86968
520	28	11.3	527.93895	520.05200	535.82590	505.46278	550.41512
560	31	12.2	563.90333	556.94890	570.85777	541.73718	586.06948
591	33	12.8	587.87959	581.37727	594.38190	565.85110	609.90807
632	38	13.7	632.20750	625.46374	638.95127	610.10655	654.30846
685	47	14.4	688.05825	674.55479	701.56170	663.05190	713.06459
750	49	16.2	743.25994	731.79120	754.72868	719.29109	767.22880
794	50	18.5	807.29047	798.19174	816.38921	784.36099	830.21995
866	51	20.3	858.31040	848.48648	868.13432	835.08362	881.53718
989	53	25.0	988.97358	970.48570	1007.46146	960.95973	1016.98743
.	61	40.0	1412.74573	1357.65654	1467.83492	1353.77291	1471.71854

图16-5 各种SPSS结果

从图16-5看出，运用逐步进入回归法没有有效地解决共线性问题，本例模型汇总中D.W=2.622，查D.W检验表，可知$n=12$，变量为2时，$d_l=0.812$，$d_u=1.579$，由于$4-d_u<D.W<4-d_l$，可以说明是否存在共线性无结论，但从容差来看，数值较小，又存在共线性的嫌疑，是否存在共线性还是需要更多指标加以分析。所以，本文没有其他指标参考，统计出来2种结果，即：

$$INC=116.810+26.021RD+4.182PER$$
$$INC=136.149+35.519RD$$

输入/移去的变量[a]

	输入的变量	移去的变量	方法
1	科研经费	.	步进（准则：F – to – enter 的概率 ≤ 0.050，F – to – remove 的概率 ≥ 0.100）
2	科研人员	.	步进（准则：F – to – enter 的概率 ≤ 0.050，F – to – remove 的概率 ≥ 0.100）

a. 因变量：经济效益

模型汇总[c]

模型	R	R 方	调整 R 方	标准估计的误差	Durbin – Watson
1	0.991[a]	0.983	0.981	23.895	
2	0.999[b]	0.998	0.997	9.304	2.622

a. 预测变量：（常量），科研经费。

b. 预测变量：（常量），科研经费，科研人员。

c. 因变量：经济效益。

Anova[a]

模型		平方和	df	均方	F	Sig.
1	回归	325011.173	1	325011.173	569.222	.000[b]
	残差	5709.743	10	570.974		
	总计	330720.916	11			
2	回归	329941.849	2	164970.924	1905.789	.000[c]
	残差	779.068	9	86.563		
	总计	330720.917	11			

a. 因变量：经济效益。

b. 预测变量：（常量），科研经费。

c. 预测变量：（常量），科研经费，科研人员。

系数[a]

模型		非标准化系数		标准化系数	t	Sig.	
		B	标准误差	试用版			
1	（常量）	136.349	22.544		6.048	.000	
	科研经费	35.519	1.489	.991	23.858	.000	
2	（常量）	116.810	9.152		12.764	.000	
	科研经费	26.021	1.386	.726	18.780	.000	
	科研人员	4.182	.554	.292	7.547	.000	

a. 因变量：经济效益。

已排除的变量[a]

模型		Beta In	t	Sig.	偏相关	共线性统计量
						容差
1	科研人员	0.292^b	7.547	0.000	0.929	0.175

a. 因变量：经济效益。

b. 模型中的预测变量：（常量），科研经费。

第四节　可线性化的曲线回归

前面所研究的回归模型，我们假定自变量与因变量之间的关系是线性的，但社会经济现象是极其复杂的，有时各因素之间的关系不一定是线性的，而可能存在某种非线性关系，这时，就必须建立非线性回归模型。

常见的可线性化的常用曲线类型有如下几种：

1. 指数函数

$y = ae^{bx}$ 对其两边取自然对数，得

$\ln y = \ln a + bx$　令 $y' = \ln Y$ 则 $y' = \ln a + bx$

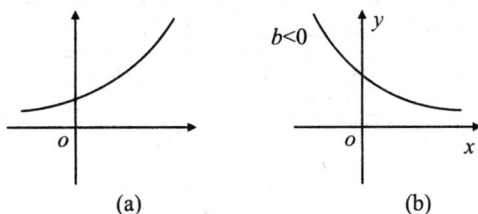

图 16-6　指数函数曲线示意图

2. 幂函数

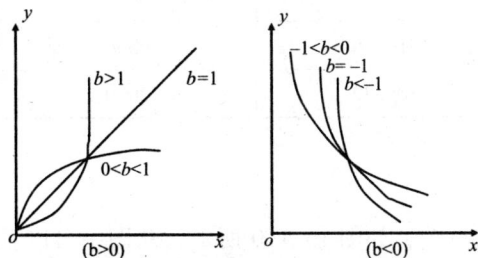

图 16-7　幂函数曲线示意图

$y = ax^b$，对上式两边取对数，得 $\lg y = \lg a + b\lg x$

令 $y' = \lg y$，$x' = \lg x$，则得 $y' = \lg a + bx'$

3. 双曲线函数

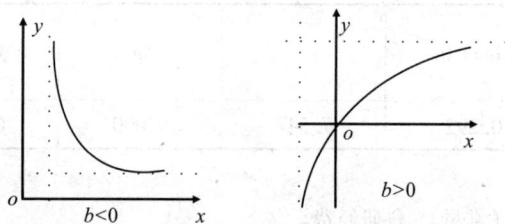

图 16 - 8　双曲线函数曲线示意图

$\dfrac{1}{y} = a + \dfrac{b}{x}$，令 $y' = \dfrac{1}{y}$，$x' = \dfrac{1}{x}$，则得 $y' = a + bx'$

4. 对数函数

$y = a + b\lg x$，令 $x' = \lg x$，则得 $y = a + bx'$

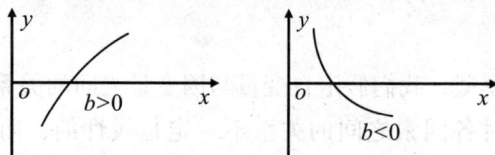

图 16 - 9　对数函数曲线示意

例 16.11　某纺织公司生产某种人造丝，生产成本与月产量的数据资料如表 16 - 11 所示，试分析生产成本与月产量之间的关系，并建立成本对产量的回归方程。

表 16 - 11　生产成本与月产量资料表

月产量（件）x	生产成本（元/件）y	月产量（件）x	生产成本（元/件）y
4300	346.23	6024	310.82
4004	343.34	6194	306.83
4300	327.46	7558	305.11
5013	313.27	7381	300.71
5511	310.75	6950	306.84
5648	307.61	6471	303.44
5876	314.56	6354	298.03
6651	305.72	8000	296.21

解：

将表中数据绘制成散点图，如图 16 - 10 所示，从图中可以看出，随着产量（x）的增加，最初生产成本（y）增加很快，以后逐渐减慢并趋于稳定，因此两变量适宜用双曲线拟合。

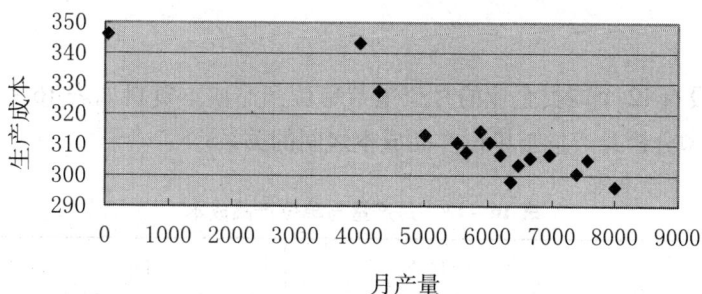

图 16 - 10　生产成本与月产量的散点图

双曲线回归方程为：$\dfrac{1}{y} = a + \dfrac{b}{x}$，令 $x' = \dfrac{1}{x}$，$y' = \dfrac{1}{y}$，则得 $y' = a + bx'$

为确定参数 a，b，列出计算表：

表 16 - 12　回归方程计算表

x	y	$x' = \dfrac{1}{x}10^{-6}$	$y' = \dfrac{1}{y}10^{-6}$	x'^2	$x'y'$
4300	346. 23	232. 56	288. 83	54083. 29	1488789
4004	343. 34	249. 75	291. 26	62375. 19	1374733
4300	327. 46	232. 56	305. 38	54083. 29	1408078
5013	313. 27	199. 48	319. 21	39792. 81	1570423
5511	310. 75	181. 46	321. 80	32926. 02	1712543
5648	307. 61	177. 05	325. 09	31348. 06	1737381
5876	314. 56	170. 18	317. 90	28962. 53	1848355
6651	305. 72	150. 35	327. 10	22606. 12	2033344
6024	310. 82	166. 00	321. 73	27556. 88	1872380
6194	306. 83	161. 45	325. 91	26064. 99	1900505
7558	305. 11	132. 31	327. 75	17505. 97	2306021
7381	300. 71	135. 48	332. 55	18355. 64	2219541
6950	306. 84	143. 88	325. 90	20702. 86	2132538
6471	303. 44	154. 54	329. 55	23881. 26	1963560
6354	298. 03	157. 38	335. 54	24768. 83	1893683
8000	296. 21	125. 00	337. 60	15625. 00	2369680
—	—	2769. 44	5 133. 10	7669787. 61	29831553

$$b = \frac{n\sum x'y' - \sum x'\sum y'}{n\sum x'^2 - (\sum x')^2} = -0.01056$$

$$a = \bar{y}' - b\bar{x}' = 375.8166$$

所以，$y' = 375.8166 - 0.01056x'$

将 $x' = \dfrac{1}{x}$，$y' = \dfrac{1}{y}$ 代入回归方程，即得双曲线回归方程为：$\dfrac{1}{y_c} = 375.8166 -$

$0.01056\dfrac{1}{x}$

例 16.12 设有 12 个同类企业的月产量与单位产品成本资料如表 16 - 13 所示。试配合适当的回归模型分析月产量与单位产品成本之间的关系。

表 16 - 13 月产量与单位产品成本

编号	产量 X	LgY	单位成本 Y
1	10	2.204120	160
2	16	2.178977	151
3	20	2.056905	114
4	25	2.107210	128
5	31	1.929419	85
6	36	1.959041	91
7	40	1.875061	75
8	45	1.880814	76
9	51	1.819544	66
10	56	1.778151	60
11	60	1.785330	61
12	65	1.778151	60

根据表 16 - 13 资料，将月产量与单位产品成本作散点图如图 16 - 11 所示：

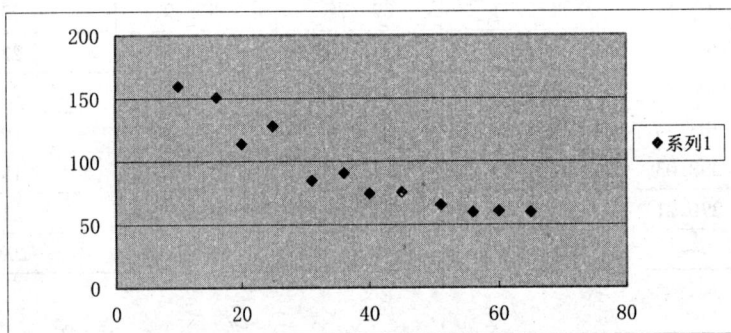

图 16 - 11 月产量与单位产品成本作散点图

由图 16 - 11 中可以看出月产量与单位产品成本之间可以配合一条指数曲线：$y = ab^x$

两边取对数得：$\lg y = \lg a + x\lg b$

利用 Excel 软件，进行回归分析，分析结果如表 16 - 14 所示：

表 16-14 回归分析结果

回归统计					
Multiple R	0.96097				
R Square	0.923463				
AdjustedR Square	0.91581				
标准误差	0.045212				
观测值	12				
方差分析					
	df	SS	MS	F	Significance F
回归分析	1	0.246631	0.246630906	120.6562	6.68E-07
残差	10	0.020441	0.00204408		
总计	11	0.267072			
	Coefficients	标准误差	t Stat	P-value	
Intercept	2.261083	0.031509	71.7591356	6.74E-15	
X Variable 1	-0.00831	0.000756	-10.98436115	6.68E-07	

由输出结果知，$\lg a = 2.261083$ $\lg b = -0.00831$

$$r = 0.923463 \quad \hat{\sigma} = 0.045212$$

$$\text{ESS} = 0.246631 \quad \text{RSS} = 0.020441$$

$$F = 120.6562 \quad \text{Significance } F = 6.68E-07$$

$$t_1 = -10.98436115 \quad \text{P-value} = 6.68E-07$$

对 $\lg a = 2.261083$，$\lg b = -0.00831$ 分别求反对数得：

$$a = 182.4246 \quad b = 0.981051$$

运用 SPSS 路径为：分析—回归—非线性。在因变量框输入应变量，在模型框输入想要研究的数学表达式，然后按确定键即可。

本章小结

回归分析是确定两种或两种以上变量间相互依赖的定量关系的一种统计分析方法。运用十分广泛，回归分析按照涉及的变量的多少，分为一元回归分析和多元回归分析；在线性回归中，按照因变量的多少，可分为简单回归分析和多重回归分析；按照自变量和因变量之间的关系类型，可分为线性回归分析和非线性回归分析。如果在回归分析中，只包括一个自变量和一个因变量，且二者的关系可用一条直线近似表示，这种回归分析称为一元线性回归分析。如果回归分析中包括两个或两个以上的自变量，且自变量之间存在线性相关，则称为多重线性回归分析。

回归分析是指对具有高度相关关系的现象，根据其相关的形态，建立一个适当的数学模型，来近似地反映变量之间关系的统计分析方法。利用这种方法建立的数学模型称为回归方程，它实际上是相关现象之间不确定、不规则的数量关系的一般化。

回归分析的主要内容包括：建立相关关系的数学表达式。依据现象之间的相关形态，建立适当的数学模型，通过数学模型来反映现象之间的相关关系，从数量上近似地反映变量之间变动的一般规律；依据回归方程进行回归预测。由于回归方程反映了变量之间的一般性关系，因此当自变量发生变化时，可依据回归方程估计出因变量可能发生相应变化的数值。因变量的回归估计值，虽然不是一个必然的对应值，但至少可以从一般性角度或平均意义角度反映因变量可能发生的数量变化；计算估计标准误差。通过估计标准误差这一指标，可以分析回归估计值与实际值之间的差异程度以及估计值的准确性和代表性，还可利用估计标准误差对因变量估计值进行在一定把握程度条件下的区间估计。

在一元线性回归分析中，因变量 y 只受某一个因素的影响，即只由一个自变量 x 来估计。但对于复杂的自然界中的问题，影响因素往往很多，在这种情况下，因变量 y 要用多个自变量同时进行估计。描述因变量与两个或两个以上自变量之间的数量关系的回归分析方法称为多元线性回归分析。它是一元线性回归分析的推广，其分析过程相对复杂一些，但基本原理与一元线性回归分析类似。

本章习题

一、思考题

1. 经典线性回归模型的假定有哪些？

2. 简述相关分析与回归分析的区别和联系。

3. 一元线性回归方程的估计标准误差的统计含义是什么？

二、练习题

1. 下面是 7 个地区 2016 年人均国内生产总值（GDP）和人均服装消费水平（元）的统计数据：

地区	人均 GDP	人均服装消费水平
北京	22460	7326
辽宁	11226	4490
上海	34547	11546
江西	4851	2396
河南	5444	2208
贵州	2662	1608
陕西	4549	2035

要求：

（1）以人均 GDP 为自变量、人均消费水平为因变量，绘制散点图，并说明二者之间的相关关系。

（2）计算两个变量之间的线性相关系数。

（3）利用最小二乘法求出估计的一元线性回归方程，并解释回归系数的实际意义。

（4）计算判定系数，并解释其意义。

（5）检验回归方程线性关系的显著性（$\alpha = 0.05$）。

（6）如果某地区的人均 GDP 为 5000 元，预测其人均服装消费水平。

2. 在其他条件不变的情况下，某种品牌服装的需求量（y）与该商品的价格（x）有关，现对给定时期内的价格与需求量进行观察，得到下表所示的一组数据。

价格 x（元）	10	6	8	9	12	11	9	10	12	7
需求量 y（吨）	60	72	70	56	55	57	57	53	54	70

要求：

（1）计算价格与需求量之间的简单相关系数。

（2）拟合需求量对价格的回归直线。

（3）确定当价格为 15 元时，需求量的估计值。

3. 根据下列某地服装销量与新增成年人口统计表预测未来几年服装的销量。

项目　　　　年份（年）	2008	2009	2010	2011	2012	2013	2014	2015	2016	2017
服装销量（万件）	28	31	50	53	61	70	60	66	63	65
新增成年人口（万人）	25	28	34	38	47	62	45	56	54	55

第十七章

纺织品服装市场分析报告

引　言

在整个纺织品服装市场的调研与预测的过程中，最终都要通过报告的形式展现出来，从而体现最终价值。市场调研与预测项目的最终价值取决于研究结果的沟通效果。研究结果的沟通通常是通过调研分析报告实现的，因此，市场调研分析报告是市场调研与预测的最后一步，也是非常重要的一步，即报告分析结果的过程。在这一章里我们首先介绍市场分析报告的含义、作用及种类；然后讨论市场分析报告的结构、格式与内容；其次，讨论市场分析报告写作程序、撰写的注意事项与技巧；最后，简要介绍如何进口头报告及注意事项。

学习目标

了解市场分析报告的作用及种类；掌握分析报告的基本结构、书面报告的撰写；掌握市场分析报告的撰写要求与应对注意的事项；理解口头报告的应用与注意事项。

第一节　市场分析报告概述

一、市场分析报告的含义及作用

市场分析报告是市场调查研究成果的一种表现形式。它是通过文字、图表等形式将调查分析的结果表现出来，以使人们对所调查的市场现象或问题有一个全面系统的了解与认识。撰写市场分析报告是市场调研的最后一步，也是十分重要的一步。调查数据经过统计分析之后，只是为我们得出有关结论提供了基本依据和素材，要将整个调查研究的成果用文字形式表现出来，使调查真正起到解决社会问题、服务于社会的作用，则需要撰写市场分析报告。调查分析报告是调查结果的集中表现。能否撰写出一份高质量的分析报告，是决定调研本身成败与否的重要环节。调查分析报告是调查人员在工作中对某事物、某问题进行深入细致的调查后，经过认真分析研究，最终形成的成果和结论。主要作用有三个方面。

（一）市场分析报告是衡量一项市场调研项目质量水平的重要标志

一场市场调查活动的成败，除了与市场调查所采用的方法、资料处理技术等因素有关外，分析报告的内容与质量也是重要的一面，它的写作好坏直接决定着一项市场调查项目的质量，甚至直接影响到有关决策者的判断，以及负责调查项目团队的声誉。如果调研过程的前面各个步骤都执行得很好，唯独对分析报告的准备工作重视不够，那么企业对调研的评价就会大打折扣，因此，一份出色的分析报告无疑至关重要。

（二）市场分析报告是完成调查工作后对调查结果的完整表述

调查分析报告是调查工作的调查成果的集中体现，市场分析报告是调查与分析成果的有形产品，因而要对已完成的调查工作做出完整而准确的表述。这就要求分析报告在撰写时，能够详细完整地表达出市场调研工作整个过程中有关市场调查的背景、目标、调查所采用的方式与方法，调查结论及建议等内容。也就是说，我们具体做了哪些工作？完成了哪些任务？与先期的调研方案是否一致？调研预算在调研中是如何被分配的？研究人员的工作态度和专业水平如何等，将全部体现在分析报告里。

（三）市场分析报告是传递有关市场信息的直接载体

市场分析报告是委托方签订项目合同希望获取的结果，也是受托方对委托方的成果体现。同时，当一项市场调研活动结束后，市场分析报告也就成为该项目的历史记录和总结，通过阅读调研分析报告，调研委托者能够了解调研活动的全过程。作为二手资料，它可以被阅读者不断借鉴实验和参考，从而发挥其应有的价值，同时实现社会资源的共享。因此，作为调研活动成果的直接载体，市场分析报告可以把有关的市场信息传递给分析报告的阅读者。

二、市场分析报告的种类

市场分析报告按不同的依据有多种类别的划分，例如，按服务对象，可以分为市场需求者分析报告（消费者分析报告）、市场供应者分析报告（生产者分析报告）；按调查范围，可以分为国际性市场分析报告、全国性市场分析报告、区域性市场分析报告；按调查性质，可以分为政策性分析报告、学术性分析报告、事务性分析报告；按调查频率的高低，可以分为经常性市场分析报告、周期性市场分析报告、一次性市场分析报告；按调查对象，可以分为商品市场分析报告、房地产市场分析报告、金融市场分析报告、投资市场分析报告等。在此主要介绍以下几种常见的分类：

（一）根据分析报告的内容划分

按内容可分为专题报告和综合报告。

专题报告主要针对某个问题或侧面而撰写的分析报告，如现代大学生服装消费问题调查报告；针对某类产品撰写的分析报告，如旅游市场消费分析报告。专题报告设计的范围比较窄，针对性强，因而内容较深入，这也是目前比较常见的调研分析报告。

综合报告是围绕调查对象的基本状况和发展变化过程，对全部调查的结果进行比较全面、系统、完整、具体反映的分析报告。综合性分析报告所涉及的内容及范围比较宽泛，所以依据的资料比较丰富，篇幅较长。它对调查对象的发展变化情况作纵横两方面的介绍。因此，综合报告一般要借助大量的统计表和统计图来反映调查所获得的资料，此外，还需要反映调研的基本情况、样本结构、调研结果、调查对象分析、调查的主要发现等。

（二）根据写作方式不同分类

1. 反映基本情况的调研报告

这类分析报告主要用于反映某一地区、某一领域或某一事物的基本面貌，目的在于报告全面的情况，为决策者制定方针政策、规定任务、采取措施提供决策依据和参考。这类调研报告的写法偏重于反映客观现象，分析研究的成分相对少一些。如反映某一方面的情况，则可分为基本概况、主要成绩、突出问题等若干层次。

2. 总结典型经验的调研报告

这类分析报告主要用于对先进典型进行深入调查分析后，提炼出成功的经验和有效的措施，以指导和推动面上的工作。因此，这类报告格式写法主要包括：基本情况、突出成绩、具体做法、主要体会等。值得注意的是，经验分析报告与经验总结不同，经验总结用第一人称，而经验分析报告用第三人称。

3. 揭露问题的调研报告

这类分析报告主要针对某一方面的问题，进行专项调查，澄清事实真相，判明问题的原因和性质，确定造成的危害，并提出解决问题的途径和建议，为问题的最后处理提供依据，也为其他方面提供参考和借鉴的一种分析报告。揭露问题的分析报告格式上，标题往往采用揭露式的，有的标题甚至还带有一定的感情色彩，如"垃圾纺织面料问题让人担忧"，这一个标题，不仅表明了调研报告的主旨，而且也表明了作者对这一问题的态度，能够起到强烈的警示和提示作用，吸引读者的眼球。

（三）根据分析报告结果沟通的方式分类

按照调查分析报告结果沟通的方式，还可以分为书面报告和口头报告。

书面市场分析报告是市场调查人员以书面形式，反映市场调查内容及工作过程，并提供调查结论与建议的报告。市场分析报告是市场调查研究成果的集中体现，其撰写的好坏将直接影响到整个市场调查研究工作的成果质量。一份好的市场分析报告，能给企业的市场经营活动提供有效的导向作用，能为企业的决策提供客观依据。书面分析报告目前已经形成了能被大多数人接受的格式，具体结构、内容及写作技巧放在本章第二节、第三节介绍。

书面报告仅仅是提交市场调查结果的方式之一。除此之外，还有一种口头提交的方式，即市场分析口头报告。经验表明，口头报告的价值越来越为人们所重视。它不仅起到了对书面报告的有力补充和支持作用，同时它还具有书面报告所没有的功能。例如，它允许听众提问，并可逐条回答；市场调查者可以强调报告中最重要的内容，而人们在阅读时可能没有对此引起注意，有关内容放在本章第三节介绍。

第二节 市场分析报告的结构与内容

市场分析报告有书面报告和口头报告之分，通常研究报告的结构及撰写研究的都是书面报告。一般来讲，书面调研分析报告的结构、内容及风格等，很大程度上取决于调研的性质和项目的特点、撰写人与参与人的性格、背景、专长和责任的差异上。但是，市场分析报告要把市场信息传递给决策者的功能和要求是不能改变的。一个标准的市场分析报告都有一个固定的格式，即包括开始、主体、附录三大部分，每个部分又各有章节、细目。

一、开始部分

开始部分由位于报告第一页之前的所有内容组成，包括封面、授权书、转交函、目录、摘要。

（一）封面

封面应该包括四类主要的信息：①报告标题；②报告提供给哪个组织或个人；③报告撰写组织或个人（姓名、地址、电话和传真号）；④报告提交的日期。如果个人的名字出现在封面上，会按照字母顺序或者其他商定的顺序排列，每个人应给予一个指定的或描述性的称号。图17-1列出了这四部分及其内容。

报告的标题应尽可能地展示更多的信息。它应包括报告的目的和内容，如"对男性衬衫市场细分及消费者行为调查分析"，标题应该居中且使用较大字体，封面的其他项目也应居中。封面为开始部分的第1页（Ⅰ），但不显示页码，如图17-1所示，在下一页打印页码"Ⅱ"。

一些专家建议，对分析报告结果进行介绍时，应将标题变为一个简短的容易理解的词组。这种情况适合口头报告，放在本章后面再介绍。

（二）授权书

授权书是营销公司实施项目的证明，并非要件。一般在调研活动展开之前，营销公司写给被委托调研机构的说明信。它包括将要实施的调研授权人的名字和职位，还包括该项调研的性质、完成日期、付款条件，以及客户或用户所提出的特殊条件的总体描述。如果在转交函中提及了授权情况，就没有必要在报告中包括授权书。

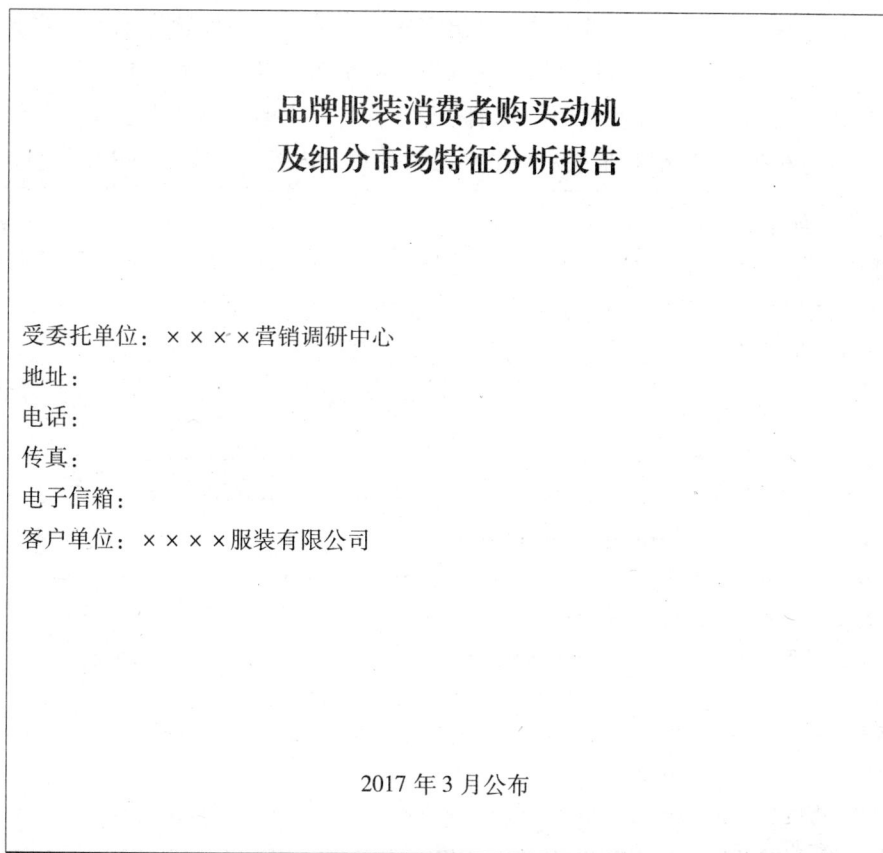

**品牌服装消费者购买动机
及细分市场特征分析报告**

受委托单位：××××营销调研中心

地址：

电话：

传真：

电子信箱：

客户单位：××××服装有限公司

2017 年 3 月公布

图 17 - 1　封面

（三）转交函

当你不是某组织的正式员工时，可以使用转交函在不同组织之间传递文件。在转交函中需要用一两句话描述调研的总体性质，明确谁是该报告的发表者。转交函的主要目的是将读者引至报告，为报告建立一个正面的形象。它在授权人和被授权人之间建立起和谐的关系，如果出现问题，它将向接收者提供一个可以联络的人。

转交函的写作风格应该是个性化的并且略微非正式的。一般来说，转交函中的常规要素有：简短的报告性质证明、授权进行调研的情况回顾（无授权书的情况下）、对调研结果的评论、进一步调研的建议及进一步研究的兴趣。在结尾处，要对获得此项调研业务以及他人的协助表示感谢，并对后续行动提出建议。

（四）目录

如同一本书的目录，在报告的开始部分要列示覆盖所撰写的整个书面报告内容的目录，目录包括每一项的标题与副标题及相应的页码，紧接着内容目录之后是一系列的图表、附录、索引和展品的目录及对应的页码。目录的作用是方便阅读和资料查询，帮助读者确定调研报告中信息的位置。

具体地说，目录列出报告的所有章节；每个标题应与文中标题完全一致，并显示标题所在页码。如果有一节的长度超过 1 页，列出它的开始页码。副标题位于标题的下方，除封面外，目录中所有项目都需与其页码一起列出。开始部分以小写罗马数字 i，ii，iii 等编号。从报告正文的引言部分开始使用阿拉伯数字 1，2，3 标注页码。"宁波太平鸟服装消费行为的市场分析报告"，概括地展示了分析报告的目录内容，如图 17 – 2 所示。

目 录（示例）

图 17 – 2　目录

（五）摘要

摘要是在完成书面分析报告主体部分的基础上对分析报告的高度概括和提炼。在摘要中，应该明确调研目的，准确界定调研课题，简要说明调研方法及调研设计，重点突出调研结果、结论、建议，适当点名问题；回答的是"为什么要调研""如何开展调研""有什么发现""其意义是什么""应该在管理上采取什么措施"等问题。

摘要是调查分析报告最终相当重要的内容，企业决策者通常只阅读书面报告的这一部分，其他用户也是最先阅读整体报告的这一部分。所以，摘要应当简洁而概括，书写摘要的语言应通俗、精练，避免专业性强的技术性术语，详细的论证则可以放在正文部分阐述。在次序排序上，摘要应放在整个调查报告的前列，也就是报告的开始部分，需要注意的是，摘要的写作是在报告完成之后，其篇幅应控制在两页纸以内。

二、主体部分

主体部分也称为正文，是市场调研分析报告的核心部分。它包括分析报告的引言、调研方法、调研过程及成果、结论与建议、局限五大部分。

（一）引言

书面报告正文的开始内容是引言。它应包括市场研究分析的背景资料、研究目标和相关信息，如企业背景、面临的市场营销问题、市场现状等，使读者大致了解进行该项市场调研的原因、要解决的问题以及必要性和重要性。应该强调与决策者和行业专家进行的讨论，并讨论二手数据分析和定性分析的结果及被考虑的各个因素。

同时，要明确该项调研与预测的特定目的，向人们说明为什么要进行该项调研。比如，调研的目的是了解消费者对不同风格服饰的偏好，或一个新的服装品牌的市场占有率预测等。在这一部分，应清楚地阐述管理层进行营销决策的问题、准确界定调研主题，并指出可能解决的办法。如果调研主题含混，目的也必定不清楚。

（二）调研方法

引言之后，通常开始介绍研究方法，内容包括数据的收集方法、抽样方法、分析方法（描述性分析和推断分析）或预测方法等。这是读者判断一项研究结果是否可靠、可信的主要依据，因此要写得尽量详细，即调研的题是什么，用什么工具或方法来获得调研内容以达到目标。如果你使用的是二手信息，需要提供二手资料的信息来源。

大多数情况下，调研方法部分不需要写得太多，如报告的对象（那些只想知道研究结果的决策人员）对于研究方法没有兴趣，这一部分要写得简单一点。然而你要向读者提供一些必要信息，帮助读者了解数据的手记过程和调研结果的分析过程。在某些情况下，委托调研的客户可能需要在调研方法部分提供非常详尽的描述。例如，客户可能希望调研人员不仅描述调研过程中使用的方法，而且讨论为什么不选择其他办法。在调研信息存在争议的情况下，客户可能会要求调研人员对所选择的调研方法给出一个合理的解释，对为什么没有选择其他方法也有一个详尽描述。

（三）调研过程及成果

调研过程包括调研准备、调研设计和实施、调研成果三大部分。

调研准备部分是对调研项目立项前所做准备工作的总结。这包括对知道调研预测的理论基础和已有的分析模型的考查、各种影响因素分析、可行性研究过程、调研假设的设立、项目的投入产出分析预测、其他风险预测等，以及与委托方的探讨交流过程和调研面对的种种约束与限制。

在调研设计和实施部分，读者将了解到调研目的是如何逐步实现的。在对整体方案设计概括描述的基础上，对调研方案的实施过程进行详细、客观、公正的记录。报告应突出所采纳调研设计的特色。具体内容包括调研所需信息的性质、原始资料和二手资料的收集方案、问卷设计、标尺技术、问卷的与检验和修改技术、信息整理分析等。利用选取过的调研方法获得调研资料或数据，进而实现市场调研分析的目的。

调研成果是调研报告中最重要的部分，也是调研报告正文部分的核心。这部分应以合乎逻辑的方式围绕研究内容来展现调研成果。调研成果应以叙述的方式展示，伴有表格、图标、图形以及其他支持、加强或对成果有解释作用的视图。每个表格和图形都应包括序号和名称，并在陈述中提及。

（四）结论与建议

结论与建议可以被一起列入一个章节或单独列在不同的章节中，调研人员应该针对调研课题、目标，依据定性和定量分析结果作出结论，并向企业决策者提出建议。

结论是在调研结果基础上得到的结论和作出的决策。在总结中不要重复每一项研究成果，而是要回顾主要的发现，并再一次说明这些发现的重要性。在研究结论部分，要注意与报告的引言部分相呼应。在任何情况下，应该注意结论和建议是不同的。

建议是在结论的基础上对接下来的工作提出的建议。与结论不同，建议可能需要调研者拥有超出调研结果范围之外的知识。调研人员及调研委托人应在进行调研前确定调研报告是否包括建议，明确认识调研人员的角色可以使调研过程更顺畅，并有助于避免冲突。一般来说，结论部分内容要比建议部分内容所占的比例大，但却并非绝对，这还与调研的目的相关。

（五）局限

所有的市场调研计划都会因时间、预算、样本的大小和其他组织上的约束而受到限制，另外，所采用的调研方法也很可能由于潜在的或现实的各种误差而有所局限。这一部分应以平和、中立的态度，详略得当地加以叙述，指出调研的局限性是什么或可能是什么，以及是如何影响市场分析成果的。

调研人员还要明确两点：其一，调研人员必须使管理层懂得不应过分依靠调研结论，或将结论用于不相干的用途；其二，这一部分也不应该损害结果的可信度，以致动摇委托方对整个调研活动的信心或对调研重要性的认识。

三、附录

附录部分是指调研分析报告主体包含不了或没有提及，但与主体有关必须附加说明的部分。通常包括的内容有调查问卷或提纲、统计图表、必要的专业技术资料、清单等，以备阅读者在必要时查阅。任何一份太具有技术性或太详细的材料都不应该出现在正文部分，而应编入附录，它是对正文报告的补充和详细说明。

第三节 市场分析报告的撰写

上一节我们介绍了书面市场分析报告的各个部分的结构及内容，接下来，还要考虑各个部分在撰写过程中的写作技巧（形式、格式和写作风格），以及在撰写过程中应注意的问题。研究的是"分析报告具体怎么撰写"的问题，例如，"报告的标题和二级标题如何确定""表格和图形如何运用""撰写报告时何时采用何种写作风格"。由于分析报告的核心部分是正文的撰写，本节主要介绍的是关于主体（正文）部分的写作及注意事项。口头分析报告的陈述与演示放在最后介绍。

一、市场分析报告的撰写技巧

（一）形式和格式
形式和格式内容主要包括标题、二级标题和图表。

1. 标题和二级标题

在一长篇市场分析报告中，读者需要线索或路标来指导阅读。对于整个市场分析报告来说，标题起到画龙点睛的作用，它必须准确地揭示市场分析报告的主体思想，**做到题文相符**。对于正文部分的撰写，每一章节的标题表明了章节对应的主题，所以标题下的信息都应与标题相联系；二级标题是将信息分成几部分，选择合适的标题种类（字、词组、句子、问题），并在整个分析报告中，使用同样的格式。需要注意的是，在使用二级标题时，必须与其他部分的二级标题相一致，并在格式上与标题保持一致。了解如何使用标题和二级标题会提高报告的写作技巧，标题撰写形式有以下三种：

（1）直叙式。直叙式的标题是指直接叙述调查地点、调查目的、调查内容等方面的标题。例如，《某地区高级服装品牌消费者行为的市场分析》《大学生对品牌服装的偏好研究》等。这种标题简明、客观，一般市场分析包的标题多采用此种形式。

（2）表明观点或结论式。表明结论或者观点式的标题就是直接阐明作者的观点、看法，或作者对事物的判断、评价的标题，如《现代大学生对服装的过度追求不可忽视》。

（3）提出问题式。提出问题式是指以设问、反问等形式，突出问题的焦点和尖锐性，为了吸引读者阅读，促使读者思考的标题，如《2017 年中国纺织品出口企业为什么滞销?》。

以上几种标题的形式各有优缺点，特别是后两种形式的标题，它们既表明了调查者的态度，又揭示了主题，具有很强的吸引力。但从标题上不易看出调查的范围和调查对象。因此，这类形式的标题可采用正标题和副标题方式，并分作两行表示，一般正标题表达调查的主题，副标题则具体表明调查的单位和问题，如《2017 年纺织品出口企业为什么滞销？——对××企业产品的销售情况的调查分析》。

2. 图表的运用

列入报告中的部分统计资料，在其相对比较简单或描述它在上下文中的关系时，可以将其并入文字说明部分。但是，当需要比较复杂的统计分析时，这些资料应放在与阅读资料分开的视图中，既有图表展示，也需要文字说明。在制作图表时，应当遵循简洁、明了、规范的原则，才能达到良好的沟通效果。一般地，视图部分除了常见的图表（表格、直方图、折线图）外，还包括示意表、流程图、地图和其他图形。

先从表格的制作开始分析，因为图形展示都是在表格数据的基础上进行的，下面以第十章的例题——某服装品牌企业职工工资资料为例，讨论制表的基本要求。

从表 17-1 可以看出，第一，表的上方都应该有统一的编号和标题，标题必须简明准确地表述资料的性质、分类和时间；第二，表格中的数据的排列应当符合人们的阅读习惯，所有上下行数字的位数都应对齐，同类数字保持统一有效的位数，例如，遇到相同的数据时，要重复写而不是用"同上"之类的字代替，时间序列数字应从左到右或从上到下的顺序排列；第三，表格的纵栏目和横栏目应当简明扼要，横栏目位于横行或水平数字行的左端，纵栏目是位于垂直栏目之上的名称；第四，表中的数据除第一手资料外，一般均标明数据来源，以便需要时参考。对有些无法包含在表格内的信息，如数据资料或计算方法的某些限制条件，应该用脚注加以解释，脚注一般放在表格的下方而在"资料来源"的上方；第五，表中的数字要注明计量单位。如果表格内数字都属于统一计量单位，一般将其标明在表的上方，如不属于同一计量单位应将其放在各纵栏目上。

表 17-1　某班学生年龄统计表

总标题

某班学生年龄统计表

纵栏标题

年龄（岁）	学生数（人）	比率（%）
18	20	40
19	20	40
20	10	20
合计	50	100

横行标题　　　　　　　　数字资料

主词　　　　　　　　　　宾词

接下来，正确使用图形，可以直观、形象、清晰地表达各种信息，从而达到改进沟通的效果。制图的要求和表格相似，这里不再重复。需要注意的是，文字、表格、图形应起到相互补充、强调、概括或解释的作用，选择合适的图形类别。下面是关于图形的简单介绍：

（1）直方图。

直方图是用直方形的宽度和高度来表示频数分布的图形，即在直角坐标系上，以横轴表示变量，以纵轴表示频数或频率，以各个宽度为组距、高度为频数或频率的直方块矩形所构成的图形。例如，对某服装品牌各地销售额的分布，如图 17-3 所示。

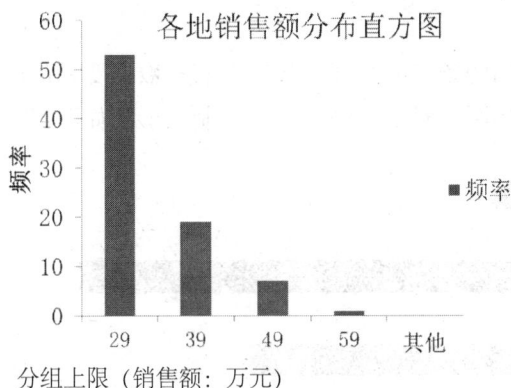

各地销售额分布直方图

图 17 – 3　某服装品牌各个地区销售额分布图

（2）饼图。

饼图也称圆形图，是用圆形及圆内扇形的面积来表示数值大小的图形。主要用于表达总体中各个组成部分所占的比例，对于研究结构性问题十分有用。例如，对于某服装品牌设计部门针对设计人员进行培训，将 25 名工作人员的成绩分为甲、乙、丙三组，分别代表合格、中等、优秀，如图 17 – 4 所示。这些扇形的中心角度是按各个部分百分比占 360 度的相应比例确定的。

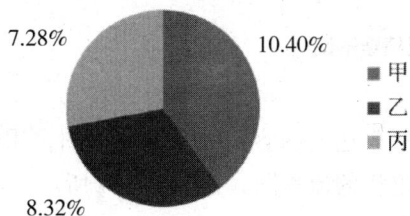

图 17 – 4　某服装企业设计部门培训成绩人数统计图

（3）折线图。

折线图也称为频数多边图形。在直方图的基础上，把直方图顶部的中点（即组中值）用直线连接起来，再把原来的直方图抹掉就是折线图，如图 17 – 5 所示。需要注意的是，折线图的两个终点要与横轴相交。当对数据所分的组很多时，组距会越来越小，这时所绘制的折线图就会越来越光滑，逐渐形成一条平滑的曲线，这就是频数分布曲线，常见的分布曲线主要有正态分布、偏态分布、J 型分布、U 型分布几种类型。例如，图 17 – 5 就是在图 17 – 4 的数据基础上绘制的折线图。

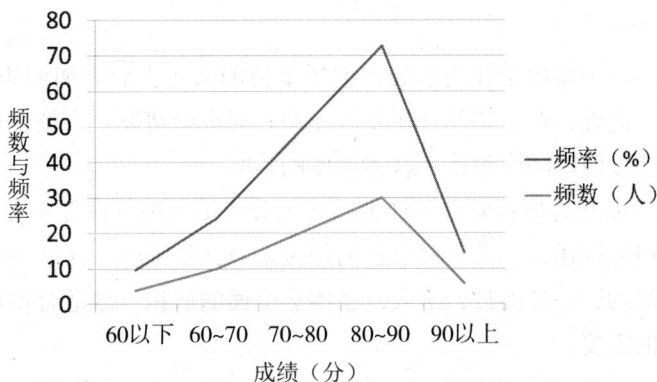

图 17 – 5　某服装企业设计部门培训成绩折线图

（4）条形图。

条形图是用宽度相同的条形的高度或长短来表示数据变动的图形。条形图可以横置或纵置，纵置时也称为柱形图。对上述例题进行绘制条形图如图 17－6 所示。

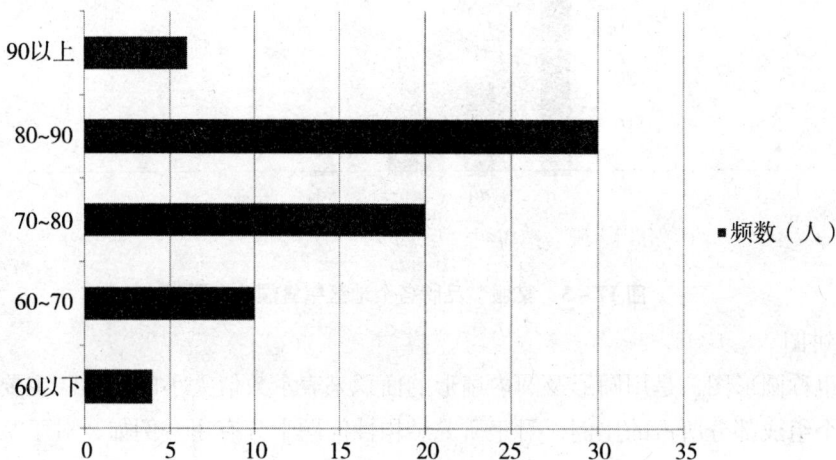

图 17－6　某班统计学考试成绩条形图

（5）流程图。

在分析报告的撰写过程中，为了简明扼要地体现所表达的内容，会借助流程图，用图表的形式进行各个部分的概括，如第十一章假设检验过程的流程图，如图 11－4 所示。

（6）示意图。

示意图用于描述研究的思路、理论框架或模型，便于读者理解。例如，在第十一章对假设检验统计量的选取，如图 11－10 所示。

（二）报告的写作风格

当调研者撰写调研报告的句子和段落时，一定要考虑写作风格，它会极大地影响读者能否理解与接受作者预期传递的信息。因此，写作的风格尤为重要，具体的主要包括叙述、说明、议论、语言运用四个方面的写作风格，下面对这四种写作风格的运用技巧进行介绍。

1. 叙述的技巧

市场调查的叙述，主要用于开头部分，叙述事情的来龙去脉表明调查的目的和根据、调查的过程和结果。此外，在主体部分还要叙述调查得来的情况。市场分析报告常用的叙述技巧有概况叙述、按时间顺序叙述、叙述主体的省略。

（1）概况叙述。叙述有概括叙述和详细叙述之分。市场调查报告主要用概括叙述，将调查过程和情况概略地陈述，不需要对事件的细枝末节详加铺陈。这是一种"浓缩型"的快节奏叙述，文字简约，一带而过，给人以整体、全面的认识，以适合市场调查报告快速及时反映市场变化的需要。

（2）按时间顺序叙述是交代调查的目的、对象、经过时，往往用按时间顺序叙述方法，次序井然，前后连贯。如开头部分叙述事情的前因后果，主体部分叙述市场的历史及现状，就体现为按时间顺序叙述。

（3）叙述主体的省略是市场调查报告的叙述主体是写报告的单位，叙述中用"我们"第一人称。为行文简便，叙述主体一般在开头部分出现后，在后面的各部分即可省略，并不会因此而令人误解。

2. 说明的技巧

市场分析报告常用的说明技巧有数字说明、分类说明、对比说明、举例说明。

（1）数字说明。市场运作离不开数字，反映市场发展变化情况的市场调查报告，要运用大量数据，以增强调查报告的精确性和可信度。

（2）分类说明。市场调查中所获材料杂乱无章，根据主旨表达的需要，可将材料按一定标准分为几类，分别说明。例如，将调查来的基本情况，按问题性质归纳成几类，或按不同层次分为几类。每类前冠以小标题，按提要句的形式表述。

（3）对比说明。市场调查报告中有关情况、数字说明，往往采用对比形式，以便全面深入地反映市场变化情况。对比要清楚事物的可比性，在同标准的前提下，作切合实际的比较。

（4）举例说明。为说明市场发展变化情况，举出具体、典型事例，这也是常用的方法。市场调查中，会遇到大量事例，应从中选取有代表性的例子。

3. 议论的技巧

市场分析报告常用的议论技巧有归纳论证和局部论证。

（1）归纳论证市场调查报告是在占用大量材料之后，作分析研究，得出结论，从而形成论证过程。这一过程主要运用议论方式，所得结论是从具体事实中归纳出来的。

（2）局部论证市场调查报告不同于议论文，不可能形成全篇论，只是在情况分析、对未来预测中作局部论证。例如，对市场情况从几个方面作分析，每个方面形成一个论证过程，用数据、情况等作论据去证明其结论，形成局部论证。

4. 语言运用的技巧

语言运用的技巧包括用词方面和句式方面的技巧。

（1）用词方面。市场调查报告中数词用得较多，因为市场调查离不开数字，很多问题要用数字说明。可以说，数字在市场调查报告中以其特有的优势，越来越显示出其重要作用。市政调查报告中介词用得也很多，主要用于交代调查目的、对象、根据等，如用"为""对""根据""从""在"等介词。此外，还用多专业词，以反映市场发展变化，如"商品流通""经营机制""市场竞争"等词。为使词言表达准确，撰写者还需熟悉市场有关专业术语。

（2）句式方式。市场调查报告多用陈述句，陈述调查过程、调查到的市场情况，表示肯定或否定判断。祈使句多用在提议部分，表示某种期望，但提议并非皆用祈使句，也可用陈述句。

5. 常见的具体写作技巧

（1）段落要有中心思想，通常使用主题句来阐述这个中心思想。主题句一般出现在段落的开头，有时也可以出现在段落中间或末尾。

（2）避免段落过长。段落过长会埋没主要消息，大多数读者不会花费时间去看大块段落中间的内容。

（3）利用空白区域。空白前后的几行（一个段落的开始和结束）是强调的重点。一页的开头和结尾也是重点，因此，应当在这些地方放置更加重要的信息。

（4）少用术语。有些读者能够理解术语，而其他大多数人则不理解。如果在分析报告中需要很多术语，可以考虑附上术语表，并对术语进行解释，以帮助对这些知识了解较少的读者理解撰写者的报告。

（5）使用强有力的动词表达句子的意思。例如，不用"撰写了建议书"，而用"建议"。不用"参与研究"而用"研究"。

（6）使用主动语态。语态表明动词的主语是在进行动作（主动语态）还是接收动作（被动语态）。

（7）删除多余词语。撰写信息要清楚，简明扼要。可以合并和修改句子以删除不必要的词语。

（8）避免不必要的时态变化。时态描述的行为是发生在过去、现在，还是将来。

（9）在句子中保持主语和动词相互靠近。主语和动词分离越远，读者理解信息越困难，主语和动词不一致的错误越容易发生。

（10）句子、段落的结构和长度应该有变化。

（11）使用正确的语法。

（12）按照委托调研公司的偏好使用双倍或单倍行距。

（13）仔细编辑报告。初稿不是成品，要仔细编辑，不断修改完善，直到尽可能有效地传达研究目的。反复校对，检查姓名、数字、语法、拼写和标点符号。

二、撰写市场分析报告的注意事项

撰写一份好的市场分析报告不是件容易的事，分析报告本身不仅显示了调研的质量，也反映了撰写者本身的知识水平和文学素养。在撰写的过程中会出现一些常见的错误，对此，调研者或撰写者应注意以下事项：

（一）注意资料的取舍，避免篇幅冗长

资料是形成调研报告主题观点的基础，如果把收集来的各种资料，无论是否反映主题，都面面俱到，事无巨细地进行分析，必将使读者感到杂乱无章。一篇市场分析报告应有它的重点和中心，在对情况有了全面了解之后，经过全面系统的构思，应该有详有略，抓住主题，深入分析。因此，面对调查中可能获得的众多资料，一方面要坚持材料收集的充分性和完整性，同时也一定要注意舍去一些价值不高或无用的资料，以减少不必要的劳动。在撰写报告时，坚持适用性原则，突出重点，才能保证论证充分、分析得当。

同时，在市场分析报告的认识中，有一个常见的错误观点是"报告越长，质量越高"。经过了长时间的辛苦工作之后，调研者试图告诉读者他所有的工作结果。因此，所有的资料都被纳入报告之中，导致信息超载，重点不突出。事实上，分析报告的阅读者本身就难得读懂报告，篇幅冗长的报告更是降低了其被阅读的可能性，信息超载也增加了报告的组织难度。

（二）报告内容的客观性和有效性

首先，市场分析报告应以客观的态度来撰写，尊重事实。在文体上，最好用第三人称或非人称代词。撰写时，不要表现出力图说服读者同意某种观点或看法。读者关心的不是撰写者个人的主观看法，而是调查的结果和预测。其次，报告应该准确地给出项目的研究目标、研究方法、研究结果，不应略去或故意隐瞒事实。如果调查实施中出现严重问题，调研者应有承认失误的态度，不能随便报道结果，以免误导决策者。调查人员在任何时候都应从中立客观的角度去介绍调研方法，过程的实施并做出调研结论和建议。

为了使报告客观有效，在报告中应尽量使用客观描述性的语句与句子，避免使用生僻的专业术语和过分夸张的词汇。

（三）内容明确，表述流畅

内容明确是评价报告的一个重要指标。如果内容表达含混不清往往会导致错误的决策或大量的失误。同时，语句要简练流畅，要想写出好的报告，当然要注意语句结构是否合理流畅。因此，在起草报告时，应该反复推敲修改，不追求速度。也可以事先让两三个不熟悉专业的人阅读报告，提出不明确之处，再给予纠正。

（四）易读易懂，避免过度使用定量技术

在撰写分析报告时，应注意使报告易于理解和阅读，避免过度使用定量分析。这主要是指逻辑严密、层次结构清楚，有时，过度使用多样化的统计技术是由于错误的目标和方法导致的。一位非技术型营销管理者往往会拒绝一篇不易理解的报告。因为在报告使用者心目中，过度使用统计资料常会引发对分析报告质量合理性的怀疑。

（五）避免调研数据单一，导致错误的决策

某些调研者把过多的精力放在了单一统计数据上，并依此回答使用者的决策问题。这种倾向在购买意向测试和产品定位中时常见到。测试的关键点在于购买意向，如果"确实会买"和"也许会买"的人加在一起达不到预想标准，比如说75%，那么这种产品概念或测试产品就被放弃了。事实上，并不能根据单一问题的调查结果作决策，过度依赖调研数据有时会错失良机，在某些情况下会导致营销错误的产品。决策者除了依靠准确的信息资料外，还取决于决策者的智慧、胆识、经验和个人素质以及其他主客观条件与市场状况等诸多因素。

（六）图表的选取及注意事项

在报告中适当地选取图形、表格及其他可视性较强的表现形式来强调重要信息是必要的。直观的视图可以帮助撰写者和读者之间进行交流，也可以增强报告的明了程度和效果。但是，经验证明，图表、图片的数量不宜过多，否则会起适得其反的作用。一般地，视图应与相关的文字内容放在一起，这样方便读者进行图文交互阅读。

三、口头分析报告的陈述与演示

市场分析报告，除了以书面的形式提交给委托人或企业管理层以外，还要向委托人或企业管理层进行口头报告，即陈述与演示。这一陈述和演示的过程，有助于委托人理解和接受书面报告的内容和成果。委托人所关心或疑惑的相关问题，可以在陈述和演示过程中加以说明和讨论。在书面调研报告出来以后，口头报告可以起到辅助的作用。

（一）口头报告的准备

做好报告的陈述与演示的关键，在于充分的准备。这些准备工作包括：

（1）分析、了解调研报告的对象的特征。因为陈述和演示要适合特定的报告对象，所以陈述人事先了解报告对象，确定他们的工作与教育背景、身份、文化程度、兴趣爱好，了解他们所关心的问题，有针对性地从内容、重点和形式等方面满足他们的需要和要求做好准备。

（2）精心安排适当的内容。一般来说，口头报告的内容是以调研结果为基础的，准确介绍调研的有关情况是口头报告的出发点。但是，针对不同的听众以及不同的要求，口头报告的内容和重点也应有所不同。因此，在进行陈述与演示之前，要做精心的准备，选择必要的、合适的内容，力求做到简练清晰、明确易懂。

（3）准备详细的陈述和演示提纲，并反复练习。在正式进行陈述与演示之前，先编写汇报提纲，最好形成介绍文稿，散发给听众。为把握起见，最好先演习一遍，听取意见，对汇报的内容进行改进，以求完善。

（4）熟练运用图表等视觉手段和各种媒体工具进行演示。为了便于直观解释，帮助报告对象理解和加深印象，同时也为了体现报告人本身的专业素质和对报告的重视程度，可在报告前准备数量适宜的投影胶片或多媒体报告提纲。需要展示的表格和图形，必须事先准备好。

（二）口头报告的陈述与演示

在陈述与演示的过程中，报告者要注意控制自己的发音、音量、音调、音速和语速，要"讲"而不是"念"；还要注意运用肢体语言，以提高口头陈述的效果，比如，用手势和目光与报告对象进行交流、描述、强调或鼓励，并及时注意他们的反应；最后以一个简短而有力的结尾作为结束语。

在正式陈述和演示结束后，要给报告对象留下一些时间提问和进行解答。当对研究结果的解释发生分歧时，报告者要认真听取对方的意见，即使对方理解有误，也要以理服人，礼貌地指出其错误之处；当错误在自己一方时，不要狡辩，承认并尽量改正错误。

总而言之，一个成功的口头报告应注意以下问题：

（1）要熟练掌握演示工具（如电脑多媒体、投影仪）的操作；

（2）报告者一定要对报告内容非常熟悉，在报告开始之前，先进行练习；

（3）要注意陈述和演示的风度，穿着要显示职业化特征，不能太随意；

（4）可以使用肢体语言增加报告对象的注意力，但不宜过大、过多；

（5）要讲而不是念研究报告或相关材料；

（6）要遵循陈述和演示的规律，先概括地说明你准备向报告对象讲些什么，然后讲什么，最后总结你所讲的；

（7）语言要简洁明了，明确易懂；

（8）可用图表进行说明，恰当的图表能够增强发言效果；

（9）要有趣味性和说服力，适当地使用实例加以说明；

（10）报告的结尾应该是明确而强有力的。

（三）用 PPT 进行陈述与演示

PPT 是专门用于制作和播放幻灯片形式的演示文稿，它能够制作出集文字、图形、图像、声音以及视频剪辑等多媒体元素于一体的演示文稿。PPT 广泛运用于各种会议报告、产品演示和学校教学之中。制作的演示文稿不仅可以在投影仪或计算机上使用，也可以打印出来，制成胶片，随时随地使用。

使用 PPT 再辅以投影仪进行陈述和演示，可以达到事半功倍的效果。用这样的方法进行口头报告，不但能够节约时间和用纸，还能帮助报告者"讲报告"而不是"念报告"，使得口头报告更加生动、活泼、直观和形象。此外，还给人一种职业化的感觉，有利于得到报告对象的信任。

✍ 本章小结

市场分析报告是市场调研的最后一步。在这一过程中，研究人员要对研究项目的各个部分进行设计、过程和结果进行归纳总结，并通过口头汇报和书面报告的形式提交给有关营销管理人员，使研究结果能够直接地用于决策。

为了取得良好的沟通效果，在提交报告之前，需要对书面报告的主要读者和口头汇报的对象有一定的了解，从而制定报告的结构、重点和篇幅等。市场分析报告的结构通常由开始、主体、附录三部分组成。各个部分都被分为具有不同作用的小段。在撰写市场分析报告时，要正确使用引导读者的标题和二级标题以及正确使用视图。在写作风格上应注意运用表述的各种技巧。撰写者应尽量避免容易出现的问题。在正式提交之前，要对报告进行认真的审阅和修改。

💡 本章习题

一、思考题

1. 市场分析报告有哪些分类？

2. 市场分析报告的结构一般是怎样的？每一部分有哪些内容？

3. 市场分析报告撰写的技巧有哪些？

4. 撰写市场分析报告应注意哪些事项？

5. 为什么分析报告结果时要用图表展示？

6. 进行口头报告的陈述与演示的时候要注意什么？

二、练习题

1. 围绕某个行业进行问卷设计并作出图表分析。

2. 围绕某个行业进行市场调研并撰写市场分析报告。

参考文献

［1］冯宇，梁珍．市场调查与预测［M］．长沙：湖南师范大学出版社，2013.

［2］杜明汉．市场调查与预测［M］．大连：东北财经大学出版社，2011.

［3］王华清，程秀芳．市场调查研究［M］．徐州：中国矿业大学出版社，2009.

［4］陈一君．市场调查与预测［M］．成都：西南交通大学出版社，2009.

［5］陈友玲．市场调查预测与决策［M］．北京：机械工业出版社，2009.

［6］赵广岩，陈玉清．市场调研［M］．北京：人民邮电出版社，2010.

［7］冯花兰．市场调研与预测［M］．北京：中国铁道出版社，2013.

［8］胡瑞卿，董成武．市场调研理论与实务［M］．广州：中山大学出版社，2014.

［9］孟雷．市场调查与预测［M］．北京：清华大学出版社，2012.

［10］周宏敏．市场调研实训教程［M］．北京：清华大学出版社，2011.

［11］李灿．市场调查与预测［M］．北京：清华大学出版社，2012.

［12］黄静．市场调查与预测［M］．北京：清华大学出版社，2014.

［13］秦榛榛，蒋姝蕾．市场调查与分析［M］．北京：高等教育出版社，2006.

［14］张举刚，李国柱．市场调查与预测［M］．北京：科学出版社，2005.

［15］王秀娥．市场调查与预测［M］．北京：清华大学出版社，2014.

［16］孙文生．市场调查分析与预测［M］．北京：中国农业出版社，2012.

［17］王秀娥，夏冬．市场调查与预测［M］．北京：清华大学出版社，2012.

［18］曲超．广告创意策划文案写作指要［M］．北京：北京工业大学出版社，2015.

［19］李江海，张亮．市场调查与预测［M］．上海：上海财经大学出版社，2014.

［20］谢俊贵．社会调查理论与实务［M］．北京：清华大学出版社，2014.

［21］杜明汉，刘巧兰．市场调查与预测理论、实务、案例、实训［M］．大连：东北财经大学出版社，2014.

［22］郝春霞．市场调查与分析［M］．杭州：浙江大学出版社，2013.

［23］韩德昌，李桂华，刘立雁．市场调查与预测［M］．北京：北京交通大学出版社，2014.

［24］欧阳卓飞．市场营销调研［M］．北京：清华大学出版社，2006.

［25］冯宇，梁珍．市场调查与预测［M］．长沙：湖南师范大学出版社，2013.

［26］李琴，王云．市场调研实务［M］．北京：中国水利水电出版社，2011.

［27］王生云．市场调查与预测情景教程［M］．北京：北京大学出版社，2013.

［28］罗洪群，王青华．市场调查与预测［M］．北京：清华大学出版社，2016.